Breuninger

Die BGB-Gesellschaft als Rechtssubjekt im Wirtschaftsverkehr

Heft 69

# Rechtsfragen der Handelsgesellschaften

Herausgegeben in Verbindung mit der

Centrale für GmbH Dr. Otto Schmidt

# Die BGB-Gesellschaft als Rechtssubjekt im Wirtschaftsverkehr

## Voraussetzungen und Grenzen

von

Dr. Gottfried E. Breuninger

Rechtsanwalt in München

Verlag Dr. Otto Schmidt KG · Köln

*Die Deutsche Bibliothek – CIP-Einheitsaufnahme*

*Breuninger, Gottfried E.:*

Die BGB-Gesellschaft als Rechtssubjekt im Wirtschaftsverkehr: Voraussetzungen und Grenzen/von Gottfried E. Breuninger. – Köln: O. Schmidt, 1991

(Rechtsfragen der Handelsgesellschaften; H. 69)

Zugl.: Tübingen, Univ., Diss., 1990 u. d. T.: Breuninger, Gottfried E.: Voraussetzungen und Grenzen der Rechtssubjektivität von BGB-Gesellschaften.

ISBN 3-504-64609-8

NE: GT

D 21



Gesamtherstellung: Bercker, Graphischer Betrieb GmbH, Kevelaer

Printed in Germany

Für Susanne

# Vorwort

Im deutschen Gesellschaftsrecht gibt es keine andere Rechtsform, die eine so große Vielfalt unterschiedlicher Erscheinungsformen aufweist, wie das bei der BGB-Gesellschaft der Fall ist. Hierfür ist entscheidend, daß es im Gegensatz zu den Personenhandelsgesellschaften im Recht der BGB-Gesellschaft keine Vorschrift über die rechtliche Selbständigkeit der Gesellschaft gibt, wonach die Gesellschaft „unter ihrer Firma Rechte erwerben und Verbindlichkeiten eingehen, Eigentum und andere dingliche Rechte an Grundstücken erwerben, vor Gericht klagen oder verklagt werden" kann (§ 124 HGB). Durch das Fehlen einer solchen Vorschrift ist der Umfang der rechtlichen Verselbständigung der BGB-Gesellschaft nicht festgelegt. Dies hat für die Praxis des BGB-Gesellschaftsrechts weitreichende Konsequenzen: Nur in der Rechtsform der BGB-Gesellschaft kann es Zusammenschlüsse geben, durch die nicht notwendigerweise ein neuer Rechtsträger entsteht. Es gibt daher nur im BGB-Gesellschaftsrecht die Unterscheidung zwischen Innen- und Außengesellschaften. Auch gibt es BGB-Gesellschaften mit oder ohne Gesamthandsvermögen. Die BGB-Gesellschaft ist damit das ideale Koordinations- und Kooperationsinstrument. In diesem Zusammenhang wäre etwa der Fall der Koordinierung eines von mehreren Unternehmen abhängigen Gemeinschaftsunternehmens (Mehrmütterorganschaft), der Fall eines Forschungs- oder eines Konzernumlagepools oder einer Arbeitsgemeinschaft im Baugewerbe zu nennen. Andererseits kann aber auch eine unternehmenstragende BGB-Gesellschaft im minderkaufmännischen, freiberuflichen oder landwirtschaftlichen Bereich der Struktur einer OHG sehr angenähert sein. Die BGB-Gesellschaft umfaßt damit als gesellschaftsrechtliche Grundform alle Zusammenschlüsse zu einem gemeinsamen Zweck, die nicht als Personenhandelsgesellschaft, Kapitalgesellschaft oder als Verein organisiert sind.

Der nicht festgelegte Grad der Verselbständigung der BGB-Gesellschaft ist aber auch der Grund dafür, daß die BGB-Gesellschaft im Zentrum des dogmatischen Streits um die Rechtsnatur der Gesamthand steht. Die BGB-Gesellschaft ist dabei immerwährender Testfall für die Beantwortung der Frage, ob die Gesamthand als bloßes Sondervermögen ihrer Gesellschafter oder als verselbständigte Rechtsträgerin anzusehen ist. Dieser Streit hat für die BGB-Gesellschaft insbesondere für die Frage der Mitgliedsfähigkeit, Grundbuchfähigkeit, Parteifähigkeit usw. entscheidende Bedeutung. Gerade die Unterschiedlichkeit der Erscheinungsformen der BGB-Gesellschaft führt aber zu der Frage, ob diese Vielgestaltigkeit nicht eine differenzierte Beurteilung der Gesamthandsproblematik erfordert und damit das überkommene „Entweder (Rechtssubjekt) Oder (Nicht-Rechtssubjekt)" überwunden werden kann. Hierzu möchte diese Arbeit anhand einer Darstellung von Erscheinungsformen der BGB-Gesellschaft im Wirtschaftsverkehr einen Beitrag leisten.

Die Arbeit wurde im Sommersemester 1990 von der Juristischen Fakultät der Eberhard-Karls-Universität Tübingen unter dem Titel: „Voraussetzungen und Grenzen der Rechtssubjektivität von BGB-Gesellschaften. Zugleich ein Beitrag zur Dogmatik der Gesamthand" als Dissertation angenommen. Für die Veröffentlichung wurde später erschienene Literatur und Rechtsprechung berücksichtigt.

Meinem Doktorvater, Herrn Professor Dr. Dieter Reuter, Kiel, danke ich herzlich für seine Unterstützung und Anregungen während des Entstehens dieser Arbeit. Frau Rechtsreferendarin Simone Klotz danke ich für Ihre Hilfe beim Korrekturlesen. Dank sagen möchte ich auch den Unternehmen, Verbänden und Organisationen, die mir Auskünfte gaben.

München, im März 1991 Gottfried E. Breuninger

# Inhaltsverzeichnis



## Allgemeiner Teil

# Abkürzungsverzeichnis

| | |
|---|---|
| a. A. | anderer Ansicht |
| a. a. O. | am angegebenen Ort |
| ABl. | Amtsblatt |
| Abs. | Absatz |
| AcP | Archiv für die civilistische Praxis |
| AktG | Aktiengesetz |
| Anh. | Anhang |
| Anm. | Anmerkung |
| Art. | Artikel |
| Aufl. | Auflage |
| AWD | Außenwirtschaftsdienst des Betriebs-Beraters (bis 1974) |
| BAG | Bundesarbeitsgericht |
| BayObLG | Bayerisches Oberstes Landesgericht |
| BB | Betriebs-Berater |
| Begr.RegE | Begründung zum Regierungsentwurf |
| BGB | Bürgerliches Gesetzbuch |
| BGBl. | Bundesgesetzblatt |
| BGH | Bundesgerichtshof |
| BGHZ | Entscheidung des Bundesgerichtshofs in Zivilsachen |
| BFH | Bundesfinanzhof |
| BStBl. | Bundessteuerblatt |
| BT-Drucks. | Drucksache des Deutschen Bundestages |
| DÄ | Deutsches Ärzteblatt |
| DB | Der Betrieb |
| ders. | derselbe |
| d. h. | das heißt |
| Diss. | Dissertation |
| DStR | Deutsches Steuerrecht |
| DStZ | Deutsche Steuerzeitung |
| EG | Europäische Gemeinschaften |
| Einl. | Einleitung |
| EStG | Einkommensteuergesetz |

| | |
|---|---|
| EStR | Einkommensteuerrichtlinien |
| EWiR | Entscheidungen zum Wirtschaftsrecht |
| f. | folgende |
| ff. | fortfolgende |
| FGG | Gesetz über die Angelegenheiten der freiwilligen Gerichtsbarkeit |
| FN | Fußnote |
| FS | Festschrift |
| GmbH | Gesellschaft mit beschränkter Haftung |
| GmbHG | Gesetz betreffend die Gesellschaften mit beschränkter Haftung |
| GmbHR | GmbH-Rundschau |
| HGB | Handelsgesetzbuch |
| Hrsg. | Herausgeber |
| JbFSt. | Jahrbuch der Fachanwälte für Steuerrecht |
| JuS | Juristische Schulung |
| JZ | Juristenzeitung |
| KG | Kommanditgesellschaft |
| KStG | Körperschaftsteuergesetz |
| LG | Landgericht |
| LM | Lindenmayer/Möhring |
| MDR | Monatsschrift für Deutsches Recht |
| NJW | Neue Juristische Wochenschrift |
| Nr. | Nummer |
| OHG | offene Handelsgesellschaft |
| OLG | Oberlandesgericht |
| OLGZ | Entscheidungen der Oberlandesgerichte in Zivilsachen |
| RBerG | Rechtsberatungsgesetz |
| RegE | Regierungsentwurf |
| RGZ | Entscheidungen des Reichsgerichts in Zivilsachen |

| | |
|---|---|
| Rpfleger | Der Deutsche Rechtspfleger |
| RN | Randnummer |
| S. | Seite |
| UStR | Umsatzsteuer-Rundschau (ab 1985 UR) |
| vgl. | vergleiche |
| WM | Wertpapier-Mitteilungen |
| z. B. | zum Beispiel |
| ZGR | Zeitschrift für Unternehmens- und Gesellschaftsrecht |
| ZHR | Zeitschrift für das gesamte Handels- und Wirtschaftsrecht |
| ZIP | Zeitschrift für Wirtschaftsrecht |

# Einleitung

## I. Problemstellung

„Die Theorie der Gesamthand – hier paßt das inflatorisch entwertete, heute auch minder bedeutsamen Rechtsansichten zuerkannte Prädikat ‚Theorie'! – gehört zu den schwierigsten und umstrittensten Fragen der gegenwärtigen Zivilrechtsdogmatik. Es geht um Kernprobleme der Rechtsträgerschaft und der Rechtszuordnung, und mag auch der Meinungsstreit als ‚Mysterienspiel' anmuten, so handelt es sich um Grundfragen, deren Diskussion die Gesamthandslehre nicht von ungefähr seit Jahrhunderten durchzieht: Ist die Gesamthand ein Sondervermögen der Gesamthänder oder ist sie selbst Rechtsträger"[1]?

Es mag daher ein vermessenes Unterfangen sein, den vielen Arbeiten über die Gesamthandsgesellschaft eine weitere hinzuzufügen. Allerdings soll gerade kein neuer Versuch der Enträtselung des „Mysterienspiels Gesamthand"[2] erfolgen. Vielmehr soll versucht werden, die BGB-Gesellschaft in eine Stufenfolge von Personfikationen[3] – ausgehend von der juristischen Person als das (vollkommene) Rechtssubjekt – einzuordnen[4]. Hierbei ist z. B. danach zu fragen, was die BGB-Gesellschaft von den Personenhandelsgesellschaften unterscheidet. Gibt es einen entscheidenden Unterschied zwischen den beiden Rechtsformen, der eine verschiedene Behandlung rechtfertigt? Ist dieser Unterschied bei allen BGB-Gesellschaften gegeben?

Dies führt zu der zentralen Frage, ob es richtig ist, immer nur zu fragen, ob die BGB-Gesellschaft ein Rechtsträger oder nur ein Sondervermögen der Gesellschafter ist. Könnte es nicht auch sein, daß bei der BGB-Gesellschaft die Frage der Rechtsträgerschaft differenziert zu beantworten ist? Denn die Vielgestaltigkeit der Erscheinungsformen der BGB-Gesellschaft[5] lassen es zweifelhaft erscheinen, ob es eine zutreffende – sozusagen eine ontologische – Wesensbeschreibung[6] der BGB-Gesellschaft als Gesamthandsgesellschaft gibt. Auch gibt es kein Einheitsmodell der Gesamthand[7].

1 K. Schmidt, GesR, S. 152/153.
2 Vgl. den Aufsatztitel von Weber-Grellet, AcP 182 (1982), 316 ff.
3 Vgl. Otto Schreiber, S. 32 f.
4 S. u. D III, S. 28.
5 Vgl. die Darstellung der verschiedenen Erscheinungsformen im Besonderen Teil der Arbeit, S. 146 ff.
6 Vgl. John, AcP 185 (1985), 218.
7 K. Schmidt, GesR, S. 155.

Eine Differenzierung der unterschiedlichen Erscheinungsformen von BGB-Gesellschaften wird auch von Karsten Schmidt in seinem Gutachten[8] für den Bundesminister der Justiz de lege ferenda befürwortet. Karsten Schmidt hat darin eine Aufteilung in unternehmenstragende und sog. „schlicht zivilistische" BGB-Gesellschaften vorgeschlagen. Die vorliegende Arbeit versucht statt dessen eine Differenzierung der verschiedenen BGB-Gesellschaften de lege lata abzuleiten.

## II. Gang der Untersuchung

Im **Allgemeinen Teil** der Arbeit ist zunächst die Entstehungsgeschichte der §§ 705 ff. BGB Ausgangspunkt der Untersuchung[9]. Hieran schließt sich eine Erörterung des Theorienstreits um die Gesamthand an[10]. Dabei wird sich herausstellen, daß es nicht weiterführt, sich generell für die eine oder andere Auffassung zu entscheiden, um dann zu versuchen, die entsprechenden Probleme zu lösen[11]. Deshalb soll hier zunächst die Gesamthand in Form der BGB-Gesellschaft auf die Beschreibung reduziert werden, daß sie ein Mittel zur rechtlichen Verselbständigung einer nicht (voll) rechtsfähigen Organisation darstellt[12].

Zur Untersuchung dieser Organisation spielt die von Uwe John[13] begründete Lehre von den Personifikationselementen eine bedeutende Rolle[14]. Diese Personifikationselemente sind für die Frage der Verselbständigung der Organisation BGB-Gesellschaft nutzbar zu machen[15]. Als entscheidendes Personifikationsmerkmal für die Frage der Rechtsträgerschaft wird sich das Element der selbständigen Identitätsausstattung erweisen[16]. Dies führt zunächst zu einer Differenzierung zwischen BGB-Gesellschaften mit und ohne selbständiger Identitätsausstattung[17]. Danach ist weiter zu untersuchen, welche zusätzlichen Personifikationsmerkmale für bestimmte

8 K. Schmidt, GA; kritisch hierzu Ulmer, ZGR 1984, S. 313 ff.; Hüffer, AcP 184 (1984), S. 584, 588 ff.
9 S. u. A I, S. 4.
10 S. u. A II, S. 6.
11 S. u. B, S. 15.
12 So auch MüKo-Reuter, vor § 21 RN 9; John, BB 1982, 506.
13 John, Die organisierte Rechtsperson, 1977.
14 S. u. C, S. 17.
15 S. u. D, S. 22.
16 S. u. E II, S. 36.
17 S. u. E III–V, S. 38 ff.

Rechtspositionen, wie z. B. die Mitgliedsfähigkeit[18], erforderlich sind[19]. Hierbei spielt die nicht vorhandene Registerpublizität der BGB-Gesellschaft eine entscheidende Rolle.

Aus der hier vorgenommenen Differenzierung sind dann die erforderlichen Folgerungen zu ziehen[20].

Im **Besonderen Teil** der Untersuchung folgt eine Darstellung von rechtstatsächlichen Erscheinungsformen der BGB-Gesellschaft im Wirtschaftsverkehr[21]. Hierbei zeigt sich besonders die Vielgestaltigkeit der BGB-Gesellschaft[22]. Dabei läßt sich die im Allgemeinen Teil vorgenommene Differenzierung an praktischen Beispielen anwenden. Auch kann daran gezeigt werden, daß es Erscheinungsformen von BGB-Gesellschaften gibt, die entscheidend von den spezialgesetzlichen Rahmenbedingungen, wie z. B. Berufsrecht, Steuerrecht usw., geprägt sind.

18 S. u. F I, S. 53.
19 S. u. F, S. 53.
20 S. u. G, S. 102.
21 S. u. H–Q, S. 146.
22 Eine Darstellung der Erscheinungsformen kann natürlich nur beispielhaft sein, denn mangels einer Registerpublizität der BGB-Gesellschaft kann es keine lückenlose Erfassung der Erscheinungsformen geben.

# Allgemeiner Teil

## A. Die BGB-Gesellschaft als Gesamthandsgesellschaft

### I. Die Entstehungsgeschichte der §§ 705 ff. BGB

Die BGB-Gesellschaft ist vom Gesetzgeber als Gesamthandsgesellschaft[1] ausgestaltet worden. Von vornherein war dies nicht vorgesehen[2]. Denn im ersten Entwurf des BGB[3] war die Gesellschaft als ein ausschließlich schuldrechtliches Rechtsverhältnis konzipiert. Dies kommt auch noch in § 705 BGB zum Ausdruck:

„Durch den Gesellschaftsvertrag verpflichten sich die Gesellschafter gegenseitig, die Erreichung eines gemeinsamen Zweckes in der durch den Vertrag bestimmten Weise zu fördern, insbesondere die vereinbarten Beiträge zu leisten."

Hier wird noch die rein obligatorische Natur des ursprünglichen Entwurfs deutlich[4]. Dem ersten Entwurf lag daher auch „die gemeinrechtliche Auffassung vom Begriffe und Wesen der Sozietät zu Grunde"[5]. Bezüglich der vermögensmäßigen Ausgestaltung der BGB-Gesellschaft nach dem ersten Entwurf wurde in der 1. Kommission folgendes ausgeführt:

„Der Standpunkt des Entwurfs ist: An den Gegenständen, welche in Folge des Gesellschaftsvertrags gemeinschaftlich geworden sind, steht jedem Gesellschafter ein bestimmter Bruchteil oder Theil zu; es gilt dies insbesondere von den gemeinschaftlich gewordenen Sachen, an welchen ein Miteigenthum der Gesellschafter nach bestimmten Quoten besteht, ferner von den gemeinschaftlichen gewordenen Forderungen, die unter die Gesellschafter nach einem bestimmten Maßstabe getheilt sind. Jeder Gesellschafter kann seinen Bruchtheil oder Theil auch vor der Auseinandersetzung wirksam veräußern"[6].

Der Zweck der Gesellschaft brauchte kein Erwerbs- oder Vermögenszweck zu sein[7].

---

1 Vgl. §§ 718, 719 BGB.
2 Vgl. Flume, ZHR 136 (1972), 177 ff.; vgl. auch Kusserow, S. 42 f.
3 Mot. II, 591.
4 Prot. II, 428; in den Motiven, II, 591, heißt es hierzu: „Der Vertrag bezweckt und erzeugt nur ein obligatorisches Rechtsverhältnis unter den Kontrahenten."
5 Mot. II, 591; Flume, ZHR 136 (1972), 177 ff.; O. v. Gierke, Personengemeinschaften, S. 95 ff.
6 Jakobs/Schubert, S. 289.
7 Mot. II, 591.

Im zweiten Entwurf wurde dann ein Gesamthandsvermögen als Gesellschaftsvermögen konstituiert[8]. Der Anfang des entsprechenden Antrages Nr. 223 von Planck lautete:

„Für den Fall, daß erforderlich gehalten werden sollte, das Gesellschaftsvermögen als ein den Gesellschaftern zur gesamten Hand zustehendes Vermögen zu behandeln, wird beantragt: ..."[9].

Satz 1 des beantragten § a bestimmte:

„Die auf Grund des Gesellschaftsvertrags durch die Beiträge der Mitglieder oder durch die Geschäftsführung gemeinschaftlich gewordenen Gegenstände (Gesellschaftsvermögen) stehen den Gesellschaftern nicht nach Bruchtheilen zu"[10].

Am Ende des Antrags hatte Planck aber hinzugefügt:

„Der Antrag ist nur ein eventueller und bezweckt nur klarzustellen, welche Konsequenzen sich aus der Aufnahme des Prinzips zur gesammten Hand ergeben würde"[11].

Wie bekannt, wurden dann im Gesetzestext nur die wesentlichen Ausflüsse des Gesamthandsprinzips aufgenommen[12]. Zwar „gingen die Meinungen darüber, wie die Rechtsgemeinschaft der gesamten Hand theoretisch zu konstruieren sei und was man als das charakteristische Merkmal derselben anzusehen habe, auseinander"[13], „die Kom. glaubte aber, zu der wissenschaftlichen Streitfrage über das Wesen der gesamten Hand nicht Stellung nehmen zu sollen"[14]. Diese gesetzgeberische Zurückhaltung wird von Flume[15] dahingehend charakterisiert, daß die Formierung des Gesellschaftsvermögens als Gesamthandsvermögen der ursprünglichen Regelung der Gesellschaft nur „darüber gestülpt" sei. Karsten Schmidt[16] spricht davon, daß

8 Jakobs/Schubert, S. 292 f.; Flume, ZHR 136 (1972), 177 ff.

9 Zitiert nach Jakobs/Schubert, S. 292 FN 16.

10 Jakobs/Schubert, S. 293.

11 Jakobs/Schubert, S. 292 FN 16.

12 Vgl. die von der 2. Kommission abgefaßte Denkschrift, Mugdan II, 1260; K. Schmidt, GA, S. 472 bezeichnet als den Hauptfehler bei der Umstellung des Vermögensrechts der BGB-Gesellschaft von einem rein obligatorisch gebundenen Miteigentum auf das Gesamthandsprinzip, daß man sich über die Konstruktion und die entscheidenden Merkmale der Gesamthand nicht einig war; nach Konzen, JuS 1989, 20 ff., 21, bleibt die Formulierung des Gesetzestextes bei dem ursprünglichen Prinzip stehen.

13 Zitiert nach Flume, ZHR 136 (1972), 178.

14 Mugdan II, 990; Barner, S. 107, ist der Meinung, daß die BGB-Gesellschaft aus dem Streit um die Prinzipien der deutschrechtlichen Gesamthand und der römischrechtlichen societas entstanden ist.

15 Flume, Personengesellschaft, S. 3/4.

16 K. Schmidt, JZ 1985, 909.

das Gesamthandsprinzip aufgepfropft worden sei. Nicht von ungefähr ist daher ein Streit um die Rechtsnatur der Gesamthand mit großem dogmatischem Aufwand entstanden[17].

## II. Der Streit um die Rechtsnatur der Gesamthandsgesellschaft

### 1. Problemstellung

Die für die BGB-Gesellschaft relevante Theorie der Gesamthand ist deshalb vor dem Hintergrund der Entstehungsgeschichte der §§ 705 ff. BGB alles andere als unstreitig[18]. Die ausführliche Darstellung[19] der verschiedenen Meinungen würde aber den Rahmen der vorliegenden Arbeit sprengen und – ohne dem Ergebnis der Untersuchung vorzugreifen – vermutlich nicht weiterführen[20]. In erster Linie geht es dabei um zwei verschiedene Gesamthandsverständnisse:

– die personenrechtliche Lehre[21] und

– die vermögensrechtliche Lehre[22].

Zentralpunkt des Meinungsstreits ist die Frage[23], ob die Gesamthand als ein personenrechtliches Prinzip[24] ein Rechtssubjekt – und damit eine Einheit – oder nur ein gebundenes Sondervermögen der Gesamthänder – und somit eine „Vielheit“ – ist[25].

### 2. Die personenrechtliche Lehre

Die personenrechtliche Lehre befindet sich nach den grundlegenden Arbeiten von Werner Flume[26] im Vordringen. Diese Auffassung geht von einer

17 K. Schmidt, JZ 1985, 909.
18 MüKo-Reuter, vor § 21 RN 9.
19 Vgl. Buchda, Geschichte und Kritik der deutschen Gesamthandslehre, 1936.
20 So auch Hennecke, S. 12.
21 S. u. 2.
22 S. u. 3.
23 Vgl. K. Schmidt, GesR, S. 152; ders., Die Personengesellschaft als Rechtsträger, S. 41 ff.
24 Vgl. Flume, ZHR 136 (1972), 177, 184 ff.; O. v. Gierke, Genossenschaftstheorie, S. 339 ff., 353; Düringer/Hachenburg/Geiler, HGB, 3. Aufl., 1932, II, 1, Anm. 7 ff., 20 f.
25 Vgl. Hennecke, S. 11.
26 Flume, ZHR 136 (1972), 177 ff.; ders., Personengesellschaft, 1977.

Rechtssubjektivität (oder Teilrechtsfähigkeit[27]) der Gesamthand aus[28]. Die Gesamthand ist danach als Einheit anzusehen. Die Vermögenszuordnung in der Gesamthand wird hierbei nur als Folge des Gemeinschaftsverhältnisses aufgefaßt[29]. Der Zuordnung als Vermögen geht gedanklich voraus, daß die Gruppe die Beteiligte aller rechtlich relevanten Vorgänge im Gesamthandsbereich ist[30]. Den einzelnen Gesellschaftern stehen danach zwar anteilige Mitgliedschaftsrechte zu, nicht jedoch Rechte an den einzelnen Gegenständen des Gesamthandsvermögens. Aus der Zuerkennung der Teilrechtsfähigkeit ergeben sich dann Auswirkungen auf Fragen wie Grundbuchfähigkeit[31], Erbfähigkeit[32], Mitgliedsfähigkeit[33] und auf die Stellung im Prozeß[34], die aber auch von den Vertretern der neuen Lehre unterschiedlich beantwortet werden[35].

### 3. Die vermögensrechtliche Lehre

Die sogenannte traditionelle (oder vermögensrechtliche) Gesamthandsdoktrin sieht dagegen die Gesamthänder als Rechtsträger und das Gesamthandsvermögen nur als ein den Gesamthändern zustehendes Sondervermögen an[36]. Danach verfolgt die Gesamthandskonstruktion den Zweck, ein

---

27 S. u. D II, S. 22.

28 Vgl. außer Flume, MüKo-Ulmer, § 705 RN 129 ff. m.w.N.; ders., in: Großkommentar, HGB, 4. Aufl. 1988, § 105 RN 41; Hüffer, Gesellschaftsrecht, 2. Aufl., 1983, S. 38; Schünemann, S. 146 ff., mit einem „gestalttheoretischen" Ansatz, hierzu kritisch John, Rechtsperson, S. 222 FN 24; Hennecke, S. 46, 61 ff.; Soergel-Hadding, vor § 705 RN 21; Aderhold, S. 146 ff.; Koch, ZHR 146 (1982), 118; Fabricius, Relativität, S. 158 ff.; Mummenhoff, S. 229; K. Schmidt, in: FS H.-J. Fleck, 1988, S. 271 ff., 282 f.; ders., GesR, § 8 III; ders., GA, S. 413 ff., 466 ff.

29 Vgl. Flume, ZHR 136 (1972), 177, 185 f.; Ulmer, in: Großkommentar, § 105 RN 41.

30 Flume, ZHR 136 (1972), 193.

31 Bejahend Soergel-Hadding, § 718 RN 4; s. u. F II, S. 80.

32 Verneinend MüKo-Ulmer, § 718 RN 18; bejahend Soergel-Hadding, vor § 705 RN 5.

33 S. u. F I, S. 53.

34 Vgl. MüKo-Ulmer, § 718 RN 42 ff.; s. u. F III, S. 85.

35 Vgl. die Nachweise in den vorstehenden FN.

36 Vgl. Schulze-Osterloh, S. 131 ff., 278 ff.; Wiedemann, GesR, S. 245 ff.; Huber, S. 102 ff.; Hopt/Hehl, Gesellschaftsrecht, RN 215; Harry Westermann, Handbuch der Personengesellschaften, Band 1, 3. Aufl., RN 16; Weber-Grellet, AcP 182 (1982), 316 ff.; Staudinger-Keßler, vor § 705 RN 35, 62 ff.; Palandt-Thomas, § 718 Anm. 1; RGRK-v. Gamm, BGB, 12. Aufl. 1978, vor § 705 RN 4; Lipp, BB 1982, 74 ff.; Laband, ZHR 31 (1885), 1 ff.; Buchner, AcP 169 (1969), 483 ff., 489 ff.

Vermögen zu einem zweckgebundenen Sondervermögen zu verselbständigen[37]. „Die Gesamthänder sind zusammen Subjekt eines ihnen gemeinsam zustehenden Vermögens – und sonst nichts"[38]. Die Gesamthand ist danach ein bloßes Vermögenszuordnungsprinzip[39]. Nach dieser Lehre ist das Prinzip der Gesamthand gesamthänderisch gebundene Vielheit[40].

Diese Vielheitstheorie – auch individualistische Auffassung genannt[41] – geht davon aus, daß Rechtssubjektivität nur Einzelpersonen oder juristischen Personen zukommen kann. Da die BGB-Gesellschaft als Personengesellschaft keine juristische Person ist, kommen nur die Gesellschafter als Zuordnungssubjekte in Betracht[42].

Unterschiede ergeben sich bei der Konstruktion dieser „Vielheit"[43]. Das Spektrum der als Erklärung dieser Vielheit vertretenen vermögensrechtlichen Theorien[44] umfaßt insbesondere die Auffassung vom gebundenen Miteigentum an den einzelnen Vermögensgegenständen (Theorie der geteilten Mitberechtigung)[45], die von Engländer[46] begründete Lehre von der Rechtsgemeinschaft als Oberbegriff für Bruchteilsgemeinschaft und Gesamthand, die Lehre von der personenrechtlich überlagerten Rechtsgemeinschaft, sowie die Auffassung, wonach die Mitberechtigung der Gesamthänder das gesamte Sondervermögen umfaßt (Theorie der ungeteilten Mitberechtigung)[47]. Hiernach sind Rechtsträger die Gesellschafter in ihrer Verbundenheit[48], da dem Sondervermögen ein selbständiges Rechtssubjekt

37 Huber, S. 103.

38 Wiedemann, GesR, § 5 I 1 a.

39 Wiedemann, GesR, § 5 I 1 a.

40 K. Schmidt, GesR, S. 154.

41 Vgl. Dölle, S. 18 ff.

42 Hüffer, Verein und Gesellschaft, 1. Aufl., 1977, § 11 1 a; Buchner, AcP 169 (1969), 483, 489; Weber-Grellet, AcP 182 (1982), 316, 325; Baumbach/Duden/Hopt, § 128 Anm. 1 A.

43 Wobei natürlich auch hier wieder Einheitsüberlegungen „anklingen"; vgl. die ausführliche Darstellung bei Schünemann, Grundprobleme der Gesamthandsgesellschaft unter besonderer Berücksichtigung des Vollstreckungsrechts, 1975, passim.

44 Vgl. die Darstellung bei K. Schmidt, GesR, S. 155.

45 Z. B. Schulze-Osterloh, S. 14 ff.; Buchda, S. 200.

46 Engländer, S. 33 ff.

47 Z. B. Düringer/Hachenburg/Geiler, Allg. Einl. zu § 105 Anm. 21; vgl. auch Buchda, S. 193 ff.

48 Vgl. Buchda, S. 194.

nach Art der juristischen Person nicht zugeordnet ist[49]. Die Gesellschafter bilden nach dieser Auffassung auch in ihrer Verbundenheit kein neues Rechtssubjekt[50].

Nach Kunz[51] liegt bei der Gesamthand eine Trennung zwischen Rechtszuständigkeit und Verfügungsmacht vor. Rechtsinhaber seien hierbei die Gesellschafter, bezüglich der Verfügungsmacht liege aber eine Dispositionsgemeinschaft in Form der Gesamthand vor[52].

Schließlich vertritt Jürgen Blomeyer[53] die Auffassung, „daß zur sachgemäßen Lösung der zahlreichen praktischen Einzelfragen der Gesamthand nicht nur Anteils- sondern auch Einheitsbetrachtung – d. h. mal diese mal jene – im Hinblick auf die Zuordnung der Einzelgegenstände geboten ist".

### 4. Wiedemanns Differenzierung zwischen der Lehre der Einheit oder Vielheit einerseits und der vermögens- oder verbandsrechtlichen Auffassung andererseits

Nach Wiedemann[54] ist von der Frage, ob die Gesamthand ein Verbands- oder ein Vermögensprinzip ist, die Frage der Einheits- oder Vielheitstheorie zu trennen[55]. Bei der Einheits- oder Vielheitstheorie geht es um die Frage, ob man sich die Gesamthand als einheitliches Zurechnungssubjekt vorstellen kann oder ob die Vermögensrechte den beteiligten Personen einzeln zuzurechnen sind[56]. Nach der Auffassung von Wiedemann[57] betont die Vielheitstheorie die Verwandtschaft der Gesamthand zum Bruchteilseigentum, der Einheitsgedanke dagegen die Verwandtschaft zur juristischen Person. Da die Gesamthand ein offenes Rechtsprinzip sei, lasse sich weder die Einheits- noch die Vielheitsbetrachtung falsifizieren. Der Rechtskreis der Gesamthand kann danach gegenüber der Vermögenssphäre ihrer Mitglie-

49 Buchda, S. 194, unter Hinweis auf Endemann, Lehrbuch des bürgerlichen Rechts, 9. Aufl., 1903, I. Bd., S. 1138.
50 Vgl. Dölle, S. 19.
51 Kunz, S. 11 ff., 167.
52 Zu diesem Ansatz kritisch Schünemann, S. 94 ff., 108/109; Brecher, Besprechung von Kunz, Über die Rechtsnatur der Gemeinschaft zur gesamten Hand, in: AcP 166 (1966), 362 ff.
53 Blomeyer, JR 1971, 403.
54 Wiedemann, GesR, S. 245 f.
55 S. u. G II 4 + 5, S. 107 f.
56 Wiedemann, GesR, S. 246.
57 Wiedemann, GesR, S. 246.

der unterschiedlich streng abgegrenzt sein[58]. Hierdurch unterscheidet sich die Auffassung von Wiedemann teilweise von der der sonstigen vermögensrechtlichen Vertreter, da üblicherweise mit der vermögensrechtlichen Auffassung die Vielheitstheorie verbunden wird[59].

### 5. Die Auffassung der Rechtsprechung

Die Rechtsprechung des BGH[60] ging bisher von einer individualistischen Sichtweise aus. Hierbei benutzt der BGH immer wieder die folgende Formel:

„Nach einhelliger Auffassung im Schrifttum und Rechtsprechung sind Träger der Rechte und Pflichten die Gesellschafter selbst, allerdings in ihrer Verbundenheit als Gesellschafter. Die Personengesellschaft ist von der Persönlichkeit der Gesellschafter nicht zu trennen"[61].

Inzwischen ist der BGH[62] in letzter Zeit wiederholt zu Teilergebnissen gelangt, die dem neueren Gesamthandsverständnis entsprechen[63]. So führt der BGH[64] in einem Urteil aus dem Jahre 1979 aus:

58 Wiedemann, GesR, S. 246.

59 S. o. 3; vgl. auch den differenzierten Ansatz von Lehmann, FR 1990, 265 ff., der von einer Rechtsträgerschaft des Sondervermögens ausgeht, welche zu „einer hierarchischen Struktur der vermögensrechtlichen Rechtszuständigkeiten" führe.

60 Z. B. BGHZ 23, 302; BGHZ 34, 293; vgl. z. B. aber auch die Rechtsprechung des Bundesfinanzhofs, BFH, DB 1987, 1668 zur BGB-Gesellschaft als Steuerschuldnerin für Grunderwerbsteuer, BFH v. 7. 12. 1988, II R 150/85, BStBl. II 1989, 237 zur Gesamthandsgesellschaft als Erwerberin und Steuerschuldnerin i. S. § 20 Abs. 1 ErbStG 1974; „Die Gesamthandsgemeinschaft kann danach in eigener Rechtszuständigkeit Rechte erwerben und übertragen ... Das Vermögen der Gesamthand ist im Verhältnis zu den Gesamthändern wie gegenüber Dritten verselbständigt. Die Gesellschafter sind Träger der gemeinschaftlichen Rechte nicht ‚als Individualpersonen', sondern ‚als Teilhaber der zweckgebundenen Personenvereinigung'"; vgl. hierzu K. Schmidt, Die Personengesellschaft als Rechtsträger, S. 48; vgl. auch BFH v. 26. 9. 1990, II B 24/90; das Bundesarbeitsgericht erkennt keine (Teil-)Rechtsfähigkeit der BGB-Gesellschaft an, BAG, DB 1989, 1973, zur Arbeitgeberstellung in einer BGB-Gesellschaft: Arbeitgeber sind die einzelnen Gesellschafter gemeinschaftlich.

61 BGHZ 34, 293, 296.

62 Vgl. zur neueren Rechtsprechung des BGH zur BGB-Gesellschaft Brandes, WM 1989, 1357 ff.

63 Vgl. Hüffer, ZHR 151 (1987), 396 ff., 398.

64 BGHZ 72, 267, 271.

„Vertragspartnerin der Auftraggeberin ... war die Arge-Fassade B. ... Diese Arge war eine BGB-Gesellschaft..."[65].

Entgegen dieser Tendenz hält aber der nicht für das Gesellschaftsrecht zuständige IV a-Senat des BGH in einer Entscheidung aus dem Jahre 1987[66] an der gerade zitierten Formel der überkommenen Gesamthandsauffassung fest[67]. Trotzdem ist beim für das Gesellschaftsrecht zuständigen II. Senat des BGH eine gewisse Tendenz in Richtung der neuen Gesamthandslehre sichtbar[68]. Eine Festlegung zu dieser Frage ist aber noch nicht zu erkennen[69].

### 6. Stellungnahme

#### a) Rückschlüsse aus dem Gesetzeswortlaut?

Die oben kurz dargestellte Entstehungsgeschichte der §§ 705 ff. BGB zeigt, daß der Gesetzgeber ausdrücklich den Streit um die Rechtsnatur der Gesamthand nicht entscheiden wollte[70]. Daraus ist aber zu folgern, daß sich aus dem Gesetzestext die eine oder die andere Auffassung über die Gesamthand nicht verifizieren läßt. Von den Gegnern[71] der neueren Lehre wird zwar immer wieder insbesondere der Wortlaut der §§ 714, 718 und 738 BGB angeführt, um nachzuweisen, daß die neuere Lehre nicht dem geltenden Recht entsprechen würde. Der Gesetzeswortlaut ist aber nicht dahingehend zu verstehen, daß eine mögliche Rechtssubjektivität ausgeschlossen wäre, sondern, wie sich aus der Darstellung der Entstehungsgeschichte des

65 Vgl. auch BGH, JZ 1986, 899, 900; BGHZ 74, 240; BGHZ 79, 374; vgl. hierzu das BAG, DB 1989, 1973, 1974: „Nach Auffassung des erkennenden Senats hat der BGH mit den Formulierungen in den vorgenannten Entscheidungen keine Abkehr vom traditionellen Verständnis der BGB-Gesellschaft als nichtrechtsfähige Personengesellschaft einleiten wollen."

66 DB 1987, 2560, auf diese Entscheidung beruft sich nun auch der IV. Senat in der Entscheidung vom 24. 1. 1990, IV ZR 270/88, BGH, BB 1990, 516, vgl. Döllerer, ZHR 154 (1990), 398 f.; vgl. hierzu unten D III 2 a bb, S. 31.

67 Vgl. auch wieder zuletzt BGH v. 18. 5. 1989, V ZB 4/89, BB 1989, 1372: „... es bleiben sämtliche Gesellschafter in ihrer gesamthänderischen Verbundenheit verpflichtet".

68 Vgl. BGHZ 72, 267, 271; BGHZ 74, 240; vgl. auch Kellermann, JbFSt 1988/89, S. 155.

69 Reuter, JZ 1986, 16 ff.; vgl. auch Kellermann, in: Institut der Wirtschaftsprüfer, Personengesellschaft und Bilanzierung, S. 106.

70 Vgl. o. I, S. 4 ff.

71 Robert Fischer, ZGR 1979, 257 ff.; Larenz, Schuldrecht BT, § 60 IV c.

Gesetzes ergeben hat[72], ist er „als Konsequenz der Abstinenz des historischen Gesetzgebers im konstruktiv-dogmatischen Bereich"[73] zu betrachten. Selbst wenn der Gesetzgeber von der Nichtrechtssubjektivität der Gesamthand ausgegangen wäre, stünde dies einer Änderung dieser Ansicht nicht entgegen[74]. Denn ein möglicherweise dem Gesetzeswortlaut[75] zugrunde gelegtes Dogmatikverständnis des historischen Gesetzgebers ist im Gegensatz zur legislativen Interessenbewertung nicht bindend für den Gesetzesanwender[76]. Aus dem Gesetzeswortlaut können daher keine Folgerungen im Hinblick auf die Richtigkeit der einen oder anderen Gesamthandsauffassung gezogen werden[77].

### b) Auswirkungen der „Installation" des Gesamthandsprinzips

Ausgehend von den Überlegungen der 2. Kommission wurde die Gesamthand zunächst als reines Vermögensprinzip – zur Konstituierung eines Gesellschaftsvermögens – „installiert". Wie oben dargelegt, wurden dabei aber nicht die Auswirkungen des Gesamthandsprinzips auf die ursprüngliche schuldrechtliche Gesellschaft gesetzgeberisch berücksichtigt. Die Auswirkungen des Gesamthandsprinzips auf die Gesellschaft sind aber erheblich. Daher wird auch von einer BGB-Gesellschaft mit Gesamthandsvermögen kurz von der „Gesamthand" gesprochen[78]. Durch das Gesamthandsprinzip ist die Bildung eines von den Gesellschaftern gesonderten Sondervermögens möglich geworden. Merkmale dieses Sondervermögens sind die in § 719 BGB geregelte gesamthänderische Bindung und das in § 738 Abs. 1 S. 1 BGB geregelte Anwachsungsprinzip. Diese mögliche Bildung eines Sondervermögens verstärkt die in § 705 BGB sozusagen latent angelegte organisationsrechtliche Komponente des Tatbestandsmerkmals „Zweckvergemeinschaftung". Nicht zu Unrecht schreibt Flume[79]: „Das Elixier der Gesellschaft ist der Zweck"[80].

72 S. o. I, S. 4 ff.
73 Lindacher, JuS 1981, 431, 434.
74 Lindacher, JuS 1981, 431, 434.
75 Vgl. zur Auslegung nach dem Wortlaut, Larenz, Methodenlehre, S. 305 ff.
76 Lindacher, JuS 1981, 431, 434, unter Berufung auf Heck, AcP 112, 1 ff.
77 So auch Lindacher, JuS 1981, 431, 434; Dölle, S. 32 f.
78 Vgl. Soergel-Hadding, § 705 RN 43.
79 Flume, ZHR 136 (1972), 177 ff., 201.
80 Vgl. auch Reuter, GmbHR 1981, 129, 137, der Zweck als „Konstituens aller Personenverbände"; ders., ZHR 146 (1982), 1 ff., 15; K. Schmidt, GesR, § 4.

Bei der BGB-Gesellschaft sind somit zwei Komponenten prägend:

- die Zweckvergemeinschaftung – als organisationsrechtliche oder verbandsrechtliche Komponente[81]
- das Gesamthandsvermögen – als vermögensrechtliche Komponente.

Der Zusammenschluß zu einem gemeinsamen Zweck verursacht den gemeinschaftsbegründenden Charakter des Gesellschaftsvertrages[82]. Es fehlt somit die für Austauschverträge typische Gegenläufigkeit der Interessen. Solange bei einer solchen Gesellschaft das Gesamthandsprinzip nicht gilt, fehlt es an einer Verdinglichung dieses schuldrechtlichen Verhältnisses[83]. Es liegt – wie oben[84] erwähnt – „nur ein obligatorisches Rechtsverhältnis unter den Kontrahenten"[85] vor[86]. Zwar ist auch der gemeinschaftsbegründende Charakter des Gesellschaftsvertrages aufgrund der Zweckvergemeinschaftung zu berücksichtigen[87]. Ohne die *Möglichkeit* der Bildung eines Gesamthandsvermögens ist aber der gemeinschaftsbegründende Charakter (= Verselbständigungskraft) grundsätzlich als sehr gering zu erachten[88]. Dies zeigt sich z. B. deutlich durch die Wirkung, die Karsten Schmidt in seinem Gutachten[89] mit der Herabstufung zur rein zivilistischen BGB-Gesellschaft allein durch Ausschluß des Gesamthandsvermögens erreicht[90]. Hier bestätigt sich die Auffassung[91] von der Verselbständigungskraft des Sondervermögens. Andererseits ist aber fraglich, ob die – je nach Auffassung mehr oder weniger gegebene – Verselbständigung allein im gesamthänderisch gebundenen Gesellschaftsvermögen begründet ist[92]. Denn hierbei findet der gemeinschaftsbegründende Charakter des Gesellschaftsvertrages keine Berücksichtigung. So schreibt Karsten Schmidt[93]:

81 Vgl. auch Schünemann, S. 178 f.
82 Vgl. Soergel-Hadding, § 705 RN 44; Staudinger-Keßler, vor § 705 RN 23.
83 Vgl. Brecher, in: FS Hueck, 1959, S. 233, 248 f.
84 S. o. I, S. 4 ff.
85 Mot II, 591.
86 O. v. Gierke, Personengemeinschaften, S. 95 f.
87 So auch Schünemann, S. 177 ff.; Hueck, Das Recht der offenen Handelsgesellschaft, S. 50.
88 Von den Anhängern der vermögensrechtlichen Auffassung wird er sogar überwiegend mit Null angenommen.
89 K. Schmidt, GA, S. 413 ff.
90 Ausführlich s. u. G IV, S. 117.
91 Vgl. z. B. Wiedemann, GesR, S. 247.
92 Vgl. MüKo-Reuter, vor § 21 RN 10; Blaurock, Besprechung von Wiesner, Die Lehre von der fehlerhaften Gesellschaft, AcP 181 (1981), 451, 453, wonach das Gesellschaftsverhältnis bereits selbst Organisationscharakter trägt.
93 K. Schmidt, GA, S. 434/435.

„Da die Gesellschaft nicht auf gegenseitigen Leistungsaustausch, sondern auf gemeinschaftliche Zweckverfolgung ausgerichtet ist, muß sie als Instrument der Zweckbindung von Vermögensmassen ... taugen."

Das „Instrument der Zweckbindung" ist aber gerade die Beschreibung des gemeinschaftsbegründenden Charakters.

Im BGB-Gesellschaftsrecht sind zur Ausübung der mit der Bildung des Gesamthandsvermögens verbundenen rechtlichen Befugnisse besondere Organisationsregeln erforderlich[94]. Die Gesellschaft als Zweckgemeinschaft muß daher für das Gesamthandsvermögen einen bestimmten Organisationsrahmen zur Verfügung stellen. Dieser Organisationsrahmen kann je nach Zweck und Intensität der Zweckgemeinschaft sehr differieren[95]. Dies bestätigt den hier vertretenen Dualismus von Organisations- und Vermögenskomponente. Auch ist zu berücksichtigen, daß die BGB-Gesellschaft als Grundform für die Personenhandelsgesellschaften ausgestaltet ist[96]. Dies hat Gierke[97] prägnant dergestalt formuliert, daß sich alle wesentlichen Unterschiede der Handelsgesellschaft von der BGB-Gesellschaft auf ein Plus von gesamter Hand zurückführen lassen.

An dieser Stelle befindet man sich wieder genau am Schnittpunkt der beiden Auffassungen – Verbands- oder Vermögensprinzip –. Es geht dabei um die Frage, ob diesem unbestreitbar bestehenden gemeinschaftsbegründenden Charakter personenrechtliche Qualität[98], wie oben[99] dargestellt, zukommt. Hierbei ist aber zu fragen, ob die Lösung des Gesamthandsproblems bezüglich dieser unterschiedlichen Auffassungen in einem „entweder – oder" liegen muß.

94 Vgl. John, BB 1982, 505, 506.
95 K. Schmidt, GA, S. 436.
96 K. Schmidt, GA, S. 435; Flume, ZHR 136 (1971), 177, 194.
97 Gierke, ArchBürgR 19 (1901), 119.
98 Vgl. Schünemann, S. 177 f.
99 S. o. 1, S. 6.

## B. Kein Einheitsmodell der Gesamthand

Ausgangspunkt für die weiteren Überlegungen soll daher die These sein, daß es nicht weiter führt – dies hat wohl die jahrhundertelange Diskussion[1] deutlich gezeigt –, sich generell für die eine oder andere Meinung zu entscheiden. Es ist daher zu untersuchen, ob es nicht einen mittleren Weg gibt.

Einigkeit besteht wohl darüber, daß es kein Einheitsmodell der Gesamthand nach geltendem Recht gibt[2]. So ist auch Wiedemann der Meinung[3], daß der wirkliche Unterschied nicht darin liegt,

„ob man in der Gesamthand die Einheit der Willensbildung oder die Mehrheit der Anteilsberechtigten betont – er liegt in dem Grad der Verselbständigung des Sondervermögens. Der Rechtskreis der Gesamthand kann gegenüber der Vermögenssphäre ihrer Mitglieder unterschiedlich streng abgegrenzt werden. Und in dieser Hinsicht ist weder die Vielheits- noch die Einheitsbetrachtung falsifizierbar. Die Gesamthand beinhaltet im Vergleich zur juristischen Person ein ‚offenes' Rechtsprinzip, das in seinem Kern, also in den §§ 719, 1419, 2033 BGB so angelegt ist, daß Ableitungen nach beiden Richtungen zulässig erscheinen. Angesichts der fragmentarischen gesetzlichen Regelung gibt es mithin für die verschiedenen Personengruppen, deren Vermögen gesamthänderisch geordnet ist, divergierende Möglichkeiten"[4].

Dies gilt natürlich für die verschiedenen Gesamthandsgemeinschaften wie Erbengemeinschaft, Gütergemeinschaft, Personenhandelsgesellschaften usw. Im besonderen gilt dies aber auch für die verschiedenartigen Erscheinungsformen von BGB-Gesellschaften. Dies zeigt sich auch schon an dem großen Spektrum von rechtstatsächlich vorkommenden Arten von BGB-Gesellschaften[5]. So bezeichnet Karsten Schmidt[6] die BGB-Gesellschaft als Allzweckinstrument. Dies folgt aus dem im BGB-Gesellschaftsrecht geltenden Prinzip der Universalität[7].

Angesichts dieses Befundes ist zu überlegen, ob es sinnvoll ist, die Frage der Rechtsträgerschaft für die BGB-Gesellschaft einheitlich zu beantworten. Des weiteren ist zu untersuchen, ob die mit der BGB-Gesellschaft zusammenhängenden Probleme allein von der Frage der Rechtsträgerschaft, d.h.

1 Vgl. K. Schmidt, GesR, S. 152; Buchda, passim.
2 K. Schmidt, GesR, S. 155; vgl. auch Claus Ott, Quaderni Fiorentini 11/12 (1982–83), S. 915 ff., 923; aA Schulze-Osterloh, S. 14 ff.
3 Wiedemann, GesR, § 5 I 1 b.
4 Vgl. auch K. Schmidt, GA, S. 468 f.; Roth, ZHR 155 (1991), 24, 34.
5 Vgl. BGHZ 74, 240, 243.
6 K. Schmidt, JZ 1985, 909, 910.
7 Vgl. K. Schmidt, GA, S. 460 f.

hinsichtlich der Alternative Einheit oder Vielheit, beantwortet werden können. Auch ist darauf einzugehen, ob diese Fragen durch das Verbands- oder Vermögensprinzip gelöst werden können.

Die Frage der Rechtsträgerschaft ist nicht von ungefähr Hauptstreitpunkt der beiden Gesamthandsverständnisse, denn die Fähigkeit zur Rechtsträgerschaft wird üblicherweise mit den Begriffen Rechtsfähigkeit und juristische Person gleichgesetzt. Insoweit ist auch die Kritik zu verstehen[8], die sich gegen die im Vordringen begriffene Flumesche Lehre mit der Argumentation wendet, durch die Qualifizierung der Gesamthandsgesellschaft als teilrechtsfähige Wirkungseinheit würde diese zur juristischen Person „befördert". So schreibt Hüffer[9]:

„Die Gesellschaft wäre jedoch nur dann Zurechnungssubjekt, wenn sie rechtsfähig wäre. Rechtsfähig sind natürliche Personen und solche Korporationen, denen die Rechtsordnung diese Eigenschaft in einem staatlich geregelten Verfahren beigelegt hat, sei es nach dem System der Normativbedingungen oder nach dem Konzessionssystem"[10].

Diese Auffassung entspricht der herkömmlichen Meinung, die das umfassende „Haben"-Können von Rechten zum Kriterium des Person-Seins erhoben hat[11], „d. h. es wird letztlich immer die globale Frage gestellt, wem ein Rechtsgegenstand ‚gehört'"[12]. Hierbei aber ist festzustellen, daß es bisher wenig fruchtbar war, Wesen und Begriff der juristischen Person zu bestimmen[13]. Die heute h. M. begnügt sich deshalb mit der Formel: Die juristische Person ist eine zweckgebundene Organisation, der die Rechtsordnung die Rechtsfähigkeit verliehen hat[14].

Zur näheren Beschreibung dieser zweckgebundenen Organisation könnten als Ansatzpunkt die verbandsrechtlichen Lehren dienen, die die juristische Person in den Zusammenhang einer Stufenfolge verschiedenartiger Organisationen stellen[15]. Ein Gewinn dieser Ansicht könnte vor allem eine Relativierung des herkömmlichen Gegensatzes von Person und Nichtperson

8 Vgl. exemplarisch Larenz, Schuldrecht BT, § 60 IV.
9 Hüffer, Verein und Gesellschaft, 1. Aufl. 1977, S. 76; aA Hüffer jetzt in der 2. Aufl., 1983, unter dem Titel Gesellschaftsrecht, S. 38.
10 Vgl. auch BAG, DB 1989, 1973.
11 John, BB 1982, 505, 506.
12 John, BB 1982, 506/507.
13 Statt vieler MüKo-Reuter, vor § 21 RN 1 ff.
14 Vgl. MüKo-Reuter, vor § 21 RN 2 m. w. N.
15 John, Quaderni Fiorentini 11/12 (1982-83), S. 963 ff.; AK-Teubner, BGB, 1979, vor §§ 705 ff. RN 20.

sein[16]. Ausstrahlungswirkungen könnten diese Neuansätze vor allem für die aktuelle Gesamthandsdiskussion haben. Denn ähnlich der Diskussion um das Wesen und den Begriff der juristischen Person wird der oben[17] beschriebene Streit über das Verständnis der Gesamthand geführt. Diese Bemühungen im Hinblick auf das Gesamthandsverständnis waren in erster Linie um eine ontologische Wesensbeschreibung der Gesamthandsgesellschaft bemüht[18]. Aber die oben dargestellten Auffassungen zeigen, daß für die vielen Erscheinungsformen von BGB-Gesellschaften eine solche ontologische Wesensbeschreibung nicht von großer Erkenntniskraft ist. Insbesondere lassen sich hiermit eine Vielzahl von Einzelproblemen nicht hinreichend erklären. Damit bleibt sozusagen als kleinster gemeinsamer Nenner übrig, daß die Gesamthandsgesellschaft ein Mittel zur Verselbständigung von (nicht rechtsfähigen) Organisationen ist[19]. Ansatzpunkt ist nun, die unterschiedlichen Erscheinungsformen für eine Stufenfolge verschiedenartiger BGB-Gesellschaften nutzbar zu machen[20].

## C. Die Lehre von Uwe John

### I. Die Lehre von den „Strukturelementen der Rechtsperson"

Von zentraler Bedeutung sind dabei die Überlegungen von John[1]. John bezeichnet den Streit, wer bei der Gesamthand der wirkliche Träger der Rechte sei, als aussichtslos[2]. Das Problem sei unlösbar, solange man das Phänomen der Personifikation von der Zuordnung subjektiver Rechte her verstehe und solange man sich nicht entschließe, die Rechtsfähigkeit von vornherein in ihre einzelnen Funktionen aufzulösen und diese jeweils getrennt zu analysieren. Das bedeute, daß der systematische Primat des subjektiven Rechts und der daraus folgende einheitliche Begriff der Rechtsfähigkeit

16 John, Quaderni Fiorentini 11/12 (1982-83), 970.
17 S. u. A, S. 4 ff.
18 John, AcP 185 (1985), 218.
19 MüKo-Reuter, vor § 21, RN 9; John, BB 1982, 506.
20 Vgl. schon Otto Schreiber, S. 32 f.; Brecher, Subjekt und Verband, in: FS Alfred Hueck, 1959, 233, 243 ff.
1 John, Rechtsperson, 1977; ders., AcP 185 (1985), 209 ff.; ders., Quaderni Fiorentini 11/12 (1982–83), S. 963 ff.; ders., BB 1982, 505, 507.
2 John, AcP 185 (1985), S. 222.

aufzugeben sei, da dieser leicht den Blick auf die konkreten organisatorischen Zusammenhänge bei den einzelnen Personifikationen verstelle[3].

John hat in seiner Habilitationsschrift[4] „Strukturelemente der Rechtsperson" entwickelt[5]. Diese Elemente der Personifikation sollen im folgenden näher dargestellt werden.

## II. Die Personifikationselemente von John

John[6] unterscheidet zwischen drei verschiedenen Elementen:

- Handlungsorganisation[7]
- Haftungsverband[8]
- Identitätsausstattung[9].

### 1. Handlungsorganisation

Nach John[10] ist jeder Personifikation ein Bereich zur Verfügung gestellt, in dem Entscheidungen über einzelne rechtliche Beziehungen getroffen werden. Diese Entscheidungen, die die Rechtsperson zu treffen hat, müssen letztlich einem Menschen anheimgegeben werden. Von diesem Menschen ist aber die Funktion zu unterscheiden, in der er tätig wird, sozusagen ist der Amtsträger vom Amt zu trennen[11].

Bei der Beschreibung der Handlungsorganisation der BGB-Gesellschaft spiegeln sich die unterschiedlichen Gesamthandsverständnisse wider. Dabei geht es in erster Linie darum, ob die Organisationsmitglieder im eigenen Namen und – gegebenenfalls – im Namen der anderen Gesellschafter oder für die BGB-Gesellschaft handeln. Beispielhaft für die herkömmliche Auffassung[12] ist Larenz:

---

3 John, AcP 185 (1985), S. 222/223.
4 John, Die organisierte Rechtsperson, 1977; vgl. die Besprechung von Hüffer, ZHR 142 (1978), 186 ff.
5 Vgl. auch Pawlowski, RN 96 ff.
6 John, Rechtsperson, S. 72 ff., 230 ff.
7 S. u. 1, S. 18 f.
8 S. u. 2, S. 19 f.
9 S. u. 3, S. 20 ff.
10 John, Rechtsperson, S. 72 ff., 230 ff.
11 John, Rechtsperson, S. 74.
12 Vgl. die Nachweise bei John, Rechtsperson, S. 151 FN 1.

„Allerdings bedarf es, wenn alle zusammen auftreten, im Grund einer Vertretungsmacht nicht; sie handeln dann alle zusammen im eigenen Namen, ‚vertreten' also nur sich selbst; wenn auch gerade in ihrer Verbundenheit ‚als Gesellschafter'"[13].

Nach der neueren Gesamthandsauffassung[14] führt die Gründung einer BGB-Gesellschaft dazu, daß die Gesellschafter in einem bestimmten Bereich nicht mehr für sich und in eigener Zuständigkeit handeln, sondern eine Organisation bilden, die mit bestimmten Handlungskompetenzen ausgestattet ist. Die Organisationsmitglieder handeln danach nicht im eigenen Namen, sondern für die BGB-Gesellschaft[15].

Aber auch hier stellt sich die Frage, ob diese Sichtweise für alle Erscheinungsformen von BGB-Gesellschaften gelten kann. Insbesondere hängt dies auch davon ab, wieweit die jeweilige BGB-Gesellschaft verselbständigt ist. Auch ist für die Ausgestaltung der Handlungsorganisation der jeweilige Zweck der BGB-Gesellschaft von Bedeutung. Dies ist insbesondere dafür von Bedeutung, inwieweit von der gesetzlichen Regel der gemeinschaftlichen Geschäftsführungs- und Vertretungsbefugnis abgewichen wird. Dies gilt auch für die Beschränkung der Handlungskompetenz auf das Gesellschaftsvermögen[16].

### 2. Haftungsverband

Wenn eine Rechtsperson durch ihre Entscheidungen (bzw. diejenigen ihrer Handlungsorganisation) Rechtswirkungen herbeiführt, so muß dafür gesorgt sein, daß diese Wirkungen, soweit sie gegen die Rechtsperson gerichtet sind, zu praktischen Folgen führen[17]. Bei der BGB-Gesellschaft begründen die rechtsgeschäftlichen Handlungen der Handlungsorganisation im allgemeinen die volle Zugriffsmöglichkeit auf die allgemeinen Haftungsverbände aller Gesellschafter. Als weiterer Haftungsverband – sofern vorhanden – steht den Gläubigern das gesamthänderisch gebundene Gesellschaftsvermögen zur Verfügung. Unter dem Haftungsverband wird dabei ein Inbegriff von Rechtsgegenständen von wirtschaftlicher Bedeutung verstanden[18].

---

13 Larenz, Schuldrecht BT, § 60 III b.
14 Vgl. die Nachweise o. A II 2, S. 7.
15 John, Rechtsperson, S. 151.
16 Vgl. John, Rechtsperson, S. 153; zu den Voraussetzungen MüKo-Ulmer, § 714 RN 32 ff.
17 John, Rechtsperson, S. 81.
18 John, Rechtsperson, S. 240.

Eine Personifikation muß aber nicht stets einen Haftungsverband haben. Auch die Existenz einer bloßen Handlungsorganisation ist ein Stück Personifikation (Verselbständigung)[19].

### 3. Identitätsausstattung

Das dritte und, wie noch gezeigt werden wird[20], das entscheidende Personifikationsmerkmal, ist die Identitätsausstattung. Die Rechtsperson muß, wenn sie als verselbständigte Wirkungseinheit funktionieren soll, ihre Identität im sozialen Kontext sinnfällig zum Ausdruck bringen, sie muß eine „Identitätsausstattung" haben. John[21] bezeichnet dabei die Identitätsausstattung als das übergreifende Bindeglied, unter dem sich Haftungsverband und Handlungsorganisation vereinigen. Die Identitätsausstattung individualisiert die Personifikation[22]. Nach John[23] besteht die Identitätsausstattung aus dem Namen und dem Sitz als lokale Zuordnung der Personifikation.

Die BGB-Gesellschaft hat, anders als die juristischen Personen und auch die Personenhandelsgesellschaften, keine formalisierte Identitätsausstattung. Der Name wird üblicherweise aus den Namen der Gesellschafter[24] oder dem Gegenstand der Gesellschaft gebildet. Da der Gesetzgeber davon abgesehen hat, für die Bezeichnungen der BGB-Gesellschaft im Rechtsverkehr Regelungen zu treffen, ist teilweise umstritten, welcher Name für eine BGB-Gesellschaft zulässig ist[25]. Nach der h.M. verstößt es gegen § 37 HGB, wenn die BGB-Gesellschaft einen Namen führt, der firmenähnlich wirkt[26]. Eine BGB-Gesellschaft darf danach keinen Namen führen, der auch von einem Vollkaufmann als Firma geführt werden könnte[27]. Teil-

19 John, Quaderni Fiorentini 11/12 (1982–83), S. 967; vgl. hierzu die Frage der Organhaftung nach § 31 BGB analog, s.u. F V, S. 90 ff.

20 S.u. E II + III, S. 36 ff.

21 John, Rechtsperson, S. 242.

22 John, Rechtsperson, S. 242.

23 John, Rechtsperson, S. 242 f.

24 Vgl. § 15 b GewO.

25 Vgl. Holstein, Der Name der BGB-Gesellschaft, Diss. Münster, 1968; Zwernemann, BB 1987, 774 ff.; MüKo-Ulmer, § 705 RN 225; K. Schmidt, GesR, § 60 I 3; ders., Handelsrecht, § 12 I 2; ders., DB 1987, 1181 f.; Soergel-Hadding, § 705 RN 68; Koch, NJW 1989, 2662, 2671.

26 OLG Hamm, BB 1959, 898; OLG Karlsruhe, NJW-RR 1986, 582 mit Anm. Lindacher, EWiR § 37 HGB 1/86, 699; Hüffer, in: Großkommentar, HGB, § 37 RN 8 ff.; Zwernemann, BB 1987, 774, 775; Ruban, in: FS Döllerer, 1988, S. 515, 516; vgl. auch zur „Firma des Konzerns", Uwe H. Schneider, BB 1989, 1985.

27 Soergel-Hadding, § 705 RN 68.

weise wird auch die Auffassung vertreten, daß die Firmenähnlichkeit nicht mit dem Zusatz „Gesellschaft bürgerlichen Rechts" beseitigt werden könne[28].

Eine im Vordringen begriffene Auffassung[29] hält dagegen die Unternehmensbezeichnung als „Firma des kleinen Mannes" um so mehr für zulässig, wenn sich der Unternehmer an die strengeren Grundsätze des Firmenrechts hält.

Dieser Auffassung ist zu folgen. Unter der Voraussetzung, daß die Grundsätze der Firmenwahrheit[30] beachtet werden, und die Bezeichnung einen auf die Rechtsform der BGB-Gesellschaft hinweisenden Zusatz enthält, sind keine Ansatzpunkte für eine Täuschung erkennbar. Danach ist auch die Aufnahme eines Sachbestandteils in den Gesellschaftsnamen als zulässig zu erachten, wenn auf die Rechtsform der BGB-Gesellschaft hingewiesen wird[31]. Der Name der Gesellschaft ist auch gemäß den §§ 12 BGB, 16 UWG geschützt[32].

Auch ist für die gewerbetreibende BGB-Gesellschaft § 15b GewO zu beachten, wonach Gewerbetreibende, für die keine Firma im Handelsregister eingetragen ist, auf allen Geschäftsbriefen ihren Familiennamen mit mindestens einem ausgeschriebenen Vornamen angeben müssen. Ob hieraus gefolgert werden kann, daß *jeder* Gesellschafter genannt werden muß[33], erscheint fraglich. Denn bei einer gewerbetreibenden Gesellschaft ist mit der neueren Gesamthandslehre nicht der einzelne Gesellschafter, sondern die Gesellschaft Gewerbetreibende[34].

Nach h.M.[35] ist allerdings die Verwendung eines besonderen Namens in Sondergebieten, wie z.B. Prozeßrecht, Grundbuchrecht, bei der Mitgliedschaft in der GmbH usw., unzulässig. Es wird dabei noch heute davon ausgegangen, daß die BGB-Gesellschaft durch die Namen sämtlicher Gesellschafter identifiziert wird, da insbesondere Gründe der Rechtssicherheit

---

28 Zwernemann, BB 1987, 774, 778.
29 K. Schmidt, Handelsrecht, § 12 I 2; ders., DB 1987, 1181 f.; OLG Stuttgart, BB 1987, 147 m. Anm. Wessel.
30 Vgl. K. Schmidt, Handelsrecht, § 12 I 2.
31 MüKo-Ulmer, § 705 RN 226.
32 Soergel-Hadding, § 705 RN 69.
33 So aber Zwernemann, BB 1987, 774 ff. unter Berufung auf Wessel, BB 1978, 1084.
34 S. u. Q, S. 216 ff.
35 MüKo-Ulmer, § 705 RN 225; Brodersen, S. 97; Dölle, S. 66 f.; Holstein, S. 94 ff.; Westermann, Personengesellschaftsrecht, RN 377.

die Offenlegung der Mitgliederverhältnisse erfordern[36]. Auf diese Frage wird bei der Untersuchung des Umfangs der Teilrechtsfähigkeit zurückzukommen sein[37].

Unabhängig von dieser einschränkenden Auffassung wird im folgenden deutlich werden, welche bedeutende Rolle die eigene Identitätsausstattung gerade für die BGB-Gesellschaft spielt, setzt sie sie doch erst in den Stand, am Rechtsverkehr teilzunehmen[38]. Auch ist auf das Problem des Gesellschaftssitzes zurückzukommen.

## D. Nutzbarmachung der Personifikationselemente für eine Stufenfolge der Personifikationen

### I. Überblick

Die beschriebenen Personifikationselemente sind nun für eine Stufenfolge der Personfikationen nutzbar zu machen. Hierzu ist zunächst auf die Begriffe der Teilrechtsfähigkeit und der relativen Rechtsfähigkeit einzugehen[1].

Ausgangspunkt ist dann die juristische Person als (vollkommenes) Rechtssubjekt, der die Rechtsfähigkeit kraft Gesetzes zuerkannt ist[2].

Danach sind die Personenhandelsgesellschaften auf ihre Unterschiede zur juristischen Person zu untersuchen[3]. Denn die Personenhandelsgesellschaft ist keine juristische Person und damit nicht rechtsfähig[4], ihr ist statt dessen durch § 124 HGB nur eine Teilrechtsfähigkeit[5] zuerkannt worden[6]. Es ist dabei zu prüfen, wie weit sich diese unterschiedliche Qualität der (Teil)Rechtsfähigkeit anhand der Personifikationselemente nachweisen läßt.

---

36 Dölle, S. 67.

37 S. u. F, S. 53 ff.

38 Vgl. John, Rechtsperson, S. 177.

1 S. u. II, S. 23 ff.

2 S. u. III 1, S. 28 ff.

3 S. u. III 2, S. 30 ff.

4 Baumbach/Duden/Hopt, Einl. vor § 105 Anm. 1 A.

5 S. u. II, S. 23 ff.

6 Kritisch zum Begriff der Teilrechtsfähigkeit, K. Schmidt, GesR, § 8 V, S. 165 f., nach K. Schmidt, aaO., § 8 IV, S. 161, hat das geltende Recht den Gesamthandsgesellschaften nicht alle Konsequenzen der Rechtsfähigkeit zugestanden.

Schließlich sind die Personenhandelsgesellschaften mit der BGB-Gesellschaft zu vergleichen. Dabei ist zu untersuchen, ob sich die bestehenden Unterschiede zwischen Personenhandelsgesellschaften und den BGB-Gesellschaften bezüglich des Umfangs der Teilrechtsfähigkeit[7] in Form einer unterschiedlichen Verselbständigung aufgrund der Personifikationselemente verifizieren lassen. Entscheidend ist, daß es bei der BGB-Gesellschaft keine – wie in § 124 HGB – normierte Form der Teilrechtsfähigkeit gibt. Dies bedeutet gleichzeitig, wie weiter unten[8] zu zeigen ist, daß es bei der BGB-Gesellschaft auch keine festgelegte Stufe der Verselbständigung gibt.

Anhand der Personifikationselemente von John und noch möglichen weiteren Elementen kann deshalb eine Stufenfolge von verschieden verselbständigten BGB-Gesellschaften dargestellt werden. Dabei ergibt sich auch ein Spektrum der rechtstatsächlich vorkommenden BGB-Gesellschaften mit einem oberen und unteren Ende[9]. Am unteren Ende nähert sich die betreffende Erscheinungsform der Bruchteilgemeinschaft relativ weitgehend an und am oberen Ende unterscheidet sich eine unternehmenstragende BGB-Gesellschaft nur durch die fehlenden handelsrechtlichen Besonderheiten (Vorschriften über die Bildung der Firma etc.) von einer OHG.

## II. Teilrechtsfähigkeit und relative Rechtsfähigkeit

Die hier zu untersuchenden Unterschiede zwischen den juristischen Personen und den Gesamthandsgesellschaften führen auch zu der Frage der Rechtsfähigkeit unter der Stufe der „vollen Rechtsfähigkeit". Es ist daher erforderlich, zunächst auf die Begriffe der Teilrechtsfähigkeit und der relativen Rechtsfähigkeit einzugehen.

### 1. Die Lehre der Teilrechtsfähigkeit und der relativen Rechtsfähigkeit

Die neuere Lehre[10] erkennt die BGB-Gesellschaft als Gruppe im Rechtsverkehr an[11]. Dabei wird der BGB-Gesellschaft eine „Teilrechtsfähigkeit" zugestanden[12]. Dies folgt daraus, daß die BGB-Gesellschaft eine Art Mittel-

7 Sofern man eine solche Teilrechtsfähigkeit überhaupt anerkennt, s. u. II 2, S. 25.
8 S. u. E, S. 34.
9 Vgl. hierzu die Darstellung rechtstatsächlicher Erscheinungsformen im Besonderen Teil, S. 146 ff.
10 Vgl. oben u. A II 2, S. 6 f.
11 MüKo-Ulmer, § 705 RN 130; Flume, Personengesellschaft, S. 89 ff.
12 MüKo-Ulmer, § 705 RN 131.

stellung zwischen natürlicher und juristischer Person einnimmt[13]. Die „Teilrechtsfähigkeit der BGB-Gesellschaft" wird hierbei als verkürzte Ausdrucksweise für die Anerkennung der Gruppe im Rechtsverkehr verwendet[14]. Der Umfang der Teilrechtsfähigkeit ist dabei nach Ulmer[15] aus dieser Anerkennung abzuleiten.

Die Theorie von der relativen Rechtsfähigkeit bzw. von der Teilrechtsfähigkeit[16] geht davon aus, daß die Rechtsfähigkeit nicht Eigenschaft ist, die entweder vorhanden oder nicht vorhanden ist, sondern daß es sich um gestufte Zurechnungsfähigkeiten handelt[17]. Diese Auffassung geht natürlich von einem anderen Begriff der Rechtsfähigkeit als die h. L.[18] aus. Nach der traditionellen Lehre ist die Rechtsfähigkeit die Fähigkeit, Träger von Rechten und Pflichten zu sein[19]. Dabei ist die Rechtsfähigkeit nach h. M. umfassend[20] und ungeteilt[21].

Pawlowski[22] bezeichnet die Fähigkeit, Träger von Rechten und Pflichten zu sein, als die Rechtsfähigkeit i. e. S. Im Gegensatz zur Rechtsfähigkeit i. e. S. definiert Pawlowski[23] die Teilrechtsfähigkeit als Rechtsfähigkeit i. w. S. Die Rechtsfähigkeit i. e. S. ist Eigenschaft, die entweder vorhanden ist oder nicht[24] und kommt allen Menschen und juristischen Personen zu[25]. Man könnte es auch die volle Rechtsfähigkeit nennen. Der Begriff der Rechtsfähigkeit i. e. S. ist aber völlig abstrakt, von jeder Beziehung auf konkrete Fähigkeiten wie z. B. ehefähig, testierfähig usw. wird abgesehen[26]. Dagegen geht es beim Begriff der Teilrechtsfähigkeit oder bei der Rechtsfähigkeit i. w. S. um konkrete Aspekte der Rechtsfähigkeit wie z. B. Grundbuchfähigkeit, Mitgliedsfähigkeit usw., die je nach Personifikation unterschiedlich sein können.

13 MüKo-Ulmer, § 705 RN 130.
14 MüKo-Ulmer, § 705 RN 131.
15 MüKo-Ulmer, § 705 RN 131.
16 Vgl. zur synonymen Begriffsverwendung, Pawlowski, RN 109.
17 Fabricius, Relativität, S. 131 ff.; John, Quaderni Fiorentini 11/12, 1982/83, S. 947 ff.; Pawlowski, Allgemeiner Teil des BGB, 3. Aufl. 1987, RN 109 ff.; MüKo-Gitter, § 1 RN 8; vgl. K. Schmidt, GesR, S. 165 f.; Roth, ZHR 155 (1991), 24, 34 ff.
18 Pawlowski, RN 109.
19 K. Schmidt, GesR, S. 165.
20 Flume, Personengesellschaft, S. 90.
21 K. Schmidt, GesR, S. 165.
22 Pawlowski, RN 98.
23 Pawlowski, RN 112.
24 Pawlowski, RN 109.
25 Pawloswki, RN 98.
26 Pawlowski, RN 109.

## 2. Die Kritik an der Lehre der Teilrechtsfähigkeit

Die Berechtigung der Lehre der Teilrechtsfähigkeit oder relativen Rechtsfähigkeit ist umstritten[27]. Nach Ulmer[28] geht es bei der neuen Gesamthandslehre ausdrücklich nicht darum, daß der BGB-Gesellschaft eine den juristischen Personen vergleichbare, wenn auch relative Rechtsfähigkeit zuzuerkennen ist[29]. Karsten Schmidt[30] hält den Argumentationswert der Lehre für zweifelhaft[31]. Der Begriff der Rechtsfähigkeit werde mit so vielen Einzelproblemen befrachtet, daß dieser Begriff am Ende bis zur Unbrauchbarkeit zergliedert sei[32]. Nach Karsten Schmidt[33] gehören die Einzelprobleme, mit denen sich die Rechtsfähigkeit befaßt, „alle an ihren spezifischen Platz".

Die Kritik an der Lehre von der relativen Rechtsfähigkeit wird von Flume[34] auch damit begründet, daß der Begriff der Rechtsfähigkeit auf den Begriff der Person bezogen sei und hier umfassenden Charakter habe[35]. Nach Flume[36] besagt dieser Begriff für die juristische Person das gleiche wie für die natürliche Person, „nur mit der Einschränkung, daß die juristische Person nicht der Rechtsbeziehungen fähig ist, welche nur dem Menschen zu eigen sind"[37].

Dagegen ist die Gesamthand keine Person, „sondern nur eine Personengruppe, die nur um eines bestimmten Zwecks willen als ‚Träger' von Rechtsbeziehungen vom Recht anerkannt ist, während die Personen, welche in der Gruppe nur für den bestimmten Zweck vereinigt sind, diese als selbständige Person bilden"[38]. Die juristische Person wird daher als Ver-

27 Vgl. K. Schmidt, GesR, S. 165 f.; ders., Verbandszweck, S. 38.
28 Ulmer, § 705 RN 111.
29 So auch Buchner, AcP 169 (1969), 483 ff., 486; wohl auch Flume, Personengesellschaft, S. 90; aA Fabricius, S. 131 ff.; kritisch hierzu Schünemann, S. 112 f.; vgl. auch John, Quaderni Fiorentini 11/12 1982/83 S. 947 ff., 970; MüKo-Gitter, § 1 RN 5 ff.; nach K. Schmidt, GesR, S. 166; ders., Verbandszweck, S. 38, ist der Argumentationswert dieser Lehre zweifelhaft.
30 K. Schmidt, GesR, S. 166; ders., Verbandszweck, S. 38.
31 Allerdings steht nach der Auffassung von K. Schmidt, GesR, S. 166, der Darstellungswert der Lehre außer Zweifel.
32 K. Schmidt, GesR, S. 166.
33 K. Schmidt, GesR, S. 166.
34 Flume, Personengesellschaft, S. 90.
35 Flume, Personengesellschaft, S. 90.
36 Flume, Personengesellschaft, S. 90.
37 Flume, Personengesellschaft, S. 90.
38 Flume, Personengesellschaft, S. 90/91.

bandsperson im Gegensatz zur Gesamthand als Personenverband angesehen[39].

### 3. Stellungnahme

Es ist aber sehr fraglich, ob sich diese strukturelle Unterscheidung von Flume verifizieren läßt[40]. Wie sich z.B. an der großen Wandelbarkeit einer KG[41] oder einer GmbH[42] zeigt, sind Unterschiede kaum zu erkennen. Als einziger Unterschied zwischen juristischer Person und Gesamthandsgesellschaft ist daher nur die Zuerkennung der vollen Rechtsfähigkeit bei der juristischen Person anzusehen[43]. Abgesehen von dieser Unterscheidung reduziert sich der Unterschied zwischen der juristischen Person und der Personengesellschaft, insbesondere der BGB-Gesellschaft, nur auf verschiedene Stufen der Verselbständigung[44]. Die Kritik von Flume ist daher abzulehnen.

Diese Erkenntnis führt gleichzeitig zu einer Relativierung des herkömmlichen Gegensatzes von Person und Nichtperson[45]. Die Unterscheidung zwischen rechtsfähigen und nichtrechtsfähigen (teilrechtsfähigen) Personifikationen läßt sich auf Unterschiede bei der Ausgestaltung von Personifikationsmerkmalen zurückführen[46]. Diese Unterschiede sind dann Ausgangspunkt für die Untersuchung des konkreten Umfangs der Teilrechtsfähigkeit.

John[47] nennt Personifikation Verselbständigung. Die Lehre der Teilrechtsfähigkeit in Gestalt der Elementelehre[48] ermöglicht eine bessere Beschrei-

39 Flume, Personengesellschaft, S. 90; MüKo-Ulmer, § 705 RN 130; Formulierung von Schönfeld, RG-Festschrift, 1929, Bd. II, S. 191 ff.

40 Zweifelnd auch MüKo-Reuter, vor § 21 RN 9; John, Quaderni Fiorentini 11/12 1982/83 S. 947 ff.; ders., AcP 185 (1985) 209, 212 ff.

41 Stichwort: kapitalistische KG; vgl. Nitschke, S. 159 ff.

42 Stichwort: personalistische GmbH; vgl. Reuter, Privatrechtliche Schranken, S. 60 f.; Immenga, passim.

43 John, AcP 185 (1985), 219.

44 John, Rechtsperson, S. 221; vgl. auch Ott, Typenzwang, S. 137, 140; Kuhn, S. 55.

45 Vgl. schon oben u. B, S. 15; John, Quaderni Fiorentini 11/12 (1982–1983), S. 963, 970.

46 Wie John, AcP 185 (1985), 209, 217, zu Recht feststellt, dient die „Elementelehre" auch weniger zur Erklärung der Struktur der juristischen Person, als vielmehr zur Erklärung des Verhältnisses der juristischen Person zu anderen Personifikationen minderen Verselbständigungsgrades.

47 John, Rechtsperson, S. 218.

48 Vgl. John, AcP 185 (1985), 209, 217.

bung und Untersuchung von Personifikationen unterhalb der Stufe der juristischen bzw. natürlichen Person[49]. Auch können einzelne Elemente der (Teil-)Rechtsfähigkeit besser untersucht werden, da diese Prüfung nicht isoliert von der Frage der Rechtsfähigkeit zu sehen ist. Die Kritik von Karsten Schmidt im Hinblick auf den Argumentationswert der Lehre kann daher nicht geteilt werden.

Die Lehre von den Personifikationselementen bemüht sich auch nicht um eine ontologische Wesensbeschreibung der Gesamthand, deren Ergebnis – wie bei der Vermögens- oder Gruppenlehre[50] – die Zuerkennung der Rechtsträgerschaft wäre oder nicht wäre[51]. Denn bei der Beschreibung der hier als teilrechtsfähig angesehenen Personifikationen durch Personifikationselemente wird sozusagen zunächst die Frage der Rechtsträgerschaft „außen vor" gelassen. Aufgrund eines Vergleiches mit Personifikationen, denen die Rechtsträgerschaft vom Gesetz zuerkannt ist, kann dann untersucht werden, welches Element für die grundsätzliche Zuerkennung der Rechtsträgerschaft verantwortlich ist. Dabei bestimmt sich die Frage der Rechtsträgerschaft allein nach dem dazu erforderlichen Grad der Verselbständigung der Organisation. Dabei kann es Personifikationen geben, denen die Rechtsträgerschaft zuzubilligen ist, und andere, bei denen das nicht der Fall ist.

Grundsätzlich wird hier eine Personifikation unterhalb der Stufe der juristischen Person unabhängig von der Frage der Rechtsträgerschaft als teilrechtsfähig angesehen. Dieser Ansatz unterscheidet sich von der Gruppenlehre von Flume[52] und Ulmer[53]. Diese sprechen von einer Teilrechtsfähigkeit der Gesamthand, wenn die Rechtsbeziehungen bei der Gesamthand als Wirkungseinheit enden[54]. D. h. es wird nur der BGB-Gesellschaft als Gruppe die Teilrechtsfähigkeit zuerkannt. Ist somit keine Gruppe gegeben, d. h. wenn also der BGB-Gesellschaft nicht die Rechtszuständigkeit zuzuerkennen ist, dann liegt auch keine Teilrechtsfähigkeit vor[55]. Mit dem Begriff der Teilrechtsfähigkeit von Flume und Ulmer wird daher nur eine bestimmte Stufe des Begriffes der Teilrechtsfähigkeit, der hier vertreten wird, beschrieben.

49 Vgl. Pawlowski, RN 109.
50 S. o. A II, S. 6 ff.
51 Vgl. John, AcP 185 (1985), 209, 218.
52 Flume, Personengesellschaft, S. 90.
53 MüKo-Ulmer, § 705 RN 130 ff.
54 Flume, Personengesellschaft, S. 90; vgl. MüKo-Ulmer, § 705 RN 131.
55 Vgl. John, AcP 185 (1985), 218.

Nach der hier vertretenen Auffassung ist die Rechtsträgerschaft als Ausprägung der relativen Rechtsfähigkeit anzusehen. Die Anerkennung der Rechtsträgerschaft einer BGB-Gesellschaft bedeutet aber nur, daß Zurechnungsendpunkt der Rechtsbeziehungen nicht die Gesellschafter, sondern die Gesellschaft ist[56]. Hierdurch wird ein bestimmter Grad der Verselbständigung einer Personifikation ausgedrückt. Welche Auswirkungen diese Verselbständigung in Form der Rechtsträgerschaft weiter hat, ist hierdurch noch nicht entschieden. Es geht hier um Bereiche wie Parteifähigkeit, Wechselfähigkeit, Grundbuchfähigkeit, Konkursfähigkeit usw. Dies sind Elemente der Rechtsfähigkeit, über die durch die Zuerkennung der Rechtssubjektivität grundsätzlich noch nicht entschieden ist[57] und die damit noch gesondert im Hinblick auf die erforderlichen Personifikationselemente untersucht werden müssen[58].

## III. Stufenfolge von Personifikationen

### 1. Die juristische Person als das (vollkommene) Rechtssubjekt

Es gibt in der Rechtsordnung nur zwei Personifikationen, die als „volle Rechtsperson"[59] gelten:

- der Mensch als natürliche Person
- die juristischen Personen.

Für die hier zu untersuchende Stufenfolge von Personifikationen sind in erster Linie die juristischen Personen von Interesse. Die juristischen Personen als vollkommene Personen zeichnen sich durch

- eine selbständige Handlungsorganisation[60]
- eine selbständige Identitätsausstattung[61]
- einen selbständigen Haftungsverband[62]

aus. Juristische Personen sind u.a. die Aktiengesellschaft (AG), der eingetragene Verein (e.V.), die Kommanditgesellschaft auf Aktien (KGaA), die Gesellschaft mit beschränkter Haftung (GmbH), die eingetragene Genos-

56 Flume, Personengesellschaft, S. 90.
57 Vgl. Konzen, JuS 1989, 20 ff., 22.
58 S. hierzu ausführlich u. F, S. 53 ff.
59 John, Rechtsperson, S. 96.
60 S. u. a, S. 29.
61 S. u. b, S. 29 f.
62 S. u. c, S. 30.

senschaft (eG) und der Versicherungsverein auf Gegenseitigkeit (VVaG). Allen diesen Rechtsformen ist durch das Gesetz die (volle) Rechtsfähigkeit verliehen worden[63].

### a) Selbständige Handlungsorganisation

Bis auf die KGaA wird bei allen genannten juristischen Personen die Handlungsorganisation von einem selbständigen, von den Gesellschaftern grundsätzlich personell unabhängigen Organ (sog. Drittorganschaft), wahrgenommen. Die juristische Person ist ohne ihr Organ handlungsunfähig.

Nur bei der KGaA wird die Handlungsorganisation – statt durch einen Vorstand – durch die persönlich haftenden Gesellschafter gebildet[64]. Es gilt hier das Prinzip der Selbstorganschaft[65]. Obwohl die KGaA als juristische Person gilt[66], ist die Handlungsorganisation damit doch weniger verselbständigt als bei den anderen juristischen Personen. Die KGaA wird daher auch ihrer Struktur nach als Mischform aus KG (Personengesellschaft) und AG (juristische Person) angesehen[67]. Hieraus können sich in bestimmten Bereichen Unterschiede (z. B. im Steuerrecht[68]) zu den anderen juristischen Personen ergeben.

### b) Selbständige Identitätsausstattung

Die Verselbständigung der juristischen Person manifestiert sich entscheidend in einer selbständigen Identitätsausstattung[69]. Hieraus ist auch die Tatsache erkennbar, daß es sich um eine juristische Person handelt[70]. Die Identitätsausstattung besteht aus dem Namen und dem Sitz der juristischen Person. Beides muß in der Satzung festgelegt sein[71]. Bei den Handels-

63 Vgl. z.B. § 1 Abs. 1 AktG; § 15 VAG.

64 § 283 AktG.

65 Vgl. K. Schmidt, GesR, S. 307; vgl. zum Streit, ob persönlich haftender Gesellschafter auch eine juristische Person sein kann, Hennerkes/May, StbJb. 1988/89, S. 375; dies., BB 1988, 2393; Binz/Sorg, BB 1988, 2041.

66 § 278 Abs. 1 AktG; K. Schmidt, GesR, S. 732.

67 K. Schmidt, GesR, S. 732; allgemein zur KGaA Theisen, DBW 1989, 137.

68 So wird der persönlich haftende Gesellschafter einer KGaA wie ein Mitunternehmer behandelt, vgl. § 15 Abs. 1 Nr. 3 EStG; BFH, BStBl. 1989 II S. 881; Ludwig Schmidt, EStG, § 15 Anm. 160.

69 Vgl. John, Rechtsperson, S. 130.

70 § 4 Abs. 2 GmbHG; § 4 Abs. 1 Satz 2 AktG.

71 Vgl. z.B. § 3 Abs. 1 Nr. 1 GmbHG.

gesellschaften heißt der Name der Gesellschaft „Firma"[72]. Mit Ausnahme der Firma der GmbH ist die Firma vom Namen der Gesellschafter grundsätzlich unabhängig (sog. Sachfirma im Gegensatz zur Personalfirma). Dies unterstreicht die selbständige Identitätsausstattung. Die selbständige Identitätsausstattung ist das entscheidende Personifikationselement.

#### c) Selbständiger Haftungsverband

Für die juristischen Personen ist weiter ein prägendes Merkmal, daß den Gläubigern grundsätzlich nur ein einziger verselbständigter Haftungsverband zur Verfügung steht[73].

Anders ist dies wieder bei der KGaA: hier haften außerdem die persönlich haftenden Gesellschafter für die Verbindlichkeiten der Gesellschaft[74]. Das Element des Haftungsverbandes ist somit – neben der Handlungsorganisation – das zweite Personifikationsmerkmal der KGaA, das nicht dem für juristischen Personen „üblichen Standard" entspricht.

### 2. Die Personenhandelsgesellschaften

Die Personenhandelsgesellschaften stehen, da sie keine juristische Personen sind[75], grundsätzlich auf einer niedrigeren Personifikations-Stufe. Dies zeigt sich deutlich an den Personifikationselementen.

#### a) Personifikationselemente

*aa) Handlungsorganisation*

Bei den Personengesellschaften gilt das Prinzip der Selbstorganschaft. Die Geschäftsführungs- und Vertretungsbefugnisse stehen den Gesellschaftern selbst zu[76]. Hierbei gilt ein Organschaftsmonopol der persönlich haftenden Gesellschafter[77]. Die Handlungsorganisation ist also nicht so weit von der Gesellschafterebene verselbständigt, wie das bei den juristischen Personen der Fall sein kann. Regelmäßig ist aber die Handlungsorganisation so ver-

72 Z.B. § 4 GmbH; vgl. K. Schmidt, Handelsrecht, S. 305 ff.
73 § 13 Abs. 2 GmbHG; § 1 Abs. 1 Satz 2 AktG; § 2 GenG.
74 § 278 Abs. 1 AktG.
75 Vgl. Baumbach/Duden/Hopt, Einl. vor § 105 Anm. 1 A; Ulmer, in Großkommentar, HGB, § 105 RN 39.
76 §§ 709 ff. BGB, §§ 114, 125 HGB.
77 K. Schmidt, GesR, S. 308.

selbständigt, daß zwar – wie in §§ 117, 125 Abs. 2 HGB vorgesehen – alle Gesellschafter auch geschäftsführende und vertretungsberechtigte Gesellschafter sind, diese aber jeweils einzelvertretungsberechtigt sind. Es ist aber auch möglich, daß es geschäftsführende und nichtgeschäftsführende Gesellschafter gibt. In beiden Fällen wird die Personenhandelsgesellschaft durch Gesellschaftergeschäftsführer als verselbständigte Handlungsorganisation repräsentiert[78].

*bb) Identitätsausstattung*

Auch bei den Personenhandelsgesellschaften ist zentrales Personifikationselement die selbständige Identitätsausstattung. Die selbständige Identitätsausstattung ist für die Personenhandelsgesellschaft konstituierendes Merkmal. § 105 Abs. 1 HGB lautet:

„Eine Gesellschaft, deren Zweck auf den Betrieb eines Handelsgewerbes *unter gemeinschaftlicher Firma* gerichtet ist, ist eine offene Handelsgesellschaft, wenn bei keinem der Gesellschafter die Haftung gegenüber den Gesellschaftsgläubigern beschränkt ist"[79].

Ohne die selbständige Identitätsausstattung „Firma" könnte die OHG nicht als von den Gesellschaftern getrennte Unternehmens- und Rechtsträgerin selbständig im Rechtsverkehr auftreten[80].

Die Relevanz der eigenen Identitätsausstattung läßt sich durch § 124 HGB[81] noch mehr verdeutlichen. Danach kann die OHG *„unter ihrer Firma* Rechte erwerben und Verbindlichkeiten eingehen, Eigentum und andere dingliche Rechte an Grundstücken erwerben, vor Gericht klagen und verklagt werden"[82]. Nach dem Gesetzeswortlaut gewährleistet sozusagen die „Identitätausstattung Firma" die Rechtssubjektivität der OHG. Die Rechtsträgerschaft der OHG ist damit gesetzlich kodifiziert[83]. Dies ist heu-

78 Dies ist für die unten, u. F V, S. 90 ff., zu behandelnde Frage der Organhaftung nach § 31 BGB von Bedeutung.

79 Hervorhebung hinzugefügt.

80 Vgl. K. Schmidt, Handelsrecht, S. 78; Ulmer, in Großkommentar, § 105 HGB RN 32 ff.

81 Vgl. K. Schmidt, GesR, § 46 II 1, § 8 III 4a; Roth, ZHR 155 (1991), 24, 34; Holstein, S. 61 ff.; Holstein, S. 61, vertritt aber die herkömmliche Gesamthandsdoktrin: „Die Firma der oHG ist aber ein gemeinschaftlicher Name, der die Gesellschafter zusammenfaßt."

82 § 124 Abs. 1 HGB (Hervorhebung hinzugefügt).

83 K. Schmidt, GesR, S. 156; kritisch zum Verständnis des § 124 HGB Ulmer, in: Großkommentar, HGB, § 105 RN 40, wonach die weitgehende Gleichstellung der OHG mit einer juristischen Person unter Berufung auf § 124 HGB für das

te allgemein anerkannt. Daher ist es immerhin erstaunlich, wenn der Bundesgerichtshof[84] im Jahre 1987 feststellt:

„Die offene Handelsgesellschaft ist keine juristische Person. Träger der im Namen der Gesellschaft begründeten Rechte und Pflichten ist deshalb nicht ein von den Gesellschaftern verschiedenes Rechtssubjekt, dies sind vielmehr die gesamthänderisch gebundenen Gesellschafter (BGHZ 34 S. 293, 296). Auch dann, wenn eine offene Handelsgesellschaft einen Steuerberater oder Steuerbevollmächtigten mit der Erledigung gesellschaftseigener steuerlicher Angelegenheiten beauftragt, kommt ein Vertragsverhältnis zwischen dem Beauftragten und sämtlichen Gesellschaftern zustande"[85].

K. Schmidt[86] bezeichnet diese Auffassung in einer Besprechung der Entscheidung mit Recht „als überholt und als schlicht gesetzeswidrig". Denn die Meinung des BGH widerspricht § 124 Abs. 1 HGB. Danach kommt auch der Vertrag über die Erledigung gesellschaftseigener steuerlicher Angelegenheiten mit der OHG zustande.

Bei den Personenhandelsgesellschaften ist der Name in Gestalt der Firma durch die Regelung des § 19 HGB (Personalfirma) zwar nicht so weit von den Gesellschaftern verselbständigt. Aber durch den „das Vorhandensein einer Gesellschaft andeutenden Zusatz" ändert die Verpflichtung zur Führung einer Personalfirma grundsätzlich nichts an der bestehenden selbständigen Identitätsausstattung.

*cc) Haftungsverband*

Der Haftungsverband der Personenhandelsgesellschaften unterscheidet sich grundlegend von den juristischen Personen dadurch, daß kein alleiniger zentraler Haftungsverband vorhanden ist, sondern auch Zugriff auf die allgemeinen Haftungsverbände der persönlich haftenden Gesellschafter genommen werden kann[87].

---

Verständnis des Personengesellschaftsrechts und die Rechtsanwendung nichts wesentliches beizutragen vermag.

84 Urteil v. 7. 10. 1987, DB 1987, 2560, zwar nicht der für das Gesellschaftsrecht zuständige II. Senat, sondern der IVa. Senat; Besprechung von K. Schmidt, DStZ 1988, 263 ff.

85 BGH, DB 1987, 2560; vgl. dagegen die Rspr. des BFH, BFH v. 25. 2. 1991, GrS 7/89.

86 K. Schmidt, DStZ 1988, 263.

87 John, Rechtsperson, S. 142.

### b) Unterschiede zur juristischen Person

Obwohl bei den Personifikationsmerkmalen – insbesondere bei der Handlungsorganisation und dem Haftungsverband – Unterschiede zu den juristischen Personen als „vollkommene Rechtssubjekte" festzustellen waren, ist aufgrund der obligatorischen selbständigen Identitätsausstattung der Personenhandelsgesellschaften eine Verselbständigung dieser Personifikationen festzustellen, die – nicht zuletzt aufgrund von § 124 Abs. 1 HGB – zu einem Grad der Teilrechtsfähigkeit führt, der der vollen Rechtsfähigkeit der juristischen Personen kaum nachsteht[88].

Allerdings gibt es Bereiche, wo es doch Unterschiede zwischen der juristischen Person und der Personenhandelsgesellschaft gibt. So ist die Personenhandelsgesellschaft nur bezüglich der Gewerbesteuer und der Umsatzsteuer „steuerrechtsfähig"[89]. Dagegen unterliegen die Personenhandelsgesellschaften weder der Einkommensteuer noch der Körperschaftsteuer. Einkommensteuersubjekt sind die Gesellschafter[90]. Allerdings wird die Personengesellschaft in neuerer Zeit als „Steuerrechtssubjekt" i. S. eines Subjekts der Gewinnerzielung und Gewinnermittlung angesehen[91].

Eine Gleichbehandlung von juristischer Person und Personenhandelsgesellschaft wird überall da nicht in Betracht kommen, wo für die zu beurteilende Frage die unterschiedliche Ausgestaltung des jeweiligen Personifikationsmerkmals eine Rolle spielt[92]. Dies betrifft in erster Linie den nicht selbständigen Haftungsverband der Personenhandelsgesellschaften und bei der Handlungsorganisation die Unzulässigkeit der Drittorganschaft. Hierdurch könnten sich auch Auswirkungen auf die Mitgliedsfähigkeit bei den Personenhandelsgesellschaften ergeben, denn durch die Einbeziehung der Gesellschafter in die Handlungsorganisation und in den Haftungsverband der Personenhandelsgesellschaft könnten sich besondere Anforderungen an eine mitgliedsfähige Personifikation ergeben[93]. Hier bestätigt sich deutlich die unterschiedliche Stufe der Rechtsfähigkeit der Personenhandelsge-

88 John, Rechtsperson, S. 150; zu den Unterschieden zur juristischen Person, vgl. Ulmer, in Großkommentar, HGB, § 105 RN 39.

89 Vgl. L. Schmidt, § 1 Anm. 2c.

90 L. Schmidt, § 1 Anm. 2c.

91 BFH, BStBl. 1984 II, S. 751, 761; BFH, BStBl. 1984 II, S. 487; BFH v. 25. 2. 1991, GrS 7/89; Döllerer, DStR 1985, 296; L. Schmidt, § 15 Anm. 67.

92 John, Rechtsperson, S. 150.

93 S. u. F I, S. 53 ff.

sellschaft durch die stärkere „Eingebundenheit" der Gesellschafter in die Gesellschaft[94].

# E. Folgerungen für die BGB-Gesellschaft

## I. Ausgangssituation

Der entscheidende Unterschied der BGB-Gesellschaft zu den Personenhandelsgesellschaften besteht im Fehlen einer – § 105 Abs. 1 HGB entsprechenden – gesetzlich geregelten selbständigen Identitätsausstattung. Damit korrespondiert auch der Umstand, daß der Umfang der Teilrechtsfähigkeit der BGB-Gesellschaft aufgrund des Fehlens einer § 124 HGB entsprechenden Vorschrift nicht positivgesetzlich geregelt ist[1].

Ulmer[2] kritisiert zwar die unter Hinweis auf § 124 HGB vorgenommene Annäherung der Personenhandelsgesellschaften an die juristischen Personen. Dies führe zu unzutreffenden Differenzierungen zwischen den Personenhandelsgesellschaften und der BGB-Gesellschaft[3]. Im Gegensatz zu der Auffassung von Ulmer[4] können aus § 124 HGB aber gerade Schlußfolgerungen für die Beurteilung der Verselbständigung der BGB-Gesellschaft gezogen werden[5].

Nach dem gesetzlichen Regelfall der Gesamtgeschäftsführung und Gesamtvertretung besteht bei der BGB-Gesellschaft auch keine verselbständigte Handlungsorganisation. Auch ist die Vertretungsmacht der handelnden Gesellschafter grundsätzlich nicht entsprechend § 126 HGB unbeschränkt und unbeschränkbar[6]. Allerdings ist eine „stillschweigende Annäherung"

94 Vgl. auch die übliche Beschreibung der Abhängigkeit der Existenz der Gesellschaft von den Personen ihrer Mitglieder, Ulmer, in Großkommentar, HGB, § 105 RN 40, auch im Gegensatz zum überindividuellen Zweck der Körperschaften; vgl. auch u. F I 4b, S. 62.

1 Heckelmann, in: FS Quack, S. 243, 244; Ulmer, in: Großkommentar, HGB, § 105 RN 40, ist der Auffassung, daß der Vorschrift des § 124 HGB nicht eine zu übermäßige Bedeutung beigemessen werden solle, da der Wortlaut des § 124 HGB von einem unzutreffenden Verständnis der gesellschaftsrechtlichen Gesamthand ausgehe.

2 Ulmer, in: Großkommentar, HGB, § 105 RN 40.

3 Ulmer, in: Großkommentar, HGB, § 105 RN 40.

4 Ulmer, in: Großkommentar, HGB, § 105 RN 40.

5 S. u. II–V, S. 36 ff.

6 BGHZ 38, 26, 34; MüKo-Ulmer, § 714 RN 15; Wiedemann/Frey, DB 1989, 1809, 1810.

des Vertretungsrechts der BGB-Gesellschaft an das Organisationsrecht der OHG festzustellen[7]. So wird im Interesse des Verkehrsschutzes mindestens Erkennbarkeit der Vertretungsbeschränkung verlangt[8]. Die Frage ist vor allem für den Haftungsverband der BGB-Gesellschaft von Bedeutung. Denn das Gesellschaftsvermögen der BGB-Gesellschaft unterliegt einerseits keinen Kapitalerhaltungsregeln[9], andererseits besteht keine generelle unbeschränkte Haftung der Gesellschafter der BGB-Gesellschaft[10]. Auch gibt es im Gegensatz zur OHG und KG BGB-Gesellschaften ohne Gesamthandsvermögen.

Nach der gesetzlichen Ausgestaltung ist die BGB-Gesellschaft auch nicht auf Dauer angelegt, da der Gesetzgeber mehr den Typus der Gelegenheitsgesellschaft im Auge hatte[11]. Dies deutet alles auf eine weitaus geringere Verselbständigung der BGB-Gesellschaft im Vergleich zu Personenhandelsgesellschaften hin. Allerdings sind die gesetzlichen Vorschriften der §§ 705 ff. BGB weitestgehend disponibel. Auch ist besonders die mögliche Vielfalt der Zwecke hervorzuheben[12]. Das entspricht dem nicht gesetzlich vorgegebenen Grad der Verselbständigung der BGB-Gesellschaft. Die BGB-Gesellschaft zeichnet sich daher in rechtstatsächlicher Hinsicht besonders durch die immense Zahl und die Vielfalt der Erscheinungsformen aus[13].

Eine Untersuchung der Verselbständigung der BGB-Gesellschaft kann daher keinen einheitlichen Befund ergeben[14]. Der Umfang der Teilrechtsfähigkeit hat sich daher an der festgestellten Ausgestaltung der John'schen Personifikationsmerkmale und möglichen weiteren Merkmale bei der jeweiligen Erscheinungsform auszurichten. Je nach Ausgestaltung dieser Merkmale können daher unterschiedliche Stufen der Personifikation vorliegen.

7 Wiedemann/Frey, DB 1989, 1810.

8 BGH, DB 1989, 1020; OLG Hamm, DB 1985, 963; vgl. Heckelmann, in: FS Quack, S. 243, 250 ff.

9 Vgl. Wiedemann/Frey, DB 1989, 1810.

10 §§ 128, 129 HGB sind nach überwiegender Ansicht nicht anwendbar, MüKo-Ulmer, § 714 RN 24 m.w.N.; vgl. Heckelmann, in: FS Quack, Die GbRmbH als (neue) Gesellschaftsform?, S. 243 ff.

11 S. u. E V 3a, S. 49.

12 Kübler, Gesellschaftsrecht, § 6 I 1 d; vgl. auch Müller-Gugenberger, Gesellschaft, Société und Groupement als Rechtsformen zur Unternehmenskooperation, 1976, S. 384.

13 K. Schmidt, GesR, S. 1270; vgl. ausführlich die Darstellung der rechtstatsächlichen Erscheinungsformen u. H–Q, S. 146 ff.

14 Vgl. K. Schmidt, GesR, S. 1270: „Vielfalt im BGB-Gesellschaftsrecht".

## II. Zentrale Bedeutung der selbständigen Identitätsausstattung

Die Untersuchung der juristischen Person und der Personenhandelsgesellschaften hat gezeigt, daß für die Verwirklichung der gesetzlich vorgegebenen Rechtsfähigkeit bzw. Teilrechtsfähigkeit entscheidende Bedeutung der selbständigen Identitätsausstattung zukommt. Ohne selbständige Identitätsausstattung könnte die Personifikation nicht selbständig im Rechtsverkehr als Rechtsträger auftreten.

Die BGB-Gesellschaft hat, anders als die juristischen Personen und auch die OHG und die KG, keine formalisierte Identitätsausstattung, was insbesondere im Prozeß[15] oder im Grundbuchrecht von Bedeutung ist[16]. Es gibt weder einen offiziellen zivilrechtlichen Namen einer BGB-Gesellschaft, noch hat sie einen offiziellen Sitz[17]. Der Gesetzgeber hatte – wie Prozeß- und Grundbuchrecht zeigen – offensichtlich die Vorstellung, daß die Gesellschaft durch den Namen sämtlicher Gesellschafter identifiziert wird[18].

Trotzdem tritt aber eine BGB-Gesellschaft sehr häufig unter einem einheitlichen (Gesamt-)[19] Namen auf[20]. Ein Beispiel bildet der der Entscheidung des BGH v. 25. 3. 1986[21] zugrundeliegende Sachverhalt:

„Die Beklagten betreiben ihre Gemeinschaftspraxis in der Form einer Gesellschaft bürgerlichen Rechtes und treten nach außen hin als eine Einheit auf. Das ergibt sich aus der rechtlichen Struktur der von ihnen gewählten Form der Zusammenarbeit. Nach außen tritt diese Gemeinschaftspraxis als Einheit auf: Nicht der einzelne Arzt steht der Krankenkasse und den Patienten gegenüber, sondern das „Institut", in dem sich die Ärzte zusammengeschlossen haben."

Die Entscheidung des BGH führt plastisch vor Augen, was die Ausstattung einer BGB-Gesellschaft mit einer selbständigen Identitätsausstattung bewirkt: Die „Vielheit der Gesellschafter" „verschwindet" aufgrund der selbständigen Identitätsausstattung hinter der „Einheit der BGB-Gesellschaft". Ohne die selbständige Identitätsausstattung könnte dieses „Verschwinden"

15 Vgl. hierzu Hüffer, in FS Stimpel, 1985, S. 165, 176.

16 Dieser Unterschied ist entgegen der Auffassung von Ulmer, in: Großkommentar, § 105 RN 40, gerade auch für das Gesamthandsverständnis von Bedeutung.

17 John, Rechtsperson, S. 159; vgl. auch Hüffer, aaO., S. 179 f. zu Kriterien für die Bestimmung des Gesellschaftssitzes.

18 MüKo-Ulmer, § 705 RN 225.

19 Vgl. Reuter, ZHR 151 (1987), 237, 242.

20 Vgl. auch Nitschke, S. 130 ff.

21 JZ 86, 899, 900.

(=Verselbständigung) nicht bewerkstelligt werden[22]. Die verselbständigte Identitätsausstattung ist somit das wichtigste Element der Verselbständigung der BGB-Gesellschaft. Sie führt dazu, daß die BGB-Gesellschaft unter einer eigenen Identitätsausstattung im Rechtsverkehr auftritt und somit grundsätzlich als Rechtsträger anzuerkennen ist. Eine BGB-Gesellschaft mit selbständiger Identitätsausstattung – und nicht die Gesellschafter in gesamthänderischer Verbundenheit – ist danach als Vertragspartner anzusehen.

Diese Sichtweise hat zur Konsequenz, daß eine BGB-Gesellschaft ohne selbständige Identitätsausstattung nicht so weit verselbständigt ist, daß diese als Rechtsträger anzusehen wäre. Denn ohne selbständige Identitätsausstattung kann keine Personifikation vorliegen, die von den Gesellschaftern so weit verselbständigt ist, daß eine zur Rechtsträgerschaft fähige Einheit gegeben wäre. Diese Differenzierung kann es bei den Personenhandelsgesellschaften gerade nicht geben, da hier die selbständige Identitätsausstattung „Firma" konstituierendes Merkmal ist.

Die Bedeutung der selbständigen Identitätsausstattung zeigt sich auch deutlich im Umsatzsteuerrecht. Im Umsatzsteuerrecht ist jeder Personenzusammenschluß rechtsfähig, der sich erkennbar nach außen am wirtschaftlichen Wettbewerb beteiligt[23]. Es kommt dabei darauf an, ob die Personifikation als selbständiger Unternehmer unter ihrem Namen nach außen auftritt[24]. Die umsatzsteuerliche Unternehmereigenschaft hängt damit entscheidend vom Bestehen einer selbständigen Identitätsausstattung ab. Das Auftreten unter einer selbständigen Identitätsausstattung führt somit zur umsatzsteuerlichen Rechtsfähigkeit[25].

---

22 Dies klingt auch andeutungsweise bei Ulmer, in: MüKo, § 705 RN 225, an – allerdings nicht in der hier vertretenen Konsequenz –: „Die Gesamthand als teilrechtsfähige Personenvereinigung... kann sich als solche am Rechtsverkehr beteiligen. *Dazu bedarf es einer unterscheidungskräftigen Bezeichnung*" (Hervorhebung hinzugefügt).

23 Mößlang, in: Sölch/Ringleb, UStG, § 2 Rz. 7 f.

24 Plückebaum/Malitzky, UStG, §§ 1–3 Anm. 8/1, Plückebaum/Malitzky nennen „z.B. § 124 HGB"; vgl. Mößlang, aaO., Rz. 21; Schwarze, JbFSt. 1988/89, S. 236/237; der umsatzsteuerliche Unternehmerbegriff ist weiter als der Unternehmensbegriff von K. Schmidt, Handelsrecht, S. 57 ff., vgl. Mößlang, aaO., Rz. 7.

25 Sofern eine berufliche oder gewerbliche Tätigkeit selbständig ausgeübt wird, vgl. § 2 UStG.

## III. Selbständige Identitätsausstattung als „Eingangsvoraussetzung" für die Rechtssubjektivität

### 1. Grundsätzliche Anerkennung der Rechtssubjektivität

Das Vorhandensein der selbständigen Identitätsausstattung hat aber nur die grundsätzliche Anerkennung der Rechtssubjektivität zur Folge. Wie oben[26] dargelegt, ist hierdurch noch nicht entschieden, ob die durch die selbständige Identitätsausstattung vorliegende Teilrechtsfähigkeit[27] auch Bereiche wie Parteifähigkeit, Grundbuchfähigkeit etc. umfaßt. Hierfür könnten weitere Merkmale erforderlich sein. Die selbständige Identitätsausstattung stellt sozusagen die „Eingangsvoraussetzung" für die Rechtssubjektivität dar. Hieraus folgt gleichzeitig, daß BGB-Gesellschaften ohne selbständige Identitätsausstattung nicht als Rechtsträger im Rechtsverkehr anzuerkennen sind. Träger von Rechten und Pflichten sind hier vielmehr die Gesellschafter in ihrer gesamthänderischen Verbundenheit[28].

### 2. Exkurs: Die Bedeutung der selbständigen Identitätsausstattung bei mit der BGB-Gesellschaft vergleichbaren Rechtsformen im französischen und belgischen Recht

#### a) Die *société civile* und die *société en participation* im französischen Recht

*aa) Die société civile*

Interessant ist in diesem Zusammenhang ein Blick auf das französische Recht[29]. Da es hier nicht das Gesamthandsprinzip als Möglichkeit der Vermögenstrennung gibt, sind die *société civile*[30] und die den anderen deutschen Gesamthandsgesellschaften entsprechenden Rechtsformen wie *société en nom collectif* (OHG) und *société en commandite simple* (KG) *person-*

26 S. u. D II 3, S. 26.

27 Im Sinne der Rechtssubjektivität, s. u. D II 3, S. 26.

28 Vgl. MüKo-Reuter, § 54 RN 7.

29 Quelle: Bastian/Germain, in: Jura Europae, Band II 30.00.

30 Art. 1832 ff. Code civil; im Gegensatz zur BGB-Gesellschaft besteht bei der *société civile* eine Beschränkung auf ökonomische Zwecke, vgl. Bastian/Germain, in: Jura Europae, Band II 30.00, S. 7; K. Schmidt, GA, S. 442; Müller-Gugenberger, ZHR 142 (1978), 589, 594 f.

*nes morales*[31], wodurch diesen Gesellschaften, wie der juristischen Person nach deutschem Recht, die Rechtsfähigkeit[32] zuerkannt wird[33].

Die durch die *personnalité morale* (Rechtspersönlichkeit[34]) verursachte Wirkung der Vermögenssonderung war überhaupt auch der Anlaß für den französischen Kassationshof der *société civile* die Rechtsfähigkeit zuzusprechen, d.h. die *société civile* als personne morale anzusehen[35]. Der *société civile* wird dadurch auch die prozessuale Parteifähigkeit zuerkannt. Die Anerkennung als *personne morale* bedeutet zugleich, daß die *société civile* einen für die gerichtliche Zuständigkeit maßgeblichen Sitz und einen eigenen Namen hat[36]. Die *société civile* hat damit eine selbständige Identitätsausstattung. Nach der hier vertretenen Auffassung ist das Vorhandensein einer selbständigen Identitätsausstattung für die *société civile* auch zwingend, da sonst keine *personne morale* bestehen würde.

Das Fehlen einer Zwischenform der Personifikation wie der Gesamthand hat für die Verwendung der personne morale im französischen Gesellschaftsrecht die Konsequenz, daß es je nach der Gesellschaftsform Abstufungen nach der Art der Verselbständigung gibt[37]. So ist die *société civile* nicht Einkommensteuersubjekt, dies sind nur die einzelnen Gesellschafter. Auch haften die Gesellschafter unbeschränkt, jedoch subsidiär und proportional dem Gesellschaftsanteil[38], für die Verbindlichkeiten der *société.* Im französischen Schrifttum wird daher die Frage diskutiert, „was denn nun von der *personnalité morale* der *société civile* übrig bleibe"[39]. Die *société civile* ist aber mindestens Rechtsträgerin und parteifähig.

Für die vorliegende Untersuchung ist aber von großer Bedeutung, daß die Rechtsfähigkeit der *société civile* bis zu den einschneidenden Änderungen

---

31 Vgl. hierzu Ferid, S. 227.

32 Vgl. Bastian/Germain, in: Jura Europae, Band II 30.000, S. 15 f.; Ferid, S. 233 ff.

33 Bastian/Germain, in: Jura Europae, Band II 30.00, S. 12; Müller-Gugenberger, Gesellschaft, Nr. 24; Hübner/Constantinesco, S. 193.

34 Vgl. Bastian/Germain, in: Jura Europae, Band II 30.00, S. 12.

35 Cass. req. D.P. 1891.1.337 = S. 1892.1.7., vgl. Müller-Gugenberger, Gesellschaft, Nr. 232.

36 Bastian/Germain, in: Jura Europae, Band II 30.00, S. 13 f.; Müller-Gugenberger, Gesellschaft, Nr. 24.

37 Müller-Gugenberger, Gesellschaft, Nr. 25; vgl. Sonnenberger, RIW 1983, 233, 234.

38 Art. 1858 Code civil; vgl. Sonnenberger, RIW 1983, 240.

39 Müller-Gugenberger, Gesellschaft, Nr. 25 m.w.N.; so gesehen ist die *personnalité morale* den Gesamthandsgesellschaften vergleichbar, die der Rechtsträgerschaft fähig sind, was nach der hier vertretenen Auffassung auch BGB-Gesellschaften mit selbständiger Identitätsausstattung sind.

im Jahre 1978[40] zuerkannt worden ist, ohne daß überhaupt eine Registerpublizität vorhanden ist[41]. Erst durch die Neuregelung ist auch für die *société civile* eine Registerpublizität eingeführt worden[42]. Entscheidend ist aber auch, daß die *personnalité morale* nicht losgelöst von der Gesellschaftsform zu betrachten ist, sondern eine Differenzierung nach der jeweiligen Gesellschaftsform vorzunehmen ist[43]. So ist Müller-Gugenberger[44] mit Recht der Auffassung, daß die juristische Person nach deutschem Recht zwar als Denkfigur der *personne morale* entspreche, aber sie erfasse nur den „oberen" Teil der Zusammenschlüsse, denen in Frankreich die Rechtsfähigkeit zugesprochen wird.

### *bb) Die société en participation*

Im Gegensatz dazu besitzt die *société en participation* keine eigene Rechtspersönlichkeit[45]. Der französische Kassationshof[46] verneinte dies, da es am gemeinsamen Handeln unter einer gesellschaftlichen Firma *(raison sociale)* fehle[47]. Die *société en participation* hat daher weder eine Firma noch einen Gesellschaftssitz[48]. Es gibt auch kein vom Vermögen der Gesellschafter selbständiges Gesellschaftsvermögen[49]. Bis zur Gesellschaftsrechtsreform im Jahre 1978[50] war die *société en participation* in gewisser Weise mit der deutschen stillen Gesellschaft vergleichbar[51]. Hauptmerkmal der *société en participation* war die „Verborgenheit" der Gesellschaft, da der *société en participation* die *„rélévation aux tiers"* untersagt ist[52].

---

40 Vgl. hierzu Bastian/Germain, in: Jura Europae, Band II, 30.40, S. 2 f.; Müller-Gugenberger, ZHR 142 (1978), 589 ff.

41 Müller-Gugenberger, Gesellschaft, Nr. 233; dies wurde im übrigen in der französischen Literatur teilweise heftig kritisiert, vgl. Müller-Gugenberger, Gesellschaft, aaO.; vgl. hierzu auch u. G IV 2 c, S. 123.

42 Bastian/Germain, in: Jura Europae, Band II, 30.00, S. 12 f.; K. Schmidt, GA, S. 443.

43 Dies entspricht dem Befund bei der Gesamthandsgesellschaft nach deutschem Recht.

44 Müller-Gugenberger, Gesellschaft, Nr. 28.

45 Bastian/Germain, in: Jura Europae, Band II, 30.50, S. 1.

46 Cass. civ. 2. 6. 1834, S. 1824.1.603.

47 Müller-Gugenberger, Gesellschaft, Nr. 245.

48 Bastian/Germain, in: Jura Europae, Band II, 30.50, S. 1.

49 Bastian/Germain, in: Jura Europae, Band II, S. 2.

50 Vgl. hierzu Müller-Gugenberger, ZHR 142 (1978), 589 ff.; Sonnenberger, RIW 1983, 233 ff.

51 Kritisch zu einem solchen Vergleich Müller-Gugenberger, Gesellschaft, Nr. 283 f.

52 Müller-Gugenberger, Gesellschaft, Nr. 249.

Ein „Heraustreten aus der Verborgenheit" hatte jedoch bis zur Reform im Jahre 1978 zur Folge, daß die *société en participation* zur *société des faits* wird, die als *société en nom collectif* behandelt wird[53], was insbesondere die unbeschränkte gesamtschuldnerische Haftung der Gesellschafter zur Konsequenz hat. Ein „Heraustreten aus der Verborgenheit" wird angenommen, wenn die Gesellschafter eine Gesellschaftsfirma benützen[54]. Hieran läßt sich deutlich die konstitutive Wirkung der selbständigen Identitätsausstattung als Eingangsvoraussetzung für die Verselbständigung demonstrieren.

Durch die Reform des Gesellschaftsrechts in Frankreich hat sich das Bild der *société en participation* völlig verändert[55]. Nachdem nun die *société civile* Rechtsfähigkeit erst mit Eintragung in das Handels- und Gesellschaftsregister erlangt[56], umfaßt die *société en participation* heute alle Gesellschaften, die nach dem Willen der Gesellschafter nicht eingetragen werden sollen und deshalb keine Rechtsfähigkeit erlangen[57]. Die *société en participation* ist somit zu einer universal verwendbaren und vielfältig ausgestaltbaren, formfreien „einfachen Gesellschaft" geworden[58]. Die französische Parallele zur BGB-Gesellschaft verteilt sich daher auf zwei Gesellschaften: die *société civile* und die *société en participation*[59]. Seit der Reform ist allerdings die *société civile* durch die Registerpublizität stärker verselbständigt als die BGB-Gesellschaft[60]. Allerdings zeigt die Rechtslage vor 1978 auch die Möglichkeit der Rechtsfähigkeit ohne Registerpublizität und ohne eine entsprechende gesetzliche Regelung[61].

53 Müller-Gugenberger, Gesellschaft, Nr. 249; auch nach der Reform besteht bei der *société en participation* die Möglichkeit der persönlichen Haftung der Gesellschafter, wenn die Gesellschafter der *société en participation* Dritten gegenüber erkennbar in ihrer Eigenschaft als Gesellschafter handeln, Bastian/Germain, in: Jura Europae, Band II, 30.50, S. 3.

54 Müller-Gugenberger, Gesellschaft, Nr. 250 mit umfangreichen Nachweisen in FN 19.

55 Vgl. hierzu Müller-Gugenberger, ZHR 142 (1978), 589, 609 ff.; Sonnenberger, RIW 1983, 233, 241 f.

56 Sonnenberger, RIW 1983, 234.

57 Vgl. Art 1871, 1 ff. Code Civil; Sonnenberger, RIW 1983, 241.

58 Müller-Gugenberger, ZHR 142 (1978), 615.

59 Vgl. auch K. Schmidt, GA, S. 443.

60 Vgl. zur Bedeutung des Personifikationselementes der Registerpublizität u. F VI 3, S. 98 ff.

61 Allerdings war dieser Zustand mit der Hauptgrund für die Reform, vgl. Müller-Gugenberger, ZHR 142 (1978), 589, 602; vgl. auch unten G IV 2c, S. 123.

### b) Die *société civile* im belgischen Recht

Das belgische Gesellschaftsrecht ist aus dem französischen Rechtssystem hervorgegangen[62]. Im belgischen Recht können sowohl die Handelsgesellschaften als auch die bürgerlich rechtlichen Gesellschaften nur zur Verfolgung eines wirtschaftlichen Zwecks (Absicht der Gewinnteilung[63]) gegründet werden[64]. Im Gegensatz zu den Handelsgesellschaften ist die *société civile* grundsätzlich nicht rechtsfähig[65]. Allerdings gibt es auch Gesellschaften bürgerlichen Rechts mit eigener Rechtspersönlichkeit, wie z. B. die Gesellschaft mit zivilrechtlichem Zweck und handelsrechtlicher Form[66]. Danach ist die Form dafür entscheidend, ob die Gesellschaft Rechtspersönlichkeit besitzt oder nicht[67].

Grundsätzlich kann dabei frei die zivilrechtliche oder handelsrechtliche Form gewählt werden. Wichtigstes Merkmal der Rechtspersönlichkeit ist der Name der Gesellschaft[68]. Im Gesellschaftsvertrag muß außerdem der Sitz der Gesellschaft genannt werden[69]. Eine *société civile* wird rechtsfähig – ohne ihren Charakter als bürgerlich rechtliche Gesellschaft zu verlieren –, wenn sie die Form der Handelsgesellschaften annimmt[70]. Die Form der Handelsgesellschaft setzt voraus, daß die Gesellschaft unter einer Firma geführt wird. Die Gesellschaften bürgerlichen Rechts, die die Form einer Handelsgesellschaft haben und damit rechtsfähig sind, sind beim „Register für Gesellschaften des Zivilrechts in der Form eines Handelsgewerbes" eintragungspflichtig[71].

Auch im belgischen Recht läßt sich somit die entscheidende Funktion der Identitätsausstattung für die Verselbständigung nachweisen. Vor allem zeigt sich aber an der *société civile* im belgischen Recht die Möglichkeit der

62 Quelle: Dabin/Benoit-Moury, in: Jura Europae, Band I, 20.00, S. 1.
63 Dabin/Benoit-Moury, in: Jura Europae, Band I, 20.00, S. 3.
64 Art. 1832 C. Civ.; Dabin/Benoit-Moury, in: Jura Europae, Band I, 20.40, S. 1; der Verein ist dagegen eine organisierte Personenvereinigung, deren Zweck nicht auf die Erzielung und Verteilung eines Gewinnes gerichtet ist, Dabin/Benoit-Moury, aaO., S. 3; vgl. zur sog. non-profit-BGB-Gesellschaft, Raupach, StuW 1990, S. 397, 400.
65 Dabin/Benoit-Moury, in: Jura Europae, Band I, 20.00, S. 3; K. Schmidt, GA, S. 444.
66 Dabin/Benoit-Moury, in: Jura Europae, Band I, 20.00, S. 3 f.
67 Dabin/Benoit-Moury, in: Jura Europae, Band I, 20.00, S. 4.
68 Dabin/Benoit-Moury, in: Jura Europae, Band I, 20.00, S. 13.
69 Dabin/Benoit-Moury, in: Jura Europae, Band I, 20.00, S. 14.
70 Art. 212 L. C. S.; Dabin/Benoit-Moury, in: Jura Europae, Band I, 20.40, S. 6; K. Schmidt, GA, S. 444.
71 Dabin/Benoit-Moury, in: Jura Europae, Band I, 20.00, S. 18.

unterschiedlichen Verselbständigung innerhalb einer Rechtsform in Abhängigkeit von der Form[72] der Gesellschaft.

## IV. BGB-Gesellschaften ohne selbständige Identitätsausstattung

### 1. Die Bedeutung des Fehlens der selbständigen Identitätsausstattung

Eine BGB-Gesellschaft, bei der keine selbständige Identitätsausstattung vorhanden ist, kann daher aufgrund des Fehlens des wichtigsten Personifikationselements nicht als selbständige Rechtsträgerin verselbständigt sein. Es gibt keine Einheit, hinter der die Gesellschafter „verschwinden". Hierzu wäre eine selbständige Identitätsausstattung erforderlich. Wie die rechtstatsächliche Bestandsaufnahme ergeben wird[73], gibt es auch mehrere Anwendungsfälle von BGB-Gesellschaften, bei denen die Verselbständigung aufgrund einer selbständigen Identitätsausstattung zu weitgehend wäre.

Wie das Beispiel der Bauherrengemeinschaft[74] zeigt, ist zwar zur Errichtung des gesamten Gebäudes ein Zusammenschluß der einzelnen Bauinteressenten erforderlich, die Verselbständigung dieser BGB-Gesellschaft darf aber regelmäßig nicht so weitgehend sein, daß die Gesellschafter hinter der Gesellschaft „verschwinden" und die BGB-Gesellschaft als Bauherr des Objekts anzusehen ist. So ist für den einzelnen Wohnungsinteressenten von Bedeutung, ob er in einkommensteuerlicher Hinsicht als Bauherr angesehen wird[75]. Die Bauherrengemeinschaft darf also nicht mit einer selbständigen Identitätsausstattung auftreten, damit die BGB-Gesellschaft nicht als Rechtsträgerin verselbständigt ist. Hierdurch ergeben sich Auswirkungen auf den Zusammenhang zwischen Zweck und Struktur der Gesellschaft. Auch stellt sich die Frage des Verhältnisses zwischen Außen- und Innengesellschaft. Auf beide Punkte ist später noch näher einzugehen[76].

Da die Frage der Rechtsträgerschaft ausschließlich vom Vorhandensein des Personifikationsmerkmals Identitätsausstattung abhängt, sind die anderen beiden Elemente, Handlungsorganisation und Haftungsverband, diesbezüglich von untergeordneter Bedeutung. Denn das Fehlen des Merkmals der selbständigen Identitätsausstattung kann nicht durch eine selbständige

---

72 Dabei ist entscheidend das Personifikationselement der selbständigen Identitätsausstattung.

73 S. unten im Besonderen Teil, S. 146 ff.

74 S. u. J I, S. 159 ff.

75 Vgl. hierzu L. Schmidt, EStG, § 21 Anm. 16b; BFH, BStBl. II 1990, 299; Wichmann, BB 1991, 589.

76 S. u. G V + VII, S. 127 ff., 137 ff.

Handlungsorganisation und einen selbständigen Haftungsverband kompensiert werden. Diese beiden Elemente stellen sich üblicherweise bei BGB-Gesellschaften ohne selbständige Identitätsausstattung wie folgt dar:

## 2. Handlungsorganisation

Bei der BGB-Gesellschaft ohne selbständige Identitätsausstattung handeln die Gesellschafter – im gesetzlichen Regelfall der Gesamtvertretung – „in ihrer Verbundenheit als Gesellschafter“[77]. Wie z.B. im Fall der Mietergemeinschaft[78] festzustellen ist, handelt der einzelne Mieter bei seiner Unterschrift unter den Mietvertrag nicht allein für sich, sondern er trägt seinen Teil zum Abschluß des Vertrages bzgl. des gemeinsamen Anmietens der Wohnung bei. Dieser Befund entspricht genau der herkömmlichen Gesamthandslehre. In dieser Einordnung der Handlungsorganisation spiegelt sich deutlich der geringe Grad der Verselbständigung der BGB-Gesellschaft ohne selbständige Identitätsausstattung wider.

Eine selbständige Handlungsorganisation ist auch im Fall der Gesamtvertretungsberechtigung nicht vorhanden. Ein Personifikationselement „Handlungsorganisation“ ist daher nur im Hinblick auf das Handeln der Gesellschafter „in ihrer Verbundenheit als Gesellschafter“ gegeben. Es ist aber gerade keine Handlungsorganisation *der Gesellschaft* vorhanden.

Allerdings kann es auch hier eine selbständige Handlungsorganisation geben, wenn nicht alle Gesellschafter geschäftsführungsbefugt und vertretungsberechtigt sind. Wie weiter unten[79] noch zu zeigen sein wird, ist eine solche selbständige Handlungsorganisation ausreichende Voraussetzung für eine analoge Anwendung von § 31 BGB auf die BGB-Gesellschaft. Eine Verselbständigung als Rechtsträgerin aufgrund einer selbständigen Identitätsausstattung ist danach nicht erforderlich.

## 3. Haftungsverband

Bei den hier beschriebenen BGB-Gesellschaften ohne selbständige Identitätsausstattung besteht ein gesamthänderisch gebundenes Vermögen der Gesellschafter und kein verselbständigtes Gesellschaftsvermögen. In den meisten Fällen sind auch die Zugriffsmöglichkeiten auf die allgemeinen Haftungsverbände der Gesellschafter von erheblicher Bedeutung (vgl. z.B.

77 Larenz, Schuldrecht BT § 60 III b.
78 S. u. H I 2, S. 148 ff.
79 S. u. F V, S. 90 ff.

Mietergemeinschaft[80]). Es besteht damit kein verselbständigter Haftungsverband. Auch können Vermögensgegenstände (z. B. Grundvermögen) den Gesellschaftern in Bruchteilsgemeinschaft zugeordnet sein[81]. Dies ist etwa bei der Vermietungsgemeinschaft[82] oder der Bauherrengesellschaft[83] regelmäßig der Fall.

## V. BGB-Gesellschaften mit selbständiger Identitätsausstattung

### 1. Überblick

BGB-Gesellschaften mit selbständiger Identitätsausstattung ist nach der hier vertretenen Auffassung die Rechtsträgerschaft zuzuerkennen. Bisher wurde dabei entscheidend auf den Gesamtnamen als konstituierendes Merkmal der Verselbständigung als Rechtsträger abgestellt. Eine selbständige Identitätsausstattung bedeutet daher auch zuerst das Auftreten unter einem Gesamtnamen. Es ist aber genauer zu untersuchen, welche Elemente außer dem Gesamtnamen das Merkmal der selbständigen Identitätsausstattung umfaßt[84].

Grundsätzlich ist für die Rechtsträgerschaft nur eine aus dem Gesamtnamen bestehende selbständige Identitätsausstattung ausreichend. Allerdings kann es weitere Rechtspositionen geben, bei denen eine umfangreichere selbständige Identitätsaustattung und möglicherweise noch weitere Elemente erforderlich sind[85].

### 2. Umfang der selbständigen Identitätsausstattung

#### a) Name

Die Identitätsausstattung der BGB-Gesellschaft besteht zunächst aus dem Namen der Gesellschaft. Wie oben[86] ausgeführt, wird dieser Name vielfach auch aus den Namen der Gesellschafter gebildet. Hierdurch besteht zwar keine so verselbständigte Identitätsausstattung, wie das z. B. bei einem Ver-

80 S. u. H I 2, S. 148.
81 John, Rechtsperson, S. 157/158.
82 S. u. H I 3, S. 151.
83 S. u. J I, S. 159 ff.
84 S. u. 2, S. 45 f; vgl. hierzu schon u. C II 3, S. 20.
85 S. u. 3, S. 48.
86 S. u. C II 3, S. 20.

ein der Fall ist[87]. Entscheidend ist aber, daß die BGB-Gesellschaft unter einem vom Privatbereich der Gesellschafter abgehobenen Gesamtnamen auftritt[88], wodurch eine von den Gesellschaftern verselbständigte Organisation besteht. Dies allein führt zur Rechtsträgerschaft der BGB-Gesellschaft.

Zweifelhaft könnte sein, ob eine so verselbständigte Identitätsausstattung gegeben ist, wenn z. B. ein Gesamtname geführt wird, mit diesem Gesamtnamen aber immer alle Namen der Gesellschafter genannt werden. Hierdurch wird meistens keine so weitergehende Verselbständigung bezweckt, daß die Gesellschafter hinter der Gesellschaft „verschwinden"[89]. Als Beispiel ist die unten[90] dargestellte „Aktionsgemeinschaft ehrliche Arbeitsplätze" zu nennen. Hier wird im Auftreten der Gesellschaft nach außen gerade auch der Gesellschafterkreis als werbewirksam angesehen. Ähnlich ist dies beim „Initiativkreis Ruhrgebiet"[91]. Hier verspricht man sich nicht einen Werbeeffekt durch einen „anonymen" „Initiativkreis Ruhrgebiet", sondern es dürfte entscheidend auf die den Initiativkreis bildenden Repräsentanten der Wirtschaft ankommen. Diese besondere Form der Identitätsausstattung betrifft in erster Linie Erscheinungsformen der sog. Werbegemeinschaften. Man wird aber trotz der gewissen Unselbständigkeit der Identitätsausstattung im Hinblick auf den doch vorliegenden Gesamtnamen die Rechtsträgerschaft solcher Organisationen bejahen können.

Ein ähnlicher Befund ergibt sich bei der Identitätsausstattung von Anwaltssozietäten. Hier stellt zwar die standesrechtlich zulässige Kurzbezeichnung, wie z. B. X, Y & Partner, einen Gesamtnamen dar[92]. Nach § 28 Abs. 3 S. 2 RichtlRA sind jedoch „die Sozien in einer Randspalte oder in sonstiger Weise auf allen Schriftstücken kenntlich zu machen"[93]. Die insofern „unselbständige Identitätsausstattung" resultiert in erster Linie daraus, daß berufsrechtlich eine Anwaltsgesellschaft im Gegensatz z. B. zu einer Steuerberatungsgesellschaft in der Rechtsform der GmbH nicht zulässig ist[94]. Hier

87 S. u. D III 1 b + 2 a bb, S. 29, 31.

88 Vgl. zu dieser „Obliegenheitslösung", MüKo-Reuter, § 54 RN 7.

89 Zur selbständigen und nicht selbständigen Identitätsausstattung, vgl. John, Rechtsperson, S. 242, 243.

90 S. u. N I 2 d, S. 190.

91 Vgl. z. B. Anzeige in der FAZ v. 22. 7. 1989 Nr. 167, S. 5.

92 Vgl. § 28 Abs. 3 RichtlRA; zur Behandlung des Namens eines verstorbenen Sozius vgl. § 71 RichtlRA, s. u. P III 1, S. 208.

93 Vgl. zum Namen der Sozietät Heussen, in: Büchting/Heussen (Hrsg.), Beck'sches Rechtsanwalts-Handbuch, S. 970 f.

94 S. u. P III 3 a, S. 210; diese Vorschrift ist auch als Ausgleich der nicht vorhandenen Registerpublizität der BGB-Gesellschaft anzusehen, s. u. F VI 3, S. 98 ff.

zeigt sich deutlich der Einfluß von außerhalb des Gesellschaftsrechts liegenden Vorschriften auf die Zulässigkeit der Verselbständigung und die Struktur der Gesellschaft[95]. Bei der Anwaltssozietät wird man aber im Hinblick auf die erhebliche Bedeutung[96] der Kurzbezeichnung der Sozietät die Rechtsträgerschaft trotz der Einschränkung des § 28 Abs. 3 S. 2 RichtlRA bejahen. Denn entscheidend ist auch das tatsächliche Auftreten. Und hier steht die Kurzbezeichnung eindeutig im Vordergrund.

Im Gegensatz hierzu besteht durch ein bloßes gemeinsames Auftreten der Gesellschafter einer BGB-Gesellschaft keine selbständige Identitätsausstattung. Wenn z. B. ein Paar gemeinsam eine Wohnung anmietet, ist natürlich nicht eine verselbständigte Mietergesellschaft als Mieter anzusehen[97]. Karsten Schmidt[98] hat dies – zwar mit einer anderen Intention[99] – überaus plastisch auf der Wiesbadener Steuerfachtagung 1988 geschildert:

„Ich sage auch immer im Hörsaal über die Lebensgemeinschaft, die Tatsache, daß da zwei Namen auf dem Klingelknopf stehen, macht doch noch keine Gesamthand"[100].

## b) Sitz

Die BGB-Gesellschaft besitzt zwar keinen offiziellen zivilrechtlichen Sitz. Eine durch eine eigene Identität verselbständigte BGB-Gesellschaft läßt sich aber regelmäßig an einem Ort – dem Sitz – lokalisieren. Dieser Sitz ist bei Erwerbsgesellschaften üblicherweise der Ort, an dem die Geschäfte geführt werden[101]. Bei anderen Gesellschaften ist der Sitz der Ort, an dem sich die

95 S. u. G VII 2, S. 138 f.

96 Im Hinblick auf das sich im Umbruch befindliche Berufsrecht wird sich die Bedeutung „der Anwaltsfirma" sicher noch verstärken, vgl. Heussen, aaO., S. 971.

97 S. u. H I 2, S. 148; vgl. zur nichtehelichen Lebensgemeinschaft als BGB-Gesellschaft, MüKo-Ulmer, vor § 705 RN 53 f. m. w. N.

98 K. Schmidt, JbFSt. 1988/1989, S. 157/158.

99 Vgl. hierzu die nächste Fußnote.

100 Nach der hier vertretenen Auffassung müßte der Satz aber lauten: „... macht noch keine BGB-Gesellschaft mit einer selbständigen Identität aus". Nach K. Schmidt, JbFSt. 1988/1989, S. 157/158, wäre dies auch nur eine Innengesellschaft und keine Gesamthands(außen)gesellschaft; nach der von K. Schmidt, GesR, S. 954, vertretenen Auffassung, s. u. G V 2 a, S. 129, sind Außengesellschaften nur solche BGB-Gesellschaften, die die Fähigkeit haben, Träger von Rechten und Pflichten zu sein; zwar können nach der hier vertretenen Auffassung auch Gesellschaften, die nicht als Rechtsträger anzusehen sind, Gesamthands(außen)gesellschaften sein, s. u. G V 2, S. 129, wenn man die Auffassung von K. Schmidt aber teilen würde, müßte die Abgrenzung genau mit dem Kriterium der selbständigen Identitätsausstattung durchgeführt werden.

101 Mentz, in: Münchner Vertragshandbuch, I. 3 Anm. 7; vgl. auch Langenfeld, S. 41.

Verwaltung befindet[102]; bei Besitzgesellschaften kann sich der Sitz außerdem nach dem Ort bestimmen, an dem sich das Vermögen befindet[103].

Somit kann der Sitz einmal an die Handlungsorganisation, zum anderen an Teile des Haftungsverbandes anknüpfen[104]. Der Sitz der Gesellschaft ist für Dritte oft dadurch erkennbar, daß die BGB-Gesellschaft mit selbständiger Identitätsausstattung im Rechtsverkehr zwangsläufig unter einer Anschrift (z. B. auf Briefen) auftreten muß. Auch wird vielfach bei BGB-Gesellschaften, die einen schriftlichen Gesellschaftsvertrag abschließen, schon im Gesellschaftsvertrag der BGB-Gesellschaft neben dem Namen ein Gesellschaftssitz festgelegt[105].

Durch die Lokalisierung[106] der Gesellschaft tritt eine Vervollständigung des Namens der Gesellschaft als Bestandteil der Identitätsausstattung ein. Denn erst eine als Rechtsträger verselbständigte Organisation erfordert eine Lokalisierung in Form eines Sitzes der Gesellschaft. Die Lokalisierung der Gesellschaft in Form eines Sitzes wird üblicherweise nur bei einer auf Dauer angelegten Gesellschaft erforderlich sein[107]. Allerdings gibt es auch hier, wie die Arbeitsgemeinschaft im Baubereich zeigt[108], Ausnahmen.

### 3. Das Element der Dauer

Als weiteres Element kann das Merkmal der Dauer bzw. der Dauerhaftigkeit für die Verselbständigung der BGB-Gesellschaft erforderlich sein. Hierzu schreibt John[109]: „Je mehr die Personifikation ihrem Zweck nach auf Dauer angelegt ist, desto größer ist ihre Selbständigkeit." Das Element der

---

102 Hüffer, in: FS Stimpel, S. 179 f.; John, Rechtsperson, S. 244; vgl. auch § 17 Abs. 1 S. 2 ZPO.

103 Hüffer, in: FS Stimpel, S. 180.

104 John, Rechtsperson, S. 244.

105 Vgl. Müller-Gugenberger, Gesellschaft, S. 381; allerdings wäre eine vertragliche Festlegung des Sitzes unabhängig vom Ort der Verwaltung bzw. der Geschäftsleitung oder dem Belegenheitsort des Vermögens für die Rechtswirkungen, die an den Sitz geknüpft werden, wohl nicht maßgeblich, vgl. Mentz, in: Münchner Vertragshandbuch, I. 3 Anm. 7; Langenfeld, S. 33, § 2; Baumbach/Duden/Hopt, § 105 Anm. 6B zur OHG; BGH, DB 1969, 343.

106 Vgl. John, Rechtsperson, S. 244.

107 Vgl. zur Dauer u. E V 3, S. 48.

108 S. u. O I, S. 193.

109 John, Rechtsperson, S. 243.

Dauer zeigt sich vor allen Dingen bei der Einteilung der BGB-Gesellschaften in Dauer- und Gelegenheitsgesellschaften[110].

### a) BGB-Gesellschaft vom Gesetzgeber als Gelegenheitsgesellschaft ausgestaltet

Nach der gesetzlichen Regel ist die BGB-Gesellschaft als ein lockeres, nicht auf einen langfristigen Bestand angelegtes Gebilde ausgestaltet[111]. Dies zeigt sich in der gesetzlichen Regelung der BGB-Gesellschaft in den §§ 705 ff. BGB.

So ist nach §§ 709, 713 BGB keine besonders verselbständigte Handlungsorganisation, sondern eine Gesamtgeschäftsführung vorgesehen[112]. Die nicht auf Dauer angelegte Regelform der BGB-Gesellschaft zeigt sich auch besonders an § 721 Abs. 1 BGB, wonach ein Gesellschafter den Rechnungsabschluß und die Verteilung des Gewinns und des Verlusts erst nach der Auflösung der Gesellschaft verlangen kann. Erst wenn die Gesellschaft von längerer Dauer ist, hat nach § 721 Abs. 2 BGB der Rechnungsabschluß und die Gewinnverteilung im Zweifel am Schluß jedes Geschäftsjahres zu erfolgen. Auch ist in diesem Zusammenhang das jederzeitige fristlose Kündigungsrecht nach § 723 Abs. 1 BGB bei unbefristeten Gesellschaften zu nennen.

Hierher gehört auch der Umstand, daß die BGB-Gesellschaft nach der gesetzlichen Regelung keine selbständige Identitätsausstattung hat. Schließlich ist der Auflösungsgrund der Zweckerreichung nach § 726 BGB zu nennen, der in erster Linie für Gelegenheitsgesellschaften von Bedeutung ist[113].

### b) BGB-Gesellschaft als Dauergesellschaft

Abweichend vom gesetzlichen Normalfall sind die BGB-Gesellschaften in vielen Fällen[114] aber auf Dauer angelegt[115]. Bei den Personenhandelsgesell-

110 Vgl. MüKo-Ulmer, vor § 705 RN 47; K. Schmidt, GesR, S. 1284; ders., GA, S. 448; Bick, passim; Lutz Fischer, S. 176 f.; zum unterschiedlichen terminologischen Verständnis der BGB-Gesellschaft, vgl. MüKo-Ulmer, vor § 705 RN 56 f.

111 MüKo-Ulmer, vor § 705 RN 47.

112 Vgl. Kübler, Gesellschaftsrecht, S. 52.

113 K. Schmidt, GesR, S. 1324.

114 Vgl. die Darstellung der verschiedenen Erscheinungsformen im Besonderen Teil, S. 146 ff.

115 MüKo-Ulmer, vor § 705 RN 49.

schaften ist die Dauergesellschaft dagegen der gesetzliche Normalfall. Die Vereinbarung einer festen Höchstdauer ist hier „eine krasse Ausnahme"[116]; dies liegt daran, daß unternehmerische (gewerbliche) Tätigkeit schon per definitionem auf Dauer ausgerichtet ist[117]. Denn Gewerbe ist eine *„auf eine gewisse Dauer angelegte Tätigkeit"*[118]. Eine Ausrichtung der Gesellschaft auf Dauer erfordert auch eine viel weitergehende organisatorische Ausstattung der Gesellschaft, als das bei einer bloßen Gelegenheitsgesellschaft der Fall wäre. Die Dauerhaftigkeit der Gesellschaft führt auch zu seiner stärkeren Verfestigung im Gegensatz zum sonst nur losen Zusammenschluß der Gelegenheitsgesellschaft[119]. Das Element der Dauer vervollständigt somit das Personifikationsmerkmal der selbständigen Identitätsausstattung.

Eine BGB-Gesellschaft, die eine selbständige Identitätsausstattung hat, aber nicht auf Dauer angelegt ist, wird zwar grundsätzlich die Fähigkeit der Rechtsträgerschaft zukommen. Die Verselbständigung dieser Gesellschaften ist aber nicht ausreichend für Rechtspositionen, bei denen eine auf Dauer angelegte Gesellschaft vorhanden sein muß. Für die unten[120] zu untersuchende Frage der Mitgliedsfähigkeit wird regelmäßig nur eine auf Dauer angelegte BGB-Gesellschaft als Mitglied in Betracht kommen. Denn eine Gesellschaft, die nur vorübergehend besteht, hat grundsätzlich nicht die für eine Mitgliedschaft erforderliche Selbständigkeit. Eine BGB-Gesellschaft, die nicht auf Dauer angelegt ist, ist daher weniger verselbständigt als eine Dauergesellschaft.

So gibt es neben der Mitgliedsfähigkeit weitere Rechtspostionen, für die eine nur vorübergehend und nicht auf Dauer angelegte Gesellschaft nicht ausreichend ist. Nach h. M. ist eine Organisation nach § 2 TVG nur tariffähig, wenn die Organisation auf einige Dauer angelegt ist[121]. Ad-hoc-Vereinigungen wird danach keine Tariffähigkeit zuerkannt[122], da ad-hoc-Koali-

116 K. Schmidt, GesR, S. 1117.

117 Vgl. K. Schmidt, Handelsrecht, S. 254.

118 Baumbach/Duden/Hopt, § 1 Anm. 1 A.; nach § 2 a GewStG wird bei einer Bauarbeitsgemeinschaft, s. u. O I, S. 193, ab einer Dauer von drei Jahren ein Gewerbebetrieb angenommen. Allerdings wird auch als Gewerbe der Verkaufsstand während der Olympischen Spiele angesehen, K. Schmidt, Handelsrecht, S. 254; der Betrieb eines solchen Standes in Form einer (minderkaufmännischen) BGB-Gesellschaft wäre allerdings nicht als eine auf Dauer angelegte BGB-Gesellschaft anzusehen.

119 Vgl. LG Bonn, NJW 1988, 1596, 1597.

120 S. u. F I, S. 53 ff.

121 Zöllner, Arbeitsrecht, § 34 I 1; Reichel/Ansey/Koberski, TVG, § 2 RN 43; ArbG Berlin, DB 1974, 2358.

122 ArbG Berlin, DB 1974, 2358.

tionen nicht als fähig erachtet werden, auf Dauer Arbeits- und Wirtschaftsbedingungen zu regeln[123]. Ad-hoc-Organisationen genießen daher nach h. M. nicht den Schutz von Art. 9 Abs. 3 GG[124].

Die unten[125] dargestellte Bau-Arge wäre daher grundsätzlich nicht tariffähig[126]. Nach h. M.[127] ist die Arge auch kein Gewerbebetrieb, da in dem Unternehmenszusammenschluß auf Zeit keine auf Dauer angelegte berufsmäßige Tätigkeit der Arge gesehen wird. Nach § 2 a GewStG ist eine Arge, wenn bei Vertragschluß anzunehmen ist, daß deren alleiniger Zweck sich auf die Erfüllung eines einzigen Werkvertrages oder Werklieferungsvertrages beschränkt, der innerhalb von drei Jahren erfüllt werden kann, nicht gewerbesteuerpflichtig[128]. Der Unternehmenszusammenschluß auf Zeit zeigt sich auch am Namen der Arge; denn dieser bestimmt sich regelmäßig nach dem Bauprojekt z. B. „Arge Brücke XY". Nach K. Schmidt[129] stellt die Arge auch mangels „Planmäßigkeit" der anbietenden Tätigkeit[130] kein Unternehmen dar. Diese Einordnung der Arge führt im Gutachten von K. Schmidt[131] zu weitreichenden Konsequenzen[132].

Für die analoge Anwendung der Organhaftung nach § 31 BGB setzt die h. M.[133] u. a. voraus, daß die BGB-Gesellschaft über eine bloße Gelegenheitsgesellschaft hinaus auf eine gewisse Dauer angelegt ist[134]. Dies wird damit begründet, daß zu einer analogen Anwendung von § 31 BGB eine

---

123 ArbG Berlin, DB 1974, 2358; vgl. auch BAG, AP § 2 TVG Nr. 36, wo bei einer Arbeitnehmervereinigung auch auf das Erfordernis der Durchsetzungskraft und Leistungsfähigkeit gegenüber den sozialen Gegenspielern abgestellt wird. Eine nicht auf Dauer angelegte Vereinigung wird diese Durchsetzungskraft regelmäßig nicht haben.

124 ArbG Berlin, DB 1974, 2358.

125 S. u. O I, S. 193 ff.

126 Vgl. zur Tariffähigkeit des einzelnen Arbeitgebers, Schaub, § 199 Nr. 2, S. 1308 f.; vgl. zur tarifvertraglichen Bindung der Arge, Barner, S. 167 ff.

127 S. u. O I 1, S. 193 ff.

128 Vgl. auch § 180 Abs. 4 AO.

129 K. Schmidt, GA, S. 454.

130 Vgl. K. Schmidt, Handelsrecht, S. 254, der zwar zwischen Planmäßigkeit und Ausrichtung des Unternehmens auf Dauer differenziert. Aber die Planmäßigkeit beinhaltet auch das Element der Dauer, daher gehören beide Elemente im Hinblick auf den Gewerbebegriff zusammen, zutreffend stellt auch Barner, S. 78 f., auf die auf Dauer angelegte berufsmäßige Tätigkeit ab.

131 K. Schmidt, Handelsrecht, S. 254.

132 S. u. G IV, S. 117 ff.

133 MüKo-Ulmer, § 705 RN 219 m. w. N.; ausführlich zur Organhaftung s. u. F V, S. 90 ff.

134 MüKo-Ulmer, § 705 RN 219.

den Personenhandelsgesellschaften vergleichbare Struktur gegeben sein muß. Diese Frage wird noch zu untersuchen sein[135].

Das Merkmal der Dauerhaftigkeit ist daher dafür entscheidend, zu welchem Grad der Verselbständigung die durch den Gesamtnamen vorhandene selbständige Identitätsausstattung führt. Die selbständige Identitätsausstattung läßt die Personifikation BGB-Gesellschaft bei einer auf Dauer angelegten Gesellschaft zu einer verfestigteren Einheit werden, als das bei einer Gelegenheitsgesellschaft der Fall wäre.

### 4. Weitere Personifikationselemente für bestimmte Rechtspositionen erforderlich

Neben der oben dargestellten Eingangsvoraussetzung „selbständige Identitätsausstattung" und dem Element der Dauer können für bestimmte Rechtspositionen weitere Personifikationselemente erforderlich sein. Denn die den BGB-Gesellschaften mit selbständiger Identitätsausstattung zuerkannte Rechtssubjektivität bedeutet noch keine Entscheidung über den Umfang der Rechtsfähigkeit dieser Organisation[136]. Mangels gesetzlicher Regelung des Umfangs der Rechtsfähigkeit der BGB-Gesellschaft[137] ist deshalb ein Einzelnachweis der Rechtszuordnungsfähigkeit erforderlich[138].

Dies betrifft in erster Linie Parteifähigkeit, Grundbuchfähigkeit, Mitgliedsfähigkeit, Wechselfähigkeit, Konkursfähigkeit usw. Auch ist nach h. M. für die unten[139] näher darzustellende Organhaftung nach § 31 BGB analog eine selbständige Handlungsorganisation erforderlich. Somit ist die Gesamtvertretungsberechtigung aller Gesellschafter nicht ausreichend, da in diesem Fall keine selbständige Handlungsorganisation gegeben ist. Nach verbreiteter Auffassung[140] ist für die Organhaftung auch ein verselbständigter Haftungsverband in Form des Gesamthandsvermögens erforderlich. Im folgenden soll anhand der exemplarischen Darstellung bestimmter Rechtspositionen untersucht werden, welche zusätzlichen Personifikationselemente für die Anerkennung der jeweiligen Rechtspositionen erforderlich sind oder welche Elemente bei der BGB-Gesellschaft fehlen, so daß diese Rechtsposition der BGB-Gesellschaft nicht zukommt.

135 S. u. F V, S. 90 ff.

136 S. u. D II 3, S. 26; Konzen, JuS 1989, 20, 22.

137 Vgl. dagegen § 124 HGB; § 1 Abs. 1 AktG; § 13 GmbHG; § 17 GenG.

138 So auch Konzen, JuS 1989, 22, zum nichtrechtsfähigen Verein.

139 S. u. F V, S. 90 ff.

140 Martinek, S. 67 FN 110; MüKo-Ulmer, § 705 RN 191; aA MüKo-Reuter, § 31 RN 15; Barner, S. 145.

# F. Umfang der Teilrechtsfähigkeit der BGB-Gesellschaft – Darstellung wichtiger Rechtspositionen

## I. Mitgliedsfähigkeit

### 1. Problemstellung

Im Gesellschaftsrecht wird mit der Mitgliedschaft die auf der Zugehörigkeit zu einem Verband beruhende Rechtsstellung einer Person bezeichnet[1]. Mit der Formulierung „Rechtsstellung einer *Person*"[2] gelangt man wieder zur Grundproblematik der BGB-Gesellschaft – der „Person-Qualität" der BGB-Gesellschaft[3]. Es stellt sich nämlich die Frage, ob die BGB-Gesellschaft als Mitglied anzusehen ist oder nur die Gesellschafter der BGB-Gesellschaft Mitglieder sein können[4]. So ist bei der AG in § 69 AktG die „Rechtsgemeinschaft an einer Aktie" und bei der GmbH in § 18 GmbHG die „Mitberechtigung am Gesellschaftsanteil" geregelt. Bei dieser gemeinschaftlichen Mitberechtigung besteht gerade keine verselbständigte Person, die als Mitglied anzusehen ist, sondern jeder Mitberechtigte gilt als Gesellschafter[5]. Von einer Mitgliedsfähigkeit der BGB-Gesellschaft kann deshalb nur gesprochen werden, wenn auch die BGB-Gesellschaft – und nicht der einzelne Gesellschafter – als Gesellschafter angesehen wird. Dies kann nur bei einer BGB-Gesellschaft mit selbständiger Identitätsausstattung der Fall sein.

---

1 K. Schmidt, GesR, S. 403; Die Mitgliedschaft ist als subjektives Recht nicht bloß eine Rechtsposition, sondern sie stellt ein geschlossenes Rechtsinstitut dar, K. Schmidt, GesR, S. 405; vgl. allgemein zur Mitgliedschaft: Lutter, AcP 180 (1980), 184; Zöllner, Die Schranken mitgliedschaftlicher Stimmrechtsmacht bei den privatrechtlichen Personenverbänden, passim; Huber, passim; MüKo-Reuter, § 38 RN 1 ff.; ders., GmbHR 1981, 129.

2 K. Schmidt, GesR, S. 403, Hervorhebung hinzugefügt.

3 Vgl. hierzu auch BGH BB 1989, 1372, 1373 zur Frage, ob die BGB-Gesellschaft Verwalter nach dem WEG werden könne: „Dabei geht das Gesetz davon aus, daß die Verwaltung... nur einer einzelnen Person übertragen werden kann...Eine Mehrheit von Personen darf daher nur dann zum Verwalter bestellt werden, wenn sie als rechtlich selbständige Einheit handlungsfähig ist. Das ist bei der Gesellschaft bürgerlichen Rechts nicht der Fall"; aA OLG Frankfurt v. 3. 2. 1989, 20 W 259/88;

4 Vgl. hierzu auch K. Schmidt, Personengesellschaft als Rechtsträger, S. 54 f.

5 Dölle, S. 63; Scholz/Winter, GmbHG, 7. Aufl., § 18 RN 12.

## 2. Mitgliedsfähigkeit bei AG, BGB-Gesellschaft und insbesondere der GmbH

Die Mitgliedsfähigkeit der BGB-Gesellschaft wird heute bzgl. der GmbH, der AG und der BGB-Gesellschaft von der h. M. anerkannt[6]. Durch den BGH[7] ist insbesondere auch die Beteiligung der BGB-Gesellschaft an der Gründung der GmbH gebilligt worden[8]. Allerdings gibt es auch hier Einschränkungen bei der Anerkennung der Mitgliedschaft im Vergleich zu anderen Personifikationen.

### a) Einzelmitgliedschaft oder gemeinschaftliche Mitberechtigung?

Der BGH stellt in seiner Entscheidung vom 3. 11. 1980[9] bei der Begründung der Mitgliedschaft der BGB-Gesellschaft an einer GmbH auch auf § 18 GmbHG ab, wonach ein Geschäftsanteil mehreren Mitberechtigten ungeteilt zusteht. Der BGH[10] führt zwar zunächst aus, es gehe hier nicht darum, „daß die BGB-Gesellschaft wie ein von seinen Mitgliedern abgesonderter Rechtsträger Gesellschafterin einer GmbH werden soll". Es erfolgt also keine Festlegung zur Frage der Rechtsträgerschaft[11]. Der BGH[12] führt dann aber weiter aus:

„Insofern ist die Rechtslage hier eine wesentlich andere als bei Mitgliedschaft einer Handelsgesellschaft, die als Einzelmitgliedschaft zu gelten hat und darum nicht unter § 18 GmbHG fällt."

---

6 Bzgl. GmbH und AG BGHZ 78, 311, kritisch hierzu K. Schmidt, BB 1983, 1699 ff.; Dölle, passim; bzgl. der BGB-Gesellschaft, MüKo-Ulmer § 705 RN 67; Brodersen, S. 2 f.; umstritten ist dagegen die Frage, ob die BGB-Gesellschaft Mitglied einer eingetragenen Genossenschaft sein kann, vgl. LG Regensburg v. 25. 8. 1989, 2 HK T 61/89, Rpfleger 1990, 259 (die Frage bejahend) mit abl. Anmerkung von Hornung, Rpfleger, aaO., 260 ff., der sich unter Berufung auf eine alte KG-Entscheidung (KGJ 36 A 136) auf der Grundlage der überkommenden Lehre u. a. wie folgt äußert: „Der Gesellschaft des bürgerlichen Rechts (GbR) fehlt die rechtliche Selbständigkeit: sie ist nicht Rechtssubjekt, sondern Rechtsverhältnis (so KG aaO.)".

7 BGHZ 78, 311.

8 Vgl. zur Gründungsbeteiligung Koch, ZHR 146 (1982), 121 ff.

9 II ZB 1/79 – BGHZ 78, 311.

10 BGHZ, 78, 313.

11 Vgl. Koch, ZHR 146 (1982), 118, 127.

12 BGHZ, 78, 316.

Der BGH sieht daher die Beteiligung der BGB-Gesellschaft als einen Fall der gemeinschaftlichen Mitberechtigung und nicht als einen Fall der Einzelmitgliedschaft an[13].

Allerdings wird auch nach der überwiegenden Auffassung im Schrifttum die Zulässigkeit der Mitgliedschaft der BGB-Gesellschaft mit § 18 GmbHG begründet[14]. Die BGB-Gesellschaft wird damit der Erbengemeinschaft und der ehelichen Gütergemeinschaft gleichgestellt, die unstreitig § 18 GmbHG unterfallen[15]. Wie oben dargelegt, gilt nach § 18 GmbHG aber jeder Mitberechtigte als Gesellschafter[16]. Die Verselbständigung der BGB-Gesellschaft wird also für die Mitgliedsfähigkeit nicht als ausreichend erachtet, denn bei Anerkennung der Verselbständigung wäre die BGB-Gesellschaft und nicht die Gesellschafter als Mitglieder anzusehen. Im Gegensatz hierzu werden die Personenhandelsgesellschaften OHG und KG als Einzelmitglieder der GmbH anerkannt[17]. Diese unterschiedliche Behandlung der BGB-Gesellschaft einerseits und der Personenhandelsgesellschaften andererseits wird von den Anhängern der modernen Gesamthandslehre kritisiert, da die Strukturgleichheit von BGB-Gesellschaft und Personenhandelsgesellschaften deren Gleichstellung auch bei der Stellung als Gesellschafter der GmbH erfordere[18].

### b) Stellungnahme

Nach der hier vertretenen Auffassung der differenzierten Betrachtung der BGB-Gesellschaften käme eine Gleichstellung mit den Personenhandelsgesellschaften nur in Betracht, wenn eine BGB-Gesellschaft mit selbständiger Identitätsausstattung gegeben ist. Denn nur dieser Erscheinungsform ist die

13 Auch Dölle, S. 63, ist der Auffassung, der BGH sehe die Beteiligung der BGB-Gesellschaft als einen Fall der gemeinschaftlichen Mitberechtigung i. S. des § 18 GmbHG an; Ulmer, in: FS der Juristischen Fakultät der Universität Heidelberg, 1986, S. 413, ist dagegen der Meinung, daß der BGH zwischen diesen beiden Alternativen nicht klar genug unterschieden habe.

14 Fischer/Lutter/Hommelhoff, GmbHG, § 18 RN 2; Hachenburg/Schilling/Zutt, GmbHG, § 18 RN 6; Hueck, in: Baumbach/Hueck, GmbHG, § 18 RN 2; Scholz/Winter, GmbHG, § 18 RN 6; Roth, GmbHG, 2. Aufl. 1987, § 18 Am. 2; aA Hachenburg/Ulmer, GmbHG, § 2 RN 80; Koch, ZHR 146 (1982), 127 ff.

15 Dölle, S. 63.

16 Hachenburg/Schilling/Zutt, GmbHG, § 18 RN 4; Scholz/Winter, GmbHG, § 18 RN 12; Dölle, S. 63.

17 Hachenburg/Schilling/Zutt, GmbHG, § 18 RN 1; Scholz/Winter, § 18 RN 2; Hueck, in: Baumbach/Hueck, § 18 RN 1; Fischer/Lutter/Hommelhoff, § 18 RN 2.

18 Dölle, S. 64; Flume, Personengesellschaft, S. 68 ff.; Koch, ZHR 146 (1982), 129.

Rechtssubjektivität zuzubilligen. Wenn eine solche BGB-Gesellschaft auch nicht nur einen vorübergehenden Zweck verfolgt – also auf Dauer angelegt ist –, ist sie als Mitglied einer GmbH anzuerkennen. In diesem Fall unterfällt die Mitgliedschaft auch nicht § 18 GmbHG[19].

Die Mitgliedschaft einer BGB-Gesellschaft ohne selbständige Identitätsausstattung wäre dagegen als gemeinschaftliche Mitberechtigung i. S. v. § 18 GmbHG anzusehen[20].

### c) Eintragung in Gesellschafterliste

Auch wenn die Mitgliedsfähigkeit der BGB-Gesellschaft bzgl. der GmbH anerkannt wird, so wird doch einhellig die Meinung vertreten, daß bei der Gesellschafter-Liste nach § 40 GmbHG die einzelnen Gesellschafter der BGB-Gesellschaft mit Wohnort und Namen – und nicht die BGB-Gesellschaft – aufzuführen sind[21]. Hierbei werden also die einzelnen Gesellschafter der BGB-Gesellschaft als Mitglieder der GmbH betrachtet. Die vorgefundene Verselbständigung wird also für Zwecke der Registerpublizität nicht anerkannt[22].

Dies wird damit begründet, daß für den Zweck der Registerpublizität eine ausreichende Identifizierung der BGB-Gesellschaft erst durch die Namen aller BGB-Gesellschafter möglich sei[23]. Die festgestellte selbständige Identitätsausstattung wird also für die Registerpublizität nicht als ausreichend

19 So auch Hachenburg/Ulmer, GmbHG, § 2 RN 80; Koch, ZHR 146 (1982), 127 ff.; Dölle, S. 64 f.; K. Schmidt, Die Personengesellschaft als Rechtsträger, S. 55; dementsprechend liegt bei der Beteiligung an der AG auch kein Fall des § 69 AktG vor.

20 Bei der Beteiligung an einer AG wäre eine Rechtsgemeinschaft i. S. des § 69 AktG gegeben.

21 Dölle, S. 66; K. Schmidt, BB 1983, 1700; Fischer/Lutter/Hommelhoff, GmbHG, § 8 RN 6; BGHZ 78, 311; Scholz/Winter, GmbHG, § 8 RN 7; Hueck, in: Baumbach/Hueck, GmbHG, § 8 RN 9: Angabe der einzelnen Mitglieder und der Zuordnungsform „in Ges. bürgerlichen Rechts". Allerdings ist § 15 HGB auf die Gesellschafterliste mangels Eintragung nicht anwendbar, Hueck, in: Baumbach/Hueck, GmbHG, § 8 RN 10. Die Bedeutung der Vorschrift des § 40 GmbHG wird daher als gering angesehen, Scholz/U. H. Schneider, GmbHG, § 40 RN 8; vgl. auch Zöllner, in: Baumbach/Hueck, § 40 RN 10.

22 Dölle, S. 67, betont aber ausdrücklich, daß dadurch „sich an dem Gesellschafterstatus der Gesamthand als solcher nichts ändert, die jeweiligen BGB-Gesellschafter werden nicht Mitglieder der GmbH, sondern nur die Gesamthand, d. h. die Gesellschafter als Gruppe".

23 Dölle, S. 67.

erachtet, so daß auf die unselbständige Identitätsausstattung – Namen der Gesellschafter – zurückgegriffen werden muß.

Wie noch bei der Frage der Grundbuchfähigkeit zu zeigen sein wird[24], ist bei einer BGB-Gesellschaft mit selbständiger Identitätsausstattung nach der hier vertretenen Auffassung eine ausreichende Identifizierung der Gesellschaft grundsätzlich auch für Zwecke der Registerpublizität gegeben. Entgegen Brodersen[25] ist daher die Eintragung des Namens der BGB-Gesellschaft nicht unzulässig, sondern geradezu notwendig. Hierdurch ist nämlich auch erkennbar, ob die betreffende BGB-Gesellschaft unter § 18 GmbHG fällt oder nicht.

Allerdings könnte die alleinige Eintragung des Namens und des Sitzes nicht ausreichend sein. Sofern man aber mit der h. M. die Parteifähigkeit der BGB-Gesellschaft verneint[26], wäre die Eintragung in die Gesellschafterliste unter einem Gesamtnamen der Gesellschaft nämlich nicht ausreichend. Nach der hier vertretenen Auffassung wäre dagegen aufgrund der Anerkennung der Parteifähigkeit der BGB-Gesellschaften mit selbständiger Identitätsausstattung[27] auch aus diesem Grund die Auflistung der Gesellschafter nicht erforderlich. Die Nennung der Namen der Gesellschafter in der Gesellschafterliste könnte aber aufgrund der fehlenden Registerpublizität der BGB-Gesellschaft im Hinblick auf die – insbesondere bei der Gründung – nach dem BGH[28] mögliche persönliche Haftung[29] der Gesellschafter einer BGB-Gesellschaft bei der Beteiligung an einer GmbH erforderlich sein[30]. Allerdings besteht nach der Regelung des § 40 GmbHG keine Gewähr bezüglich der Richtigkeit der Liste[31]. Sofern man dementsprechend die Auffassung vertritt, daß § 40 GmbHG auch keinen gläubigerschützenden Publizitätszweck habe[32], wäre eine Nennung der Namen der Gesellschafter

24 S. u. II, S. 80 ff.

25 Brodersen, S. 67; vgl. o. C II 3, S. 20.

26 S. u. III, S. 85 ff.

27 S. u. III, S. 85 ff.

28 BGHZ 78, 311.

29 Vgl. §§ 9a, 24 GmbHG; BGHZ 78, 311, 317; vgl. Dölle, S. 71 ff., Dölle, S. 61, bejaht auch die Möglichkeit einer Haftungsbeschränkung; gegen eine unbeschränkbare Gründerhaftung der Gesellschafter der BGB-Gesellschaft auch Koch, ZHR 146 (1982), 131 ff.; Hachenburg/Ulmer, GmbHG, § 2 RN 80.

30 Vgl. u. 4b cc (1), S. 64 ff.; es fehlt somit eine Publizität bezüglich den Haftungsverhältnissen, s. u. VI 3c, S. 99.

31 Scholz/U. H. Schneider, GmbHG, § 40 RN 8.

32 Scholz/U. H. Schneider, GmbHG, § 40 RN 8, m. w. N., hiernach sei § 40 GmbHG auch kein Schutzgesetz i. S. § 823 Abs. 2 BGB; aA Zöllner, in: Baumbach/Hueck, § 40 RN 10; Hachenburg/Mertens, GmbHG, § 40 RN 11.

der BGB-Gesellschaft entbehrlich[33]. § 40 GmbHG bezweckt[34] aber, daß Dritte den Stand der Gesellschafter ermitteln können[35]. Hieraus ergibt sich auch ein gläubigerschützender Publizitätszweck. Sofern man die Möglichkeit der Begrenzung der Haftung der Gesellschafter für die mögliche Haftung der BGB-Gesellschaft im Zusammenhang mit der Beteiligung an der GmbH ablehnt, ist aufgrund der fehlenden Registerpublizität der BGB-Gesellschaft bezüglich der Haftungsverhältnisse eine alleinige Eintragung des Namens und des Sitzes der Gesellschaft aber nicht ausreichend. Daher sind auch die Namen der Gesellschafter der BGB-Gesellschaft in der Liste aufzuführen[36].

Die Frage der fehlenden Registerpublizität ist insbesondere bei der Frage der Beteiligung der BGB-Gesellschaft an einer Personenhandelsgesellschaft von Bedeutung[37]. Dort ist auf die Frage der Publizität ausführlich zurückzukommen[38].

### 3. Mitgliedschaft in einem eingetragenen Verein (e. V.)

#### a) Die Meinungen in der Literatur

Die Zulässigkeit der Mitgliedschaft der BGB-Gesellschaft in einem e. V. wird von der Literatur nur sehr spärlich behandelt[39]. Meistens werden als Mitglieder nur natürliche und juristische Personen, sowie nichtrechtsfähige Vereine genannt[40]. Teilweise werden auch Personenhandelsgesellschaf-

33 Dies wäre auch der Fall, wenn man die Möglichkeit der Beschränkung der Haftung der Gesellschafter der BGB-Gesellschaft bei der Beteiligung an einer GmbH bejaht, vgl. die oben FN 29 genannten Nachweise.

34 Auch wenn dies durch § 40 GmbHG unzulänglich geregelt ist, vgl. Scholz/U. H. Schneider, GmbHG, § 40 RN 1.

35 Scholz/U. H. Schneider, GmbHG, § 40 RN 1; Zöllner, in: Baumbach/Hueck, § 40 RN 1: „ergänzt § 8 Nr. 3" GmbHG.

36 Allerdings ist bei der Beteiligung an der GmbH die Bedeutung der Publizität bezüglich der Haftungsverhältnisse der BGB-Gesellschaft längst nicht so entscheidend wie im Fall der Beteiligung an den Personenhandelsgesellschaften, s. u. 4b dd u. ee, S. 68, 69.

37 S. u. 4b dd, S. 68.

38 Vgl. auch die Publizität bei der Grundbuchfähigkeit der BGB-Gesellschaft, s. u. II, S. 80.

39 Vgl. MüKo-Reuter, § 38 RN 6: „sehr undurchsichtig".

40 Soergel/Schulze/v. Lasaulx, § 31 RN 12; Staudinger-Coing, § 32 RN 33.

ten als zulässige Mitglieder angesehen[41]. Nur von Reuter[42] und Flume[43] wird die Mitgliedsfähigkeit der BGB-Gesellschaft ausdrücklich anerkannt[44].

Nach Reuter[45] ist es schon aus verfassunsrechtlichen Gründen geboten, Gesamthandsgesellschaften, die Arbeitgeber sind, die Mitgliedschaft in einem Arbeitgeberverband, der meistens ein e. V. ist, einzuräumen[46].

### b) Die Auffassung des LG Bonn

Dieser Ansicht von Reuter[47] ist in jüngerer Zeit das LG Bonn[48] entgegengetreten. Das LG[49] begründet dies damit, daß in den §§ 705 ff. BGB die Gesellschafter lediglich in ihrer vermögensmäßigen Verbundenheit als Gesamthandsgemeinschaft erfaßt seien:

„Sie ist weder parteifähig noch hat sie als solche die Fähigkeit, selbständige Trägerin von Rechten und Pflichten zu sein. Letzteres aber ist eine wesentliche Voraussetzung für die Anerkennung einer – verselbständigten – Mitgliedschaft im eingetragenen Verein"[50].

### c) Stellungnahme

Auf dem Boden der vermögensrechtlichen Auffassung[51] ist die Argumentation des LG folgerichtig. Wie oben dargelegt, ist diese Meinung aber für BGB-Gesellschaften mit selbständiger Identitätsausstattung abzulehnen. Das LG argumentiert aber weiter, daß bei der BGB-Gesellschaft mangels organschaftlicher Vertretung eine gemeinsame Willensbildung nicht gewährleistet sei. Die Schwierigkeiten einer gemeinschaftlichen Willensbildung und Willensentscheidung würden sich bereits aus dem häufig nur losen Zusammenschluß von Interessengemeinschaften als BGB-Gesellschaften

---

41 Sauter-Schweyer, Der eingetragene Verein, 12. Aufl., RN 11; Reichert/Dannekker/Kühr, Handbuch des Vereins- und Verbandsrechts, 4. Aufl., RN 225; Stöber, Vereinsrecht, 5. Aufl. RN 50.
42 MüKo-Reuter, § 38 RN 7.
43 Flume, Die juristische Person, S. 277.
44 K. Schmidt, GesR, S. 532, erkennt die Mitgliedsfähigkeit für die Gesamthandsgesellschaften allgemein an.
45 MüKo-Reuter, § 38 RN 7.
46 Hierzu ausführlich Reuter, ZHR 145 (1981), 275 ff.
47 MüKo-Reuter, § 38 RN 7.
48 Beschl. v. 12. 1. 1988, 5 T 224/87, NJW 1988, 1596.
49 NJW 1988, 1597.
50 LG Bonn, NJW 1988, 1597.
51 S. u. A II 2, S. 7 f.

ergeben[52]. Eine gemeinschaftliche Willensbildung erscheine deshalb nur „in einem gesellschaftlichen Zusammenschluß mit einer dem Wesen nach körperschaftlichen Struktur gewährleistet"[53].

Bei einer Beschränkung der Mitgliedsfähigkeit auf BGB-Gesellschaften, die mit einer selbständigen Identität ausgestattet und auf Dauer angelegt sind, sind die Bedenken des Gerichts nicht begründet. Denn hier sind gerade die Erscheinungsformen von losen Zusammenschlüssen für die Mitgliedschaft ausgeschlossen. Bei einer auf Dauer angelegten BGB-Gesellschaft ist auch im Hinblick auf das Auftreten unter einer selbständigen Identitätsausstattung die Handlungsorganisation so verfestigt, daß sich bei der Willensbildung keine Schwierigkeiten ergeben und eine Ausübung des Stimmrechts gewährleistet ist. Auch wenn keine selbständige Handlungsorganisation – also keine Abweichung von der gesetzlichen Gesamtvertretung – vorhanden wäre, ist die Verselbständigung aufgrund der selbständigen Identitätsausstattung und der Dauerhaftigkeit als ausreichend zu erachten. Denn einer OHG mit Gesamtvertretungsregelung wäre deshalb auch nicht die Mitgliedsfähigkeit abzusprechen, wie im übrigen eine OHG auch nicht körperschaftlicher als eine BGB-Gesellschaft mit den hier angenommenen Merkmalen strukturiert wäre.

Entgegen der Auffassung des LG[54] ist eine über die selbständige Identitätsausstattung und die Dauerhaftigkeit hinausgehende körperschaftliche Struktur für die Mitgliedsfähigkeit nicht erforderlich. Die Mitgliedschaft einer auf Dauer angelegten BGB-Gesellschaft mit selbständiger Identitätsausstattung in einem e. V. ist daher anzuerkennen. Im übrigen besteht für den e. V. die Möglichkeit, in der Satzung festzulegen, daß eine BGB-Gesellschaft einen Vertreter für die Ausübung der Mitgliedsrechte zu benennen hat[55].

### 4. Mitgliedschaft in einer Personenhandelsgesellschaft

#### a) Die Auffassung der h. M.

Die h. M. verneint die Möglichkeit der Mitgliedschaft der BGB-Gesellschaft an einer Personenhandelsgesellschaft[1]. In der Literatur und in der Recht-

52 LG Bonn, NJW 1988, 1597.
53 LG Bonn, NJW 1988, 1597.
54 LG Bonn, NJW 1988, 1597.
55 Vgl. MüKo-Reuter, § 38 RN 7; ders., ZHR 145 (1981), 275, 277.
1 BGHZ 46, 291 (296); BGH, WM 1966, 188; BGH, WM 1986, 1280; OLG Zweibrücken, OLGZ 1982, 155 ff.; Reuter, JZ 1986, 73; Flume, in FS Raiser, 1974,

sprechung wird die Unzulässigkeit der Beteiligung der BGB-Gesellschaft an den Personenhandelsgesellschaften vor allem mit dem Fehlen jeglicher Publizität bei der BGB-Gesellschaft begründet. Dies betrifft in erster Linie die Vertretungs- und Haftungsverhältnisse – denn es fehlt eine gesetzliche Regelung der Vertretung entsprechend den §§ 125, 126 HGB –, sowie die personellen Veränderungen in der Gesellschaft. Denn der Gesellschafterbestand einer Handelsgesellschaft müsse für den Rechtsverkehr aus dem Handelsregister ersichtlich sein[2]. Hierdurch sei bei Beteiligung einer BGB-Gesellschaft die für die Personenhandelsgesellschaften vom Gesetz beabsichtigte und durch das Handelsregister erreichte Klarheit und Übersichtlichkeit nicht gewährleistet[3]. Dies gelte insbesondere auch für Zwecke der Rechtsverfolgung im Rahmen der §§ 128, 171 HGB[4].

Gegen eine Beteiligung der BGB-Gesellschaft wird auch eingewandt, durch die Mitgliedschaft in einer Personenhandelsgesellschaft werde die BGB-Gesellschaft zum Kaufmann und damit selbst zu einer Personenhandelsgesellschaft[5]. Außerdem könne die BGB-Gesellschaft nach außen nicht als geschlossene Einheit auftreten[6].

---

S. 36; ders., Personengesellschaft, S. 63; Baumbach/Duden/Hopt, § 105 Anm. 1 D; MüKo-Ulmer, § 705 RN 67 FN 146 m. w. N.; ders., in Großkommentar, HGB, § 105 RN 98; Schlegelberger/Martens, HGB, § 161 RN 33 a; Soergel-Hadding, § 705 RN 24; Hopt/Hehl, Gesellschaftsrecht, RN 272; Kölling, S. 47 f.; aA Brodersen, passim; K. Schmidt, Die Personengesellschaft als Rechtsträger, S. 57; ders., DB 1990, 93 ff.; Schünemann, S. 204; Le., DStZ 1984, 513; Autenrieth, BB 1989, 305, 308, unter Berufung auf die Zulässigkeit bei der Europäischen Wirtschaftlichen Interessenvereinigung (EWIV), s. hierzu u. 5, S. 73 ff; Klamroth, BB 1983, 796 ff.; Hartmann/Hartmann, in: FS Werner 1983, S. 217 ff. (für Zulässigkeit als Kommanditistin).

2 Vgl. MüKo-Ulmer, § 705 RN 57.

3 Flume, Personengesellschaft, S. 63/64; in der Literatur wird hierbei auch zwischen der Stellung der BGB-Gesellschaft als Kommandistin oder der als persönlich haftenden Gesellschafterin unterschieden, Klamroth, BB 1983, 796 ff.; Hartmann/Hartmann, aaO.; Brodersen, aaO.

4 Ulmer, in Großkommentar, HGB, § 105 RN 98; MüKo-Ulmer, § 705 RN 67.

5 Soergel/Schultze v. Lasaulx, § 705 RN 18; Westermann, Handbuch der Personengesellschaften, RN 119.

6 Hopt/Hehl, Gesellschaftsrecht, RN 272; OLGZ Zweibrücken, OLGZ 1982, 155, 157.

### b) Stellungnahme

#### *aa) Fehlende Verselbständigung der BGB-Gesellschaft als Einheit?*

Exemplarisch für die Auffassung der herrschenden Meinung ist der Beschluß des OLG Zweibrücken[7]:

„Die BGB-Gesellschaft ist anders als die Personenhandelsgesellschaften (vgl. §§ 124 Abs. 1, 161 Abs. 2 HGB) rechtlich in keiner Weise verselbständigt... Träger der Gesellschaft sowohl in willens- als auch in vermögensmäßiger Hinsicht bleiben nach außen die Gesellschafter. Der Unterwerfung unter die gesamthänderische Bindung entspricht noch nicht die in § 124 HGB vollzogene Ablösung der Gesamthand von der Rechtspersönlichkeit ihrer Träger. Es wäre mit dem Wesen einer Personenhandelsgesellschaft, das sich aus den §§ 124 HGB (hier i. V. m. § 161 Abs. 2 HGB) ergibt, unvereinbar, einen Gesellschafter zu dulden, der in rechtlicher Hinsicht weniger selbständig ist, als die Gesellschaft selbst..."

Auch Geßler[8] vertritt die Auffassung, daß die BGB-Gesellschaft nicht Gesellschafterin einer OHG werden könne, da sie unter ihrem Namen nicht Trägerin von Rechten und Pflichten sein könne[9].

Wie oben dargelegt, steht die BGB-Gesellschaft mit selbständiger Identitätsausstattung den Personenhandelsgesellschaften in bezug auf die Fähigkeit zur Verselbständigung als Rechtsträgerin jedoch nicht nach. Die mangelnde Verselbständigung als Rechtsträgerin kann daher nicht für die Ablehnung der Beteiligungsfähigkeit der BGB-Gesellschaft angeführt werden. Entgegen Brodersen[10] ist aber die Verselbständigung als Rechtsträgerin durch eine selbständige Identitätsausstattung für Mitgliedsfähigkeit unverzichtbares Erfordernis. Brodersen[11] ist dagegen der Auffassung:

„Es ist aber nicht ersichtlich, weshalb ein besonderer Name erforderlich sein soll, um im Rechtsverkehr, und damit auch als Gesellschafter einer OHG, auftreten zu können."

Nach Brodersen[12] verfügt die BGB-Gesellschaft auch ohne einen besonderen Namen über ein ausreichendes Maß an Einheit, um sich an einer OHG zu beteiligen. Im Falle einer BGB-Gesellschaft ohne selbständige Identitätsausstattung ist das nach der hier vertretenen Auffassung gerade nicht der Fall, denn in diesem Fall besteht keine verselbständigte BGB-Gesellschaft,

7 OLGZ 1982, 155, 157.
8 Schlegelberger-Geßler, HGB, § 161 RN 22.
9 So auch RGZ 123, 366, 369.
10 Brodersen, S. 88; vgl. auch Bletz, S. 60: „Auf eine Bezeichnung der Gesamthand als solche kommt es mithin nicht an."
11 Brodersen, S. 88.
12 Brodersen, S. 88.

die Mitglied werden könnte[13]. Brodersen geht auch von einer bloßen gebundenen Mitberechtigung i. S. einer Poolung der Beteiligungen der Gesellschafter in der BGB-Gesellschaft aus[14]. Dabei sind die Gesellschafter – verbunden in der BGB-Gesellschaft – an der OHG beteiligt[15]. Nach der hier vertretenen Auffassung kommt bei den Personenhandelsgesellschaften – im Gegensatz zur GmbH und AG[16] – aber nur eine Mitgliedschaft der BGB-Gesellschaft und nicht eine gebundene Mitberechtigung der Gesellschafter in Betracht.

Das Argument der fehlenden Einheit der BGB-Gesellschaft ist daher nur für die ausschließlich in Betracht kommende BGB-Gesellschaft mit selbständiger Identitätsausstattung nicht stichhaltig. Die oben zitierte Begründung des OLG Zweibrücken[17] ist nicht zutreffend. Zutreffend ist dagegen die weitere Begründung des OLG:

„Zwar kann die BGB-Gesellschaft so organisiert sein, daß sie nach außen kaum weniger handlungsfähig ist als eine OHG oder KG... Sie erreicht aber immer noch nicht die rechtliche Selbständigkeit. Es fehlt der BGB-Gesellschaft die diese rechtliche Verselbständigung ergänzende Registerpublizität der Personenhandelsgesellschaft"[18].

Auf diesen Punkt ist später zurückzukommen[19]. Zunächst ist im folgenden darzustellen, daß die Frage der Kaufmannseigenschaft nicht entscheidend sein kann[20]; sodann ist zu untersuchen, ob der Haftungsverband der BGB-Gesellschaft den Erfordernissen einer Mitgliedschaft in einer Personenhandelsgesellschaft entspricht[21].

### *bb) Problem der Kaufmannseigenschaft nicht entscheidend*

Der weitere in der Literatur genannte Grund[22] für die Ablehnung der Beteiligung an den Personenhandelsgesellschaften, die Gesellschaftereigenschaft mache die BGB-Gesellschaft automatisch zum Kaufmann, ist nicht stichhaltig. Es ist nämlich der im Vordringen begriffenen Meinung zu folgen, wonach eine Person durch die Beteiligung als persönlich haftende Gesell-

13 Vgl. auch u. ee, S. 69 f.
14 Vgl. Brodersen, S. 9/10.
15 Vgl. Brodersen, S. 9/10.
16 Vgl. o. 2a, S. 54 f.
17 OLG Zweibrücken, OLGZ 1982, 155.
18 OLG Zweibrücken, OLGZ 1982, 155.
19 S. u. dd, S. 68 f.
20 S. u. bb, S. 63 f.
21 S. u. cc, S. 64 ff.
22 Vgl. Klamroth, BB 1983, 799 m. w. N.

schafterin nicht automatisch zum Kaufmann wird[23]. Als Kaufmann ist vielmehr grundsätzlich nur die OHG bzw. die KG anzusehen[24].

*cc) Haftungsverfassung der BGB-Gesellschaft ausreichend für die Mitgliedschaft in der Personenhandelsgesellschaft?*

(1) Beteiligung an einer OHG

Es erscheint zweifelhaft, ob die Haftungsverfassung der BGB-Gesellschaft den Anforderungen der unbeschränkten Gesellschafterhaftung der OHG nach § 128 HGB genügt. Aufgrund der Struktur des Haftungsverbandes der BGB-Gesellschaft wird angenommen, daß für eine Beteiligungsfähigkeit der BGB-Gesellschaft an einer OHG die unbeschränkte Haftung der Gesellschafter der BGB-Gesellschaft erforderlich ist[25]. Denn die bei der BGB-Gesellschaft grundsätzlich mögliche Beschränkung der Haftung auf das Gesellschaftsvermögen[26] wird nicht als ausreichend für die Haftungszwecke der OHG nach § 128 HGB angesehen[27], da die BGB-Gesellschaft in keiner Weise ein einer Kapitalgesellschaft vergleichbar geschütztes Vermögen hat[28].

Bei der Erbengemeinschaft steht deshalb nach h.M. die Möglichkeit der Haftungsbeschränkung nach §§ 1975 ff., 2059, 2060 BGB der Beteiligung an einer OHG entgegen[29]. Als weitere Hinderungsgründe[30] werden bei der

23 K. Schmidt, GesR, S. 1230; ders., DB 1990, 94; Klamroth, BB 1983, 799; vgl. auch Brodersen, S. 15 ff.; Ulmer, in Großkommentar, HGB, § 105 RN 96.

24 Vgl. Ulmer, in Großkommentar, HGB, § 105 RN 74 ff., 77.

25 Brodersen, S. 51.

26 Vgl. zuletzt BGH WM 1989, 377; MüKo-Ulmer, § 714 RN 32; Soergel-Hadding, § 714 RN 32; Brodersen, S. 36 m.w.N.; Heckelmann, in: FS Quack, S. 243 ff.; vgl. auch Flume, Personengesellschaft, S. 325 ff.

27 Brodersen, S. 36.

28 MüKo-Ulmer, § 718 RN 10.

29 BGHZ 58, 317; BGH, NJW 1983, 2377; Reinhardt/Schulz, RN 223; Hopt/Hehl, Gesellschaftsrecht, RN 274; Leipold, RN 436 ff.; Baumbach/Duden/Hopt, § 105 Anm. 1D; Kölling, S. 53 f.; aA Bletz, S. 203; anders entscheidet die h.M., z.B.: Baumbach/Duden/Hopt, § 131 Anm. 3B; RGZ 106, 65, im Fall der Mitgliedschaft der Erbengemeinschaft in einer OHG als Liquidationsgesellschaft, vgl. § 146 Abs. 1 S. 2 HGB. Allerdings wäre im Hinblick auf die dogmatische Entwicklung, wonach die OHG auch im Liquidationsstadium weiter besteht, vgl. K. Schmidt, GesR, S. 1005; ders., ZHR 153 (1989), 270 ff., zu überlegen, ob die Differenzierung bzgl. der Mitgliedsfähigkeit zwischen werbender und Liquidations-OHG aufrechtzuerhalten ist. Danach könnte auch die Mitgliedsfähigkeit der Erbengemeinschaft in der Liquidations-OHG zu verneinen sein.

30 Vgl. Ulmer, in Großkommentar, HGB, § 105 RN 98 m.w.N.

Erbengemeinschaft auch die auf Abwicklung gerichtete Struktur[31] und das Verfügungsrecht der Mitglieder über ihren Erbanteil[32] genannt. Der Hindernisgrund der auf Abwicklung gerichteten Struktur entspricht dem hier für die Mitgliedsfähigkeit verlangten Merkmal der Dauer. Im übrigen kommt einer Erbengemeinschaft grundsätzlich auch nicht die erforderliche Verselbständigung als Rechtsträgerin zu, da diese regelmäßig nicht mit einer selbständigen Identität ausgestattet sein wird[33]. Dementsprechend wird auch die Beteiligung einer Bruchteilsgemeinschaft an einer Personenhandelsgesellschaft abgelehnt[34].

Für die Mitgliedschaft der BGB-Gesellschaft in einer OHG wäre daher eine Haftungsbeschränkung unzulässig[35]. Ein solcher Haftungsverband, bei dem die persönliche Haftung der Gesellschafter aufgrund einer Vollmachtsbeschränkung beschränkt oder ausgeschlossen ist, würde nicht den Anforderungen an die Mitgliedsfähigkeit in einer OHG entsprechen. Allerdings ist bei der BGB-Gesellschaft auch umstritten, inwieweit eine unbeschränkte Gesellschafterhaftung für gesetzliche Gesamthandsschulden besteht[36]. Des weiteren ist ungeklärt, ob die Haftung der BGB-Gesellschaft nach § 128 HGB als Gesellschafterin einer OHG zu einer unbeschränkten Haftung der Gesellschafter der BGB-Gesllschaft führen würde[37].

Zur Haftung bei der an einer Vor-GmbH beteiligten BGB-Gesellschaft hat der BGH[38] entschieden:

„Mit deren Zweck, die Aufbringung und Erhaltung des Stammkapitals in der GmbH unbedingt zu sichern, vertrüge es sich nicht, wenn die Mitglieder einer an der GmbH beteiligten BGB-Gesellschaft ihre Haftung für die gemeinschaftlich zu leistende Einlage (einschließlich einer etwaigen Ausfallhaftung nach § 24 GmbHG) auf das Gesamthandsvermögen beschränken dürften"[39].

31 Vgl. § 2042 Abs. 1 BGB.

32 Vgl. § 2033 Abs. 1 BGB.

33 Anders ist dies aber z. B. im Fall der unternehmenstragenden Erbengemeinschaft, vgl. K. Schmidt, Handelsrecht, S. 95 ff. m. w. N.; vgl. auch BGHZ 92, 259; BVerGE 72, 155.

34 Vgl. Ropeter, S. 115 f., der aber selbst eine Beteiligung bejaht.

35 So auch Brodersen, S. 57 unter Anwendung der Regeln der fehlerhaften Gesellschaft.

36 MüKo-Ulmer § 714 RN 44 ff.; Brodersen, S. 30 ff. jeweils m. w. N.

37 Für unbeschränkte Haftung aufgrund Anknüpfung an den Gesellschaftsvertrag, „ähnlich wie bei einer Haftung aus Leistungsstörungen" Brodersen, S. 49.

38 BGHZ 78, 311, 316.

39 Kritisch hierzu Dölle, S. 61; Koch, ZHR 146 (1982), 131 ff.; Ulmer, in: Hachenburg, § 11 RN 60.

Fraglich ist, ob diese Rechtsprechung des BGH[40] auf die Dauerbeteiligung einer BGB-Gesellschaft an einer OHG übertragen werden kann[41]. Für die Entscheidung des BGH[42] waren die Kapitalschutzvorschriften des GmbH-Rechts entscheidend. Entsprechendes gibt es zwar nicht im Recht der OHG. Allerdings dient die persönliche Haftung bei der OHG nach § 128 HGB als Ersatz für die nicht vorhandenen Kapitalvorschriften der OHG[43]. Die persönliche Haftung bezweckt dabei den Schutz der Gläubiger[44]. Die persönliche Haftung würde weitestgehend leerlaufen, wenn die Beteiligung einer BGB-Gesellschaft ohne generelle unbeschränkte Haftung möglich wäre. Zwar ist die Beteiligung einer vermögenslosen natürlichen Person an einer Personenhandelsgesellschaft grundsätzlich möglich, die persönliche Haftung einer natürlichen Person kann die Funktion als Haftungsersatz aber auch nur erfüllen, weil der Haftende auch über die Dauer des Konkurses hinweg weiterbelastet ist[45]. Eine BGB-Gesellschaft mit beschränkter Haftung kann diese Funktion nicht erfüllen[46]. Die persönliche Haftung der Gesellschafter der BGB-Gesellschaft würde dagegen die Kapitalersatzfunktion der persönlichen Haftung der Gesellschafter der OHG gewährleisten.

Entgegen der Auffassung von Brodersen[47] kann daher die Argumentation des BGH[48] bezüglich der Kapitalschutzvorschriften auch auf die Mitgliedschaft der BGB-Gesellschaft bei der OHG angewandt werden. Eine entsprechende Anwendung des Akzessorietätsprinzips[49] der §§ 128 ff. HGB im Fall der Mitgliedschaft der BGB-Gesellschaft in einer OHG wäre daher zu bejahen. Dies würde der Tendenz im Schrifttum und in der Rechtsprechung entsprechen, wonach die Haftung aufgrund analoger Anwendung der §§ 128 ff. HGB bei Bestehen einer Haftungslücke bejaht wird[50]. Eine solche

40 BGHZ 78, 311; vgl. auch Flume, Personengesellschaft, S. 109.

41 Dagegen Brodersen, S. 46.

42 AaO.

43 K. Schmidt, GesR, S. 398 f.; Brodersen, S. 50.

44 Wiedemann, GesR, S. 288, BGHZ 23, 302, 305.

45 K. Schmidt, GesR, S. 399.

46 Nach h. M. ist sie auch nicht einmal konkursfähig, vgl. u. IV, S. 88.

47 Brodersen, S. 46/47.

48 BGHZ 78, 311.

49 Grundsätzlich für die Anwendung des Akzessorietätsprinzips auf die BGB-Gesellschaft, Flume, Personengesellschaft, S. 286 ff.; für Anwendung auf die Mitunternehmer-BGB-Gesellschaft, K. Schmidt, GesR, S. 1343 ff.

50 K. Schmidt, GesR, S. 1344 m. w. N.; vgl. auch OLG Hamm BB 1989, 1218, zur Haftung der Gesellschafter für Gewerbesteuerschulden der Gesellschaft, vgl. die kritische Bespr. von Crezelius, EWiR § 714 BGB 1/89, 979, zur Problematik der

Haftungslücke würde hier im Hinblick auf die Kapitalersatzfunktion der persönlichen Haftung der Gesellschafter der OHG bestehen. Allerdings darf die Argumentation mit der Haftungslücke nicht zur Folge haben, daß die Akzessorietätslehre dann zur Anwendung kommt, wenn der Anwendungsbereich der „Doppelverpflichtungstheorie"[51] die Haftung offen läßt[52]. Dies würde ansonsten dazu führen, daß man den Haftungsverband der BGB-Gesellschaft auf die jeweiligen Erfordernisse „passend machen würde". Dieses Argument kann natürlich auch der Haftung bei der Mitgliedschaft der BGB-Gesellschaft entgegengehalten werden. Im Fall der Mitgliedschaft der BGB-Gesellschaft ist die persönliche Haftung aber schon allein im Hinblick auf den Zweck der persönlichen Haftung der BGB-Gesellschaft als Gesellschafterin einer OHG gerechtfertigt[53]. Auch käme diese Haftung nach der hier vertretenen Auffassung nur für BGB-Gesellschaften mit selbständiger Identitätsausstattung in Betracht.

(2) Beteiligung an einer KG

Bei der Beteiligung der BGB-Gesellschaft als Komplementärin gilt das bei der OHG Ausgeführte.

Auch bei der Beteiligung als Kommanditistin in der KG stellt sich zwar das Problem der persönlichen Haftung der Gesellschafter der BGB-Gesellschaft. Diese Haftung nach §§ 171 Abs. 1, 172 Abs. 4 HGB ist allerdings – außer im Fall des § 176 HGB – beschränkt, es bestehen aber im Grundsatz die gleichen Probleme wie im Fall der OHG. Die persönliche Haftung der Gesellschafter der BGB-Gesellschaft entspricht aber auch hier dem Zweck der Haftung der BGB-Gesellschaft als Kommanditistin.

Dies gilt auch für die unbeschränkte Haftung nach § 176 HGB. Soweit man in § 176 HGB eine Parallele zur Vor-GmbH sieht[54], könnte die Rechtsprechung zur Beteiligung an einer Vor-GmbH[55] auch erst recht entsprechend herangezogen werden[56].

---

Haftung für Gewerbesteuerschulden ferner BFH BStBl. II 1986, 156, 158; Daumke, DStR 1989, 489; Stirnberg, DB 1990, 1634.

51 BGHZ 74, 270; MüKo-Ulmer, § 714 RN 26 f.; vgl. Brodersen, S. 28 FN 60 m. w. N.

52 Vgl. Crezelius, EWiR § 714 BGB 1/89, 980.

53 So im Ergebnis auch Brodersen, S. 53; K. Schmidt, DB 1990, 95 f.

54 Vgl. K. Schmidt, GesR, S. 1197 f. zum Normzweck von § 176 HGB, der allerdings § 176 HGB als Vertrauensschutznorm sieht.

55 BGHZ 78, 311; vgl. oben (1), S. 65 f.

56 Hartmann/Hartmann, in: FS Werner, S. 225; aA Brodersen, S. 111.

### *dd) Die fehlende Registerpublizität der BGB-Gesellschaft*

Selbst wenn man – wie hier – die unbeschränkte Haftung der Gesellschafter im Falle der Beteiligung an einer OHG bzw. KG bejaht, ist für die Frage der Beteiligungsfähigkeit die Frage der Registerpublizität entscheidend. Aus Gründen des Verkehrsschutzes ist für die Mitgliedschaft in einer Personenhandelsgesellschaft eine irgendwie geartete Registerpublizität der BGB-Gesellschaft bezüglich ihrer Zusammensetzung und ihrer Vertretungs- und Haftungsverhältnisse erforderlich.

Zwar kann eine OHG nach § 123 Abs. 2 HGB schon vor Registereintragung entstehen[57], so daß, wenn man von einer auf Dauer angelegten BGB-Gesellschaft mit selbständiger Identitätsausstattung ausgeht, sich eine nicht eingetragene OHG kaum[58] von einer BGB-Gesellschaft unterscheidet. Nach § 106 Abs. 1 HGB besteht aber für die OHG eine Verpflichtung zur Anmeldung zum Handelsregister[59], so daß der Zustand der Nichteintragung nur vorübergehend ist[60]. § 123 Abs. 2 HGB kann daher nicht für eine mögliche Beteiligungsfähigkeit der BGB-Gesellschaft herangezogen werden.

Am Problem der Registerpublizität manifestiert sich die im Vergleich zur juristischen Person geringere Verselbständigung der Personenhandelsgesellschaft[61]. Denn durch das Prinzip der Selbstorganschaft und den Umstand, daß auch die Gesellschafter der Personenhandelsgesellschaften[62] für die Verbindlichkeiten der Gesellschaft haften, zeigt sich deutlich, daß die Gesellschaft doch nicht ganz von den Gesellschaftern verselbständigt ist. Die handelsrechtliche Registerpublizität bezieht sich daher auch bezüglich der Handlungsorganisation[63] und des Haftungsverbandes auf die Gesellschafter, da die Personenhandelsgesellschaft diesbezüglich nicht soweit verselbständigt ist. Welche Anforderungen an den Gesellschafter einer Personenhandelsgesellschaft zu stellen sind, damit seine Eintragung den Erfordernissen der Registerpublizität genügt, richtet sich nach der Personifikationsstufe des Gesellschafters. Wenn nun – wie bei der BGB-Gesellschaft – wiederum eine Personifikation vorliegt, die nicht wie eine juristische Person von ihren Gesellschaftern verselbständigt ist, kommt es entscheidend darauf an, ob diese Personifikation mit entsprechender Registerpublizität ausge-

57 Baumbach/Duden/Hopt, § 123 Anm. 2; K. Schmidt, GesR, S. 237, 1010.
58 Außer §§ 125, 128 HGB.
59 K. Schmidt, GesR, S. 1010.
60 Vgl. auch Reuter, ZHR 151 (1987), S. 242.
61 S. u. D III 2 b, S. 33.
62 Die persönlich haftenden Gesellschafter.
63 Bei der Stellung als persönlich haftender Gesellschafter.

stattet ist. Dies wäre bei einer Personenhandelsgesellschaft als Gesellschafterin einer Personenhandelsgesellschaft der Fall[64]. Die Anforderungen der Registerpublizität „schlagen" somit bei den Personenhandelsgesellschaften aus den genannten Gründen auf die Gesellschafterebene durch. Eine Eintragung der BGB-Gesellschaft nur unter ihrem eigenen Namen – also nicht unter dem Namen der Gesellschafter – käme daher nur dann in Betracht, wenn die personelle Zusammensetzung der BGB-Gesellschaft und die Haftungs- und Vertretungsverhältnisse[65] z. B. in einem Register für die BGB-Gesellschaft eingetragen wären. Da das nicht der Fall ist, kann eine BGB-Gesellschaft ohne Registerpublizität bzgl. der personellen Zusammensetzung der Gesellschaft nicht Gesellschafterin einer Personenhandelsgesellschaft sein.

Diese Überlegungen bestätigen die Ausführungen zur Mitgliedsfähigkeit der BGB-Gesellschaft in einem e. V. Der e. V. ist als juristische Person so weit gegenüber seinen Mitgliedern verselbständigt, daß eine Registerpublizität der Gesellschafter nicht erforderlich ist. Anders ist dies zum Beispiel bei der GmbH, wo sich durch die Gesellschafterliste nach § 40 GmbHG die Registerpublizität auch auf die Gesellschafter bezieht. Allerdings ist im Fall der Beteiligung an der GmbH auch nicht eine Registerpublizität bezüglich der Vertretungsverhältnisse erforderlich.

*ee) Kompensation der fehlenden Registerpublizität der BGB-Gesellschaft?*

(1) Beteiligung an einer OHG und KG als vertretungsberechtigte persönlich haftende Gesellschafterin

Von Klamroth[66] und Brodersen[67] wird die Zulässigkeit der Beteiligung der BGB-Gesellschaft an den Personenhandelgesellschaften trotz der fehlenden Registerpublizität bejaht. Klamroth[68] und Brodersen kompensieren hierbei das Publizitätsdefizit der BGB-Gesellschaft auf der Ebene der Personenhandelsgesellschaft. Nach Brodersen[69] wird die Klarheit der Haftungs- und Vertretungsverhältnisse dadurch gewahrt, „daß im Handelsregister bei der Per-

64 Vgl. zur Zulässigkeit einer Beteiligung einer Personenhandelsgesellschaft an einer anderen Personenhandelsgesellschaft, Ulmer, in: Großkommentar, HGB, § 105 RN 94 f. m. w. N.

65 Zur Publizität der Vertretungsverhältnisse bei der BGB-Gesellschaft als Kommanditistin, s. u. ee (2), S. 71.

66 Klamroth, BB 1983, 796; vgl. dies., ZHR 153 (1989), 348 ff.

67 Die Beteiligung der BGB-Gesellschaft an den Personenhandelsgesellschaften, 1988, passim; Bespr. von Klamroth, ZHR 153 (1989), 348 ff.

68 Klamroth, BB 1983, 802.

69 Brodersen, S. 116.

sonenhandelsgesellschaft nicht ein besonderer Name der BGB-Gesellschaft, sondern die Namen aller BGB-Gesellschafter mit einem die Gesellschaft andeutenden Zusatz einzutragen sind"[70].

Änderungen im Gesellschafterbestand sind ebenfalls im Handelsregister einzutragende Tatsachen, wie §§ 107, 143 Abs. 2 HGB bzw. § 162 HGB in teleologischer Auslegung oder in Analogie ergeben[71]. Dementsprechend findet auch § 15 HGB Anwendung[72].

Grundsätzlich wäre zur wirksamen Vertretung der OHG die Mitwirkung aller Gesellschafter der BGB-Gesellschaft erforderlich[73]. Wer diese sind, können Dritte nach der Auffassung von Brodersen[74] dem Handelsregister entnehmen[75]. Nach Brodersen[76] brauchen Abweichungen hiervon nicht im Handelsregister zu erscheinen. Denn Dritte können sich darauf verlassen, daß alle Gesellschafter der BGB-Gesellschaft zu deren Vertretung gemeinsam berufen sind[77].

„Denn in jedem Fall befinden sich unter allen Gesellschaftern der BGB-Gesellschaft auch die in Abweichung von §§ 714, 709 BGB zur Vertretung allein oder in kleineren Gruppen berufenen Gesellschafter"[78].

Den Anforderungen des Handelsregisters an Klarheit und Übersichtlichkeit ist bezüglich der Vertretungsverhältnisse hierdurch aber nicht Genüge getan[79]. Die Nichteintragungsfähigkeit von Abweichungen vom Prinzip der Gesamtvertretung führt zu einer Einschränkung[80] der Handlungsfähigkeit der BGB-Gesellschaft als geschäftsführende Gesellschafterin, die nicht mit der für die OHG üblichen Vertretungsregelung des § 125 HGB in Einklang zu bringen ist[81].

Die Mitgliedsfähigkeit einer BGB-Gesellschaft als vertretungsberechtigte persönlich haftende Gesellschafterin einer OHG oder KG ist daher auch

70 Brodersen, S. 116.
71 Brodersen, S. 116.
72 Brodersen, S. 97 f.
73 Brodersen, S. 97 f.
74 Brodersen, S. 97 f.
75 Brodersen, S. 106.
76 Brodersen, S. 107.
77 Brodersen, S. 106, unter Berufung auf G. Hueck, Gesellschaftsrecht, S. 60 f. § 9 IV 1.
78 Brodersen, S. 107, vgl. auch Bletz, S. 68 f.
79 Vgl. Flume, Personengesellschaft, S. 64.
80 Dies räumt auch Bletz, S. 69, für den Fall der Mitgliedschaft der Erbengemeinschaft ein.
81 AA Bletz, S. 69, für die Erbengemeinschaft.

bei Eintragung der Gesellschafter der BGB-Gesellschaft grundsätzlich abzulehnen. Durch die Eintragung der Gesellschafter der BGB-Gesellschaft bei der OHG kann das Publizitätsdefizit der BGB-Gesellschaft nicht in dem Maße kompensiert werden, daß die BGB-Gesellschaft vertretungsberechtigte persönlich haftende Gesellschafterin einer Personenhandelsgesellschaft werden könnte. Denn die bloße Eintragung der Gesellschafter beseitigt grundsätzlich nicht das vorhandene Publizitätsdefizit bezüglich der Handlungsorganisation, sondern nur bezüglich des Haftungsverbandes. Der Meinung von Klamroth[82] und Brodersen[83] ist daher nicht zu folgen[84].

(2) Beteiligung als nicht vertretungsberechtigte persönlich haftende Gesellschafterin und als Kommanditistin einer KG

Die Mitgliedsfähigkeit der BGB-Gesellschaft als nicht vertretungsberechtigte persönlich haftende Gesellschafterin einer OHG und KG und als Kommanditistin einer KG ist dann anzuerkennen, wenn man außer der BGB-Gesellschaft nach der Auffassung von Brodersen[85] und Klamroth[86] alle Gesellschafter der BGB-Gesellschaft in das Handelsregister einträgt. Auch eine Änderung im Gesellschafterbestand der BGB-Gesellschaft müßte eingetragen werden. Diese Auffassung hätte auch die Anwendung von § 15 HGB zur Folge[87].

82 Klamroth, BB 1983, 796.

83 Brodersen, S. 116.

84 Die Frage der Zulässigkeit der Komplementärfähigkeit stellt sich insbesondere bei der doppelstöckigen GmbH & Co. KG, vor allem im Zusammenhang einer Umwandlung von der GmbH in die GmbH & Co. KG wegen § 1 Abs. 2 Satz 1 UmwG, vgl. hierzu K. Schmidt, DB 1990, 93, hier kann streitig sein, ob die Komplementär-Personengesellschaft als KG eingetragen werden kann. Bei Ablehnung dieser Frage käme es auf die Komplementärfähigkeit der BGB-Gesellschaft an, allerdings mit der Konsequenz der persönlichen Haftung der Gesellschafter der BGB-Gesellschaft. Bei einer GmbH & Co. GbR wäre die Komplementärfähigkeit im Fall der doppelstöckigen GmbH & Co. KG anzuerkennen, da nach der Rspr. des BGH (BB 1972, 61) die Geschäftsführungs- und Vertretungsbefugnisse aufgrund der Rechtsformverfehlung entsprechend KG-Recht der GmbH zustehen und somit keine Unklarheit bzgl. der Vertretungsverhältnisse besteht.

85 Brodersen, S. 109 ff.

86 Klamroth, BB 1983, 796.

87 So auch Brodersen, S. 98; dagegen hat die Aufnahme der Namen der Gesellschafter der BGB-Gesellschaft in der Gesellschafterliste der GmbH, vgl. o. 2 c, S. 56 f., mangels „Eintragung" keine Vertrauensschutzwirkungen nach § 15 HGB, vgl. Zöllner, in: Baumbach/Hueck, GmbHG, § 40 RN 10.

Nach der hier vertretenen Auffassung[88] wäre die Eintragung der Namen der Gesellschafter zusätzlich zur Eintragung des Namens und des Sitzes der BGB-Gesellschaft vorzunehmen. Nur so kann im Handelsregister festgestellt werden, daß die BGB-Gesellschaft eine als Rechtsträgerin verselbständigte BGB-Gesellschaft ist. Denn eine Mitgliedschaft einer BGB-Gesellschaft ohne selbständige Identitätsausstattung i.S. einer gebundenen Mitberechtigung ist nicht zulässig[89]. Die Eintragung unter dem Namen der Gesellschaft entspricht auch der hier vertretenen Anerkennung der Parteifähigkeit[90] der BGB-Gesellschaft mit selbständiger Identitätsausstattung.

Die nicht vorhandene Registerpublizität der Handlungsorganisation ist dagegen im Fall der BGB-Gesellschaft als nicht vertretungsberechtigter Gesellschafterin nicht entscheidend[91]. Denn es kommt hier – anders als bei der Stellung als vertretungsberechtigte persönlich haftende Gesellschafterin – nicht auch auf die Klarheit der Vertretungsverhältnisse, sondern nur auf die Publizität des Gesellschafterbestandes für Zwecke der Haftung an[92]. Auch bei der BGB-Gesellschaft als Kommanditistin ist im Hinblick auf die gemäß § 172 HGB nach Eintragung bestehende beschränkte Haftung des Kommanditisten die Kenntnis der personellen Zusammensetzung[93] der BGB-Gesellschaft erforderlich. Dies gilt auch für eine Geltendmachung der Haftung der Gesellschafter, sofern man die persönliche Haftung der Gesellschafter der BGB-Gesellschaft bejaht[94].

Die Mitgliedschaft einer BGB-Gesellschaft als vertretungsberechtigte persönlich haftende Gesellschafterin einer OHG und KG und als Kommanditistin einer KG ist danach dann als zulässig anzusehen, wenn man annimmt, daß auch die Gesellschafter der BGB-Gesellschaft ins Handelsregister einzutragen sind. Für die Beteiligung der BGB-Gesellschaft als nicht vertretungsberechtigte persönlich haftende Gesellschafterin oder als Kommandi-

88 S.o. 2b, S. 55.
89 S.o. aa, S. 62.
90 S.u. III, S. 85 ff.
91 Vgl. § 170 HGB; so auch Brodersen, S. 112; im Hinblick auf die Ausübung des Stimmrechts durch die Handlungsorganisation der BGB-Gesellschaft in der Gesellschafterversammlung der KG ist eine Registerpublizität nicht erforderlich, vgl. o. 3c, S. 59.
92 Vgl. Ulmer, in Großkommentar, HGB, § 105 RN 96.
93 Z.B. für eine Klage gegen die BGB-Gesellschaft.
94 S.o. cc, S. 64 ff.; Brodersen, S. 109 f.

tistin, wie z.B. im Fall der Poolung von Anteilen, würde auch ein wirtschaftliches Bedürfnis bestehen[95].

### 5. Mitgliedschaft in einer Europäischen wirtschaftlichen Interessenvereinigung (EWIV)

#### a) Die EWIV

Die Europäische wirtschaftliche Interessenvereinigung (EWIV) steht als neue europäische Rechtsform[1] erst seit dem 1. Juli 1989 zur Verfügung[2]. Sie ist die erste europäische grenzüberschreitende Rechtsform. Durch die EWIV soll die grenzüberschreitende Zusammenarbeit von Unternehmen und Angehörigen der freien Berufe in der EG erleichtert werden und dadurch zur Verwirklichung des europäischen Binnenmarktes beigetragen werden[3]. Gemäß Art. 3 EWIV-VO ist die EWIV auf den Zweck der Unternehmenskooperation beschränkt. Die EWIV darf danach nur die bereits ausgeübte wirtschaftliche Tätigkeit der Mitglieder unterstützen[4] und ist deshalb keine Organisationsform für primäre wirtschaftliche Tätigkeit[5].

95 So auch Hartmann/Hartmann, FS Werner, S. 228.
1 Müller-Gugenberger, NJW 1989, 1449 ff.
2 EG-Verordnung Nr. 2137/85 des Rates der EG v. 25. 7. 1985, ABlEG Nr. L 199 v. 31. 7. 1985 S. 1 ff. = BT-Drucks. 11/352 S. 12 ff.; EWIV-Ausführungsgesetz, BGBl. I 1988, 514.
3 BT-Drucks. 1/352 S. 1 ff.; Autenrieth, BB 1989, S. 305; zur EWIV allgemein außer den genannten Autoren: Scriba, Die Europäische wirtschaftliche Interessenvereinigung, 1988; Meyer-Landrut, Die Europäische wirtschaftliche Interessenvereinigung, Gründungsvertrag und innere Verfassung..., 1988; ders., RIW 1986, 107; ders., WPK-Mitt. 1989, 56; Gleichmann, ZHR 149 (1985), 633; Ganske, DB 1985 Beil. 20 zu Heft 35; Müller-Gugenberger, BB 1989, 2205; Abtmeier, NJW 1986, 2987; Ulmer, in: Großkommentar, HGB, vor § 105 RN 37 ff.; K. Schmidt, GesR, S. 1422 f.; Weimar/Delp, Wpg. 1989, 89; Baumbach/Duden/Hopt, Anhang nach § 160; Zuck, NJW 1990, 954; Grüninger, AnwBl. 1990, 228; ders., DB 1990, 1449; Weimar, NWB Fach 18, S. 3031; Bach, BB 1990, 1432; die steuerliche Behandlung ist noch nicht ganz geklärt, vgl. hierzu: BMF-Schreiben v. 15. 11. 1988 IV C 5 – S 1316 – 67/88, DB 1989, 354; Krabbe, DB 1985, 2585; Sass, DB 1985, 2266; Hamacher, FR 1986, 557; Busl, UR 1989, 229; Haug-Adrion, GmbHR 1985, 336; Grüninger BB 1990, 2161.
4 Zu den zulässigen Hilfstätigkeiten, vgl. Autenrieth, BB 1989, 307.
5 Müller-Gugenberger, NJW 1989, 1453.

Im übrigen wird die EWIV mit Sitz im Inland der OHG weitestgehend gleichgestellt[6]. Nach Art. 1 Abs. 2 EWIV-VO hat eine EWIV die Fähigkeit, im eigenen Namen Träger von Rechten und Pflichten zu sein, Verträge zu schließen oder andere Rechtshandlungen vorzunehmen und vor Gericht zu stehen. Voraussetzung für das Entstehen der EWIV ist die Eintragung in einem Register[7].

**b) Die Regelung der Mitgliedschaft in der EWIV**

*aa) Art. 4 Abs. 1 EWIV-VO*

Nach Art. 4 Abs. 1 EWIV-VO können natürliche Personen und alle Gesellschaften i. S. des Art. 58 Abs. 2 EWGV, sowie andere juristische Einheiten des öffentlichen oder privaten Rechts Mitglied einer EWIV werden. Trotz des erst relativ kurzen „Lebens" der EWIV hat sich aber schon ein Streit entzündet, ob die BGB-Gesellschaft Mitglied einer EWIV werden kann[8]. Die Befürworter der Mitgliedsfähigkeit der BGB-Gesellschaft berufen sich hierbei auf Art. 58 Abs. 2 EWGV. Nach § 58 Abs. 2 EWGV gelten als Gesellschaften

„die Gesellschaften des bürgerlichen und Handelsrechts einschließlich der Genossenschaften und die sonstigen juristischen Personen des öffentlichen und privaten Rechts mit Ausnahme derjenigen, die keinen Erwerbszweck verfolgen".

*bb) Art. 58 Abs. 2 EWGV*

Art. 4 EWIV-VO erweitert den Kreis des Art. 58 Abs. 2 EWGV um „andere juristische Einheiten", die keinen Erwerbszweck verfolgen[9]. Danach setzt Art. 58 Abs. 2 EWGV juristische Einheiten voraus[10]. Hiernach ist fraglich,

6 § 1 EWIVG; Ulmer, in: Großkommentar, HGB, § 105 RN 38; vgl. Müller-Gugenberger, NJW 1989, 1457; vgl. Meyer-Landrut, Die Europäische wirtschaftliche Interessenvereinigung, S. 169.

7 Art. 5, 7 Abs. 1 EWIV-VO.

8 Bejahend Autenrieth, BB 1989, 308; Brodersen, S. 3; Baumbach/Duden/Hopt, Anh. § 160 II 1 A; Grüninger, AnwBl. 1990, 228; ders., DB 1990, 1449; Bach, BB 1990, 1432; Feuerich, AnwBl. 1989, 367 für die Anwaltssozietät; K. Schmidt, GesR, S. 1424, allerdings beschränkt auf BGB-Gesellschaften, die einen Erwerbszweck ausüben; verneinend Müller-Gugenberger, NJW 1989, 1456, ders., BB 1989, 1922, 1925; Ganske, DB 1985 Beil. 20 zu Heft 35, S. 3 f.

9 Scriba, S. 73 ff., allerdings muß im Hinblick auf Art. 3 Abs 1 EWIV-VO die Tätigkeit eine wirtschaftliche sein, vgl. auch Müller-Gugenberger, NJW 1989, 1449, 1455; Gleichmann, ZHR 149 (1985), 638.

10 So auch Müller-Gugenberger, NJW 1989, 1456.

ob die BGB-Gesellschaft unter Art. 58 Abs. 2 EWGV fällt. Die Umschreibung der Gesellschaften in Art. 58 Abs. 2 EWGV ist nämlich ganz vom französischen Rechtssystem geprägt[11]. Danach beruht die Definition des Art. 58 Abs. 2 EWGV auf der französischen Vorstellung von der *personnalité morale*[12].

Nach französischem Recht ist nämlich auch die *société civile* rechtsfähig[13]. Denn im französischen Recht gibt es nicht das Gesamthandsprinzip als Prinzip der Vermögenstrennung, es steht hier nur die *personne morale* zur Verfügung[14]. Das hat zur Folge, daß das französische Recht in Bereichen, wo es in Deutschland die Gesamthand gibt, schon mit der *personne morale* arbeiten muß[15]. Wenn daher in Art. 58 Abs. 2 EWGV von „sonstigen juristischen Personen" die Rede ist, heißt das nicht, daß unter Art. 58 Abs. 2 EWGV nur juristische Personen fallen[16].

Durch die Prägung des Art. 58 Abs. 2 EWGV durch das französische Recht ist aber auch fraglich, ob mit der Formulierung in dieser Bestimmung „Gesellschaften des bürgerlichen Rechts" auch die BGB-Gesellschaft nach deutschem Recht umfaßt ist. Für die Auslegung kann dabei das auf Art. 220 Abs. 3 Halbs. 1 EWGV basierende zwischenstaatliche Übereinkommen über die gegenseitige Anerkennung der Gesellschaften i. S. des Art. 58 Abs. 2 EWGV herangezogen werden[17]. Durch das Abkommen soll klargestellt werden, daß nur Gesellschaften anerkennungsfähig sind,

11 Müller-Gugenberger, Gesellschaft, Nr. 362.

12 Müller-Gugenberger, Gesellschaft, Nr. 363; zur *„personnalité morale"*, vgl. Müller-Gugenberger, Gesellschaft, Nr. 36, 232 ff. und schon oben u. E III 2, S. 38 f.

13 Bastian/Germain, Jura Europae, Band II, 30.40, S. 3; Müller-Gugenberger, Gesellschaft, Nr. 24, genauso wie auch die der OHG entsprechende *société en nom collectif*, vgl. MüKo-Reuter, § 54 RN 7; vgl. schon oben u. E III 2a, S. 38 f.

14 Vgl. Müller-Gugenberger, Gesellschaft, Nr. 24 m. w. N.; oben u. E III 2, S. 38 f.

15 MüKo-Reuter, § 54 RN 7.

16 Müller-Gugenberger, Gesellschaft, Nr. 363; Randelzhofer, in Grabitz, EWGV, Art. 58 RN 3; Groeben/Boeckh/Thiesing/Ehlermann, EWGV, Art. 58 RN 11.

17 Sonderbeilage 2/1969 zum Bull. der EG; vgl. Müller-Gugenberger, Gesellschaft, Nr. 362. Die Bundesrepublik hat dem Abkommen durch Ges. v. 18. 5. 1972, BGBl. II 369 und dem Protokoll bzgl. des Eur. Gerichtshofs durch Ges. v. 18. 8. 1972, BGBl. II 857 zugestimmt; allerdings haben die Niederlande das Übereinkommen bisher nicht ratifiziert, wodurch das Abkommen völkerrechtlich nicht verbindlich ist, vgl. Bach, BB 1990, 1434, der zwar für eine Mitgliedsfähigkeit der BGB-Gesellschaft in der EWIV ist, aber gegen eine Auslegung anhand des Anerkennungsabkommens. Das Abkommen ist abgedruckt bei Lutter, Europäisches Gesellschaftsrecht, S. 339 ff.; vgl. zum Anerkennungsabkommen Drobnig, AG 1973, 90, 125; Gessler, DB 1967, 324; Beitzke, RIW 1968, 91.

„wenn sie nach dem Recht eines Vertragstaates gegründet worden sind, das ihnen die Fähigkeit zuerkennt, Träger von Rechten und Pflichten zu sein"[18].

Nach überwiegender Meinung fällt die BGB-Gesellschaft nicht unter Art. 58 Abs. 2 EWGV i.V. mit dem Anerkennungsabkommen[19]. Nach Ganske[20] sind von Art. 58 Abs. 2 EWGV nur die OHG und KG umfaßt. Auch Müller-Gugenberger[21] ist der Auffassung, daß „lockere Zusammenschlüsse nach Art der BGB-Gesellschaft..., auch soweit für die Gesamthand eine stärkere Verselbständigung und für einzelne Gestaltungen, etwa die ‚Mitunternehmer-BGB-Gesellschaft', eine verstärkte Analogie zu § 124 HGB befürwortet wird", nicht unter Art. 58 Abs. 2 EWGV[22] fallen. Die Unterscheidungsmerkmale, „der unter dem weiten Dach der BGB-Gesellschaft versammelten Vereinigungen" seien teilweise auch noch ungeklärt[23].

Dagegen wird von Autenrieth[24] die Frage, ob die BGB-Gesellschaft von Art. 58 Abs. 2 EWGV umfaßt ist, überhaupt nicht erörtert. Er stellt nur fest, daß „nunmehr der EG-Verordnungsgeber... die Beteiligungsfähigkeit der BGB-Gesellschaft an einer EWIV gestattet" habe „(Art. 4 Abs. 1 a EWIV-VO)"[25].

### c) BGB-Gesellschaft als Gesellschafterin einer EWIV?

#### *aa) BGB-Gesellschaft grundsätzlich von Art. 4 Abs. 1 EWIV-VO umfaßt*

Als juristische Einheit i.S. des Art. 4 Abs. 1 EWIV-VO i.V. mit Art. 58 Abs. 2 EWGV käme nach der hier vertretenen Auffassung nur eine auf Dauer angelegte BGB-Gesellschaft mit selbständiger Identitätsaustattung in Betracht. Denn nur diese Personifikation hätte als Einheit die Fähigkeit, Trägerin von Rechten und Pflichten zu sein. Durch die genannten Merkmale ließe sich eine solche BGB-Gesellschaft von den übrigen BGB-Gesell-

18 Art. 1 des Abkommens.

19 Müller-Gugenberger, Gesellschaft, Nr. 363; Ganske DB 1985 Beil. 20 zu Heft 35, S. 4; Lutter, Europäisches Gesellschaftsrecht, S. 67; aA Autenrieth, BB 1989, 308.

20 Ganske, DB 1985 Beil. 20 zu Heft 35, S. 4 FN 36.

21 Müller-Gugenberger, NJW 1989, 1456.

22 Auch unter Berücksichtigung der ausweitenden Formulierung des Anerkennungsabkommens von 1968, vgl. Müller-Gugenberger, Gesellschaft, Société und Groupement als Rechtsformen zur Unternehmenskooperation, 1976, Nr. 365.

23 Müller-Gugenberger, NJW 1989, 1456.

24 Autenrieth, BB 1989, 308.

25 Autenrieth, BB 1989, 308, s.u. c dd, S. 79 f.

schaften auch gut unterscheiden. Eine bauwirtschaftliche Arge könnte daher z. B. nicht Mitglied einer EWIV sein, da sie im Regelfall nicht auf Dauer angelegt ist[26]. Dagegen kann eine Anwaltssozietät Mitglied einer EWIV werden, da diese regelmäßig auf Dauer angelegt ist und eine selbständige Identitätsausstattung hat[27]. Die Bedenken von Müller-Gugenberger[28] im Hinblick auf die Abgrenzbarkeit können daher nicht geteilt werden.

Allerdings stellt sich auch hier die Frage, ob einer Mitgliedsfähigkeit nicht die fehlende Registerpublizität der BGB-Gesellschaft und die Organisation des Haftungsverbandes der BGB-Gesellschaft entgegenstehen.

*bb) Haftungsverband ausreichend?*

Nach Art. 24 Abs. 1 EWIV-VO haften die Mitglieder der EWIV unbeschränkt und gesamtschuldnerisch für deren Verbindlichkeiten jeder Art. Wie bei der OHG[29] stellt sich auch hier die Frage, ob für die Mitgliedschaft in einer EWIV die persönliche Haftung der Gesellschafter der BGB-Gesellschaft erforderlich ist. Autenrieth[30] vertritt die Auffassung, daß es auf diese Frage nicht ankomme, da der EG-Verordnungsgeber die BGB-Gesellschaft aufgrund des Verweises auf Art. 58 Abs. 2 EWGV als Mitglied einer EWIV anerkannt habe. Dadurch könnte möglicherweise eine EWIV „mit beschränkter Haftung" errichtet werden. Soweit nur Kapitalgesellschaften Mitglieder einer EWIV sind und diese auch für die Verbindlichkeiten der EWIV haften, ist das als zulässig anzusehen[31].

Bei der EWIV hat – wie bei der OHG – die persönliche Haftung der Gesellschafter der EWIV die Funktion des Kapitalersatzes[32]. Die Zulässigkeit der Mitgliedschaft einer BGB-Gesellschaft führt daher dazu, daß die bei der BGB-Gesellschaft mögliche Haftungsbegrenzung im Falle der Mitgliedschaft in einer EWIV grundsätzlich nicht möglich ist, denn die Zwecke der unbeschränkten Gesellschafterhaftung des Art. 24 Abs. 1 EWIV-VO erfor-

---

26 So auch Müller-Gugenberger, NJW 1989, 1456.

27 Zur Zulässigkeit der Zusammenarbeit der rechtsberatenden Berufe in der EWIV, Müller-Gugenberger, NJW 1989, aaO., 1456 m. w. N.; Feuerich, AnwBl. 1989, 366 f.

28 Müller-Gugenberger, NJW 1989, 1456.

29 S. o. I 4 b cc (1), S. 64 ff.

30 Autenrieth, BB 1989, 308.

31 So auch Autenrieth, BB 1989, 309; vgl. den Verweis auf § 130 a HGB durch § 11 Abs. 2 EWIVG.

32 Vgl. o. I 4 b cc (1), S. 66 f.

dern nach den bei den Personenhandelsgesellschaften dargelegten Gründen eine unbeschränkte Haftung der Gesellschafter der BGB-Gesellschaft[33].

Hiervon ausgenommen sind natürlich individuell mit Vertragspartnern vereinbarte Haftungsausschlüsse[34]. Nach Art. 24 Abs. 1 Satz 2 EWIV-VO bestimmt das einzelstaatliche Recht die Folgen der in Satz 1 angeordneten Haftung der Mitglieder der EWIV. Bei der BGB-Gesellschaft wäre das die Unzulässigkeit einer Haftungsbeschränkung der Mitglieder.

*cc) Die Frage der Registerpublizität*

Bei einer EWIV kann zwar eine BGB-Gesellschaft nicht Mitglied der Handlungsorganisation sein, denn nach Art. 19 EWIV-VO können nur natürliche Personen Geschäftsführer sein[35]. Insoweit stellt sich das Publizitätsproblem bei der OHG und KG[36] bezüglich der Handlungsorganisation bei der EWIV nicht. Für die unbeschränkte Haftung der Mitglieder der EWIV nach Art. 24 Abs. 1 EWIV-VO ist aber eine Registerpublizität der BGB-Gesellschaft erforderlich, denn die BGB-Gesellschaft kann bisher noch nicht unter einem Gesamtnamen verklagt werden, da sie nicht parteifähig ist[37]. Auch ist die Kenntnis der personellen Zusammensetzung im Hinblick auf die persönliche Haftung der Mitglieder der BGB-Gesellschaft erforderlich. Die personelle Zusammensetzung der BGB-Gesellschaft müßte daher publiziert werden. Nach § 2 Abs. 2 Nr. 4 EWIVG hat die Anmeldung zur Eintragung der EWIV in das Handelsregister zu enthalten: „den Namen, die Firma, die Rechtsform, den Wohnsitz oder den Sitz... eines jedes Mitglieds der Vereinigung". Entsprechend der bei der GmbH und KG vertretenen Auffassungen[38] hat hier die Eintragung unter dem Namen und dem Sitz der BGB-Gesellschaft und der Nennung aller Gesellschafter der BGB-Gesellschaft zu erfolgen[39]. Veränderungen im Gesellschafterbestand müßten wie bei der OHG und KG ebenfalls eingetragen werden[40]. Nur so ist die

33 Vgl. Brodersen, S. 53 zur OHG.

34 Vgl. Scriba, S. 158.

35 Die Drittorganschaft ist aber zulässig, vgl. Müller-Gugenberger, NJW 1989, 1456/1457.

36 S.o. 4b ee (1), S. 64 ff.

37 S.u. III; S. 85 ff.; anders wäre dies nach der hier vertretenen Auffassung.

38 S.o. 2c + 4b ee (2), S. 56, 71 f.

39 So auch Grüninger, DB 1990, 1454; aA Autenrieth, BB 1989, 308, der die Eintragung unter dem Namen der BGB-Gesellschaft oder dem Namen der Gesellschafter der BGB-Gesellschaft für ausreichend ansieht.

40 Gl. Ansicht Grüninger, DB 1990, 1454; vgl. § 2 Abs. 3 Nr. 1 EWIVG.

Klarheit der Haftungsverhältnisse gewährleistet[41]. Durch die Eintragung unter dem Namen der Gesellschaft ist auch im Handelsregister erkennbar, daß eine verselbständigte BGB-Gesellschaft i.S. von Art. 58 Abs. 2 EWGV vorliegt.

Aufgrund der fehlenden Registerpublizität und des unselbständigen Haftungsverbandes ist die BGB-Gesellschaft insoweit nicht genügend verselbständigt, damit eine Eintragung ausschließlich unter ihrem Gesamtnamen erfolgen könnte[42].

*dd) Die Auffassung von Autenrieth*

Autenrieth[43] folgert aus der nach seiner Auffassung durch Art. 4 Abs. 1 EWIV-VO erfolgten Gestattung der Beteiligungsfähigkeit einer BGB-Gesellschaft an einer EWIV, daß sich BGB-Gesellschaften selbst an einer Personenhandelsgesellschaft beteiligen können. „Denn die bisher vorgebrachten Argumente, die gegen die Beteiligungsfähigkeit einer BGB-Gesellschaft an einer Personenhandelsgesellschaft sprechen, sind damit durch höherrangiges EG-Recht überholt"[44]. Autenrieth begründet seine Auffassung damit, daß der deutsche Gesetzgeber die EWIV der OHG gleichgestellt habe[45]. Diese Gleichstellung gilt nach § 1 EWIVG aber nur, soweit nicht die EWIV-VO gilt. Danach besteht bei der EWIV die Möglichkeit der Drittorganschaft, wobei Geschäftsführer nur natürliche Personen sein können. Wie oben dargelegt, stellt sich somit gar nicht das Problem der BGB-Gesellschaft als vertretungsberechtigte Gesellschafterin. Dieser Punkt war aber entscheidend für die Ablehnung der Mitgliedschaft in einer Personenhandelsgesellschaft als vertretungsberechtigte persönlich haftende Gesellschafterin[46]. Die Beteiligung an einer EWIV unterscheidet sich danach entscheidend von der Beteiligung an einer Personenhandelsgesellschaft als vertretungsberechtigte Gesellschafterin. Selbst wenn man – entsprechend der hier vertretenen Auffassung – die Beteiligung einer BGB-Gesellschaft an einer EWIV

41 Vgl. Brodersen, S. 104.

42 Für BGB-Gesellschaften, wie z.B. die Rechtsanwaltssozietäten, bei denen es keine Rechtsformalternative gibt, s.u. P III, S. 207 ff., mindert die Registerpublizität im Hinblick auf einen möglicherweise häufigeren Partnerwechsel und die damit verbundene Anmeldungsverpflichtung u.U. die Attraktivität der EWIV für diesen Bereich. Allerdings ist dies in erster Linie ein Problem der Zulässigkeit einer verselbständigteren Berufsausübungsrechtsform, s.u. P III 3d, S. 212.

43 Autenrieth, BB 1989, 308.

44 Autenrieth, BB 1989, 308.

45 Vgl. § 1 EWIVG.

46 S.o. I 4b ee (1), S. 69.

für zulässig erachtet, kann die Gleichstellung in § 1 EWIVG damit nicht zu einer allgemeinen Anerkennung der Beteiligungsfähigkeit der BGB-Gesellschaft an Personenhandelsgesellschaften führen. Denn die Anerkennung der Beteiligungsfähigkeit kann nur für die EWIV gelten, da die Gleichstellung mit der OHG nur soweit gilt, wie nicht die EWIV-VO gilt. Die Beteiligungsfähigkeit ist aber in der EWIV-VO geregelt. Eine Mitgliedschaft der BGB-Gesellschaft an einer Personenhandelsgesellschaft als vertretungsberechtigte persönlich haftende Gesellschafterin ist daher nach wie vor abzulehnen[47].

## II. Grundbuchfähigkeit

### 1. Ablehnung der Grundbuchfähigkeit durch die h. M.

Nach h. M.[1] ist die BGB-Gesellschaft nicht grundbuchfähig. Vielmehr werden die Namen der Gesellschafter mit dem Zusatz „in Gesellschaft bürgerlichen Rechts" eingetragen[2]. Die grundsätzlich bestehende Rechtssubjektivität wird bezüglich der Grundbuchfähigkeit somit nicht anerkannt. Allerdings wird die Bezeichnung „Grundbuchfähigkeit" unterschiedlich verstanden. So führt Flume[3] zum nichtrechtsfähigen Verein aus:

„Da der nichtrechtsfähige Verein wie die Gesamthandsgesellschaft Rechte an Grundstücken – ebenso wie alle sonstigen, nicht der natürlichen Einzelperson vorbehaltenen Rechte – für den Verein als Wirkungsgemeinschaft erwerben kann, ist es selbstverständlich, daß der nichtrechtsfähige Verein grundbuchfähig ist. Würde man die Eintragung unter dem Namen des nichtrechtsfähigen Vereins ohne Nennung der Mitglieder zulassen, so wäre doch nicht wie bei dem rechtsfähigen Verein als juristischer Person der Verein in der Verselbständigung gegenüber den Mitgliedern, sondern wäre die Gemeinschaft der Mitglieder als Gruppe eingetragen. Nicht anders ist es, wenn die sämtlichen Mitglieder gemäß § 47 GBO unter der Bezeichnung des für die Gemeinschaft maßgebenden Rechtsverhältnisses als nichtrechtsfähiger Verein eingetragen werden. Der Personenverband als solcher wird durch die Angaben der Namen der Mitglieder bezeichnet. Weil die Eintragung für den Personenverband als solchen und nicht für die Mitglieder erfolgt, vollzieht sich die Änderung der Mitglieder... außerhalb des Grundbuchs. Das Grundbuch wird durch die Änderung der Mitglieder eines nichtrechtsfähigen Vereins – anders als beim rechtsfähigen Verein – unrichtig, weil es den nichtrechtsfähigen Verein nicht mit dem richtigen Mitgliederstand ausweist."

---

47 So auch Baumbach/Duden/Hopt, Anh. § 160 Anm. 1 A.

1 K. Schmidt, GesR, S. 1290; ders., Verbandszweck, S. 54 FN 97; MüKo-Ulmer § 705 RN 131; aA Soergel-Hadding, BGB, § 718 RN 4; Flume, Personengesellschaft, S. 70; ders., ZHR 148 (1984) S. 503, 509.

2 Vgl. § 47 GBO; MüKo-Ulmer § 705 RN 131.

3 Flume, ZHR 148 (1984), S. 503, 509.

Flume erkennt danach bei der Grundbucheintragung sowohl für den nichtrechtsfähigen Verein wie auch für die BGB-Gesellschaft keine selbständige Identitätsausstattung an[4]. Es fehlt daher der Personifikation bezüglich der Grundbuchfähigkeit die erforderliche Verselbständigung. Damit kann keine Grundbuchfähigkeit gegeben sein, wenn die Eintragung nur mit den Namen der Mitglieder erfolgen kann[5]. So führt auch Flume weiter aus:

„Trotzdem ist eine solche Eintragung, d.h. eine Grundbuchfähigkeit in dem Sinne, daß die Eintragung nicht die Mitglieder nennt, nicht anzuerkennen"[6].

Die Grundbuchfähigkeit der BGB-Gesellschaft wäre dann gegeben, wenn die BGB-Gesellschaft unter einer selbständigen Identitätsausstattung und nicht unter dem Namen der Gesellschafter ins Grundbuch eingetragen werden könnte.

Begründet wird die Ablehnung der Grundbuchfähigkeit mit der mangelnden Registerpublizität[7]:

„Entscheidend ist, daß es... an jedweder Publizität hinsichtlich der Existenz... fehlt. Insofern ist die Situation anders als bei der OHG oder KG, da das Grundbuch durch die Publizität des Handelsregisters ergänzt wird"[8].

## 2. Stellungnahme

### a) Erfordernis der Registerpublizität entscheidend

Wie bei der Frage der Mitgliedsfähigkeit der BGB-Gesellschaft ist also auch bei der Grundbuchfähigkeit der zentrale Punkt die fehlende Registerpublizität der BGB-Gesellschaft. Allerdings sind die Gründe für die geforderte Registerpublizität unterschiedlich. Während für die Beteiligungsfähigkeit an den Personenhandelsgesellschaften die Registerpublizität aufgrund der Anforderungen des Handelsgesellschaftsrechts an Klarheit und Übersichtlichkeit der Haftungs- und Vertretungsverhältnisse verlangt wird[9], geht es bei der Grundbuchfähigkeit in erster Linie um das Vorhandensein und die Identität des einzutragenden Rechtsträgers[10]. Die Publizitätszwecke sind so-

4 Flume, ZHR 148 (1984), 510.

5 So auch K. Schmidt, Verbandszweck, S. 54 FN 197; ders., NJW 1984, 2249, 2250 FN 26.

6 Flume, ZHR 148 (1984), 510.

7 Flume, ZHR 148 (1984), 503, 510; K. Schmidt, Verbandszweck, S. 53.

8 Flume, ZHR 148 (1984), 510, zum nichtrechtsfähigen Verein.

9 Vgl. Reuter, JZ 1986, 72, 73.

10 K. Schmidt, Verbandszweck, S. 53; allerdings stellt Flume, ZHR 148 (1984), 510, für die Grundbuchfähigkeit neben der Publizität der Existenz auch auf die Publizität der Vertretungsverhältnisse ab; dies ist aber im Vergleich zu der Bedeutung

mit völlig unterschiedlich. Die Anforderungen an die Teilrechtsfähigkeit der betreffenden Organisation sind daher für die Beteiligungsfähigkeit an den Personenhandelsgesellschaften höher als bei der Grundbuchfähigkeit. Bei der Beteiligungsfähigkeit betrifft die verlangte Publizität alle Personifikationselemente, also Identitätsausstattung, Handlungsorganisation und Haftungsverband. Dagegen betrifft die Publizität bei der Grundbuchfähigkeit in erster Linie nur die Identitätsausstattung[11].

### b) Registerpublizität entbehrlich?

Für die Grundbuchfähigkeit der BGB-Gesellschaft ist danach entscheidend, welche Anforderungen an die „gesicherte Unterstellung des Vorhandenseins und der Identität des einzutragenden Rechtsträgers"[12] zu stellen sind.

Bezüglich des nichtrechtsfähigen Vereins erwägt K. Schmidt[13], ob eine die Registrierung entbehrlich machende „natürliche" Publizität[14] vorhanden ist. Er bejaht dies aber nur für Sonderformen der nichtrechtsfähigen Vereine wie Gewerkschaften und Parteien[15]. Für die übrigen nichtrechtsfähigen Vereine und die BGB-Gesellschaft schaffe aber erst die Registrierung die notwendige Gewißheit, ob das einzutragende Rechtssubjekt überhaupt existiert[16]. Wie das Beispiel der Vor-Körperschaften zeigt, ist eine Registrierung für die Grundbuchfähigkeit nicht immer erforderlich[17]. Allerdings ist

---

dieser Frage bei der Mitgliedsfähigkeit für die Grundbuchfähigkeit m. E. nicht so entscheidend, da das Grundbuch allein den Publizitätsgrundsatz im Grundbuchrecht verwirklicht, vgl. Baur, Sachenrecht, § 14 II; hier scheint ausreichend, daß das Vorhandensein des Rechtsträgers gewiß ist. Für die Undurchsichtigkeit der Vertretungsverhältnisse ist als ausreichender Ausgleich mindestens die persönliche Haftung der handelnden Gesellschafter-Geschäftsführer – wenn nicht sogar alle Gesellschafter haften – der BGB-Gesellschaft anzusehen, vgl. Reinhard/Schulz, RN 77 f.; MüKo-Ulmer, § 714 RN 36; insoweit nähert sich die Haftungslage der Gesellschafter-Geschäftsführer im Ergebnis der in § 54 S. 2 BGB begründeten Handelndenhaftung beim nichtrechtsfähigen Verein an, MüKo-Ulmer aaO. Im übrigen sind die Anforderungen des Handelsgesellschaftsrechts an die Publizität höher als im Grundbuchrecht.

11 S. u. b; vgl. Konzen, JuS 1989, 20, 22.

12 Vgl. K. Schmidt, Verbandszweck, S. 53.

13 K. Schmidt, GesR, S. 563; kritisch hierzu Faisst, S. 150 ff.

14 Vgl. zur Publizität K. Schmidt, Handelsrecht, § 11.

15 Für Grundbuchfähigkeit von nichtrechtsfähigen Vereinen, die „Massenorganisationen" sind, Soergel/Schultze-v. Lasaulx, § 54 RN 33.

16 K. Schmidt, Verbandszweck, S. 53/54; im Ergebnis auch Konzen, JuS 1989, 20, 22.

17 BGHZ 45, 338, 348; Konzen, JuS 1989, 20, 22.

dieses Fehlen der Nichtregistrierung – wie auch bei der nichteingetragenen OHG[18] – regelmäßig nur ein vorübergehender Zustand[19]. Es zeigt aber, daß es Ausnahmen vom Registrierungszwang gibt. Deshalb wird auch entgegen der h. M.[20] die Auffassung vertreten, daß der nichtrechtsfähige Verein grundbuchfähig sei[21].

Reuter[22] ist für den nichtrechtsfähigen Verein der Auffassung, daß „von einem zwingenden Erfordernis der ‚Konstitutivität und Publizität' für die Grundbuch- und Parteifähigkeit keine Rede sein kann". Dies ergebe sich z.B. aus der nichteingetragenen OHG und aus der Rechtsprechung zu nichtrechtsfähigen Vereinen wie Parteien und Gewerkschaften. Entscheidend dafür, dem nichtrechtsfähigen Verein die Grundbuchfähigkeit zuzuerkennen, sei die eigene Identitätsausstattung („Führung eines Gesamtnamens") des nichtrechtsfähigen Vereins[23]. Im übrigen sei für die Undurchsichtigkeit der Vertretungsverhältnisse durch die Handelndenhaftung nach § 54 S. 2 BGB ein Ausgleich gegeben[24].

Nach Jung[25] ist der nichtrechtsfähige Verein unter einem Gesamtnamen einzutragen, wenn ihm Teil- oder Vollrechtsfähigkeit zukommt. Die Grundbucheintragung wäre nach § 47 GBO vorzunehmen, wenn die Mitglieder die Rechtsträger sind. Nach der hier vertretenen Auffassung kommt dem nichtrechtsfähigen Verein aufgrund seiner selbständigen Identitätsausstattung die Fähigkeit, Träger von Rechten und Pflichten zu sein, zu. Der nichtrechtsfähige Verein wäre daher nach der Auffassung von Jung[26] grundbuchfähig. Für Jung kommt es nicht darauf an, daß dem nichtrechtsfähigen Verein die Publizität fehlt, da es schon zweifelhaft sei, ob im Grundbuchrecht ein zusätzliches Merkmal der Offenkundigkeit für die Beteiligtenfähigkeit im Grundbuchverfahren bestehe[27].

---

18 S. o. F I 4 b dd, S. 68.
19 Vgl. auch Konzen, JuS 1989, 20, 22, Vor-Körperschaft als „Durchgangsstadium" zur juristischen Person.
20 BGHZ 43, 316, 320; Staudinger-Coing, § 54 Rn 79; K. Schmidt, GesR, S. 563; Flume, ZHR 148 (1984), 510; Soergel/Schultze-v. Lasaulx, § 54 RN 32; Konzen, JuS 1989, 20, 22.
21 MüKo-Reuter, § 54 RN 10; ders., ZHR 151 (1987), 327, 242; Stoltenberg, MDR 1989, 494, 497.
22 Reuter, ZHR 151 (1987), 237, 242.
23 Reuter, ZHR 151 (1987), 237, 242.
24 Reuter, ZHR 151 (1987), 237, 242/243.
25 Jung, NJW 1986, 157, 163.
26 Jung, NJW 1986, 157, 163.
27 Jung, NJW 1986, 157, 162.

Die für eine Grundbuchfähigkeit nur in Betracht kommende – auf Dauer angelegte – BGB-Gesellschaft mit selbständiger Identitätsausstattung unterscheidet sich von einem nichtrechtsfähigen Verein nur dadurch, daß die BGB-Gesellschaft weniger körperschaftlich strukturiert ist. Dies zeigt sich an einer weniger verselbständigten Handlungsorganisation (keine obligatorische selbständige Handlungsorganisation) und dem nicht vorhandenen selbständigen Haftungsverband.

Wie aber der Vergleich mit der OHG erwiesen hat, kann dies nicht entscheidend sein. Denn die nach § 124 HGB grundbuchfähige OHG unterscheidet sich von einer BGB-Gesellschaft mit selbständiger Identitätsausstattung nur durch die zusätzliche Registereintragung. Bezüglich der Grundbuchfähigkeit kann es somit im Vergleich zum nichtrechtsfähigen Verein auf die Ausgestaltung der Handlungsorganisation und des Haftungsverbandes nicht entscheidend ankommen. Vielmehr ist darauf abzustellen, ob durch eine auf Dauer angelegte BGB-Gesellschaft mit selbständiger Identitätsausstattung das Vorhandensein und die Identität der BGB-Gesellschaft als gesichert unterstellt werden kann. Bei einer auf Dauer angelegten BGB-Gesellschaft tritt im Vergleich zu einem nur losen, vorübergehenden Zusammenschluß eine Verfestigung dieses Rechtsträgers ein. Zur Fixierung des Gesamtnamens der Gesellschaft wird auch regelmäßig ein schriftlicher Gesellschaftsvertrag vorliegen. Hier wird auch ein Sitz der BGB-Gesellschaft festgelegt sein[28]. Das Vorhandensein und die Identität einer solchen BGB-Gesellschaft erscheint daher genügend gesichert. Das Grundbuchamt könnte sich dieses Erfordernis durch Vorlage des Gesellschaftsvertrages nachweisen lassen.

### c) Grundbuchfähigkeit der BGB-Gesellschaft mit selbständiger Identitätsausstattung

Für die genannten BGB-Gesellschaften ist daher entsprechend dem nichtrechtsfähigen Verein die Grundbuchfähigkeit in dem hier verstandenen Sinne zu bejahen, da aufgrund der vorhandenen Verselbständigung dieser BGB-Gesellschaften, die aus der selbständigen Identitätsausstattung resultiert, keine zusätzliche Registerpublizität erforderlich erscheint. Soweit darüber hinaus noch Bedenken wegen der fehlenden Registerpublizität bezüglich der Haftungs- und Vertretungsverhältnisse bestehen, ist in der be-

28 S. o. E V 2 b, S. 47.

stehenden persönlichen Haftung der handelnden Gesellschafter-Geschäftsführer ein ausreichender Ausgleich gegeben[29].

§ 47 2. Alt. GBO ist daher nur noch auf BGB-Gesellschaften ohne selbständige Identitätsausstattung anzuwenden[30]. Die vorgenommene Differenzierung entspricht der Anwendung von § 18 GmbHG im Fall der gemeinschaftlichen Mitberechtigung[31].

### d) Kein Problem der Abgrenzung zwischen nichtsrechtsfähigem Verein und der BGB-Gesellschaft mit selbständiger Identitätsausstattung

Die Anerkennung der Grundbuchfähigkeit der BGB-Gesellschaft mit selbständiger Identitätsausstattung vermeidet auch das Problem, daß dem Grundbuchamt die Abgrenzung zwischen BGB-Gesellschaft und nichtrechtsfähigem Verein auferlegt wird[32]. Die verbleibende Feststellung, ob eine auf Dauer angelegte BGB-Gesellschaft mit selbständiger Identitätsausstattung vorliegt oder nicht, dürfte keine Schwierigkeiten bereiten. Das immer wieder gegen die Grundbuchfähigkeit des nichtrechtsfähigen Vereins geäußerte Argument der Abgrenzungsschwierigkeiten zwischen BGB-Gesellschaft und nichtrechtsfähigem Verein besteht somit nicht[33].

## III. Parteifähigkeit

Allerdings müßte die Anerkennung der Grundbuchfähigkeit mit der Parteifähigkeit der BGB-Gesellschaft harmonisiert werden. Ohne Parteifähigkeit der BGB-Gesellschaft wäre die Grundbuchfähigkeit nicht sinnvoll, da dann die BGB-Gesellschaft nicht unter ihrem im Grundbuch eingetragenen Na-

---

29 Vgl. o. a, S. 81 f.

30 So auch MüKo-Reuter, § 54 RN 10.

31 S.o. I 2a, S. 54.

32 Vgl. Konzen, JuS 1989, 23.

33 Das gilt auch für die Frage der Wechselfähigkeit, die ebenfalls für auf Dauer angelegte BGB-Gesellschaften mit einer selbständigen Identitätsausstattung und für nichtrechtsfähige Vereine zu bejahen ist, da die Gesellschaft und der nichtrechtsfähige Verein durch die selbständige Identitätsausstattung in ausreichendem Maße identifiziert werden kann, so auch für den nichtrechtsfähigen Verein, MüKo-Reuter, § 54 RN 12; die Wechselfähigkeit für die BGB-Gesellschaft auch bejahend, Flume, Personengesellschaft, S. 108 f.; aA die h.M., vgl. MüKo-Ulmer, § 705 RN 134 m.w.N.

men verklagt werden könnte. Die Frage der Grundbuch- und Parteifähigkeit ist daher gleich zu entscheiden[1].

Nach h. M. ist die BGB-Gesellschaft aber nicht parteifähig[2]. Allerdings wird von einer im Vordringen begriffenen Auffassung der BGB-Gesellschaft die Parteifähigkeit zuerkannt[3]. Die Anerkennung einer Parteifähigkeit ist nur im Rahmen einer Rechtsfortbildung möglich[4]. Denn nach der Vorstellung des Gesetzgebers sind, wie die Regelungen der §§ 50 Abs. 1, 736 ZPO deutlich machen, nur natürliche und juristische Personen parteifähig, soweit nicht das Gesetz selbst Ausnahmen enthält (§ 50 Abs. 2 ZPO, § 124 HGB)[5].

Wie die Regelungen im Finanz- und Verwaltungsgerichtsverfahren zeigen, muß die Zuerkennung der Parteifähigkeit nicht auf das Erfordernis der vollen Rechtsfähigkeit beschränkt sein. So sind nach § 61 Nr. 2 VwGO Vereinigungen, soweit ihnen ein Recht zustehen kann, beteiligungsfähig[6]. Dies kann auch eine BGB-Gesellschaft sein[7]. Nach § 48 Abs. 1 Nr. 3 FGO wird einer BGB-Gesellschaft unter den dort genannten Voraussetzungen die Klagebefugnis zuerkannt[8]. Es wird hierdurch „in Klagen in Angelegenheiten, die einen einheitlichen Feststellungsbescheid über Einkünfte aus Gewerbebetrieb, über den Einheitswert eines gewerblichen Betriebes oder über wirtschaftliche Untereinheiten von Betrieben"[9] eine prozessuale Teilrechtsfähigkeit der BGB-Gesellschaft anerkannt[10]. Die BGB-Gesellschaft ist als Klägerin im Rubrum (§ 105 Abs. 1 FGO) zu bezeichnen[11].

1 So auch Jung, NJW 1986, 157, 160 f.

2 BGHZ 80, 222, 227; MüKo-Ulmer, § 718 RN 42; Staudinger-Keßler, § 714 RN 16; Reinhardt/Schultz, RN 86; Rosenberg/Schwab, Zivilprozeßrecht, § 43 II 4 a. E.; Thomas/Putzo, ZPO, § 50 Anm. 2; differenzierend K. Schmidt, GesR, S. 1358 ff.; vgl. neuestens Heller, passim.

3 Schünemann, S. 212; Aderhold, S. 165 ff.; Kornblum ZZP 91 (1978), 346 f.; Lindacher, JuS 1982, 592 f.; Soergel-Hadding, § 714 RN 52; Hüffer, in: FS Stimpel, 1985, S. 177 ff.; für unternehmenstragende BGB-Gesellschaften auch K. Schmidt, GesR, S. 1358 ff.

4 So auch Hüffer, in: FS Stimpel, S. 176 f.; MüKo-Ulmer, § 718 RN 42.

5 Hüffer, in: FS Stimpel, S. 176.

6 Die Beteiligungsfähigkeit nach der VwGO entspricht im wesentlichen der zivilprozessualen Parteifähigkeit, Kopp, VwGO, § 61 RN 4.

7 Vgl. Kopp, VwGO, § 61 RN 12 ff.

8 Vgl. zu § 48 Abs. 1 Nr 3 Tipke/Kruse, FGO, § 48 Rz 4 f.; Knobbe-Keuk, Bilanz- und Unternehmenssteuerrecht, 7. Aufl., S. 419 ff.; vgl. allgemein zur Verselbständigung der BGB-Gesellschaft im Steuerrecht, Hailer, passim.

9 § 48 Abs. 1 FGO.

10 Tipke/Kruse, FGO, § 48 Rz. 4.

11 Tipke/Kruse, FGO, § 48 Rz. 4.

Wie die Beispiele zeigen, kann es auch außerhalb des in § 50 Abs. 1 ZPO genannten Kreises von Personifikationen ein Bedürfnis für die Anerkennung der Parteifähigkeit im Wege der Rechtsfortbildung geben[12]. Die Zuerkennung der Grundbuchfähigkeit zeigt ein solches Bedürfnis deutlich. Aber auch der Fall der Umwandlung von der OHG zur BGB-Gesellschaft oder der Veränderung des Mitgliederbestandes während des Prozesses führt die prozeßrechtlichen Defizite der Nichtanerkennung der Parteifähigkeit im Rahmen der herkömmlichen Gesamthandsklage/Gesamthandschuldklage[13] vor Augen[14].

Nach Ulmer[15] müßte sich die Anerkennung der Parteifähigkeit auf solche Außengesellschaften beschränken, die aufgrund ihres dauerhaften Auftretens im Rechtsverkehr über eine „natürliche Publizität" verfügen, welche geeignet ist, die formale Publizität zu ersetzen. Dieses Erfordernis entspricht genau der oben[16] bei der Frage der Grundbuchfähigkeit verlangten Voraussetzung für die Entbehrlichkeit der Registerpublizität der BGB-Gesellschaft. Dies bestätigt die eingangs vertretene Auffassung[17], wonach die Frage der Grundbuchfähigkeit und der Parteifähigkeit gleich zu behandeln sind. Nach Hüffer[18] ist entscheidend, ob die Gesellschaft Trägerin der Parteifunktionen sein kann und ob sie sich als Prozeßsubjekt hinreichend individualisieren läßt. Nach Hüffer[19] ist danach eine BGB-Gesellschaft parteifähig, die ein Gesamthandsvermögen hat und es derart verwaltet, daß sich ein bestimmter räumlicher Mittelpunkt für die Tätigkeit bestimmen läßt (Verwaltungssitz). Hierdurch wird aber nicht auf das Erfordernis des Gesamtnamens abgestellt.

Nach der hier vertretenen Auffassung sind auf Dauer angelegte BGB-Gesellschaften mit selbständiger Identitätsausstattung als parteifähig anzusehen. Durch die selbständige Identitätsausstattung verfügen diese BGB-Gesellschaften über eine ausreichende natürliche Publizität. Wie bei der Grundbuchfähigkeit ist eine Registerpublizität entbehrlich, da für die Parteifähigkeit nur die Publizität im Hinblick auf die Individualisierbarkeit erforderlich ist.

Aufgrund der hier vorausgesetzten Dauerhaftigkeit läßt sich die BGB-Gesellschaft mit selbständiger Identitätsausstattung auch an einem Ort – dem

12 Vgl. Hüffer, in: FS Stimpel, S. 177.
13 Vgl. hierzu Brehm, KTS 1983, 21; Winter, KTS 1983, 349; Michelfelder, passim.
14 Hüffer, in: FS Stimpel, S. 173 f.
15 MüKo-Ulmer, § 718 RN 42.
16 S. o. II 2 b, S. 82 f.
17 Jung, NJW 1986, 157, 160 f.
18 Hüffer, in: FS Stimpel, S. 179.
19 Hüffer, in: FS Stimpel, S. 181.

Sitz – lokalisieren[20]. Die BGB-Gesellschaft ist somit hinreichend bezeichnet, wenn ihr (Gesamt)-Name und ihr Sitz angegeben sind[21]. Die auf Dauer angelegte BGB-Gesellschaft mit selbständiger Identitätsausstattung ist daher parteifähig[22].

Wie im Fall der Grundbuchfähigkeit ergibt sich hierdurch auch kein Abgrenzungsproblem zum nichtrechtsfähigen Verein, da diesem auch aus denselben Gründen die Parteifähigkeit zuzuerkennen ist[23].

## IV. Konkursfähigkeit

### 1. Problemstellung

Die BGB-Gesellschaft ist nach ganz überwiegender Auffassung auch nicht konkursfähig[1]. Es wird zwar ein erhebliches praktisches Bedürfnis für die Konkursfähigkeit der BGB-Gesellschaft geltend gemacht[2]. Die Zulässigkeit müsse aber von einer ausdrücklichen gesetzlichen Anordnung geltend gemacht werden[3]. Eine starke Gegenansicht befürwortet aber entweder einen Sonderkonkurs über das Sondervermögen der Gesellschafter oder erklärt die BGB-Gesellschaft zur tauglichen Gemeinschuldnerin[4].

### 2. Sonderkonkurs über das Sondervermögen

Für einen Sonderkonkurs über ein bloßes Sondervermögen ist, wie das Beispiel des Gesamtguts zeigt[5], nur ein Gesamthandsvermögen als zentraler

20 S. o. E V 2 b, S. 47.

21 Hüffer, in: FS Stimpel, 1985, S. 180.

22 Ähnlich auch Hüffer, in: FS Stimpel, S. 180, der aber zusätzlich verlangt, daß die BGB-Gesellschaft ein Gesamthandsvermögen hat und es derart verwaltet, daß sich ein bestimmter räumlicher Mittelpunkt für diese Tätigkeit bestimmen läßt (Verwaltungssitz).

23 Ebenso MüKo-Reuter, § 54 RN 8.

1 BGHZ 23, 307, 313; OLG Neustadt MDR 1956, 240; Kuhn/Uhlenbruck, KO, § 207 Vorbem. B RN 1; Baur/Stürner, Zwangsvollstreckungs-, Konkurs- und Vergleichsrecht, RN 971; weitere Nachweise bei Neumann, S. 1 FN 3; vgl. hierzu aber neuestens BGH v. 14. 1. 1991, II ZR 112/90, DB 1991, 540, 541: „Ob das richtig ist, wird neuerdings in Zweifel gezogen (Nachweise). Darauf ist hier aber nicht näher einzugehen".

2 MüKo-Ulmer, § 705 RN 134.

3 Kuhn/Uhlenbruck, KO, § 207 Vorbem. B RN 1; MüKo-Ulmer, § 705 RN 134.

4 Vgl. K. Schmidt, GesR, S. 1367 f. m. w. N.; Michelfelder, passim; Neumann, S. 136; Hüffer, in: FS Stimpel, S. 185, 186.

5 §§ 2, 236, 236 a–c KO, vgl. Neumann, S. 44 f.

aber nicht ausschließlicher Haftungsverband[6] und eine dazugehörige Handlungsorganisation erforderlich. Hiervon wären alle BGB-Gesellschaften mit Gesamthandsvermögen umfaßt. Für die Anerkennung eines solchen Sonderkonkurses für BGB-Gesellschaften ohne selbständige Identitätsausstattung besteht aber kein so gravierendes Bedürfnis, welches eine Anerkennung ohne gesetzliche Regelung rechtfertigen würde[7]. Anders ist dies für die als Rechtsträgerin verselbständigte BGB-Gesellschaft[8].

### 3. Konkursfähigkeit i. S. einer Insolvenzrechtsfähigkeit

Soweit aber von einer Konkursfähigkeit i. S. eines Gesamtkonkurses ausgegangen wird, kämen nach der hier vertretenen Auffassung nur auf Dauer angelegte BGB-Gesellschaften mit selbständiger Identitätsausstattung und einem Gesamthandsvermögen in Betracht. Denn nur eine so verselbständigte BGB-Gesellschaft könnte als insolvenzrechtsfähige Gemeinschuldnerin angesehen werden[9]. Mit einer Anerkennung der Parteifähigkeit sollte daher auch eine Anerkennung der Konkursfähigkeit i. S. einer Insolvenzrechtsfähigkeit erfolgen[10]. Wenn man einen konkursfähigen[11] nichtrechtsfähigen Verein mit einer BGB-Gesellschaft, wie sie hier angenommen wird, vergleicht, ergibt sich nämlich kein relevanter Unterschied im Hinblick auf die Personifikationselemente, der bei der BGB-Gesellschaft mit selbständiger Identitätsausstattung zu einer anderen Entscheidung führen könnte. Hierdurch würde sich auch nicht das oben[12] angesprochene Abgrenzungsproblem zwischen der BGB-Gesellschaft und dem nichtrechtsfähigen Verein stellen. Der auf Dauer angelegten BGB-Gesellschaft mit selbständiger Identitätsausstattung ist daher auch die Konkursfähigkeit zuzubilligen.

6 S. o. C II 2, S. 19.
7 Vgl. auch K. Schmidt, GesR, S. 1367.
8 S. u. 3.
9 Vgl. K. Schmidt, Handelsrecht, § 5 II 3, S. 106 ff., der die Konkursfähigkeit auf unternehmenstragende Gesellschaften beschränkt; Hüffer, in: FS Stimpel, S. 180.
10 So auch Hüffer, in: FS Stimpel, S. 180.
11 Vgl. § 213 KO.
12 S. o. II 2 d, S. 85.

## V. Organhaftung bei der BGB-Gesellschaft

### 1. Von der Organhaftung zur Repräsentantenhaftung

Der historische Gesetzgeber hat § 31 BGB als Anknüpfungspunkt einer reinen Organhaftung aufgefaßt[1]. Die früher h.M. verneinte eine analoge Anwendung von § 31 BGB auf die BGB-Gesellschaft[2]. Der BGH[3] hat seine ablehnende Entscheidung damit begründet, daß die BGB-Gesellschaft zu wenig körperschaftlich organisiert sei, als daß man die für sie handelnden Gesellschafter als „Organe" bezeichnen könne. Die Entscheidung des BGH wird heute aber überwiegend abgelehnt[4].

Inzwischen entwickelt sich die Organhaftung der juristischen Personen zusehends zu einer Repräsentantenhaftung rechtlich verselbständigter Organisationen[5]. Hierbei ist es gleichgültig, ob es sich um eine juristische Person, Gesamthand oder nur um eine sonstige Sondervermögensverwaltung handelt[6]. Demgemäß ist nach neuerer Ansicht[7] § 31 BGB grundsätzlich auch auf die BGB-Gesellschaft anzuwenden. Zur analogen Anwendung von § 31 BGB wird überwiegend eine den Personenhandelsgesellschaften vergleichbare Struktur, d.h. eine gewisse Verselbständigung des Gesellschaftsvermögens und der Handlungsorganisation gegenüber den Mitgliedern der Gesellschaft[8], verlangt. Diese Voraussetzung sieht man als gegeben an, wenn zum einen die BGB-Gesellschaft auf eine gewisse Dauer angelegt ist und zum anderen von der gesetzlich vorgesehenen gemeinschaftlichen Geschäftsführung abgewichen wird[9]. Es muß also eine selbständige Handlungsorganisation vorhanden sein. Das Ele-

1 Vgl. Martinek, Repräsentantenhaftung, passim, vgl. die Besprechung von John, AcP 181 (1981), 150 ff.; MüKo-Reuter, § 31 RN 3.
2 BGHZ 45, 311.
3 BGH 45, 311.
4 Vgl. exemplarisch K. Schmidt, GesR, S. 1340 f.
5 MüKo-Reuter, § 31 RN 2; Martinek, S. 35 ff., 196 ff.; Barner, S. 141 ff.
6 MüKo-Reuter, § 31 RN 2.
7 MüKo-Ulmer, § 705 RN 219 m.w.N.; Kornblum, Haftung, S. 44 ff.; Wiedemann, GesR, S. 263 f.; aA Lipp, BB 1982, 74, 77 f.
8 MüKo-Ulmer, § 705 RN 219.
9 MüKo-Ulmer, § 705 RN 219; MüKo-Reuter, § 31 RN 10; Schmiedel, in: Gedächtnisschrift Jürgen Rödig, S. 261 ff., 269, der allerdings der Auffassung ist, daß hierfür keine Analogiebildung erforderlich ist; im Ergebnis „aufgrund rechtsfortbildender Anwendung" auch Martinek, S. 69, 129 ff. jedoch auch, wenn alle Gesellschafter gesamtgeschäftsführungsbefugt sind; umstritten ist, ob nur das Gesellschaftsvermögen haftet oder auch die Gesellschafter mit ihrem Vermögen, s.u. 2b; vgl. MüKo-Ulmer, aaO., RN 219; Schmiedel, aaO.; Lindacher, JuS 1981, 820 f.

ment der Dauer wird hier[10] neben dem Personifikationselement der selbständigen Identitätsausstattung als entscheidendes Merkmal der Verselbständigung angesehen. Dabei stellt sich die Frage, ob für eine entsprechende Anwendung von § 31 BGB überhaupt eine selbständige Identitätsausstattung – also insbesondere ein Gesamtname – vorhanden sein muß. Es kommt daher darauf an, ob die BGB-Gesellschaft für die analoge Anwendung als teilrechtsfähige Wirkungseinheit verselbständigt sein muß.

## 2. Der Meinungsstand

Von Ulmer[11] wird gefordert, aus der Anerkennung der Gesamthand als teilrechtsfähiger Personenvereinigung die haftungsrechtlichen Folgerungen im Rahmen des § 31 BGB zu ziehen.

Nach Fabricius[12] beruht die Analogie „auf der Grundlage, daß Vermögensgegenstände von mehreren Personen oder auch von einer Einzelperson zusammengetragen und derart verselbständigt worden sind, daß der einzelne als solcher von der Vermögensverwaltung ausgeschlossen ist". Für die Auffassung von Fabricius ist aber die Zuordnungssubjektivität der BGB-Gesellschaft erforderlich[13].

Nach Kornblum[14] kann die Frage der Teilrechtsfähigkeit für die Problematik außer Betracht bleiben, „da das gesamthänderische Sondervermögen ‚Gesellschaft des Bürgerlichen Rechts' gegenüber seinen Trägern, den Gesellschaftern, soweit verselbständigt ist, daß es auch ohne Anerkennung einer rechtlichen ‚Solidarzuständigkeit' die... Voraussetzungen für die entsprechende Heranziehung des § 31 BGB erfüllt".

Nach Wiedemann[15] entscheidet über die Anwendung von § 31 BGB der Grad der Verselbständigung des Sondervermögens. Hiernach scheidet § 31 BGB aus, wenn die Gesamthänder selbst als Träger der Rechtsbeziehungen gedacht sind[16]. Für die BGB-Gesellschaft ist aber nach Wiedemann[17] die analoge Anwendung des § 31 BGB unumgänglich geworden. Nach K. Schmidt[18] ist die in § 31 BGB zum Ausdruck kommende Repräsenta-

---

10 S. u. F VI 2, S. 98.
11 MüKo-Ulmer, § 705 RN 219.
12 Fabricius, in: Gedächtnisschrift Rudolf Schmidt, S. 179 ff., 187.
13 Fabricius, in: Gedächtnisschrift Rudolf Schmidt, S. 189; vgl. kritisch hierzu Martinek, S. 75, der eine Teilrechtsfähigkeit für eine Anwendung nicht voraussetzt.
14 Kornblum, Haftung, S. 45 FN 52.
15 Wiedemann, GesR, S. 263 f.
16 Wiedemann, GesR, S. 263 f.
17 Wiedemann, GesR, S. 263 f.
18 K. Schmidt, GesR, S. 219.

tionshaftung ein allgemeines Rechtsinstitut, „das für alle Verbände Geltung verdient, die Träger von Rechten Pflichten sein können".

### 3. Stellungnahme

#### a) Analoge Anwendung von § 31 BGB

Nach der früheren Auffassung, wonach die Analogie von § 31 BGB auf die körperschaftliche Struktur der jeweiligen Personifikation zu stützen ist[19], wäre für die entsprechende Anwendung dieser Vorschrift auf die BGB-Gesellschaft eine selbständige Identitätsausstattung erforderlich. Denn der Gesamtname ist eines der körperschaftlichen Elemente[20]. Heute wird dagegen die Analogie überwiegend auf die Haftungslücke gestützt, die sich aus der Unanwendbarkeit des § 831 BGB auf das Verhältnis Gesamthand zu den Gesellschafter-Geschäftsführern ergibt[21]. Hieraus ist ein unbedingtes Erfordernis eines Gesamtnamens nicht abzuleiten[22]. Ob auch das Element der Dauer Voraussetzung für die entsprechende Anwendung ist[23], erscheint angesichts des wohl bestehenden Bedürfnisses der entsprechenden Anwendung auf Konkursverwaltung und Testamentsvollstreckung zweifelhaft[24].

§ 31 BGB gewährleistet den Zugriff auf den Haftungsverband, der einer Personifikation zugeordnet ist. Aufgrund der Verselbständigung des Gesamthandsvermögens und dem gemeinsamen Zusammenschluß der Gesellschafter ist eine Handlungsorganisation erforderlich. Der Haftungsverband soll nun für Schäden einstehen, die die verselbständigte Handlungsorganisation[25] aufgrund einer „zum Schadensersatz verpflichtenden Handlung" verursacht hat. Hierbei spielt es keine Rolle, ob die Personifikation BGB-Gesellschaft durch eine selbständige Identitätsausstattung soweit verselbständigt ist, daß sie auch Trägerin der Rechtsbeziehungen ist. Denn entscheidend ist grundsätzlich, daß einer BGB-Gesellschaft mit einem Haf-

19 BGH, NJW 1952, 537.

20 Vgl. MüKo-Reuter, § 31 RN 9.

21 MüKo-Reuter, § 31 RN 9; teilweise wird aber die Analogie doch noch mehr auf das körperschaftliche Element gestützt, vgl. MüKo-Ulmer § 705 RN 219, hiernach wäre eine selbständige Identitätsausstattung – also ein Gesamtname und das Moment der Dauer – Voraussetzung für eine entsprechende Anwendung von § 31 BGB auf die BGB-Gesellschaft.

22 Gegen das Erfordernis einer eigenen Identitätsausstattung auch John, AcP 181 (1981), 150, 157.

23 Bejahend John, AcP 181 (1981), 156.

24 Vgl. MüKo-Reuter, § 31 RN 12.

25 Wenn keine selbständige Handlungsorganisation gegeben ist, kommt eine Analogie zu § 31 BGB nicht in Betracht, da in diesem Fall alle handelnden Gesellschafter ohnehin persönlich haften, vgl. MüKo-Ulmer, § 714 RN 36.

tungsverband eine selbständige Handlungsorganisation zugeordnet ist. Somit ist auch die analoge Anwendung des § 31 BGB auf BGB-Gesellschaften am unteren Spektrum, wo die Gesellschafter als Rechtsträger anzusehen sind, im Grundsatz zu bejahen. Entgegen der wohl herrschenden Meinung[26], wonach die Gesellschafter im Falle einer Organhaftung nach § 31 BGB nicht mit ihrem Privatvermögen haften, bezieht sich die Organhaftung auf den gesamten Haftungsverband der Personifikation. Da der Haftungsverband bei den Personengesellschaften nicht bloß ein einziger selbständiger Haftungsverband ist, bezieht sich das Handeln der selbständigen Handlungsorganisation auch auf die allgemeinen Haftungsverbände der Gesellschafter[27]. Jedoch wird bei der BGB-Gesellschaft die persönliche Haftung der Gesellschafter für unerlaubte Handlungen der geschäftsführenden Gesellschafter von der h. M. grundsätzlich abgelehnt[28]. Allerdings kommt eine persönliche Haftung der Gesellschafter aufgrund einer Haftung nach § 31 BGB z. B. wegen Verletzung vertraglicher Pflichten in Betracht[29], wenn man mit der im Vordringen begriffenen Meinung § 31 BGB für die Zurechnung aller Arten von Organverschulden anwendet[30].

### b) Anwendung von § 31 BGB auch auf BGB-Gesellschaften ohne Gesamthandsvermögen?

Im folgenden ist nun zu untersuchen, ob eine Repräsentantenhaftung auch für die BGB-Gesellschaften in Betracht kommt, für die das Gesamthandsvermögen weitgehend ausgeschlossen worden ist. Dies sind unter anderem die unten[31] behandelten Bankenkonsortien. Instruktiv ist hierbei der dem Urteil des BGH v. 9. 7. 1984[32] zugrundeliegende Fall[33] des Stillhaltekonsortiums. Es ging dabei um die Frage der Haftung eines Bankenkonsortiums gegenüber Lieferanten des Unternehmens für das Verhalten des von einer der Banken zur Überwachung eines Stillhalteabkommens in die Geschäftsleitung eines konkursreifen Unternehmens entsandten Beauftragten.

26 MüKo-Ulmer, § 705 RN 219 m. w. N.; Flume, Personengesellschaft, S. 343 f.

27 So auch Schmiedel, in: Gedächtnisschrift Jürgen Rödig, S. 270; MüKo-Reuter, § 31 RN 15.

28 MüKo-Ulmer, § 705 RN 217; § 714 RN 44; Aderhold, S. 226 ff.; Flume, Personengesellschaft, S. 322; K. Schmidt, GesR, S. 1357.

29 MüKo-Reuter, § 31 RN 18.

30 Ebenso K. Schmidt, GesR, S. 222; Martinek, S. 46 ff.; Larenz, SchuldR AT, § 20 VII; Palandt/Heinrichs, § 278 Anm. 2 b; Jauernig/Vollkommer, BGB, § 278 Anm. 3 a; § 31 BGB schließt die Anwendung von § 278 BGB aus.

31 S. u. K., S. 165 ff.

32 NJW 1985, 2584; Bespr. von Assmann, ZHR 152 (1988), 371 ff.

33 S. auch u. K I 2, S. 166 ff.

In einer Besprechung dieser Entscheidung diskutiert Assmann[34] die analoge Anwendung von § 31 BGB – der BGH ist hierauf nicht eingegangen – auf die Repräsentanten des Konsortiums. Im Hinblick auf die abweichende Regelung der Geschäftsführung und Vertretung durch den Gesellschaftsvertrag greift Assmann den Vorschlag Schmiedels[35] auf, wonach die Gesellschaft für den Schaden haftet,

„den ein geschäftsführungs- und vertretungsberechtigter Gesellschafter in Ausführung der ihm zustehenden Verrichtung durch eine zum Schadensersatz verpflichtende Handlung einem Dritten zufügt".

Das Problem der analogen Anwendung von § 31 BGB ist in diesem Fall der weitgehende Ausschluß von Gesamthandsvermögen[36]. Denn, wie oben dargelegt, basiert die Anwendung von § 31 BGB nach verbreiteter Auffassung auf einer Verselbständigung des Gesellschaftsvermögens[37]. Im Hinblick auf das – abgesehen von möglichen Sozialansprüchen – nicht vorhandene Gesellschaftsvermögen wäre danach die Anwendung abzulehnen.

Bei dem vorliegenden Stillhaltekonsortium geht es um die Koordinierung der Kredite der einzelnen Banken. Es handelt sich um die sachlich und zeitlich begrenzte Ausgliederung bankunternehmerischen Verhaltens der einzelnen Banken auf das Konsortium[38]. Hier ist gerade kein „zweckgebundenes, vom Privatvermögen seiner Mitglieder abgrenzbares Vermögen"[39] gebildet worden. Das Konsortium hat keinen verselbständigten eigenen Haftungsverband. Hier stehen nur die eigenen Haftungsverbände der beteiligten Banken zur Verfügung. Der Handlungsorganisation des Konsortiums sind daher nur die Haftungsverbände der Banken zugeordnet.

Es wäre daher zu erwägen, ob nicht auf diese entstandene Organisation, die aufgrund des fehlenden eigenen Haftungsverbandes weniger verselbständigt ist, § 31 BGB ebenfalls analog anzuwenden ist. Hierbei müßte man

34 Assmann, ZHR 152 (1988), 371 ff.

35 Schmiedel, in: Gedächtnisschrift Jürgen Rödig, S. 263.

36 Vgl. MüKo-Ulmer, vor § 705 RN 32, wonach die Sozialansprüche im Zweifel zum Gesamthandsvermögen gehören; aA Assmann, ZHR 152 (1988), 379 FN 35: „Die von den Konsorten erbrachten Beiträge i. w. S. zur Förderung des gemeinsamen Zwecks führen jedenfalls in der Regel nicht zur Bildung eines verselbständigten Gesellschaftsvermögens."

37 MüKo-Ulmer, § 705 RN 219; Martinek, S. 67 FN 110, stellt ausdrücklich fest, daß auf BGB-Gesellschaften ohne Gesamthandsvermögen oder mit Bruchteilsvermögen § 31 BGB schon mangels eines Sondervermögens keine Anwendung finden kann.

38 Assmann, ZHR 152 (1988), 381.

39 Martinek, S. 107 f.

nicht nur auf einen eigenen Haftungsverband abstellen, sondern danach fragen, ob der Handlungsorganisation überhaupt Haftungsverbände zugeordnet sind. Denn auch in diesem Fall könnte gesagt werden, daß die Gesellschaft für den Schaden haftet, „den ein geschäftsführungs- und vertretungsberechtigter Gesellschafter in Ausführung der ihm zustehenden Verrichtung durch eine zum Schadensersatz verpflichtende Handlung einem Dritten zufügt"[40].

Die Haftungsverbände sind zwar mehreren Personifikationen (der jeweiligen Bank und dem Konsortium) zugeordnet, aber auch wenn auf diese Haftungsverbände zugegriffen wird, haftet die Organisation – das Konsortium – für den Schaden. Als Teil der Organisation (Personifikation) sind nämlich im vorliegenden Fall im Hinblick auf die Haftung auch die Haftungsverbände der Gesellschafter anzusehen[41].

In diesem Zusammenhang ist auch der Rechtsgedanke der Repräsentantenhaftung als Folge soziologischer Gegebenheiten zu berücksichtigen[42]. Hierbei wird auf die in jeder Vergemeinschaftung gegebene Machtkonzentration und die darin liegende Gefahr, entsprechend größere Schäden Dritten zufügen zu können, abgestellt[43]. Bei einem Stillhaltekonsortium ist gerade eine Machtkonzentration im Vergleich zur Situation festzustellen, daß nur eine Bank für sich allein handelt. Bei dieser Bank als juristischer Person würde § 31 BGB selbstverständlich Anwendung finden. Eine solche Machtkonzentration durch Vergemeinschaftung ist deswegen auch vorliegend ohne vorhandenes Sondervermögen gegeben. Der Rechtsbegriff der Repräsentantenhaftung[44] könnte daher auch für diese Fälle fortentwickelt werden. Dies würde eine Abkehr von einer einseitigen sondervermögensrechtlichen Deutung[45] der Organ- bzw. Repräsentantenhaftung bedeuten. Auch erscheint es zu kurz gegriffen, wenn man bezüglich der Repräsentantenhaftung die Organisation mit der Gesamthand gleichsetzt und so die Haftung auf das Gesellschaftsvermögen beschränkt[46]. Die Haftung der Gesellschaf-

40 Vgl. Assmann, ZHR 152 (1988), 379; Schmiedel, in: Gedächtnisschrift Jürgen Rödig, S. 263.

41 John, Rechtsperson, S. 241.

42 Vgl. Westermann, JuS 1961, 333 ff.; Barner, S. 142 f.; Martinek, S. 35 m. w. N.

43 Barner, S. 143.

44 Hierzu ausführlich Martinek, S. 196 ff.

45 Vgl. Fabricius, in: Gedächtnisschrift Rudolf Schmidt, S. 171 ff.

46 So aber MüKo-Ulmer, § 705 RN 219; aA MüKo-Reuter, § 31 RN 15, der allerdings gegen eine ausnahmslose Übertragung der Repräsentantenhaftung juristischer Personen auf die Gesamthandsgesellschaften ist, so kommt nach Reuter,

ter ist auch um so mehr begründet, wenn gar kein Gesellschaftsvermögen vorhanden ist. Somit erscheint für die Analogie das Erfordernis des eigenen Haftungsverbandes entbehrlich[47]. Es ist als ausreichend zu erachten, daß der selbständigen Handlungsorganisation ein oder mehrere Haftungsverbände zugeordnet sind; d. h. daß die Organisation für die Handlungen der vertretungsberechtigten Gesellschafter haftet. § 31 BGB ist daher auch in diesem Fall im Rahmen einer Rechtsfortbildung analog anzuwenden.

### c) Resümee

Es hat sich gezeigt, daß für die Organhaftung die „Eingangsvoraussetzung der Verselbständigung", die selbständige Identitätsausstattung, nicht unbedingt erforderlich ist. Zu diesem Ergebnis kommt man allerdings nur, wenn man sich von der überkommenen Analogievoraussetzung der körperschaftlichen Struktur der Organhaftung löst. Danach ist es nicht erforderlich, daß eine als Rechtsträgerin verselbständigte Personifikation besteht. Entscheidend ist, daß ein Haftungsverband durch eine selbständige Handlungsorganisation repräsentiert wird. Dieser Haftungsverband muß nicht ein ausschließlich selbständiger sein. Denn bei den Personengesellschaften sind die Haftungsverbände der Gesellschafter Bestandteil der Personifikation Personengesellschaft[48].

Die Frage der Organhaftung unterscheidet sich damit von den anderen hier erörterten Rechtspositionen[49], bei denen das Vorliegen der selbständigen Identitätsausstattung Mindestvoraussetzung war. Das Institut der Repräsentationshaftung beinhaltet deshalb auch Sachverhalte von Personifikationen, die nicht durch eine selbständige Identitätsausstattung verselbständigt sind. Denn wenn man sich die BGB-Gesellschaft mit und ohne Gesamtnamen vorstellt, wird klar, daß die Haftung nach § 31 BGB analog nicht von einem solchen Gesamtnamen abhängig gemacht werden kann. Dies bestätigt in gewisser Weise die vermögensrechtliche Auffassung, die im Gesamthandsprinzip allein ein Mittel zur Verselbständigung eines Sondervermögens sieht[50]. Für die Repräsentantenhaftung ist allein ausreichend die Re-

---

aaO., für leitende Angestellte nur eine Haftung des Gesamthandsvermögens in Betracht.

47 So auch Assmann, ZHR 152 (1988), 379.

48 John, Rechtsperson, S. 241.

49 S. o. F I–IV, S. 53 ff.

50 S. o. A II 3, S. 7.

präsentation des Sondervermögens[51]. Insoweit ist die Formulierung von Karsten Schmidt[52] nicht ganz zutreffend, wenn er bei der Frage der Anwendung von § 31 BGB bei der BGB-Gesellschaft von der „Deliktsfähigkeit der Gesellschaft"[53] spricht. Denn diese Formulierung legt eine Verselbständigung der Gesellschaft als Rechtsträgerin nahe, die aber nach der hier vertretenen Auffassung nicht erforderlich ist[54].

Im Gegensatz zur Frage der Repräsentantenhaftung geht es bei der Mitgliedsfähigkeit *der Gesellschaft* nicht nur um vermögensrechtliche Beziehungen, sondern es ist hier gerade die Verselbständigung der Gesellschaft von ihren Gesellschaftern entscheidend.

## VI. Ergebnisse bezüglich der Personifikationselemente

### 1. „Eingangsvoraussetzung" selbständige Identitätsausstattung

Die Untersuchung der verschiedenen Rechtspositionen hat die Funktion des Personifikationsmerkmals der selbständigen Identitätsausstattung als grundlegende Eingangsvoraussetzung für die Verselbständigung bestätigt. Nur im Fall der Organhaftung[1] ist die selbständige Identitätsausstattung nicht erforderlich[2]. Bei der Organhaftung kommt es entscheidend auf das Merkmal der selbständigen Handlungsorganisation an. In allen anderen Fällen baut die betreffende Rechtsposition auf dem Erfordernis der selbständigen Identitätsaustattung auf. Für die Zuerkennung der jeweiligen Rechtsposition kommt es dann neben dem erforderlichen Umfang der selbständigen Identitätsausstattung[3] und dem Element der Dauer darauf an, inwieweit weitere Personifikationsmerkmale erforderlich sind. Hierbei ist insbesondere das Merkmal der Publizität von großer Bedeutung[4].

---

51 Nach der hier vertretenen Auffassung bezieht sich die Repräsentation auch noch auf die allgemeinen Haftungsverbände der Gesellschafter, vgl. oben b. S. 93.

52 K. Schmidt, GesR, S. 1340.

53 K. Schmidt, GesR, S. 1340.

54 Anders allerdings die Auffassung von K. Schmidt, GesR, S. 219, der eine Rechtssubjektivität der Gesellschaft voraussetzt.

1 S. o. V, S. 90 ff.

2 Sofern man für die BGB-Gesellschaft entgegen der h. M. eine Konkursfähigkeit als Konkurs eines Sondervermögens anerkennen würde, wäre hierfür auch keine selbständige Identitätsausstattung erforderlich, vgl. o. IV 2, S. 88.

3 S. u. 2 und schon o. E V 2, S. 45 f.

4 S. u. 3, S. 98 ff.

## 2. Umfang der selbständigen Identitätsausstattung und das Element der Dauer

Wie schon oben[5] dargelegt, umfaßt die für das Erfordernis der Rechtsträgerschaft erforderliche selbständige Identitätsausstattung grundsätzlich nur das Element des Gesamtnamens. Für weitere Rechtspositionen, wie z.B. Mitgliedsfähigkeit, Grundbuchfähigkeit, Parteifähigkeit, Tariffähigkeit usw., ist aber zusätzlich das Element der Dauer erforderlich. Das Merkmal der Dauer hat sich somit als entscheidendes Element der Verselbständigung erwiesen. Zur weiteren Individualisierung der BGB-Gesellschaft dient der mindestens bei auf Dauer angelegten Gesellschaften vorhandene Gesellschaftssitz. Der Gesellschaftssitz ist insbesondere für die Parteifähigkeit von Bedeutung[6].

## 3. Publizität

### a) Publizität als weiteres Personifikationselement

Zentrales Problem bei den untersuchten Rechtspositionen ist die nicht vorhandene Registerpublizität der BGB-Gesellschaft. Die Frage, ob die fehlende Registerpublizität der Zuerkennung der jeweiligen Rechtsposition entgegensteht, richtet sich nach der Funktion der Publizität bei der betreffenden Rechtsposition. Dies zeigt sich besonders bei der Frage der Mitgliedschaft in Personenhandelsgesellschaften. Hier ist wegen der besonderen Bedeutung der Publizität im Handelsrecht[7] und der Funktion des Handelsregisters als Informationsquelle für Tatsachen und Rechtsverhältnisse[8] die nicht formalisierte Publizität der BGB-Gesellschaft besonders gravierend.

Wie bei der Frage der Mitgliedsfähigkeit gezeigt worden ist, ist aber auch die Verselbständigung der Personifikation von Bedeutung, dessen Mitglied die BGB-Gesellschaft werden soll. So spielt z.B. bei Personifikationen, bei denen die BGB-Gesellschaft nicht Mitglied der Handlungsorganisation ist, – wie bei der GmbH – die Frage der Publizität bezüglich der Handlungsorganisation der BGB-Gesellschaft keine entscheidende Rolle. Insgesamt hat sich gezeigt, daß die Publizität als weiteres Personifikationselement entscheidend den Umfang der Verselbständigung – also der Zuerkennung der bestimmten Rechtsposition – bestimmt.

---

5 S.o. E V 2, S. 45 f.
6 S.o. III, S. 85 ff.
7 Vgl. hierzu K. Schmidt, Handelsrecht, S. 303 ff.
8 K. Schmidt, Handelsrecht, S. 339.

### b) Publizität bezüglich der Identitätsausstattung

Soweit die „formale Publizität" sich nur auf die Identität – auf das „Vorhandensein" – des Rechtsträgers bezieht, ist, wie sich bei der Grundbuchfähigkeit und der Parteifähigkeit gezeigt hat, die „natürliche Publizität" der selbständigen Identitätsausstattung nach der hier vertretenen Auffassung ausreichend. Die Verselbständigung der BGB-Gesellschaft ist ausreichend für diese Rechtspositionen.

Nach der h. M.[9] wird dagegen die Verselbständigung der BGB-Gesellschaft aufgrund der selbständigen Identitätsausstattung und der damit verbundenen „natürlichen Publizität" in diesen Sonderbereichen[10] nicht als ausreichend angesehen, so daß die selbständige Identitätsausstattung für Zwecke dieser Rechtsposition nicht anerkannt wird. Die Berechtigung der BGB-Gesellschaft wird deshalb als „Recht für mehrere gemeinschaftlich"[11] eingetragen. Dazu wird die BGB-Gesellschaft z. B. im Grundbuch nach h. M. unter den Namen der Gesellschafter eingetragen[12].

### c) Publizität bezüglich des Haftungsverbandes

Die Publizität bezüglich des Haftungsverbandes ist dann von Bedeutung, wenn der Haftungsverband der BGB-Gesellschaft für die betreffende Rechtsposition eine Rolle spielt. Die Publizität bezweckt deshalb hier die Klarheit der Haftungsverhältnisse[13]. Auf eine Klarheit der Haftungsverhältnisse kommt es z. B. bei einer Beteiligung der BGB-Gesellschaft an einer Personenhandelsgesellschaft an[14].

Da der Haftungsverband der BGB-Gesellschaft aus dem Gesamthandsvermögen und den allgemeinen Haftungsverbänden der Gesellschafter besteht, kommt eine Vollstreckung in das Gesellschaftsvermögen und das Vermögen der Gesellschafter in Betracht. Nach § 736 ZPO ist für die Vollstreckung in das Gesellschaftsvermögen der BGB-Gesellschaft ein Titel gegen alle Gesellschafter erforderlich[15]. Auch für die Zwangsvollstreckung in

9 Vgl. o. II + III, S. 80 ff.
10 Vgl. Dölle, S. 67.
11 Vgl. z. B. § 47 GBO; § 18 GmbHG.
12 S. o. II 1, S. 80.
13 S. o. I 4 b dd, S. 68.
14 S. o. I 4 b dd, S. 68.
15 Thomas/Putzo, ZPO, § 736 Anm. 1; nach der hier vertretenen Auffassung wäre ein Titel gegen die Gesellschaft unter ihrem Namen ausreichend, da die BGB-Gesellschaft mit selbständiger Identitätsausstattung als parteifähig angesehen wird, vgl. o. III, S. 85 ff.

das Vermögen der Gesellschafter ist die Kenntnis der Namen der Gesellschafter notwendig. Hier kommt somit die fehlende Registerpublizität der BGB-Gesellschaft zum Tragen, da für Dritte nicht erkennbar ist, wer die Gesellschafter der BGB-Gesellschaft sind.

Eine Eintragung der BGB-Gesellschaft unter ihrem Namen ist deshalb in diesen Fällen für die Erfordernisse der Publizität bezüglich der Haftungsverhältnisse nicht ausreichend. Entgegen der wohl h. M.[16] bedeutet dies aber nicht, daß die Eintragung der BGB-Gesellschaft unter ihrem Namen unzulässig ist[17]. Denn es mangelt hier nicht an der Publizität bezüglich der Identitätsausstattung[18]. Vielmehr stellt sich die Frage, ob die fehlende Publizität bezüglich der Haftungsverhältnisse durch zusätzliche Eintragung der Namen der Gesellschafter der BGB-Gesellschaft kompensiert werden kann. Im Fall der Beteiligung an einer Personenhandelsgesellschaft wird daher die Eintragung der Gesellschafter der BGB-Gesellschaft im Handelsregister als zulässig angesehen, damit Dritte die Zusammensetzung der BGB-Gesellschaft erfahren können[19].

### d) Publizität bezüglich der Handlungsorganisation

Auch bezüglich der Handlungsorganisation richtet sich die Erforderlichkeit der Publizität nach der jeweiligen Rechtsposition. Wenn, wie z. B. bei der Mitgliedschaft in der OHG und KG als vertretungsberechtigte Gesellschafterin die Handlungsorganisation der BGB-Gesellschaft auch von der handelsrechtlichen Publizität umfaßt ist, ist die Mitgliedsfähigkeit – wie oben[20] dargelegt – wegen der mangelnden Publizität der Handlungsorganisation der BGB-Gesellschaft abzulehnen. Für Rechtspositionen, bei denen es auf die Publizität der Handlungsorganisation nicht entscheidend ankommt, reicht dagegen die Stufe der Rechtsfähigkeit – wie im Falle der Grundbuchfähigkeit gezeigt – aus. Hier kann auch eine Kompensation dieses Publizitätsdefizites durch eine Handelndenhaftung ausreichend sein[21].

16 Vgl. die Nachweise o. C II 3, S. 20 f.

17 So heißt es bei Brodersen, S. 97: „Daher darf sich die BGB-Gesellschaft bei der Eintragung ihrer Gesellschafterstellung bei einer OHG im Handelsregister ... nicht eines besonderen Namens bedienen.“

18 S. o. b, S. 99.

19 S. o. I 4 b ee (2), S. 71 f.; Brodersen, S. 97.

20 S. o. I 4 b ee (1), S. 69 f.

21 S. o. II 2 b, S. 82 f.

## 4. Haftungsverband

Die im Vergleich zu den juristischen Personen und den Personenhandelsgesellschaften geringere Verselbständigung der BGB-Gesellschaft zeigt sich auch beim Haftungsverband der BGB-Gesellschaft. Hier besteht kein ausschließlicher Haftungsverband mit entsprechender Kapitalsicherung wie bei der GmbH oder AG. Auch besteht grundsätzlich keine generelle unbeschränkte Haftung der Gesellschafter der BGB-Gesellschaft wie bei der OHG. Für Rechtspositionen, bei denen es entsprechend dem Zweck der Haftung der BGB-Gesellschaft entscheidend auch auf die persönliche Haftung der Gesellschafter der BGB-Gesellschaft ankommt, ist diese Frage entscheidend für die Zuerkennung der Rechtsposition. Hierbei ist zu entscheiden, ob nicht entsprechend dem Zweck der Haftung der BGB-Gesellschaft ausnahmsweise eine grundsätzlich unbeschränkbare Haftung der Gesellschafter der BGB-Gesellschaft in Betracht komm[22]. Neben dem Publizitätsdefizit der BGB-Gesellschaft ist der so gesehen „unvollständige Haftungsverband"[23] entscheidendes Merkmal der für manche Rechtspositionen nicht ausreichenden Verselbständigung der BGB-Gesellschaft.

## 5. Handlungsorganisation

Die Möglichkeit der Beschränkung der Vertretungsmacht der vertretungsberechtigten Gesellschafter der BGB-Gesellschaft[24] wirkt sich in Form einer Haftungsbeschränkung aus. Diese Frage ist daher in erster Linie bei der Beurteilung des Haftungsverbandes von Bedeutung. Bei der Handlungsorganisation ist auch vor allem die fehlende Publizität entscheidend. Wie schon oben[25] angesprochen, ist für die Organhaftung eine selbständige Handlungsorganisation erforderlich. Allerdings ist keine selbständige Identitätsausstattung notwendig[26].

---

22 S. o. I 4 b cc, S. 64 ff.

23 Aufgrund der nicht generell unbeschränkten Haftung der Gesellschafter als Kapitalersatzfunktion.

24 Vgl. MüKo-Ulmer, § 714 RN 32.

25 S. o. 1, S. 97.

26 S. o. V 3 a, S. 92.

# G. Folgerungen aus der hier vorgenommenen Differenzierung

## I. Überblick

Die – aufbauend auf einer Stufenfolge der Personifikationen – entwickelte Stufenfolge von BGB-Gesellschaften führt zu einer differenzierten Betrachtung des BGB-Gesellschaftsrechts. Es hat sich gezeigt, daß weder die vermögensrechtliche noch die personenrechtliche Auffassung durchgängig zutreffend ist. Des weiteren kann auch die Frage der Einheits- oder Vielheitsbetrachtung nicht einheitlich beantwortet werden. Es ist daher zunächst auf den oben[1] dargestellten Theorienstreit unter Berücksichtigung der gewonnenen Ergebnisse zurückzukommen[2].

Danach ist die Differenzierung der BGB-Gesellschaften aufgrund der Personifikationselemente auf die Frage der Abgrenzung von BGB-Gesellschaft und nichtrechtsfähigem Verein[3] anzuwenden.

Sodann ist die von K. Schmidt in seinem Gutachten für den Bundesminister der Justiz[4] de lege ferenda vorgeschlagene Differenzierung des BGB-Gesellschaftsrechts anhand der hier gewonnenen Erkenntnisse kritisch zu untersuchen[5]. Danach ist auf die Unterscheidung zwischen Innen- und Außengesellschaften einzugehen[6]. Außerdem sind die Auswirkungen der Differenzierung der Rechtsträgerschaft auf die Frage des Statuswechsels zu untersuchen[7].

Aufgrund der Ergebnisse der rechtstatsächlichen Bestandsaufnahme sind schließlich die Zusammenhänge zwischen Zweck und Struktur der BGB-Gesellschaften zu erörtern[8]; hierbei ist zur Praxis des BGB-Gesellschaftsrechts kritisch Stellung zu nehmen[9].

1 S.o. A II, S. 6 ff.
2 S.u. II, S. 103 ff.
3 S.u. III, S. 109 ff.
4 K. Schmidt, GA.
5 S.u. IV. S. 117 ff.
6 S.u. V. S. 127 ff.
7 S.u. VI, S. 133.
8 S.u. VII, S. 137 ff.
9 S.u. VII 4, S. 143.

## II. Der Theorienstreit um die Gesamthand

### 1. Verselbständigung unabhängig vom Vorhandensein von Gesellschaftsvermögen

Grundsätzlich hat die BGB-Außen-Gesellschaft immer notwendigerweise ein Gesamthandsvermögen, denn die Sozialansprüche[1], z. B. die Ansprüche auf Beitragsleistung, stehen „per definitionem der Gesellschaft zu"[2] und sind damit Gesamthandsvermögen, wenn nicht ausnahmsweise etwas anderes vereinbart ist[3]. Abgesehen von diesem „internen" Gesamthandsvermögen gibt es häufig BGB-Gesellschaften ohne „externes" Gesamthandsvermögen.

Entsprechend der hier vertretenen Auffassung ist die Verselbständigung der BGB-Außen-Gesellschaft als Rechtsträgerin nicht davon abhängig, ob die Gesellschaft umfangreiches Gesamthandsvermögen oder so gut wie kein Gesellschaftsvermögen hat. Denn es kommt hierfür entscheidend auf das Vorliegen des Merkmals der selbständigen Identitätsausstattung an. Dementsprechend kann bei den Gesellschaften ohne Gesellschaftsvermögen[4] je nach Vorliegen des Personifikationselementes der selbständigen Identitätsausstattung ein unterschiedlicher Grad der Verselbständigung vorgefunden werden. So ist z. B. ein Bankenkonsortium im Regelfall mangels Gesamtnamens nicht als Rechtsträger verselbständigt[5], dagegen konnte beim Deutschen Luftpool[6] oder bei der TechnologieRegion Karlsruhe[7] aufgrund der selbständigen Identitätsausstattung eine Verselbständigung als Rechtsträger festgestellt werden, obwohl beide Erscheinungsformen kein nennenswertes „externes" Gesamthandsvermögen besitzen.

Die Verselbständigung ist daher unabhängig davon, ob die Gesellschaft tatsächlich Gesamthandsvermögen hat oder nicht. Die rein vermögensrechtliche Auffassung scheint daher zumindest für die Gesellschaften mit selbständiger Identitätsausstattung nicht zutreffend, da die Verselbständigung gerade nicht auf Vermögensrechte beschränkt ist[8]. Allerdings ist für die

---

1 Vgl. hierzu MüKo-Ulmer, § 705 RN 166; K. Schmidt, GesR, S. 1014.
2 MüKo-Ulmer, § 705 RN 166.
3 Vgl. MüKo-Ulmer, § 705 RN 166.
4 Also Gesellschaften ohne „externes" Gesellschaftsvermögen.
5 S. u. K I 2, S. 166.
6 S. u. L, S. 170.
7 S. u. N I 2b, S. 187.
8 MüKo-Reuter, vor § 21 RN 10; ein gutes Beispiel hierfür ist die Mitgliedschaft des Deutschen Luftpools in einem Verband, s. u. L, S. 170, obwohl die Mitgliedschaft in einem Idealverein nichtvermögensrechtlicher Natur ist, MüKo-Reuter, aaO.

Verselbständigungskraft der BGB-Gesellschaft die Fähigkeit erforderlich, Gesamthandsvermögen zu bilden. Zur Erklärung dieses Befundes ist auf den Zusammenhang von Gesellschaft und Gesamthand[9] einzugehen.

## 2. Gesellschaft und Gesamthand

Üblicherweise wird von der „Gesamthand" gesprochen, wenn eine Gesellschaft mit der Zulässigkeit der Bildung von Gesamthandsvermögen gemeint ist[10]. Grundsätzlich führen aber die Gesamthand und die Gesellschaft ein unabhängiges Dasein[11]. Dies zeigt sich deutlich in der Entstehungsgeschichte der BGB-Gesellschaft[12], wo durch die zweite Kommission das Gesamthandsprinzip auf die rein schuldrechtliche Regelung der ersten Kommission richtiggehend „darübergestülpt"[13] worden ist.

Hieraus resultiert die vermögensrechtliche Auffassung, die zwischen Gesellschaftsvermögen und Gesellschaft trennt. Dagegen ist aber auch das personenrechtliche oder gemeinschaftsbegründende Element der Gesellschaft zu beachten[14]. Danach ergibt sich die Verselbständigungskraft nicht erst aus dem Gesamthandsvermögen, sondern aus dem gemeinschaftsbegründenden Charakter des Gesellschaftsvertrages. Wie oben dargelegt, liegt schon der vertraglichen Zweckvergemeinschaftung eine potentielle Verselbständigungsfähigkeit zugrunde[15]. Denn der Gesellschaftsvertrag ordnet die Gesellschafter unter dem gesellschaftsvertraglich geregelten Zweck[16]. Bei Zulässigkeit der Bildung von Gesamthandsvermögen kann diese potentielle Verselbständigungskraft entscheidend gestärkt werden. Solange diese Gesellschaft aber keine selbständige Identitätsausstattung hat, führt die potentielle Verselbständigung zu keiner tatsächlichen Verselbständigung. Erst

9 Vgl. hierzu Flume's grundlegende Abhandlung „Gesellschaft und Gesamthand" ZHR 136 (1972), 177 ff.

10 Vgl. o. B, S. 15.

11 Hiergegen wendet sich ausdrücklich Schünemann, S. 179.

12 S.o. A I, S. 4.

13 Begriff von Flume, Personengesellschaft, S. 3/4.

14 S.o. A II 6b, S. 12 ff.; vgl. auch Martinek, S. 95 f.; Schünemann, S. 178: „Und so fristet der Gedanke der personenrechtlichen Verbundenheit der Gesellschafter ein eher kümmerliches Dasein..."; Düringer/Hachenburg/Geiler, HGB, II.1., 3. Aufl., 1932, Allg. Vorb. Anm. 20 ff.

15 Die sich aber bei der Innengesellschaft annähernd auf Null reduziert, vgl. John, Rechtsperson, S. 152.

16 Schünemann, S. 179.

die Ausstattung der Gesellschaft mit einer selbständigen Identitätsausstattung führt zu einer Verselbständigung der Gesellschaft als Rechtsträgerin[17].

Allerdings ist die Verselbständigungskraft der Gesellschaft – wie sich am ersten Entwurf[18] gezeigt hat – ohne die gesetzliche Zulässigkeit von Gesamthandsvermögen annähernd auf Null reduziert. Dies zeigt sich auch deutlich an dem unten[19] erörterten Vorschlag der sog. „schlicht zivilistischen" BGB-Gesellschaft im Gutachten von Karsten Schmidt[20]. Denn es fehlt dann das dem gemeinschaftsbegründenden Charakter entsprechende Korrelat, das Gesamthandsvermögen[21]. So hat schon Otto v. Gierke[22] festgestellt:

„Immer aber ist es das die Theilhaber verknüpfende persönliche Band, welches das Quotenprinzip ausschliesst und in seiner Entfaltung hindert oder einschränkt."

Dem entspricht der Satz von Flume[23]:

„Nicht das Gesamthandsvermögen begründet die Gesamthand, sondern umgekehrt"[24].

Danach ist die Bildung des gesamthänderischen Gesellschaftsvermögens die notwendige Konsequenz des gemeinschaftsbegründenden Charakters des Gesellschaftsvertrages[25]. Schünemann[26] nennt das die „strukturelle Affinität von Gesellschaft und Gesamthand". Hiernach muß mit dem Abschluß des Gesellschaftsvertrages die Begründung der Gesamthandsgemeinschaft notwendig einhergehen[27].

Allerdings tritt – entsprechend der hier vertretenen Auffassung – keine automatische Verselbständigung der Gesamthand als Gruppe[28] ein, denn hierzu ist die Ausstattung der Gesellschaft mit einer selbständigen Identi-

17 Dadurch unterscheidet sich die hier vertretene Auffassung von derjenigen von Flume, Personengesellschaft, S. 54 ff.

18 S. o. A I, S. 4 f.

19 S. u. G IV, S. 117 ff.

20 K. Schmidt, GA, S. 492 f.

21 Vgl. Schünemann, S. 179.

22 Otto v. Gierke, Genossenschaftstheorie, S. 346.

23 Flume, ZHR 136 (1972), 177 ff., 191.

24 So auch Ulmer, in: Großkommentar, HGB, § 105 RN 41; vgl. auch Martinek, S. 98.

25 So auch Schünemann, S. 179.

26 Schünemann, S. 179.

27 Schünemann, S. 179; vgl. auch Otto v. Gierke, Genossenschaftstheorie, S. 343: es handelt sich „um den Einfluß einer Verbundenheit der Subjekte auf eine unter ihnen bestehende Vermögensgemeinschaft".

28 Vgl. Flume, Personengesellschaft, S. 54.

tätsausstattung erforderlich. Insoweit ist die Bedeutung des Zwecks für die Verselbständigung zugunsten des Personifikationselementes der selbständigen Identitätsausstattung zu relativieren[29].

Die aufgezeigte Bedeutung des Gesamthandsvermögens für die Verselbständigung führt aber nicht dazu, daß bei vertraglichem Ausschluß von Gesamthandsvermögen auch keine Verselbständigung der Gesellschaft möglich ist. Denn hier ist die immerwährende Möglichkeit der Bildung von Gesamthandsvermögen wegen der grundsätzlichen gesetzlichen Zulässigkeit entscheidend. Wenn ein bestimmter Vermögensgegenstand entgegen § 718 BGB nicht zu Gesamthandsvermögen, sondern zu Bruchteilseigentum der Gesellschafter erworben werden soll, so ist dies nur aufgrund rechtsgeschäftlicher Vereinbarung anläßlich der konkreten Übereignung zulässig[30]. Ein genereller Ausschluß des Erwerbs von Gesamthandsvermögen im voraus ist aber nicht zulässig[31]. Die Auffassung von Schünemann[32], § 718 BGB sei nicht disponibel, ist dann zutreffend, wenn man dies auf den generellen Ausschluß von § 718 BGB bezieht. Denn § 718 BGB ist nur im Hinblick auf rechtsgeschäftliche Einzelvereinbarungen als nachgiebiges Recht anzusehen[33]. Ein vertraglicher Ausschluß von Gesamthandsvermögen ist daher auch als Verpflichtung für die Geschäftsführer zu verstehen, den Vermögensgegenstand für die Gesellschafter jeweils in Bruchteilseigentum zu erwerben[34]. Daher ist eine Gesellschaft mit vertraglichem Ausschluß von Gesamthandsvermögen nicht mit der rein schuldrechtlichen Gesellschaft vergleichbar, die nach dem ersten Entwurf geplant war. Denn bei der Gesellschaft mit vertraglichem Ausschluß existiert weiterhin ein personenrechtliches Element, was sich in der potentiellen Bildung von Gesellschaftsvermögen zeigt.

### 3. Gesamthandsvermögen nur notwendiges Korrelat der Verselbständigung der Gesellschaft mit selbständiger Identitätsausstattung

Die Möglichkeit der Bildung eines Gesamthandsvermögens ist aber nur das notwendige Korrelat für die Verselbständigung der BGB-Gesellschaft. Denn für die Verselbständigung bedarf es der „Eingangsvoraussetzung" der selbständigen Identitätsausstattung. Diese Verselbständigung erfordert aber

29 S. u. VII, S. 137 ff.
30 MüKo-Ulmer, § 705 RN 263; Flume, ZHR 136 (1972), 177 ff., 184.
31 MüKo-Ulmer, § 705 RN 263; Flume, ZHR 136 (1972), 177 ff., 184.
32 Schünmann, S. 179.
33 So auch MüKo-Ulmer, § 705 RN 263.
34 Vgl. MüKo-Ulmer, § 705 RN 263, „Abrede zugunsten Dritter".

gleichzeitig die Zulässigkeit von Gesamthandsvermögen – wie in den §§ 718 f., 738 BGB geregelt. Eine selbständige Identitätsausstattung könnte daher nicht zu einer Verselbständigung führen, wenn die Bildung von Gesamthandsvermögen generell nicht zulässig wäre. Wie das Beispiel der schlicht zivilistischen BGB-Gesellschaft im Gutachten von Karsten Schmidt[35] zeigt, wäre eine solche Gesellschaft gar nicht zur Rechtsträgerschaft fähig. Forderungen könnten immer nur den Gesellschaftern gemeinschaftlich zustehen[36].

Ein Blick auf das französische Recht bestätigt die hier vertretene Auffassung. Wie oben dargelegt[37], wurde im französischen Recht der *société civile* die Rechtsfähigkeit aufgrund der Anerkennung eines Gesellschaftsvermögens zuerkannt, da es dort die Rechtsfigur der Gesamthand nicht gibt. Mit der Anerkennung der Rechtsfähigkeit muß daher auch die *Fähigkeit* zur Bildung eines Gesellschaftsvermögens einhergehen, da sonst keine Verselbständigung möglich wäre[38].

### 4. Nochmals: die vermögensrechtliche und die personenrechtliche Auffassung

Die hier dargestellte Relevanz des Gesamthandsvermögens führt zum eingangs[39] ausgeführten Streit zwischen der vermögensrechtlichen und personenrechtlichen Auffassung zurück. Das Gesamthandsprinzip basiert zwar auf der Vermögenssonderung von den Gesellschaftern (vgl. §§ 718 f., 738 BGB). Für die hier untersuchte Verselbständigung der BGB-Gesellschaft ist dieses Sondervermögen – wie gerade festgstellt – aber nur notwendige Folge der Verselbständigung. Die Verselbständigung der Gesamthand erschöpft sich danach nicht in einer bloßen Verselbständigung des Sondervermögens[40]. Denn dann wäre die Gesamthand nur ein *Mittel zur Verselbständigung von Sondervermögen*[41]. Die Gesamthand ist aber vielmehr als *Mittel*

35 K. Schmidt, GA.

36 S. u. H I 1 b, S. 147.

37 S. o. E III 2 a aa, S. 38.

38 Vgl. z. B. auch für das belgische Recht, Dabin/Benoit-Moury, in Jura Europae, Band I, 20.00, S. 15; allerdings erschöpft sich die Verselbständigung hierin nicht, vgl. sogleich u. 4.

39 S. o. A II, S. 6.

40 So aber Wiedemann, GesR, S. 242 ff.; ders., GesR, S. 196 bezeichnet sogar die juristische Person als „mitgliedsunabhängige Sondervermögensordnung".

41 Wiedemann, GesR, S. 242 ff. und die anderen Vertreter der vermögensrechtlichen Auffassung, s. o. A II 2, S. 6; vgl. auch die Charakterisierung dieser Lehre als „reine Organisation des Vermögens" bei Neumann, S. 76.

*zur Verselbständigung einer Organisation* anzusehen[42]. Denn die Verselbständigungskraft beschränkt sich, wie die Frage der Mitgliedsfähigkeit zeigt, nicht nur auf Vermögensrechte[43]. Die vermögensrechtliche Auffassung ist daher mindestens für solche BGB-Gesellschaften mit selbständiger Identitätsausstattung nicht zutreffend, da die vermögensrechtliche Lehre für die Verselbständigung als Rechtsträger zu kurz greift. Die bloße Verselbständigung eines Sondervermögens ist somit ein minus gegenüber der Verselbständigung einer Organisation als Rechtsträger[44].

Hier setzt im übrigen genau die Argumentation der alten Lehre auf der Basis der vermögensrechtlichen Auffassung[45] an: Die Gesamthandsgesellschaft ist als bloßes Vermögenszuordnungsprinzip[46] keine juristische Person und damit auch nicht rechtsfähig. Rechtsträger sind nur die Gesellschafter – wenn auch „in gesamthänderischer Verbundenheit"[47].

Entscheidend für die hier vertretene Auffassung ist dagegen die schon oben[48] genannte Prämisse, daß es nicht weiterführt, die Gesamthand durch eine Entscheidung für die eine oder andere Auffassung zu „enträtseln". Deshalb kann es nicht richtig sein, wenn man sagt, die Gesamthand ist ein bloßes Vermögensprinzip, somit kann sie keine Rechtsträgerin sein. Die hier angewandte Vorgehensweise führt vielmehr dazu, daß durch die Untersuchung der jeweiligen Erscheinungsform auf die Ausgestaltung der Personifikationelemente eine differenzierte Stellungnahme zu erfolgen hat. Für die BGB-Gesellschaften ohne selbständige Identitätsaussstattung ist eher die vermögensrechtliche Auffassung zutreffend, für die verselbständigten BGB-Gesellschaften ist die personenrechtliche Auffassung richtiger. Letztendlich führen aber diese Theorien für die hier vertretene Auffassung nicht weiter, da sie für eine Untersuchung der Personifikationen unzureichend sind.

### 5. Zutreffender: Die Einheits- oder Vielheitstheorie

Die vorzunehmende Differenzierung zeigt nämlich gleichzeitig, daß die Gesamthands-BGB-Gesellschaft eher mit der Einheits- und Vielheitstheorie

42 So auch MüKo-Reuter, vor § 21 RN 9 ff., § 54 RN 4.
43 MüKo-Reuter, vor § 21 RN 10.
44 Vgl. K. Schmidt, ZHR 153 (1989), 270, 274 f.
45 S. o. A II 3, S. 3.
46 Wiedemann, GesR, S. 245.
47 BGHZ 34, 293, 296.
48 S. o. B, S. 15.

beschrieben werden kann[49]. Üblicherweise wird dieses Theorienpaar mit der personen- und der vermögensrechtlichen Auffassung gleichgesetzt[50]. Wie das zentrale Unterscheidungsmerkmal der selbständigen Identitätsausstattung zeigt, ist bei der BGB-Gesellschaft aber mehr die Frage der Einheit oder Vielheit entscheidend[51]. Die BGB-Gesellschaft kann entweder als Einheit oder als Vielheit ausgestaltet sein. Diese Frage läßt sich aber nicht abstrakt, sondern nur anhand der vorgefundenen Verselbständigung entscheiden. Die mit der Teilrechtsfähigkeit zusammenhängenden Fragen lassen sich daher auch nicht abstrakt aus der Vielheits- oder Einheitstheorie ableiten. Die Einordnung einer BGB-Gesellschaft als Vielheit oder Einheit ist nur Grundlage für die Beantwortung der Frage, ob die jeweilige BGB-Gesellschaft bestimmte Rechtsfähigkeitselemente erfüllt.

## III. BGB-Gesellschaft und nichtrechtsfähiger Verein

Viele Erscheinungsformen befinden sich im Grenzbereich zwischen BGB-Gesellschaft und nichtrechtsfähigem Verein[1]. Die differenzierte Einordnung der verschiedenen Erscheinungsformen der BGB-Gesellschaft ist daher auch auf ihre Auswirkungen auf die Abgrenzung zwischen BGB-Gesellschaft und nichtrechtsfähigem Verein zu untersuchen.

---

49 Vgl. die Diskussion im Steuerrecht, insbesondere auch zur Bilanzbündeltheorie, z. B. Raupach, Die Personengesellschaft im Einkommensteuerrecht: Einheit der Gesellschaft oder Vielheit der Gesellschafter, FR 1976, 233 ff.; Knobbe-Keuk, S. 281 ff.; Tipke/Lang, Steuerrecht, 12. Aufl., S. 332 ff.; die Frage hat jetzt wieder eine gewisse Aktualität durch den Vorlagebeschluß des IV. Senats des BFH v. 12. 10. 1989, IV R 5/86, BStBl. 1990 II S. 168 erlangt, vgl. hierzu Döllerer, DStR 1990, 323; und die geradezu enthusiastische Anmerkung von Schwichtenberg, FR 1990, 81. Vgl. nunmehr aber den Beschluß des Großen Senats, BFH v. 25. 2. 1991, GrS 7/89, wonach Personenhandelsgesellschaften und mitunternehmerisch tätige BGB-Gesellschaften Gesellschafter und Mitunternehmer einer Personenhandelsgesellschaft i. S. des § 15 Abs. 1 Satz 1 Nr. 2 EStG mit der Folge sein können, daß die Gesellschafter der Obergesellschaft nicht auch Mitunternehmer der Untergesellschaft sind.

50 Vgl. nur K. Schmidt, GesR, S. 154 f.; wie oben u. A II 4, S. 7, dargelegt, trennt Wiedemann, GesR, S. 245 diese beiden Theorien aber ausdrücklich und meint sogar, daß der Streit um die Einheits- und Vielheitstheorie wichtiger und tiefgreifender für die Zivilrechtsdogmatik sei.

51 So auch Wiedemann, GesR, S. 245.

1 Vgl. den Fall in BGH NJW 1979, 2304 „Forum S".

## 1. Die Abgrenzung zwischen BGB-Gesellschaft und nichtrechtsfähigem Verein

Die Abgrenzung zwischen dem nichtrechtsfähigen Verein und der BGB-Gesellschaft ist freilich alles andere als unumstritten[2]. Teilweise wird diese Abgrenzung auch für undurchführbar erklärt[3].

### a) Die allgemeinen Abgrenzungskriterien

Ausgehend von der Definition des Reichsgerichts[4] ist ein nichtrechtsfähiger Verein eine auf Dauer berechnete Verbindung einer größeren Anzahl von Personen zur Erreichung eines gemeinsamen Zwecks, die nach ihrer Satzung körperschaftlich organisiert ist, einen Gesamtnamen[5] führt und auf einen wechselnden Mitgliederbestand angelegt ist. Dieses Kriterium der „körperschaftlichen Organisation"[6] – oder auch der überindividuellen Struktur[7] – hat allgemeine Anerkennung gefunden[8].

Dagegen beruht die BGB-Gesellschaft auf dem höchstpersönlichen Zusammenschluß einer beschränkten Zahl vertraglich untereinander verbundener Mitglieder. Sie dient der Verfolgung des ihnen gemeinsamen Zwecks, tritt unter dem Namen der Mitglieder, die im Regelfall gemeinsam zur Geschäftsführung berufen sind, oder unter einem eigenen Gesamtnamen im Rechtsverkehr auf und wird grundsätzlich durch einen Wechsel im Mitgliederbestand aufgelöst[9]. Die Gesellschaft verfolgt danach einen an die Person der konkreten Gesellschaft gebundenen Zweck, dagegen ist der nichtrechtsfähige Verein auf einen davon losgelösten – überindividuellen

---

2 Vgl. K. Schmidt, Zur Stellung der OHG im System der Handelsgesellschaften, S. 84 f.; Reuter, GmbHR 1981, 129, 136 ff.

3 Sachau, ZHR 56 (1905), 444, 461; Nitschke, S. 142; Flume, ZHR 148 (1984), 503, 506.

4 RGZ 143, 212, 213.

5 Also eine selbständige Identitätsausstattung.

6 K. Schmidt, GesR, S. 557 ff.

7 MüKo-Reuter, vor § 21 RN 8.

8 Vgl. exemplarisch Wiedemann, GesR, § 2 I 1 a bb; Staudinger/Coing, § 54 RN 1; Soergel/Schultze-v. Lasaulx, § 54 RN 1.

9 Vgl. MüKo-Ulmer, vor § 705 RN 96.

Zweck gerichtet[10]. Wie bei der Gesellschaft ist auch hier der Zweck als Konstituens des Personenverbandes[11] anzusehen.

### b) Die Verweisung in § 54 Satz 1 BGB

Die Abgrenzung wird weiter dergestalt vorgenommen, daß im Fall eines nichtrechtsfähigen wirtschaftlichen Verbandes eine Gesellschaft und kein Verein vorliegt, und zwar auch dann, wenn die Organisation Vereinselemente aufweist[12]. Grundlage für diese Ansicht ist § 54 Satz 1 BGB; wonach auf den nichtrechtsfähigen Verein die Vorschriften über die Gesellschaften anzuwenden sind. Aufgrund der organisationsrechtlichen Verselbständigung des nichtrechtsfähigen Vereins ist die Verweisung auf die insoweit unpassende Rechtsform der Gesellschaft vom Gesetzgeber[13] bewußt gewählt worden, um die freie Körperschaftsbildung an den für den Erwerb der Rechtsfähigkeit gestellten Normativbedingungen vorbei praktisch unmöglich zu machen[14]. Da die vereinspolizeilichen Vorbehalte gegen die freie Körperschaftsbildung zum größten Teil aus verfassungsrechtlichen Gründen überholt sind[15] und im übrigen diese Funktion vom öffentlichrechtlichen Vereinsrecht übernommen worden ist, ist der Zweck des § 54 Satz 1 BGB für die nichtrechtsfähigen Idealvereine entfallen[16]. Hierdurch

10 Reuter, GmbHR 1981, 129, 137; aA K. Schmidt, GesR, S. 48: „Im Recht der Personenverbände wird der gemeinsame Zweck zum überindividuellen Verbandszweck und zum konstituierenden Element des Verbandes." Dies gilt nach K. Schmidt auch für die Personengesellschaften; vgl. auch Flume, Personengesellschaft, § 3 I.

11 Reuter, GmbHR 1981, 137.

12 Flume, ZHR 148 (1984), 503, 517 f.; K. Schmidt, GesR, S. 558 f., unter Beschränkung auf den unternehmenstragenden Verband; nach Reuter, in: MüKo, § 54 RN 3, ist § 54 BGB nur insofern als Verweisung der nichtrechtsfähigen wirtschaftlichen Vereine auf das Gesellschaftsrecht aufrechtzuerhalten, als dadurch die Haftung für die Verbindlichkeiten und die Vertretung nach außen Grundsätzen des Personengesellschaftsrechts unterworfen wird. Hiernach findet auf nichtrechtsfähige wirtschaftliche Vereine das kurzfristige Austrittsrecht des § 39 BGB und nicht § 723 BGB Anwendung, Reuter, aaO. Vgl. allgemein zur Abgrenzung des wirtschaftlichen Vereins vom Idealverein die Entwicklung der teleologisch begründeten Typenbildung, grundlegend Karsten Schmidt, Rpfleger 1972, 286 ff., 343 ff.; ders., Verbandszweck, S. 105 ff.; ders., GesR, S. 501 ff.; MüKo-Reuter, §§ 21, 22 RN 5 ff.; ders., ZIP 1984, 1052; Schwierkus, passim; Hemmerich, passim; Heckelmann, AcP 179 (1979), 1 ff.

13 Prot., in Mugdan I, S. 640.

14 MüKo-Reuter, § 54 RN 1.

15 Staudinger/Coing, § 54 RN 2.

16 MüKo-Reuter, § 54 RN 2; Staudinger/Coing, § 54 RN 2.

hat sich im Rahmen der Rechtsfortbildung ein Sonderrecht für den nichtrechtsfähigen Verein entwickelt[17]. Dabei ergeben sich im einzelnen Unterschiede bei der Ausgestaltung des Sonderrechts[18]. In diesen unterschiedlichen Auffassungen spiegeln sich wiederum die unterschiedlichen Gesamthandsverständnisse wider[19]. So schreibt Coing[20]:

„Das Vermögen des nichtrechtsfähigen Vereins ist nach den Gesellschaftsregeln des BGB ein den Grundsätzen der Rechtsverhältnisse zur gesamten Hand unterliegendes Sondervermögen, das den Vereinszwecken gewidmet ist (vgl. BGHZ 50, 325, 329). Subjekt der zu diesem Vermögen gehörigen Rechte und Verbindlichkeiten ist nicht, wie beim rechtsfähigen Verein, eine von den einzelnen Vereinsmitgliedern verschiedene Verbandsperson, sondern sind die einzelnen Vereinsmitglieder selbst (RGZ 57, 92), aber als gesamthänderisch verbundene Personenmehrheit."

Anderer Auffassung ist Reuter[21]:

„Wer dagegen die Gesamthand wie die juristische Person als Mittel zur rechtlichen Verselbständigung einer Organisation auffaßt, sieht sich mit dem ganz anderen Problem konfrontiert, ob die bloß gesamthänderisch (und damit im Gegensatz zur juristischen Person nicht absolut) verselbständigte Organisation konkret das im Grundbuchrecht, Wechselrecht etc. vorausgesetzte Ausmaß rechtlicher Selbständigkeit erreicht oder nicht. Da der nichtrechtsfähige Verein in punkto Selbständigkeit gegenüber den Mitgliedern dem rechtsfähigen definitionsgemäß nahezu vollständig angenähert ist, wird die Ablehnung einer Gleichstellung mit der juristischen Person – vorsichtig formuliert – von daher eher die Ausnahme sein müssen"[22].

Die unterschiedlichen Auffassungen haben natürlich konkrete Auswirkungen auf die Bereiche des Grundbuchrechts[23], Wechselrechts[24] und Prozeßrechts[25] usw.

17 MüKo-Reuter, § 54 RN 4; K. Schmidt, GesR, S. 564 f.

18 Vgl. Flume, ZHR 148 (1984), 503, 516 f.; MüKo-Reuter, § 54 RN 4; K. Schmidt, GesR, S. 564 f.

19 MüKo-Reuter, § 54 RN 4.

20 Staudinger/Coing, § 54 RN 74.

21 MüKo-Reuter, § 54 RN 4.

22 Vgl. auch Mummenhoff, S. 237: „§ 54 S. 1 BGB bedeutet nicht mehr, aber auch nicht weniger als den Zwang zum Einzelnachweis jeder Abstraktion von ihren Mitgliedern. In jedem Fall ist anhand der Organisation und wirtschaftlichen Gefährlichkeit zu prüfen, ob eine bestimmte Zuordnung oder Verselbständigung sich im Einklang mit dem geltenden Recht befindet."

23 Vgl. OLG Zweibrücken, OLGZ 1986, 145 mit Bespr. von Konzen, JuS 1989, 20 ff.

24 Vgl. Staudinger/Coing, § 54 RN 27; Soergel/Schultze-v. Lasaulx, § 54 RN 34; MüKo-Reuter, § 54 RN 12.

25 Vgl. MüKo-Reuter, § 54 RN 12.

## 2. Stellungnahme

### a) BGB-Gesellschaft und nichtrechtsfähiger Verein als Erscheinungsformen nichtrechtsfähiger Personifikationen

Nach der hier vertretenen Auffassung[26] sind der nichtrechtsfähige Verein und die BGB-Gesellschaft Erscheinungsformen nichtrechtsfähiger Personifikationen, wobei beiden Organisationen die Gesamthand als Mittel zur rechtlichen Verselbständigung dient[27].

Im Gegensatz zur BGB-Gesellschaft ist der nichtrechtsfähige Verein aufgrund der notwendigen eigenen Identitätsausstattung[28] immer als Rechts- und Pflichtensubjekt anzusehen[29]. Ohne selbständige Identitätsausstattung würde kein nichtrechtsfähiger Verein vorliegen. Denn die selbständige Identitätsausstattung – der Gesamtname – bilden neben der selbständigen Handlungsorganisation und dem überindividuellen Zweck die körperschaftlichen Strukturelemente. Die Personifikationselemente eines nichtrechtsfähigen Vereins sind deshalb im Gegensatz zur BGB-Gesellschaft grundsätzlich – wie beim rechtsfähigen Verein – in vollem Umfang verselbständigt[30]. Der nichtrechtsfähige Verein unterscheidet sich vom rechtsfähigen Verein deshalb nur durch die fehlende Registereintragung. Eine unterschiedliche Behandlung von rechtsfähigem und nichtrechtsfähigem Ideal-Verein kommt daher nur in Betracht, soweit die fehlende Registereintragung für die jeweilige Rechtsposition von Bedeutung ist[31]. Dagegen ist bei der BGB-Gesellschaft keine bestimmte Mindestqualität der Personifikationselemente erforderlich.

### b) Die Personifikationselemente

Im einzelnen unterscheiden sich die Personifikationselemente von nichtrechtsfähigem Verein und BGB-Gesellschaft wie folgt:

26 Vgl. o. B, S. 15 f.
27 MüKo-Reuter, § 54 RN 4.
28 Vgl. Reuter, ZHR 151 (1987), 355, 365.
29 Vgl. MüKo-Reuter, § 54 RN 6; Konzen, JuS 1989, 20 ff., 21; vgl. o. E III, S. 38.
30 S. u. b.
31 MüKo-Reuter, § 54 RN 3; vgl. auch K. Schmidt, GesR, S. 497, 563 f.

### *aa) Handlungsorganisation*

Bei der Handlungsorganisation besteht beim nichtrechtsfähigen Verein durch das Prinzip der Drittorganschaft[32] immer eine verselbständigte Handlungsorganisation. Auch ist der Vorstand als Handlungsorganisation gesetzlicher Vertreter des Vereins und nicht als Bevollmächtigter der Mitglieder anzusehen[33]. Bei der BGB-Gesellschaft ist dagegen grundsätzlich von der Geltung des Prinzips der Selbstorganschaft auzugehen[34]. Eine Anwendung der Organhaftung kommt bei der BGB-Gesellschaft daher nur bei Erscheinungsformen mit verselbständigter Handlungsorganisation in Betracht[35].

### *bb) Haftungsverband*

Beim nichtrechtsfähigen Idealverein haftet grundsätzlich nur das Vereinsvermögen für Verbindlichkeiten des Vereins[36]. Somit besteht die Haftungsorganisation nur aus einem selbständigen Haftungsverband, was eine größere Verselbständigung bedeutet. Anders ist das beim nichtrechtsfähigen wirtschaftlichen Verein[37].

Der Haftungsverband des nichtrechtsfähigen Idealvereins unterscheidet sich somit von der BGB-Gesellschaft, bei der neben dem Gesellschaftsvermögen grundsätzlich die allgemeinen Haftungsverbände der Gesellschafter der Organisation zugeordnet sind[38].

### *cc) Identitätsausstattung*

Bei der Identitätsausstattung hängt der Unterschied zwischen den beiden Personifikationen vom Typ der BGB-Gesellschaft ab. BGB-Gesellschaften, denen die Rechtsträgerschaft zuerkannt werden kann, müssen notwendigerweise mit einer Identität ausgestattet sein[39]. Diese Identitätsausstattung unterscheidet sich, abgesehen davon, daß bei der BGB-Gesellschaft in vie-

---

32 Staudinger/Coing, § 54 RN 32; Soergel/Schultze-v. Lasaulx, § 54 RN 20; MüKo-Reuter, § 54 RN 14.

33 Vgl. John, Rechtsperson, S. 163.

34 Vgl. Reuter, GmbHR 1981, 129.

35 S. o. F V, S. 90 ff.

36 Staudinger/Coing, § 54 RN 53; Soergel/Schulze-v. Lasaulx, § 54 RN 36; MüKo-Reuter, § 54 RN 20.

37 Vgl. statt vieler MüKo-Reuter, § 54 RN 22 f.

38 Vgl. zur Möglichkeit der Haftungsbegrenzung auf das Gesellschaftsvermögen bei der BGB-Gesellschaft, o. F I 4 b cc (1), S. 66.

39 S. o. E III, S. 38.

len Fällen der Name eines oder mehrerer Gesellschafter Bestandteil des Gesamtnamens der BGB-Gesellschaft sein wird[40], grundsätzlich nicht von der eines nichtrechtsfähigen Vereins.

### c) Mischformen zwischen BGB-Gesellschaft und nichtrechtsfähigem Verein

Insbesondere zwischen auf Dauer angelegten BGB-Gesellschaften mit selbständiger Identitätsausstattung und einem nichtrechtsfähigen Verein kann es Mischformen geben[41]. Dabei handelt es sich meistens um Personifikationen mit einem wirtschaftlichen Zweck[42]. Hierbei stellt sich zunächst die Frage, ob sich für die Frage des Umfangs der (Teil-)Rechtsfähigkeit Auswirkungen durch die Qualifizierung der Mischform ergeben[43]. Des weiteren ist von Bedeutung, ob auf eine solche Mischform Vereins- oder Gesellschaftsrecht anzuwenden ist[44].

#### *aa) Rechtliche Verselbständigung grundsätzlich unabhängig von der rechtlichen Einordnung*

Gerade die Mischformen sind es, die die h.M. dazu veranlassen, dem nichtrechtsfähigen Verein z.B. nicht die Grundbuchfähigkeit zuzubilligen[45]. Wenn man dem nichtrechtsfähigen Verein die Grundbuchfähigkeit zubilligen würde, müsse das Grundbuchamt die Abgrenzung zwischen grundbuchfähigem, nichtrechtsfähigem Verein und grundbuchunfähiger BGB-Gesellschaft vornehmen[46]. Dies sei nicht praktikabel[47], da eine BGB-Gesellschaft nach der h.M. nicht grundbuchfähig ist[48]. Dieses Problem stellt sich gerade nicht, wenn man mit der hier vertretenen Auffassung auch einer auf Dauer angelegten BGB-Gesellschaft mit selbständiger Identitätsausstattung die Grundbuchfähigkeit zuerkennen würde[49]. Wie das Bei-

40 Insbesondere im Bereich der freien Berufe.
41 K. Schmidt, GesR, S. 560; Konzen, JuS 1989, 20, 23; vgl. auch die Darstellung rechtstatsächlicher Erscheinungsformen im Besonderen Teil, S. 146 ff.
42 Vgl. o. 1b, S. 111.
43 S. u. aa.
44 S. u. bb, S. 117.
45 Staudinger/Coing, § 54 RN 79; K. Schmidt, Verbandszweck, S. 52 ff.
46 Konzen, JuS 1989, 20, 23.
47 Konzen, JuS 1989, 23.
48 S. o. F II 1, S. 80.
49 S. o. F II 2c, S. 84.

spiel der Laborgemeinschaft zeigt[50], kann die Einordnung als BGB-Gesellschaft oder als nichtrechtsfähiger Verein diesbezüglich nicht zu einem unterschiedlichen Grad der Verselbständigung führen. Die betreffende Personifikation ist als BGB-Gesellschaft oder als nichtrechtsfähiger Verein genau in demselben Maße verselbständigt, da die für die Verselbständigung relevanten Personifikationselemente von der Qualifikation der Personifikation grundsätzlich unabhängig sind. Hier bestätigt sich bei der BGB-Gesellschaft und beim nichtrechtsfähigen Verein die Einordnung als nichtrechtsfähige Personifikationen, bei denen jeweils die Gesamthand das Mittel zur Verselbständigung ist.

Zwischen einer BGB-Gesellschaft mit selbständiger Identitätsausstattung und einem nichtrechtsfähigen Verein wird sich daher grundsätzlich kein unterschiedlicher Grad der Verselbständigung ergeben, sofern nicht die im Gegensatz zur BGB-Gesellschaft nichtvermögensrechtliche Mitgliedschaft beim Idealverein von Bedeutung ist[51]. Eine Abgrenzung der Mischformen ist daher für die Frage der Verselbständigung regelmäßig nicht erforderlich[52]. Vielmehr kommt es auch hier auf das Vorliegen der „Eingangsvoraussetzung" der Verselbständigung – der selbständigen Identitätsausstat-

50 S. u. P II 2, S. 199 ff.

51 Wie dargelegt, handelt es sich bei den Mischformen in den meisten Fällen um Personifikationen mit einem wirtschaftlichen Zweck, so daß es darauf regelmäßig nicht ankommt. Sofern man die Erbfähigkeit des nichtrechtsfähigen Idealvereins bejaht, so MüKo-Reuter, § 54 RN 13 m. w. N., gegen die h. M., z. B. Soergel/Schultze-v. Lasaulx, § 54 RN 35, würde sich beim Idealverein aufgrund der nichtvermögensrechtlichen Mitgliedschaft ein Unterschied ergeben, da nach einhelliger Auffassung die Erbfähigkeit der BGB-Gesellschaft abgelehnt wird, vgl. MüKo-Ulmer, § 718 RN 18 m. w. N. Bezüglich des Haftungsverbandes ergeben sich im übrigen aber keine Unterschiede, denn z. B. im Falle einer Mitgliedschaft eines nichtrechtsfähigen (wirtschaftlichen) Vereins, vgl. MüKo-Reuter, §§ 21, 22 RN 10 f., in einer Personenhandelsgesellschaft kommt eine Haftung des nichtrechtsfähigen Vereins, die auf das Gesamthandsvermögen beschränkt ist, grundsätzlich nicht in Betracht. Denn insoweit darf das Vereinsrecht die Anwendung des Gesellschaftsrechts gemäß § 54 Satz 1 BGB nicht verdrängen, vgl. Reuter, ZGR 1981, 361. Es liegt dann auch kein ausschließlich selbständiger Haftungsverband vor, vgl. o. F I 4 b cc, S. 64 f.; Unterschiede ergeben sich allerdings im Steuerrecht: Nach § 1 Abs. 1 Nr. 5 KStG ist der nichtrechtsfähige Verein Körperschaftsteuersubjekt, dagegen sind bei der BGB-Gesellschaft die Gesellschafter Einkommensteuersubjekt, vgl. o. D III 2 b, S. 33.

52 Anders ist dies im Steuerrecht, hier ist aufgrund der unterschiedlichen Qualifizierung, vgl. vorige FN, eine Abgrenzung erforderlich, vgl. hierzu Herrmann/Heuer/Raupach, § 1 KStG Anm. 40; vgl. auch u. P II 2 b dd (1), S. 202.

tung – an[53]. Hierdurch ist die bisher im Bereich der „Mischformen" so problematisierte Abgrenzung zwischen BGB-Gesellschaft und nichtrechtsfähigem Verein für die Frage der (Teil-)Rechtsfähigkeit in zivilrechtlicher Hinsicht[54] grundsätzlich nicht von Bedeutung.

*bb) Anwendung von Vereins- oder Gesellschaftsrecht?*

Auch bei der Frage der Anwendung von Vereins- oder Gesellschaftsrecht kommt es nicht entscheidend auf die Qualifizierung der Personifikation als Verein oder Gesellschaft an. Zwar wird teilweise die Meinung vertreten[55], daß die vertragliche Qualifizierung des Zusammenschlusses als Gesellschaft oder Verein jedenfalls, wenn sie bewußt aufgrund rechtlicher Beratung vorgenommen werde, im Rahmen des rechtlich Zulässigen für die Abgrenzung und die daraus abzuleitenden Rechtsfolgen maßgeblich ist. Dieser Ansicht kann aber nur insoweit zugestimmt werden, als die „Qualifizierung" als Gesellschaft oder Verein nicht dazu führt, daß nur Vereins- bzw. Gesellschaftsrecht anzuwenden ist. Denn der Grenzverlauf bei diesen Mischtypen kann nicht dadurch bestimmt werden, ob die konkrete Vereinigung insgesamt mehr durch Vereins- oder Gesellschaftselemente geprägt ist[56]. Es ist vielmehr zu untersuchen, ob die Interessenlage, die bei der betreffenden nichtrechtsfähigen Vereinigung gegeben ist, von gesellschaftsrechtlichen oder vereinsrechtlichen Vorschriften repräsentiert wird[57].

## IV. Das Gutachten von Karsten Schmidt zum BGB-Gesellschaftsrecht

In Hinblick auf die hier vertretene Differenzierung der BGB-Gesellschaften sind auch die Überlegungen von K. Schmidt in seinem Gutachten zur Schuldrechtsreform im Auftrag des Bundesministers der Justiz[1] kritisch zu untersuchen.

53 Eine körperschaftlich strukturierte Personifikation ohne selbständige Identitätsausstattung kann daher nicht durch die Qualifikation als nichtrechtsfähiger Verein zum Rechtsträger erklärt werden.

54 Abgesehen vom erwähnten Fall der Erbfähigkeit; vgl. im übrigen aber die genannte steuerrechtliche Differenzierung.

55 MüKo-Ulmer, vor § 705 RN 97.

56 BGH NJW 1979, 2304; Reuter, ZGR 1981, 364, 370.

57 Reuter, AcP 181 (1981), 1, 8; MüKo-Ulmer, vor § 705 RN 97 (bei Fehlen einer vertraglichen Festlegung); Großfeld, S. 52; K. Schmidt, GesR, S. 560; vgl. auch BGH, NJW 1979, 2304.

1 K. Schmidt, GA; kritisch hierzu Ulmer, ZGR 1984, 313 ff.; Hüffer, AcP 184 (1984), 584, 588 ff.; Schwichtenberg, BB 1985, 429 ff.

## 1. Die Vorschläge von K. Schmidt

K. Schmidt hat in seinem Gutachten eine Zweiteilung des bisher einheitlichen Rechts der BGB-Gesellschaft in den §§ 705 ff. BGB vorgeschlagen. Hierbei soll zwischen der sog. „Mitunternehmer"-BGB-Gesellschaft[2], für die besondere Regelungen gelten sollen, und der „schlicht zivilistischen" BGB-Gesellschaft[3], unterschieden werden.

Die *zivilistische BGB-Gesellschaft* soll keinerlei Rechtsfähigkeit und Organisation aufweisen[4]. Rechtsträger sind die Gesellschafter[5]. Es gibt keine subjektähnliche Verselbständigung der Gesamthand[6]. Das Vermögen wird konsequent als gebundenes Sondervermögen der Gesellschafter – nicht der Gesellschaft – behandelt[7]. Hierbei ist weder eine Übertragung des Gesellschaftsanteils, da es diesen nicht gibt, noch eine Anwachsung möglich. Einer der Hauptgründe für die diesbezüglichen Änderungsvorschläge ist der von K. Schmidt mehrfach bekundete Befund[8], „daß die rechtssichernden Prinzipien der Spezialität und der Publizität im Recht der Güterzuordnung – vor allem im Sachenrecht – mit dem Mittel der Gesamthands-BGB-Gesellschaft von den Rechtsinhabern willkürlich ausgehöhlt werden können"[9].

Als *Mitunternehmer-BGB-Gesellschaft* sieht K. Schmidt jede nach außen als Unternehmensträger[10] auftretende, nicht in der Rechtsform der OHG oder KG organisierte schuldrechtliche Personenverbindung an. Diese Gesellschaften sollen durch eine Verweisungsnorm dem Recht der Personenhandelsgesellschaften unterworfen werden und wie diese nach § 124 HGB als rechtsfähig behandelt werden, einen Gesellschafternamen entsprechend den §§ 19–24 HGB annehmen und in eine neu zu schaffende Abteilung C des Handelsregisters eingetragen werden[11].

2 K. Schmidt, GA, S. 496 ff.

3 K. Schmidt, GA, S. 492 f.

4 Vgl. Ulmer, ZGR 1984, 319.

5 K. Schmidt, GA, S. 492.

6 K. Schmidt, GA, S. 492.

7 K. Schmidt, GA, S. 496.

8 K. Schmidt, AcP 182 (1982), 481 ff. (zur Grundstücksbeteiligung einer BGB-Gesellschaft); ders., BB 1983, 1697 ff. (zur GmbH-Beteiligung von BGB-Gesellschaften); ders., GA, S. 484 ff.

9 K. Schmidt, GA, S. 484.

10 Vgl. zum Unternehmensbegriff K. Schmidt, GA, S. 501 ff.; kritisch hierzu Zöllner, ZGR 1983, 84.

11 K. Schmidt, GA, S. 518 ff.

Demgegenüber sollen alle übrigen, nicht zum Kreis entweder der OHG/KG oder der neuen Mitunternehmer-BGB-Gesellschaft gehörenden Personengesellschaften künftig der für die zivilistische BGB-Gesellschaft vorgeschlagenen Regelung unterstehen. K. Schmidt geht für die Abgrenzung der beiden Gesellschaftstypen von dem von ihm entwickelten – auf Raisch[12] zurückgehenden – handelsrechtlichen Unternehmensbegriff[13] aus. Danach ist das Unternehmen die organisierte Wirtschaftseinheit, mittels derer der Unternehmer am Markt auftritt[14]. Hierbei sind folgende Merkmale[15] Voraussetzung:

- ein Mindestmaß an sachlichen und persönlichen Mitteln
- ein Mindestmaß an organisierter Einheit
- das äußere Auftreten der organisierten Wirtschaftseinheit am Markt

Interessant ist hierbei, daß K. Schmidt mit diesen Merkmalen die Personifikationselemente von John beschreibt:

| | | |
|---|---|---|
| Haftungsverband | = | ein Mindestmaß an sachlichen und persönlichen Mitteln |
| Handlungsorganisation | = | ein Mindestmaß an organisierter Einheit |
| Identitätsausstattung | = | das äußere Auftreten der organisierten Wirtschaftseinheit am Markt |

Aufgrund dieser Merkmale enthält nach K. Schmidt[16] der handelsrechtliche Unternehmensbegriff folgende Bestandteile:

- Selbständigkeit
- anbietende Tätigkeit und entgeltliche Tätigkeit am Markt
- Planmäßigkeit und Ausrichtung auf Dauer

Insbesondere Ulmer[17] hat Bedenken geäußert, ob mit dem „Unternehmens"-Kriterium die materiellrechtlich adäquate Grenzziehung zwischen den verschiedenen Erscheinungsformen der BGB-Gesellschaft gefunden worden ist. K. Schmidt hat deshalb auch zwei BGB-Gesellschaftstypen, die mangels Unternehmensträgerschaft nicht unter sein „Unternehmens"-Kri-

12 Raisch, Geschichtliche Voraussetzungen, dogmatische Grundlagen und Sinnwandlungen des Handelsrechts, S. 181; ders., BB 1969, 1361 ff.
13 K. Schmidt, Handelsrecht, S. 59 f.; ausführlich ders., in: JuS 1985, 249 ff.; vgl. auch W. Müller, S. 79 ff.
14 K. Schmidt, Handelsrecht, S. 59 f.
15 K. Schmidt, Handelsrecht, S. 59 f.
16 K. Schmidt, Handelsrecht, S. 59 f.
17 Ulmer, ZGR 1984, 313 ff.

terium fallen, gesondert behandelt. Bei der Besitzgesellschaft im Falle der Betriebsaufspaltung schlägt K. Schmidt eine Ergänzung des § 105 HGB vor[18], die zu einer Gleichstellung mit der Mitunternehmer-BGB-Gesellschaft führt. Die Qualifikation der Arbeitsgemeinschaft im Baubereich (Arge) als Mitunternehmer-BGB-Gesellschaft lehnt K. Schmidt[19] dagegen ab. Auch ist er gegen eine Gleichstellung – wie im Fall der Besitzgesellschaft – mit der Mitunternehmer-Gesellschaft.

K. Schmidt[20] spricht sich auch gegen eine besondere Berücksichtigung der „kollektiven Nichterwerbsgesellschaft" aus, da außerhalb des Dualismus einer voll verselbständigten Mitunternehmergesellschaft und einer nicht verselbständigten schlicht zivilistischen Gesellschaft kein Bedürfnis für weitere Verselbständigung von im Zwischenbereich liegenden Vorkommensformen bestehe[21].

### 2. Stellungnahme

Aufgrund der hier gefundenen Ergebnisse sind nun die Vorschläge von K. Schmidt in seinem Gutachten[22] kritisch zu würdigen.

#### a) Einschränkung der Verselbständigung für BGB-Gesellschaften mit selbständiger Identitätsausstattung im nicht unternehmenstragenden Bereich

Bei der rechtstatsächlichen Bestandsaufnahme[23] hat sich in erster Linie herausgestellt, daß im Bereich der nicht unternehmenstragenden Gesellschaften in vielen Fällen aufgrund einer selbständigen Identitätsausstattung eine Verselbständigung als Rechtsträger vorhanden ist, wie dies nach der von K. Schmidt vorgeschlagenen schlicht zivilistischen BGB-Gesellschaft[24] nicht mehr möglich wäre. Denn eine sujektähnliche Verselbständigung kann es bei der zivilistischen Gesellschaft nicht mehr geben[25].

Durch eine selbständige Identitätsausstattung könnte auch keine Verselbständigung als Rechtssubjekt erreicht werden. Denn dazu fehlt es an der

18 K. Schmidt, GA, S. 515.
19 K. Schmidt, GA, S. 515 f.
20 K. Schmidt, GA, S. 517 f.
21 K. Schmidt, GA, S. 517 f.; aA Ulmer, ZGR 1984, 326 f.
22 K. Schmidt, GA, S. 517 f.
23 S. im Besonderen Teil, S. 146 ff.
24 K. Schmidt, GA, S. 492 ff.
25 K. Schmidt, GA, S. 492.

erforderlichen Verselbständigung des Gesamthandsvermögens von den Gesellschaftern. Eine Forderung kann hierdurch den Gesellschaftern immer nur zu Bruchteilen zustehen[26], Rechtsträger kann nicht die Gesellschaft sein. Eine selbständige Identitätsausstattung in dem hier verstandenen Sinne wäre daher irreführend[27], und es ist daher fraglich, ob eine solche Identitätsausstattung überhaupt zulässig wäre[28]. Diese Überlegung bestätigt die oben[29] vertretene Auffassung, daß die Verselbständigungskraft der Gesellschaft ohne die Zulässigkeit der Bildung von Gesamthandsvermögen i. S. der geltenden §§ 705 ff. BGB sich annähernd auf Null reduziert.

Eine Kodifizierung dieser Vorschläge würde daher bedeuten, daß in den Fällen, in denen die vorgefundene Verselbständigung für die Gesellschaft unbedingt erforderlich ist, ein Ausweichen in andere geeignetere Rechtsformen notwendig wäre.

Dies macht das Beispiel der „Stadt Reutlingen – Gustav Werner Stiftung, Gesellschaft bürgerlichen Rechts zur Neugestaltung diakonischer Einrichtungen" (GNE)[30] deutlich. Hier ist eine Verselbständigung der Organisation BGB-Gesellschaft zur Kooperation im nicht unternehmerischen Bereich von zwei Trägern bei der Durchführung zur Neugestaltung diakonischer Einrichtungen erforderlich. Der Sachverhalt unterscheidet sich daher vom Problemfall „Arge" als Beispiel für kooperative Gesellschaften im Unternehmensbereich[31], bei dem K. Schmidt[32] – trotz der von ihm gesehenen Probleme – eine Einordnung als zivilistische Gesellschaft für richtig hält. Diese Einordnung hat schon Ulmer[33] einer ausführlichen Kritik unterzogen. Die GNE entspricht der von K. Schmidt[34] erwähnten „kollektiven Nichterwerbsgesellschaft". Entgegen K. Schmidt[35] besteht daher doch ein „erkennbares und billigenswertes" Bedürfnis an dieser Art von Kooperation in der BGB-Gesellschaft. Die statt dessen von K. Schmidt[36] vorgeschlagene Wahl der Rechtsform GmbH erfordert einen höheren Organisations-

26 Vgl. Ulmer, ZGR 1984, S. 332 „Gesamthand zu Bruchteilen".
27 Vgl. John, Rechtsperson, S. 243: „damit im Rechtsverkehr kein falscher Eindruck entsteht".
28 Karsten Schmidt erörtert diese Frage in seinem Gutachten nicht.
29 S. o. II 2, S. 104 f.
30 S. u. J II, S. 163 f.
31 K. Schmidt, GA, S. 515 f.
32 K. Schmidt, GA, S. 515 f.
33 Ulmer, ZGR 1984, 313, 326 f.
34 K. Schmidt, GA, S. 517/518.
35 K. Schmidt, GA, S. 518.
36 K. Schmidt, GA, S. 518.

und Kostenaufwand, der in den meisten Fällen unverhältnismäßig sein dürfte.

Auch im Bereich des genossenschaftlichen Typs der BGB-Gesellschaft (z. B. Bürogemeinschaften, Werbegemeinschaften) besteht z. B. im Hinblick auf die Anstellungsträgerschaft usw. ein Bedürfnis nach Verselbständigung, was der Einordnung als zivilistische BGB-Gesellschaft widersprechen würde[37]. Bei den genossenschaftlichen Typen kommt noch hinzu, daß es sich oft um Erscheinungsformen handelt, die im Grenzbereich zwischen BGB-Gesellschaft und nichtrechtsfähigem Verein angesiedelt sind. Der genossenschaftliche Typ als nichtrechtsfähiger Verein ist als wirtschaftlicher Verein i. S. von § 22 BGB zu qualifizieren[38]. Nach K. Schmidt[39] liegt hierbei auch dann eine Gesellschaft vor, wenn ein nichtrechtsfähiger Verein gegeben ist. Diese Gesellschaft ist aber nicht unternehmenstragend[40] und müßte daher der zivilistischen Gesellschaft zugewiesen werden. Diese Einordnung würde natürlich nicht der erforderlichen Verselbständigung entsprechen[41].

### b) Rechtfertigung der Rückstufung durch Abbau von „Wucherungen der Gesamthands-BGB-Gesellschaft"?

Auch wenn man berücksichtigt, daß K. Schmidt mit der Rückstufung von Erscheinungsformen der BGB-Gesellschaften zur schlicht zivilistischen Gesellschaft den Abbau von „Wucherungen der Gesamthands-BGB-Gesellschaft"[42] bezweckte, erscheint fraglich, ob dieser Grund Rechtfertigung für die Rückstufung ist[43]. Denn es wäre zu untersuchen, ob die aufgezeigten „Wucherungsprobleme" bei GmbH-Beteiligungen[44] und bei Grundstükken[45] so gravierend und häufig[46] auftreten. Auch Ulmer[47] hat Bedenken

37 Vgl. auch die Kritik bei Ulmer, ZGR 1984, S. 327.

38 K. Schmidt, Verbandszweck, S. 150 ff.; MüKo-Reuter, §§ 21, 22 RN 28 ff., RN 38 ff.; Schwierkus, S. 144 ff.

39 K. Schmidt, GesR, S. 558 ff.; vgl. o III 1 b, S. 111 f.

40 Vgl. K. Schmidt, GA, S. 558.

41 K. Schmidt, GA, S. 558, sieht die Problematik der „nichteingetragenen Dauergenossenschaft" als „rechtspolitisch nicht spruchreif" an.

42 So der Untertitel des Aufsatzes „Die GmbH-Beteiligung von Gesellschaften bürgerlichen Rechts als Publizitätsproblem", K. Schmidt, BB 1983, 1697 ff.; vgl. auch ders., GA, S. 484 ff.

43 Ebenso Hüffer, AcP 184 (1984), 584 ff., 592.

44 K. Schmidt, BB 1983, 1697.

45 K. Schmidt, AcP 182 (1982), 481 ff.

angemeldet, ob diese Probleme durch die vorgeschlagenen Änderungen gelöst werden können und ob sich nicht Folgeprobleme (z. B. im Bereich der Zwangsvollstreckung und beim Statuswechsel) aufgrund der Änderungen ergeben[48]. Auch sollte erst geprüft werden, ob sich die von K. Schmidt reklamierten Publizitätsprobleme bei der BGB-Gesellschaft nicht mit den herkömmlichen Instrumentarien, wie z. B. der analogen Anwendung von § 313 BGB oder § 15 GmbHG[49], bewältigen lassen.

### c) Verselbständigungsdefizit aufgrund der fehlenden Registerpublizität

Allerdings hat auch das Gutachten von K. Schmidt bestätigt, daß gerade im Bereich der unternehmenstragenden BGB-Gesellschaften – aufgrund der fehlenden Registerpublizität – ein gewisses Verselbständigungsdefizit besteht[50]. Dies gilt allgemein nach der hier vertretenen Auffassung für BGB-Gesellschaften mit selbständiger Identitätsausstattung. Insbesondere im Bereich der Mitgliedsfähigkeit führt das Fehlen der Registerpublizität zu erheblichen Problemen bei der Frage, ob die Mitgliedsfähigkeit zuzuerkennen ist[51].

Interessant ist auch hier ein kurzer Blick auf das französische Recht. Im französischen Recht wurde lange Zeit stark kritisiert, daß die *société civile* ohne jegliche Registrierung die Rechtsfähigkeit erlangte[52]. Es wurde insbesondere bemängelt, daß nur durch Vertrag und ohne jede Publizität selbständige Träger großer Vermögen geschaffen und wieder beseitigt werden können[53]. Durch die Neufassung des Gesellschaftsrechts im Jahre 1978[54] wurde für die *société civile* die Registerpublizität eingeführt[55]. Die *société civile* erlangt nunmehr Rechtsfähigkeit erst mit Eintragung[56].

---

46 Hier hat insbesondere Ulmer, ZGR 1984, 331 Zweifel; vgl. auch Schwichtenberg, Wucherungen der Gesamthands-BGB-Gesellschaft? in: BB 1985, 429 ff.

47 Ulmer, ZGR 1984, 331/332.

48 Ulmer, ZGR 1984, 335 f.

49 K. Schmidt hat dies auch schon selber vorgeschlagen, vgl. BB 1983, 1697, 1702; AcP 182 (1982), 480, 510.

50 K. Schmidt, GA, S. 480 ff.; vgl. o. F VI 3, S. 98 ff.

51 S. o. F I 4, S. 60 ff.

52 Müller-Gugenberger, Gesellschaft, Nr. 233 m. w. N.

53 Bastian/Germain, in: Jura Europae, Band II, 30.00, S. 12 f.; Müller-Gugenberger, Gesellschaft, Nr. 233.

54 Vgl. hierzu Müller-Gugenberger, ZHR 142 (1978), 589 ff.; K. Schmidt, GA, S. 441 f.; Sonnenberger, RIW 1983, 233 ff.

55 Hierzu Sonnenberger, RIW 1983, 233 ff.

56 Sonnenberger, RIW 1983, 234.

Wie oben[57] dargelegt, umfaßt dagegen die *société en participation* alle Gesellschaften, die nach dem Willen der Gesellschafter nicht eingetragen werden sollen und deshalb keine Rechtsfähigkeit erlangen[58].

Im belgischen Recht gibt es die Gesellschaft bürgerlichen Rechts mit und ohne Rechtsfähigkeit[59]. Die rechtsfähige Gesellschaft bürgerlichen Rechts ist eintragungspflichtig, erlangt aber die Rechtsfähigkeit schon vor Eintragung[60].

Für das deutsche Recht könnte dementsprechend für BGB-Gesellschaften, die auf Dauer angelegt sind und mit einer selbständigen Identitätsausstattung gegründet werden[61] und daher – nach der hier vertretenen Auffassung[62] – in weitem Umfang als teilrechtsfähig angesehen werden, an die Einführung einer Verpflichtung zur Eintragung dieser Gesellschaften in einem Register gedacht werden[63]. Die Registerpublizität würde damit bei Wahl der verselbständigten Form der BGB-Gesellschaft bestehen[64]. Diese BGB-Gesellschaften wären dann uneingeschränkt in einem § 124 HGB ent-

57 S. u. E III 2 a bb, S. 40.

58 Sonnenberger, RIW 1983, 241.

59 S. u. E III 2 b, S. 42.

60 Dabin/Benoit-Moury, in: Jura Europae, Band I, 20.00, S. 11 f.

61 Oder auch nur bestimmte Typen dieser verselbständigten BGB-Gesellschaften, s. u.

62 S. o. F, S. 53 ff.

63 Auch wäre im Falle einer Einführung einer Registerpublizität zu erwägen, ob nicht die festgestellten Unzulänglichkeiten der Haftungsverfassung dieser Personifikationen durch entsprechende Regelungen – etwa für bestimmte Typen – behoben werden, vgl. die Vorschläge von K. Schmidt in seinem GA, S. 559 ff. Alternativ wäre zu dieser obligatorischen Registerpublizität denkbar, eine fakultative Registerpublizität für die BGB-Gesellschaft einzuführen, vgl. hierzu auch K. Schmidt, GA, S. 452, unter Hinweis auf die Entwürfe des BGB, § 659 BGB-E I, § 675 BGB-E II. Bei Eintragung einer BGB-Gesellschaft könnte dieser z. B. eine § 124 HGB entsprechende Teilrechtsfähigkeit zuerkannt werden, wobei die Registerpublizität auch konstitutiv wäre. Nichteingetragene BGB-Gesellschaften wären demnach nicht teilrechtsfähig. Bezogen auf die hier vertretene Auffassung über den Umfang der Teilrechtsfähigkeit der BGB-Gesellschaft würde dies aber eine Zurückstufung der nichteingetragenen BGB-Gesellschaft mit selbständiger Identitätsausstattung bedeuten, die nicht dem hier vertretenen Gesamthandsverständnis entsprechen würde. Auch ist eine obligatorische Registerpublizität für die notwendig erachteten Typen einer bloßen fakultativen Publizität vorzuziehen, so auch K. Schmidt, aaO.

64 Vgl. die Parallele zum belgischen Recht, s. o. E III 2b, S. 42.

sprechenden Umfang rechtsfähig[65], wobei die Registereintragung deklaratorische Wirkung hätte[66]. Hierdurch wäre z. B. die oben[67] im Fall der Mitgliedsfähigkeit[68] dargestellte Kompensation der Registerpublizität entbehrlich, die letztlich auch nur eine „Notlösung" darstellt. Für die BGB-Gesellschaften, die nicht in der verselbständigten Form der BGB-Gesellschaft gegründet werden, würde auch keine Registerpublizität bestehen. Diese nicht einzutragenden BGB-Gesellschaften wären nach der hier vertretenen Differenzierung die nicht verselbständigten BGB-Gesellschaften ohne selbständige Identitätsausstattung. Unternehmenstragende Gesellschaften wären dagegen regelmäßig gezwungen, um überhaupt selbständig als Unternehmen im Rechtsverkehr in Erscheinung treten zu können, aufgrund der Wahl der verselbständigten BGB-Gesellschaft die Eintragung herbeizuführen.

Allerdings wären auch die Auswirkungen einer solchen Regelung auf den nichtrechtsfähigen Verein zu berücksichtigen[69]. Wie oben[70] dargestellt, gibt es viele Mischfälle im Bereich zwischen BGB-Gesellschaft und nichtrechtsfähigem Verein, da es für beide Personifikationen keine Zweckbeschränkungen gibt[71]. Würde man dem nichtrechtsfähigen Verein diese Rechtspositionen weiterhin ohne Registerpublizität zubilligen, so würde sich daher wieder das Problem der Abgrenzung des nichtrechtsfähigen Vereins und der BGB-Gesellschaft stellen. Dies könnte dadurch gelöst werden, daß nur auf Dauer angelegte wirtschaftliche BGB-Gesellschaften mit selbständiger Identitätsausstattung und wirtschaftliche nichtrechtsfähige Vereine der Registerpublizität zu unterstellen wären. Nichtrechtsfähige wirtschaftliche Vereine wären dann insoweit auch dem BGB-Gesellschaftsrecht zu unterstellen[72]. Für „Ideal-BGB-Gesellschaften" und nichtrechtsfähige

65 Die aufgrund der fehlenden Registerpublizität vorenthaltenen Rechtspositionen wären dann diesen BGB-Gesellschaften zuzuerkennen.

66 Für eine deklaratorische Eintragung auch K. Schmidt, GA, S. 508 f.

67 S. u. F I 4 b ee, S. 69 ff.

68 S. o. F I, S. 53 ff. und insbesondere die Mitgliedsfähigkeit bei den Personenhandelsgesellschaften, o. F I 4, S. 60 ff.

69 Vgl. K. Schmidt, GA, S. 550.

70 S. o. III 2 c, S. 115 f.

71 Anders z. B. im belgischen Recht, s. o. E III 2 b, S. 42, und im französischen Recht, vgl. K. Schmidt, GA, S. 442; Sonnenberger, RIW 1983, 233 ff.; allerdings gibt es auch hier Überschneidungen zwischen Verein und Gesellschaft, vgl. Bastian/Germain, in: Jura Europae, Band II, S. 7 f.

72 Vgl. schon oben, III 1, S. 110 ff., wonach bezüglich der Haftung auf wirtschaftliche nichtrechtsfähige Vereine insoweit nach § 54 Satz 1 BGB Gesellschaftsrecht Anwendung findet, K. Schmidt, GA, S. 557/558; MüKo-Reuter, § 54 RN 3, 5;

Ideal-Vereine verbliebe es beim bisherigen Rechtszustand ohne Registerpublizität[73]. Auch wäre zu überlegen, ob nicht weitere Typen der BGB-Gesellschaft von der Registerpublizität auszunehmen wären[74]. Insgesamt erscheint aber fraglich, ob das bestehende Verselbständigungsdefizit aufgrund der fehlenden Registerpublizität eine solch einschneidende Reform[75] rechtfertigen würde. Vielmehr ist gerade auch die im Vergleich zu anderen Rechtsformen leichte Handhabbarkeit der Rechtsform BGB-Gesellschaft nicht zuletzt in der nicht vorhandenen Registerpublizität begründet.

Im Rahmen dieser Arbeit kann diese Problematik jedoch nicht weiter vertieft werden. Es wird aber deutlich, daß bei Änderungsvorschlägen oder im Fall der Rechtsfortbildung des BGB-Gesellschaftsrechts auch immer die Folgewirkungen auf die Grenzprobleme von Vereinsrecht und Gesellschaftsrecht im Auge behalten werden müssen[76].

### d) Resümee

Es hat sich gezeigt, daß auch außerhalb des Bereichs der unternehmenstragenden BGB-Gesellschaften ein Bedürfnis für Verselbständigung – entsprechend der neuen Lehre – besteht. Die von K. Schmidt vorgeschlagene Aufteilung der BGB-Gesellschaften würde daher für viele nicht unternehmenstragende Vorkommensformen ein nicht gerechtfertigter Rückschritt[77] bedeuten. Dagegen dient das Gutachten aber als wichtiger Ansatzpunkt für eine Differenzierung unter den Erscheinungsformen. Diese Differenzierung läßt sich aber nach der hier vertretenen Auffassung aus dem gelten-

---

hierbei ist aber wiederum umstritten, inwieweit die Mitglieder des nichtrechtsfähigen wirtschaftlichen Vereins, der kein Handelsgewerbe betreibt, persönlich für Verbindlichkeiten des Vereins haften, vgl. MüKo-Reuter, § 54 RN 23 f. m. w. N.

73 Kritisch zu einer solchen Differenzierung im BGB-Gesellschaftsrecht, K. Schmidt, GA, S. 465.

74 Entsprechend der Auffassung von K. Schmidt, GA, S. 496 ff., käme z. B. eine Beschränkung auf unternehmentragende BGB-Gesellschaften in Betracht. Entgegen dem Vorschlag von K. Schmidt wären aber die von der Registerpublizität ausgenommenen verselbständigten Gesellschaften weiterhin in dem hier zuerkannten Umfang, s. o. F, S. 53, teilrechtsfähig.

75 Im Zusammenhang mit der Registerpublizität müßte nämlich auch eine Regelung bezüglich des Namens (der „Firma") der BGB-Gesellschaft, gegebenenfalls bezüglich Haftung etc. erfolgen, vgl. hierzu das Gutachten von K. Schmidt, passim.

76 Vgl. K. Schmidt, GA, S. 557.

77 In dieser Richtung auch Hüffer, AcP 184 (1984), 584 ff.

den Recht der BGB-Gesellschaft entwickeln[78]. Nicht zuletzt aufgrund der „bewährten Vielseitigkeit" der BGB-Gesellschaft ist deshalb eine behutsame Weiterentwicklung des BGB-Gesellschaftsrechts einer einschneidenden Gesetzesänderung vorzuziehen[79].

Bei der BGB-Gesellschaft besteht allerdings ein gewisses Verselbständigungsdefizit aufgrund der fehlenden Registerpublizität. Nach der hier vertretenen Auffassung führt dies jedoch nur bei der Mitgliedsfähigkeit zu einem spürbaren Verselbständigungsdefizit. Allenfalls könnte deshalb für solche Zusammenschlüsse in der Form der BGB-Gesellschaft, bei denen es keine Rechtsformalternativen gibt und bei denen dieses Verselbständigungsdefizit entscheidend ist[80], Anlaß für Reformüberlegungen bestehen. Wenn man in der fehlenden Registerpublizität einen Regelungsbedarf sehen würde, könnte die Einführung einer obligatorischen Registerpublizität für bestimmte Typen von auf Dauer angelegten BGB-Gesellschaften mit selbständiger Identitätsausstattung erwogen werden. Nach der hier vertretenen Auffassung erscheint dies aber grundsätzlich nicht erforderlich.

## V. Die Unterscheidung zwischen Innen- und Außengesellschaften

### 1. Die unterschiedlichen Auffassungen zur Innengesellschaft

Die Innengesellschaft unterscheidet sich nach der h. M.[1] von der Außengesellschaft einerseits durch die Nichtteilnahme der Gesellschaft am Rechtsverkehr und dementsprechend dem Fehlen von Vertretungsregelungen im Gesellschaftsvertrag und andererseits durch den Verzicht auf die Bildung von Gesamthandsvermögen. Es kommt daher gewöhnlich auch nicht zur Entstehung von Gesamthandsverbindlichkeiten[2]. Für die Innengesellschaft soll danach kennzeichnend sein, daß die Geschäfte im Namen eines Gesellschafters geschlossen werden, der allerdings intern für Rechnung aller Gesellschafter handelt[3]. Im einzelnen ist der Begriff der Innengesellschaft aber

---

78 Vgl. auch Ulmer, ZGR 1984, 341 zur Weiterentwicklung des BGB-Gesellschaftsrechts.

79 In diese Richtung auch Ulmer, ZGR 1984, 341.

80 Vgl. schon oben, F I 5c cc aE, S. 79.

1 BGHZ 12, 308, 314 ff.; BGH, NJW 1960, 1851; MüKo-Ulmer, § 705 RN 229; Soergel/Hadding, vor § 705 RN 29; Staudinger/Keßler, vor § 705 RN 90 ff.; Blaurock, Unterbeteiligungen, S. 89 ff.; Westermann, Vertragsfreiheit, S. 186 ff.; Wiesner, Gesellschaft, S. 162 ff.

2 MüKo-Ulmer, § 705 RN 230.

3 RGZ 166, 160, 163; BGHZ 12, 308, 314.

umstritten, da vom Gesetz nicht zwischen Innen- oder Außengesellschaft differenziert wird[4].

Nach John[5] treten die Gesellschafter einer Innengesellschaft nicht als Gesamthand nach außen auf. Die Bezeichnung dieses Rechtsverhältnisses als „Gesellschaft" habe nur den Sinn, die Beziehungen der Beteiligten untereinander bestimmten Regeln des Rechts der BGB-Gesellschaft zu unterstellen, die dort für die Beziehungen der Gesellschafter untereinander gelten[6].

Steckhan[7] ist der Auffassung, daß eine unterschiedliche Behandlung von Außen- und Innengesellschaften nicht gerechtfertigt ist. Daher entfalle auch jedes Bedürfnis für eine solche begriffliche Differenzierung. Nach Steckhan[8] läßt sich die Aufsplitterung des BGB-Gesellschaftsverhältnisses in Außen- und Innengesellschaft nur dadurch erklären, daß man in der berechtigten Abkehr vom gemeinrechtlichen Vielheitsgedanken zunächst einen Schritt zu weit ging: „Man betrachtete die Gesellschaft in Anlehnung an die OHG auch von außen als Einheit und sonderte daher begrifflich jene Fälle aus, in denen das Wunschbild des gemeinsamen Auftretens nicht zutraf"[9].

Ulmer[10] unterscheidet zwischen Innengesellschaften im weiteren und im engeren Sinne. Die Innengesellschaft im weiteren Sinne wird durch das fehlende Auftreten der Gesellschaft nach außen bestimmt[11]. Hierbei soll es nicht auf die objektive Lage, sondern darauf ankommen, welche Vereinbarungen im Gesellschaftsvertrag getroffen worden sind. Nach dieser Definition ist das Fehlen von Gesamthandsvermögen kein begriffsnotwendiges Merkmal für den Charakter als Innengesellschaft[12]. Innengesellschaft im engeren Sinne ist die Innengesellschaft ohne Gesamthandsvermögen[13]. Beispiel einer Innengesellschaft im engeren Sinne ist die stille Gesellschaft.

Flume[14] nimmt die Unterscheidung danach vor, ob das Gesellschaftsverhältnis ausschließlich ein Rechtsverhältnis der Gesellschafter untereinan-

---

4 Vgl. MüKo-Ulmer, § 705, RN 232.
5 John, Rechtsperson, S. 152.
6 John, Rechtsperson, S. 152.
7 Steckhan, S. 71 ff., 129 f.; kritisch zu Steckhan, Westermann, Vertragsfreiheit, S. 186 ff.
8 Steckhan, S. 132.
9 Steckhan, S. 132.
10 MüKo-Ulmer, § 705 RN 233.
11 MüKo-Ulmer, § 705 RN 233.
12 MüKo-Ulmer, § 705 RN 234; aA z. B. Staudinger/Keßler, vor § 705 RN 91.
13 MüKo-Ulmer, § 705 RN 236.
14 Flume, Personengesellschaft, S. 6 ff.

der ist oder ob die Gesellschaft als Gesamthand, d.h. als Gruppe, Träger von Rechtsbeziehungen ist. Auch K. Schmidt[15] vertritt die Auffassung, daß die Rechtsträgerschaft der Gesellschaft und nicht die Offenlegung des Gesellschaftsverhältnisses den Unterschied zwischen Innen- und Außengesellschaft ausmacht. Wenn die Fähigkeit, Träger von Rechten und Pflichten zu sein, nach Zweck und Rechtsgestalt der Gesellschaft vorhanden ist, so liegt nach K. Schmidt[16] eine Außengesellschaft vor. Wenn diese Fähigkeit fehlt, so kann nur eine Innengesellschaft vorliegen, auch wenn die Gesellschafter gemeinsam nach außen in Erscheinung treten[17]. Nach Auffassung von K. Schmidt[18] kann eine Innengesellschaft kein Gesamthandsvermögen bilden. Eine Gesellschaft mit Gesamthandsvermögen ist danach immer als Gesamthandsgesellschaft notwendigerweise Außengesellschaft. Eine Innengesellschaft kann nach K. Schmidt[19] auch nicht unter Wahrung ihrer Identität zur Außengesellschaft werden, da darin eine Gründung einer neuen Gesellschaft zu sehen sei.

## 2. Stellungnahme

Abgesehen von abweichenden Meinungen[20] ergeben sich bei den dargestellten Auffassungen zwei Hauptunterschiede: Während die h.M.[21] auf das Auftreten der Gesellschaft nach außen abstellt, kommt es nach Flume[22] und K. Schmidt[23] darauf an, ob die Gesellschaft Träger von Rechtsbeziehungen ist.

### a) Unterschied der Meinungen von Flume und K. Schmidt zu der h.M.

Nach der Meinung von K. Schmidt und Flume wären entsprechend der hier vertretenen Auffassung BGB-Gesellschaften ohne selbständige Identitätsausstattung als Innengesellschaften anzusehen. Wie die rechtstatsächli-

15 K. Schmidt, GesR, S. 954, 1274 ff., 1330 f.
16 K. Schmidt, GesR, S. 954.
17 K. Schmidt, GesR, S. 954.
18 K. Schmidt, GesR, S. 955.
19 K. Schmidt, GesR, S. 956.
20 Steckhan, S. 71 ff.; Westermann, Vertragsfreiheit, S. 186 ff.
21 S.o. 1, S. 127.
22 Flume, Personengesellschaft, S. 6 ff.
23 K. Schmidt, S. 954 f.; die Auffassungen von Flume und Schmidt werden „unbewußt" von Steckhan, S. 131, beschrieben, wonach man aufgrund der Betrachtung der Gesellschaft als Einheit die Fälle ausgesondert hat, „in denen das Wunschbild des gemeinsamen Auftretens nicht zutraf".

che Bestandsaufnahme aber zeigt[24], können auch Gesellschaften ohne selbständige Identitätsausstattung Außengesellschaften sein, da in dem Auftreten der Gesellschaft ohne selbständige Identitätsausstattung nicht ein Auftreten der einzelnen Gesellschaften – unabhängig voneinander –, sondern ein Auftreten der Gesellschafter, verbunden in der BGB-Gesellschaft, zu sehen ist[25]. Allerdings ist zu berücksichtigen, daß Flume und K. Schmidt bezüglich der Frage der Rechtsträgerschaft bei der BGB-Gesellschaft nicht nach dem Merkmal der selbständigen Identitätsausstattung differenzieren.

Nach der Auffassung von Flume[26] und K. Schmidt[27] wären auch die BGB-Außengesellschaften ohne selbständige Identitätsausstattung – abweichend von der hier vertretenen Auffassung – als Rechtsträger anzuerkennen[28]. Der Unterschied zur Auffassung der h. M. würde sich danach auf eine bloße unterschiedliche Terminologie reduzieren, denn damit eine BGB-Gesellschaft Träger von Rechtsbeziehungen sein kann, muß sie auch nach außen auftreten. Allerdings hat nach K. Schmidt[29] das Auftreten nach außen nicht automatisch zur Folge, daß die Gesellschaft als Rechtsträger fungiert. Erst wenn die Gesamthand „als solche" als Vertragspartnerin auftritt, liegt eine Außengesellschaft vor[30].

### b) Qualifizierung von Gesellschaften zu Unrecht als Außengesellschaften?

K. Schmidt[31] ist dementsprechend auch der Auffassung, daß viele Innengesellschaften zu Unrecht als Außengesellschaften angesehen und begriffen werden. Wie K. Schmidt[32] in mehreren Beispielen darlegt, würde in vielen Fällen der „schlicht zivilistischen Gesamthandsgesellschaften" nicht die Gesellschaft als Gesamthand handeln, sondern es würde ein Handeln der Gesellschafter vorliegen, obwohl die Gesellschaft auch nach außen in Erscheinung tritt[33]. Nach K. Schmidt[34] sind viele Arbeitsgemeinschaften im

24 S. u. im Besonderen Teil, S. 146 ff.
25 Vgl. z. B. die Eigengruppe, s. u. I, S. 152 ff.
26 Flume, Personengesellschaft, S. 54 ff.
27 K. Schmidt, GesR, S. 1275, 1334.
28 Mindestens dann, wenn die Gesellschaft Gesamthandsvermögen hat, vgl. Flume, Personengesellschaft, S. 6; K. Schmidt, GesR, S. 956.
29 K. Schmidt, GesR, S. 954 f.
30 K. Schmidt, GesR, S. 1330.
31 K. Schmidt, JbFSt. 1988/89, S. 157.
32 K. Schmidt, GesR, S. 1330 f.
33 K. Schmidt, JbFSt. 1988/89, S. 157, hier zeigt sich die unterschiedliche Definition der Innengesellschaft von K. Schmidt, allerdings handelt es sich hier wohl nur um eine reine Auslegungsfrage.
34 K. Schmidt, JbFSt. 1988/89, S. 157.

Baubereich (BauArge) „in Wahrheit Innengesellschaften, und die Tatsache allein, daß diese mit noch so schönen Bauschildern nach außen auftreten, macht sie noch nicht zur Außengesellschaft".

Die Arge im Beispiel von K. Schmidt[35] wäre nach der hier vertretenen Auffassung aufgrund der selbständigen Identitätsausstattung, z. B. „Arge Brükkenbau Hochbrückenbau Levensau"[36], als Rechtsträgerin anzusehen. Die Arge ist aufgrund des Auftretens nach außen unter einer selbständigen Identitätsausstattung grundsätzlich als eine Außengesellschaft anzusehen. Selbst wenn die Arge kein Gesamthandsvermögen hat, wäre sie entgegen K. Schmidt als Außengesellschaft anzusehen. Es bestehen daher Bedenken, ob in einem solchen Fall die Gesellschafter der Arge als Vertragspartner anzusehen sind, sofern dies nicht ausdrücklich gewollt ist.

In einem weiteren Beispiel ist K. Schmidt[37] der Auffassung, daß keine Außengesellschaft besteht, wenn zwei Freunde, die sich für die Teilnahme an Segelregatten zusammengeschlossen haben und als Team nach außen gemeinschaftlich auftreten. Nach der hier vertretenen Auffassung würde hier dagegen der Fall einer BGB-Gesellschaft vorliegen, die zwar ohne selbständige Identitätsausstattung nicht als Rechtsträger verselbständigt ist, die aber trotzdem eine Außengesellschaft darstellt. Denn selbst wenn die beiden Freunde abweichend vom sonstigen gemeinsamen Auftreten einen Vertrag ausdrücklich als „unabhängige Einzelperson" abschließen würden, würde durch das gemeinsame Auftreten der Freunde nach außen eine Außengesellschaft bestehen.

Die Einordnung von K. Schmidt könnte daraus resultieren, daß er eine Verselbständigung des Regattateams als Gesamthand und – nach seiner Auffassung – damit als Rechtsträgerin als zu weitgehend für eine schlicht zivilistische BGB-Gesellschaft ansieht[38]. Es liegt daher der Schluß nahe, daß K. Schmidt die BGB-Gesellschaften, die hier nicht als Rechtsträger angesehen werden, als Innengesellschaften qualifiziert. Wie auch das oben[39] nach K. Schmidt zitierte Beispiel der Lebensgemeinschaft zeigt, könnte deshalb die hier mit dem Merkmal der selbständigen Identitätsausstattung vorgenommene Differenzierung der Abgrenzung Außengesellschaft/Innenge-

35 Vgl. auch das Beispiel von K. Schmidt im GesR, S. 956.
36 K. Schmidt, GesR, S. 956.
37 K. Schmidt, GesR, S. 955.
38 Vgl. K. Schmidt, GA, S. 484 ff.
39 S. o. E V 2a, S. 47.

sellschaft von K. Schmidt entsprechen[40]. In der Sache würde dann kein Unterschied zu der Auffassung von K. Schmidt bestehen. Daß dies aber nicht immer so ist, zeigt sich, wenn die BGB-Gesellschaft ohne selbständige Identitätsausstattung Gesamthandsvermögen hat.

Nach der hier vertretenen Auffassung ist diese BGB-Gesellschaft mit Gesamthandsvermögen weiterhin nicht zur Rechtsträgerschaft fähig. Nach K. Schmidt[41] würde jetzt eine als Rechtsträgerin verselbständigte BGB-Gesellschaft bestehen. Nach der hier vertretenen Differenzierung besteht diese Verselbständigung nicht, sofern keine selbständige Identitätsausstattung gegeben ist[42].

Wie auch das Beispiel der Eigengruppe zeigt[43], führt die Auffassung von der generellen Rechtssubjektivität der Gesamthands-BGB-Gesellschaft in manchen Fällen zu einer zu weiten Verselbständigung. Das Problem ist aber nicht dadurch zu lösen, daß diese Sachverhalte als Innengesellschaft qualifiziert werden. Nach K. Schmidt[44] ist zwar durch das Vorliegen einer Innengesellschaft nicht ausgeschlossen, daß die Gesellschafter auch im Außenverhältnis solidarisch auftreten. „Naturgemäß müssen sie das aber nicht tun“[45].

Bei den BGB-Gesellschaften ohne selbständige Identitätsausstattung sind zwar die Gesellschafter auch als Rechtsträger anzusehen, das besondere ist aber, daß sie gerade nur in gesamthänderischer Verbundenheit handeln[46]. Denn die verschiedenen Erscheinungsformen im Bereich der Gesellschaften ohne selbständige Identitätsausstattung zeigen[47], daß die von K. Schmidt als bloße Rechtsträgerschaft der Gesellschafter – also auch nicht verbunden in einer BGB-Gesellschaft – qualifizierten Sachverhalte nicht zutreffend beschrieben werden. Die Art der Abgrenzung von K. Schmidt[48] zwischen Innen- und Außengesellschaften ist daher abzulehnen. Denn auch bei einer Innengesellschaft kann Gesamthandsvermögen

40 Wie das Beispiel der BauArge zeigt, differenziert K. Schmidt auch nicht nach dem Merkmal der selbständigen Identitätsausstattung.

41 K. Schmidt, GesR, S. 956.

42 Zum Problem der zu weiten Verselbständigung aufgrund des Auftretens unter selbständiger Identitätsausstattung, s. u. VII 4, S. 143.

43 S. u. I, S. 152 ff.

44 K. Schmidt, GesR, S. 1330.

45 K. Schmidt, GesR, S. 1330.

46 So auch Flume, DB 1955, 485, 491 f. zum Fall der sog. Mehrmütterorganschaft, hierzu u. M IV, S. 177 ff.

47 S. u. im Besonderen Teil, S. 146 ff.

48 K. Schmidt, GesR, S. 954 f.

gebildet werden[49]. Auch kann eine BGB-Gesellschaft ohne selbständige Identitätsausstattung Außengesellschaft sein.

### c) Ergebnis

Mit der Auffassung von Schünemann[50], wonach der Terminus „Innengesellschaft" für den Zuständigkeitskomplex belanglos ist und nur auf die äußere Form des Auftretens der Gesellschaft zielt, ist daher der h. M. zu folgen. So kann eine Innengesellschaft, die grundsätzlich nicht nach außen auftritt, aber in Rechtsbeziehungen zu den nach außen auftretenden Gesellschaftern stehen[51], sofern man dies nicht schon als Auftreten nach außen ansieht. Die Innengesellschaft ist damit als bloße Beschreibung eines besonderen Typus der BGB-Gesellschaft anzusehen, der für die Frage der Verselbständigung grundsätzlich unbeachtlich ist[52]. Die Wahl der Gestaltung als Innengesellschaft dürfte in erster Linie Haftungsgründe haben[53].

## VI. Der Statuswechsel zwischen einer verselbständigten und nicht verselbständigten BGB-Gesellschaft

Aufgrund der hier vorgenommenen Differenzierung zwischen einer mit einer Identitätsausstattung verselbständigten BGB-Gesellschaft und einer nicht verselbständigten BGB-Gesellschaft ohne Identitätsausstattung stellt sich auch die Frage des Statuswechsels zwischen diesen beiden Gesellschaftstypen[1]. Entscheidender Punkt ist dabei, ob ein solcher Vorgang – wie im Fall der Umwandlung von der BGB-Gesellschaft in die OHG – identitätswahrend möglich ist[2].

49 So auch MüKo-Ulmer, § 705 RN 234 für die „Innengesellschaft i. w. S.".
50 Schünemann, S. 185.
51 Flume, Personengesellschaft, S. 7.
52 MüKo-Ulmer, § 705 RN 232.
53 Vgl. MüKo-Ulmer, § 705 RN 233.
1 Vgl. zur „Verschmelzung" einer handelsrechtlichen Personengesellschaft mit einer BGB-Gesellschaft BGH, DB 1990, 982.
2 Vgl. die parallele Problematik bei der Eintragung der Vor-GmbH, K. Schmidt, GesR, S. 774 und den besonderen Fall der Nichteintragung der Einmann-Vorgesellschaft; bei der Einmann-Vorgesellschaft ist streitig, ob die Vorgesellschaft liquidationslos erlischt oder die Teilrechtsfähigkeit bis zur Beendigung des Abwicklungsverfahrens aufrechterhalten bleibt, vgl. hierzu Schröder, S. 23 m. w. N. zum Streitstand; John, Einmann-GmbH, S. 58 ff.

### 1. Die Umwandlung von der BGB-Gesellschaft in eine OHG

Anknüpfungspunkt für diese Frage ist daher zunächst die Umwandlung von einer BGB-Gesellschaft in eine OHG[3]. Dies ist z. B. der Fall, wenn sich ein bisher von einer BGB-Gesellschaft betriebenes minderkaufmännisches Unternehmen zu einem vollkaufmännischen Unternehmen wandelt. In diesem Fall wird allerdings die bisherige BGB-Gesellschaft regelmäßig schon eine mit einer Identitätsausstattung verselbständigte Gesellschaft gewesen sein, so daß sich die hier zu untersuchende Frage nicht stellt; denn vor und nach der Umwandlung liegt derselbe Rechtsträger vor.

Anders ist dagegen der Fall, wenn eine bisher nicht verselbständigte BGB-Gesellschaft ein vollkaufmännisches Unternehmen erwirbt[4]. Hierdurch erfolgt automatisch eine zwingende Umwandlung in eine OHG[5]. Dazu muß die dann entstandene OHG auch unter einer Firma – also einer selbständigen Identitätsausstattung – betrieben werden. Nach der hier vertretenen Auffassung vollzieht sich durch diese Umwandlung auch ein Rechtsträgerwechsel. Während Rechtsträger bei der bisher bestehenden BGB-Gesellschaft „die Gesellschafter in ihrer gesamthänderischen Verbundenheit" Gesellschafter waren, liegt nun ein verselbständigter Rechtsträger OHG vor. Es findet – so auch nach der alten Lehre – bei der Umwandlung von der OHG zur BGB-Gesellschaft und umgekehrt ein gesetzlicher Parteiwechsel statt[6]. Diese Umwandlung ist allerdings identitätswahrend[7]. Daher muß bei Vorhandensein von Grundstücken das Grundbuch nur berichtigt werden[8].

### 2. Der Statuswechsel bei der BGB-Gesellschaft

Zu untersuchen ist nun, ob ein identitätswahrender Statuswechsel innerhalb der Rechtsform BGB-Gesellschaft möglich ist, oder ob sich der Wechsel innerhalb der BGB-Gesellschaft so von der Umwandlung in die OHG unterscheidet, daß die Fälle unterschiedlich zu behandeln sind. Typisch mag etwa der folgende Fall sein:

---

3 Vgl. hierzu Ulmer, in: Großkommentar, HGB, § 105 RN 51 ff.; K. Schmidt, GesR, S. 960 f.; Baumbach/Duden/Hopt, Einl. v. § 105 Anm. 4B.

4 Vgl. Ulmer, in: Großkommentar, HGB, § 105 RN 52.

5 § 105 Abs. 1 HGB; Ulmer, in: Großkommentar, HGB, § 105 RN 52; K. Schmidt, GesR, S. 960 f.

6 Vgl. Ulmer, in: Großkommentar, HGB, § 105 RN 52; MüKo-Ulmer, § 718 RN 65 m. w. N.

7 Vgl. K. Schmidt, GesR, S. 269.

8 BayOblG, BB 1983, S. 333; Ulmer, in: Großkommentar, HGB, § 105 RN 52.

Die Gesellschafter einer bisher ohne selbständige Identitätsausstattung bestehenden BGB-Gesellschaft, die Grundvermögen verwaltet, beschließen im Zuge der Intensivierung der Verwaltungstätigkeit ihrer Gesellschaft diese mit einem Namen zu versehen.

Hierbei stellt sich nun die Frage, ob die bisherige Gesellschaft als verselbständigter Rechtsträger fortbesteht, oder ob die Neugründung einer verselbständigten BGB-Gesellschaft vorliegt. Die zuletzt genannte Möglichkeit hätte den Nachteil, daß das Vermögen und die Rechtsverhältnisse der bisherigen Gesellschaft auf die neugegründete Gesellschaft übertragen werden müßten. Diese Handhabung wäre folgerichtig, wenn man den Vorgang entsprechend der von K. Schmidt[9] vorgenommenen Unterscheidung zwischen Innengesellschaft und Gesamthandsgesellschaft behandeln würde, bei der es nach K. Schmidt[10] keinen „Status-Wechsel" geben kann, sondern die Gründung einer neuen Gesellschaft vorliegt. Entscheidender Unterschied zu der hier vertretenen Auffassung ist aber, daß die nicht verselbständigte BGB-Gesellschaft im Gegensatz zur Innengesellschaft von K. Schmidt[11] Gesamthandsgesellschaft ist und Gesellschaftsvermögen haben kann. Die Gesamthandsgesellschaften sind nach der hier vertretenen Auffassung nicht nur auf als Rechtsträger verselbständigte Gesellschaften beschränkt.

Auch muß die nicht verselbständigte Gesamthandsgesellschaft im Gegensatz zur Innengesellschaft – wie sie von K. Schmidt[12] verstanden wird – nach den §§ 730 ff. BGB abgewickelt werden. In diesem Fall müßte allerdings ein Sondervermögen und kein Rechtsträger abgewickelt werden[13]. Die Bestimmungen der §§ 730 ff. BGB bestätigen jedoch, daß auch nicht verselbständigte Gesamthands-BGB-Gesellschaften abzuwickeln sind[14]. Denn nicht nur für eine BGB-Gesellschaft als Rechtsträger, sondern auch für eine BGB-Gesellschaft als Sondervermögen besteht grundsätzlich die Notwendigkeit, daß diese Gesellschaft auseinandergesetzt wird[15]. Die Zulässigkeit des Statuswechsels von einer verselbständigten zu einer BGB-Gesellschaft ohne Identitätsausstattung würde daher eine Liquidation nicht entbehrlich machen. Dies spricht ebenfalls gegen eine Behandlung wie der

9 K. Schmidt, GesR, S. 959 f.
10 K. Schmidt, GesR, S. 959 f.
11 S. hierzu o. u. V 2, S. 129.
12 K. Schmidt, GesR, S. 959.
13 Vgl. zu dieser Differenzierung den grundlegenden Aufsatz von K. Schmidt, ZHR 153 (1989), 270, 274 f.
14 Sofern diese Gesellschaften Gesamthandsvermögen haben, vgl. MüKo-Ulmer, § 730 RN 8.
15 Das Gesamthandsvermögen muß verteilt werden, vgl. MüKo-Ulmer, § 730 RN 1.

von K. Schmidt bei der Abgrenzung Innengesellschaft/Gesamthandsgesellschaft. Denn eine Innengesellschaft wäre grundsätzlich nicht abzuwickeln[16], da sie nach der Definition von K. Schmidt kein Gesamthandsvermögen hat. Eine identitätswahrender Statuswechsel Gesamthandsgesellschaft/Innengesellschaft kann daher nicht möglich sein, da zuvor die Gesamthandsgesellschaft abgewickelt werden müßte. Dies ist beim Wechsel verselbständigte BGB-Gesellschaft/nicht verselbständigte BGB-Gesellschaft und umgekehrt nicht notwendig, da beide Gesellschaften liquidiert werden können.

Entscheidend für die Notwendigkeit der Liquidation ist dabei, daß eine BGB-Gesellschaft als Gesamthandsgesellschaft gegeben ist. Die Gesellschaft besitzt dadurch eine potentielle Verselbständigungskraft, die allerdings aufgrund der fehlenden Identitätsausstattung bisher zu keiner Verselbständigung als Rechtsträger führt[17]. Erst die Ausstattung der Gesellschaft mit einer selbständigen Identitätsausstattung führt zu einer Verselbständigung als Rechtsträgerin. Entscheidend ist dabei die potentielle Verselbständigungskraft der Gesamthands-BGB-Gesellschaft, in der die Verselbständigung als Rechtsträgerin – sozusagen – schon angelegt ist[18]. Der Rechtsform BGB-Gesellschaft ist dabei die Flexibilität des Grades der Verselbständigung immanent. Eine Änderung des Grades der Verselbständigung ändert daher an der Identität der Gesellschaft nichts. Im Hinblick auf die Möglichkeit der identitätswahrenden Umwandlung von der BGB-Gesellschaft in die OHG ist daher auch ein identitätswahrender Statuswechsel von der nicht verselbständigten in die verselbständigte BGB-Gesellschaft und umgekehrt als zulässig anzusehen, da kein Unterschied erkennbar ist, der eine differenzierte Betrachtung rechtfertigen würde. Diese Behandlung entspricht der hier verstandenen Funktion der Gesamthand als Mittel zur Verselbständigung von nicht rechtsfähigen Personifikationen[19]. Eine andere Frage ist, ob die verselbständigte oder nicht verselbständigte BGB-Gesellschaft mit dem jeweils verfolgten Zweck in Einklang steht[20].

16 Vgl. MüKo-Ulmer, § 730 RN 8.
17 S. hierzu o. u. G II 2, S. 104 f.
18 Diese Verselbständigung kann nach dem geltenden Recht ohne Registerpublizität erreicht werden; nach K. Schmidt, GesR, S. 959, spricht rechtspolitisch vieles dafür, alle Gesamthandsgesellschaften in Registern zu erfassen.
19 S. o. G II, S. 103 ff.
20 S. u. VII, S. 137 ff.

## VII. Zusammenhänge zwischen Zweck und Struktur der BGB-Gesellschaft

### 1. Problemstellung

Schon oben[1] wurde auf das für die Gesellschaft konstituierende Element des Zwecks[2] hingewiesen. Nach der Flume'schen Gruppenlehre[3] sind es die Gesamthänder als Gruppe, die zu einem bestimmten Zweck als Gesellschaft vereinigt sind. Wie sich aber an vielen Erscheinungsformen zeigt[4], ist es nicht für jeden Zweck erforderlich, bzw. ist es sogar zu weitgehend, daß die Gesellschafter als Gruppe verselbständigt sind. Es hat sich auch gezeigt, daß die bloße Zweckvergemeinschaftung nicht automatisch zu einer Verselbständigung als Rechtsträgerin (= als Gruppe) führt. Entscheidend ist die Struktur der Gesellschaft in Form der Personifikationselemente. Allerdings wirkt sich der Zweck in Form des Elements der Dauer auch unmittelbar auf den Umfang der (Teil-)Rechtsfähigkeit einer als Rechtsträgerin verselbständigten Gesellschaft aus[5].

Das die BGB-Gesellschaft prägende Element ist das Prinzip der Universalität[6]. Dies folgt daraus, daß es in den §§ 705 ff. BGB, anders als z. B. im französischen Recht[7], keine Beschränkung der zulässigen Zwecke gibt. Dieser Befund manifestiert sich in der überaus großen Anwendungsbreite der BGB-Gesellschaft[8]. Entsprechend dieser Vielfalt der BGB-Gesellschaften ist auch die Struktur dieser Erscheinungsformen sehr unterschiedlich. Entscheidendes Unterscheidungsmerkmal der verschiedenen Erscheinungsformen ist das Vorliegen oder Nichtvorliegen einer selbständigen Identitätsausstattung. Dieses Element entscheidet darüber, ob die betreffende BGB-Gesellschaft zur Rechsträgerschaft fähig ist oder nicht[9]. Für weitere Elemente der Rechtsfähigkeit können außerdem noch weitere Personifikationselemente erforderlich sein[10].

1 A II 6 b, S. 12 f.
2 Flume, Personengesellschaft, § 3.
3 Personengesellschaft, § 4 II.
4 Vgl. die Darstellung der Erscheinungsformen im Besonderen Teil, S. 146.
5 S. o. E V 3, S. 48 f.
6 S. o. E, S. 34; K. Schmidt, GA, S. 460; Müller-Gugenberger, Gesellschaft, Nr. 295, 300 f.
7 Vgl. Müller-Gugenberger, Gesellschaft, passim und Nr. 393.
8 Vgl. die Darstellung der verschiedenen Erscheinungsformen im Besonderen Teil, S. 146 ff.
9 S. u. E III, S. 38 ff.
10 S. u. E V 2, S. 45; F, S. 53 ff.

Für sämtliche BGB-Gesellschaften gibt es somit keinen festgelegten Grad der Verselbständigung und auch keinen bestimmten Grad der Teilrechtsfähigkeit. Dies folgt in erster Linie daraus, daß es bei der BGB-Gesellschaft keine mit § 124 HGB vergleichbare Vorschrift gibt, in der der Umfang der Rechtsfähigkeit positivgesetzlich geregelt ist. Die festgelegte Verselbständigung des § 124 HGB hat – abgesehen von der Zweckbeschränkung in § 105 Abs. 1 HGB[11] – zur Folge, daß die Personenhandelsgesellschaften für viele Erscheinungsformen von BGB-Gesellschaften nicht als Alternative in Betracht kommen, da die BGB-Gesellschaft gerade wegen der fehlenden Verselbständigung gewählt wird. Aus diesem Grund kommt vielfach z. B. auch eine GmbH nicht in Betracht. Allerdings wird in der Praxis üblicherweise verkannt, daß die BGB-Gesellschaft auch als Rechtsträgerin verselbständigt sein kann.

## 2. Auswirkungen auf die erforderliche Struktur der Gesellschaft aufgrund gesetzlicher Regelungen

Vor allem aus besonderen Gesetzesregelungen oder Verwaltungsvorschriften, die für die jeweilige Erscheinungsform einer BGB-Gesellschaft aufgrund ihres verfolgten Zweckes von Bedeutung sind, ergeben sich Auswirkungen auf die erforderliche Struktur der Gesellschaft. Dies betrifft vor allem Vorschriften im Steuer-, Arbeits-, Sozialversicherungs-, Berufsrecht usw. Durch die gesetzlichen Regelungen findet somit eine Begrenzung des für die jeweilige Erscheinungsform tauglichen Grades der Verselbständigung statt. Danach ergibt sich häufig, daß eine als Rechtsträgerin verselbständigte BGB-Gesellschaft im Hinblick auf die sich aus diesen Vorschriften ergebenden Erfordernisse zu weitgehend verselbständigt wäre.

Wie das Beispiel der Eigengruppe zeigt[12], kommt als Rechtsform für eine Eigengruppe mit unmittelbaren Rechtsbeziehungen zwischen Arbeitgeber und Arbeitnehmer nur eine BGB-Gesellschaft in Betracht. Allerdings darf diese BGB-Gesellschaft nicht mit einer selbständigen Identitätsausstattung ausgestattet sein, da sonst Rechtsträger der Rechtsbeziehungen mit dem Arbeitgeber die aufgrund eines Gesamtnamens verselbständigte BGB-Gesellschaft wäre. In diesem Fall würden die Gesellschafter der Eigengruppe sozusagen hinter der BGB-Gesellschaft „verschwinden". Die Eigengruppe als BGB-Gesellschaft darf daher nicht als Rechtsträgerin verselbständigt sein, da dann das Bestehen von unmittelbaren Arbeitsverhältnissen nicht

11 Vgl. hierzu Baumbach/Duden/Hopt, § 105 Anm. 3.
12 S. u. I, S. 152 ff.

mehr erreicht werden kann. Der Gesellschaftsvertrag der Eigengruppe darf deshalb keine Bestimmung über einen „Namen der Gesellschaft" enthalten. Nur dann können die Mitglieder der Eigengruppe verbunden in der BGB-Gesellschaft – und nicht eine von den Mitgliedern verselbständigte BGB-Gesellschaft – mit dem Arbeitgeber unmittelbar einen Arbeitsvertrag abschließen.

Auch für den unten[13] dargestellten Fall der Abhängigkeit eines Gemeinschaftsunternehmens von seinen Mütterunternehmen bei der sog. Mehrmütterorganschaft ist, um den konzernrechtlichen Anforderungen zu entsprechen, eine BGB-Gesellschaft erforderlich, die nicht als Rechtsträgerin verselbständigt ist. Bei einer BGB-Gesellschaft mit selbständiger Identitätsausstattung könnte keine unmittelbare konzernrechtliche Abhängigkeit des Gemeinschaftsunternehmens zu den Mütterunternehmen bestehen. Bei Gründung der BGB-Gesellschaft muß daher auf dieses Erfordernis geachtet werden. Dagegen heißt es in einem Vertragsformular zur BGB-Gesellschaft bei der Mehrmütterorganschaft[14]:

„Sie schließen sich hiermit zu einer Gesellschaft bürgerlichen Rechts mit der Bezeichnung ‚Vereinigung der Aktionäre der X-AG' zusammen"[15].

Hierdurch würde entgegen der konzernrechtlichen Vorgabe eine als Rechtsträgerin verselbständigte BGB-Gesellschaft entstehen, durch die keine unmittelbare Abhängigkeit zu den Gesellschaftern der BGB-Gesellschaft bestehen kann. Das Formular des dazugehörenden Beherrschungs- und Gewinnabführungsvertrags beginnt wie folgt:

„Zwischen der Vereinigung, die zugleich im Namen ihrer Gesellschafter A und B handelt, und der X[16] wird der folgende Beherrschungs- und Gewinnabführungsvertrag vereinbart"[17].

Wie unten[18] dargelegt, ist gerade das besondere der Mehrmütterorganschaft, daß die Abhängigkeit nicht unabhängig voneinander besteht, sondern die Abhängigkeit zu mehreren Unternehmen erst aufgrund der Koordinierung der BGB-Gesellschaft bestehen kann. Vertragspartner müssen so-

13 S. u. M IV, S. 177.

14 Hoffmann-Becking, in: Münchener Vertragshandbuch, Bd. 1, Gesellschaftsrecht, X. 5.

15 Diese Formulierung beruht wohl auch auf der steuerrechtlichen Besonderheit, wonach nach der Auffassung der Finanzverwaltung der Organschaftsvertrag mit der BGB-Gesellschaft abzuschließen ist, vgl. u. M IV 3, S. 180 ff.

16 Die abhängige Gesellschaft.

17 Hoffmann-Becking, in: Münchener Vertragshandbuch, Bd. 1, Gesellschaftsrecht, IX. 4.

18 S. u. M IV 2 b, S. 179.

mit die Mütterunternehmen – verbunden in der BGB-Gesellschaft – sein. Entgegen der gerade genannten Vertragsformulierung kommen danach als Vertragspartner weder eine durch einen Gesamtnamen verselbständigte BGB-Gesellschaft noch die nicht in einer BGB-Gesellschaft verbundenen Mütterunternehmen in Betracht.

### 3. Zweck der Gesellschaft bestimmt grundsätzlich nur den erforderlichen Grad der Verselbständigung

Das Verhältnis zwischen Zweck und Struktur der BGB-Gesellschaft kann somit dahingehend konkretisiert werden, daß der Zweck den erforderlichen Grad der Verselbständigung bestimmt. Allerdings besteht davon eine Ausnahme: Durch das Element der Dauer[19] als Bestandteil des Zweckes ergeben sich auch unmittelbare Auswirkungen auf den Verselbständigungsgrad der Gesellschaft. Eine BGB-Gesellschaft, die mit einem Gesamtnamen versehen ist, aber nicht auf Dauer angelegt ist, ist zwar grundsätzlich als Rechtsträgerin anzusehen; der Umfang der (Teil-)Rechtsfähigkeit ist aber bezüglich mehrerer Punkte eingeschränkt[20].

Aus dem Zusammenhang von Zweck und Struktur folgt, daß zur tauglichen Zweckverwirklichung der BGB-Gesellschaft, entsprechend den gesetzlichen Rahmenbedingungen für die jeweilige Erscheinungsform, die tatsächliche Struktur der Gesellschaft im Einklang mit den Anforderungen des vereinbarten Zweckes an die Struktur der BGB-Gesellschaft stehen muß. Das Prinzip der Universalität der BGB-Gesellschaft erfährt insofern eine Einschränkung, als der Zweck der Gesellschaft zu Beschränkungen bei der Ausgestaltung der Personifikationselemente führen kann. Die Struktur der Gesellschaft darf daher für die jeweilige Erscheinungsform nicht vernachlässigt werden.

Dies zeigt sich auch am Beispiel der ärztlichen Laborgemeinschaft: Ärztliche Laborgemeinschaften werden vielfach in der Rechtsform der BGB-Gesellschaft betrieben[21]. Der Grund dieser Rechtsformwahl liegt in erster Linie im Steuer- und Sozialrecht. Die Besonderheit der Laborgemeinschaft besteht darin, daß die einzelnen Laborleistungen nicht als eine Leistung der Gemeinschaft, sondern als Leistung des behandelnden Arztes durch seinen in der Laborgemeinschaft ausgelagerten Praxisteil abgerechnet wer-

19 S. o. E V 3, S. 48 f.
20 S. o. F VI 2, S. 98.
21 Vgl. hierzu ausführlich unten P II 2, S. 199 ff.

den[22]. Durch § 105 Abs. 2 SGB V i. V. m. den Laborrichtlinien der Kassenärztlichen Bundesvereinigung[23] werden hierbei gewisse Anforderungen an die Ausgestaltung der Gesellschafterstellung des Gesellschafter-Arztes gestellt[24]. Hiernach darf sich die Ausgestaltung der Gesellschafterposition nicht auf die finanzielle Beteiligung des Arztes beschränken, sondern es ist eine gewisse persönliche Mitwirkung des Arztes bei der Laborgemeinschaft erforderlich.

Die in der Praxis vorkommenden Laborgemeinschaften zeichnen sich aber meistens durch eine große Anzahl von Gesellschaftern (teilweise über 100 Ärzte) aus. Außerdem tritt die Laborgemeinschaft regelmäßig mit einer selbständigen Identitätsausstattung im Rechtsverkehr auf. So ist die Laborgemeinschaft Anstellungsträger usw. Eine solche Laborgemeinschaft ist daher als Rechtsträger verselbständigt. Wie die Untersuchung der Erscheinungsformen der Laborgemeinschaften zeigt[25], stellt dieser Typus aufgrund der körperschaftlichen Struktur auch mehr einen nichtrechtsfähigen Verein als eine BGB-Gesellschaft dar. Die Laborgemeinschaft ist daher als nichtrechtsfähige Organisation weitestgehend verselbständigt.

Die Bezeichnung der Laborgemeinschaft als BGB-Gesellschaft vermindert auch nicht die aufgrund der Struktur vorhandene Verselbständigung[26]. Dieser Verselbständigung entspricht nicht die Handhabung, wonach die Laboruntersuchungen als Leistung des behandelnden Arztes durch seinen in der Laborgemeinschaft ausgelagerten Praxisteil abgerechnet werden. Allerdings wird nach § 105 Abs. 2 SGB V i. V. m. den Labor-Richtlinien der Kassenärztlichen Bundesvereinigung[27] die betreffende Untersuchung nur für Zwecke der Abrechnung als eigene Leistung des Arztes behandelt. Es bestehen aber Bedenken, ob bei einer Gesellschafterzahl von über 100 Ärzten den organisatorischen Erfordernissen nach § 105 Abs. 2 SGB V Rechnung getragen werden kann. Andererseits erscheint das Auftreten unter einem Gesamtnamen und die damit verbundene Verselbständigung erforderlich, damit die Laborgemeinschaft z. B. als Rechtsträgerin gegenüber Lieferanten auftreten kann oder Anstellungsträgerin für die Mitarbeiter der

22 S. u. P II 2 a, S. 199.
23 Richtlinien für die Durchführung von Laboratoriumsuntersuchungen in der kassenärztlichen/vertragsärztlichen Versorgung v. 11. 7. 1987, DÄ 1987, 2059; Narr, RN 1017.
24 S. u. P II 2 b dd (2), S. 203.
25 S. u. P II 2 b cc, S. 201.
26 Vgl. o. III 2 a, S. 113.
27 Laborrichtlinien, DÄ 1987, 2059.

Laborgemeinschaft sein kann[28]. Außerdem kann eine Laborgemeinschaft Untersuchungsgeräte anschaffen, für die erhebliche Investitionen erforderlich sind, die ein einzelner Arzt oder einige wenige Ärzte nicht finanzieren könnten[29].

Es besteht somit ein Konflikt zwischen den Anforderungen des Sozialversicherungsrechts und der erforderlichen Verselbständigung und der Größe für den Betrieb einer Laborgemeinschaft. Den Anforderungen des § 105 Abs. 2 SGB V wäre mindestens dadurch zu entsprechen, daß nur kleinere Laborgemeinschaften zulässig sind, bei denen die tatsächliche Einflußnahme für jeden Gesellschaftersarzt möglich ist[30].

Durch die bloße Bezeichnung einer Laborgemeinschaft als BGB-Gesellschaft kann dem Erfordernis also nicht Genüge getan werden. Soweit größere Laborgemeinschaften erforderlich sind, müßte in andere geeignetere Rechtsformen, wie z. B. die GmbH, unter Verzicht auf die Abrechnung gem. § 105 Abs. 2 SGB V ausgewichen werden. Dieses Beispiel zeigt deutlich, daß der Zweck der BGB-Gesellschaft und die anzuwendenden gesetzlichen Vorschriften entscheidend die Struktur der Gesellschaft bestimmen. Die tatsächliche Ausgestaltung der Gesellschaft muß dann auf die erforderliche Struktur abgestellt werden.

Auch eine Anwaltssozietät oder eine sog. gemischte Sozietät[31] ist heute in vielen Fällen durch eine selbständige Identitätsausstattung[32] als Rechtsträgerin verselbständigt. Abgesehen von der persönlichen Haftung unterscheidet sich eine solche Personifikation überhaupt nicht z. B. von einer Steuerberatungs-GmbH. Berufsrechtlich und nach dem Rechtsberatungsgesetz ist aber eine Rechtsberatungsgesellschaft nicht zulässig[33]. Prozeßbevollmächtigter ist daher auch nicht die Sozietät, sondern dies kann immer nur ein Anwalt sein[34]. Es besteht also auch hier ein Konflikt zwischen der rechtstatsächlichen Struktur und dem gesetzlichen Rahmen.

---

28 Das BAG, DB 1989, 1973, lehnt eine Teilrechtsfähigkeit der BGB-Gesellschaft ab und kommt dabei folgerichtig zu dem Ergebnis, daß Arbeitgeber nicht die rechtlich unselbständige BGB-Gesellschaft ist. Nach dem BAG, aaO., fällt vielmehr die Arbeitgeberstellung den Gesellschaftern gemeinschaftlich zu.

29 Vgl. Wirtschaftswoche Nr. 11 v. 10. 3. 1989.

30 S. u. P II 2 b ee, S. 205.

31 S. u. P III 3 a, S. 211.

32 Mit den Einschränkungen, die sich nach dem derzeit gültigen Standesrecht ergibt, vgl. §§ 28, 71 RichtlRA.

33 S. u. P III 1, S. 208 f.

34 Anders ist dies bei einer Wirtschaftsprüfungsgesellschaft oder Steuerberatungsgesellschaft, die nach h. M. vor dem Finanzgericht – nicht vor dem BFH, vgl. Art. 1 Nr. 1 BFH-EntlG, – zu Prozeßbevollmächtigten bestellt werden können.

Allerdings erscheint die vorgefundene Verselbständigung für ein Dienstleistungsunternehmen, welches eine Anwaltssozietät heute darstellt, erforderlich. Es wäre daher nicht sinnvoll, die Sozietäten aufgrund des Berufsrechts und des RBerG in eine geringere Verselbständigung zurückzudrängen. Hier wäre im Gegensatz zum Beispiel der Laborgemeinschaft eher der gesetzliche Rahmen den veränderten Gegebenheiten – auch im Hinblick auf die internationalen Erfordernisse – anzupassen[35].

### 4. In der Praxis oftmals kein Gleichlauf zwischen Zweck und Struktur der Gesellschaft

Die Beispiele zeigen deutlich, daß es Abweichungen der tatsächlichen Struktur der BGB-Gesellschaft von der durch Gesetz bestimmten und durch den Zweck der Gesellschaft vorgegebenen Struktur geben kann. Dies betrifft in erster Linie die Verselbständigung als Rechtsträgerin aufgrund einer selbständigen Identitätsausstattung. So liegt oftmals eine als Rechtsträgerin verselbständigte BGB-Gesellschaft vor, obwohl der von der Gesellschaft verfolgte Zweck nur mit einer nicht als Rechtsträgerin verselbständigten BGB-Gesellschaft erreicht werden kann. Dies ist vermutlich darin begründet, daß in der Rechtspraxis die Verselbständigung der BGB-Gesellschaft weitestgehend unterschätzt wird. Die bloße Bezeichnung einer Organisation als BGB-Gesellschaft kann daher nicht dazu führen, daß die Verselbständigung der Personifikation, wie z. B. die eines nichtrechtsfähigen Vereins, sozusagen „verniedlicht" werden kann. Dies zeigt deutlich das Beispiel der Laborgemeinschaft.

So läßt sich eine körperschaftliche Struktur der Gesellschaft (Gesamtname, überindividueller Zweck usw.) z. B. nicht mit einem Gesellschaftszweck vereinbaren, mit dem eine bloße Koordinierung der Gesellschafter erreicht werden soll, ohne daß dabei eine als Rechtsträgerin verselbständigte Gesell-

35 Vgl. die Diskussion zur Zulässigkeit der überörtlichen Sozietät, Feuerich, AnwBl. 1989, 360; Winters, NJW 1988, 521; für Zulässigkeit „Moerser Beschluß" des Vorstandes der RAK Düsseldorf, AnwBl. 1989, 390; der BGH, Beschluß v. 18. 9. 1989 – AnwZ (B) 30/89, hat festgestellt, daß die überörtliche Sozietät nicht schlechthin unzulässig ist; BGH v. 29. 10. 1990, AnwSt. (R) 11/90, NJW 1991, 49; vgl. auch OLG Düsseldorf, NJW 1991, 46 zur Zulässigkeit einer Kopfzeile im Briefbogen einer überörtlichen Sozietät. Demgegenüber hat der 58. Deutsche Juristentag 1990 in München in seiner Abteilung Berufsrecht abgelehnt, daß die Sozietät und die überörtliche Sozietät als zulässige Formen der anwaltlichen Zusammenarbeit in der BRAO geregelt werden sollen, BRAK-Mitt. 1990, 126 f. Auch die Bundesrechtsanwaltskammer ist gegen eine Zulässigkeit der überörtlichen Sozietät, vgl. BRAK-Mitt. Beiheft August 1990, S. 1.

schaft entstehen soll. Im Fall der verselbständigten Gesellschaft zeigt sich die BGB-Gesellschaft nämlich nicht mehr als Vertragsmodell sondern als Organisationsmodell[36].

Bei Gründung einer BGB-Gesellschaft ist daher darauf zu achten, ob der zu verfolgende Zweck die Verselbständigung der zu gründenden Gesellschaft als Rechtsträgerin erfordert. Je nachdem ist die Gesellschaft mit einer selbständigen Identitätsausstattung zu versehen[37]. Sofern die Gesellschaft als Rechtsträgerin verselbständigt sein soll, wird sie regelmäßig[38] auch auf Dauer angelegt sein. Die Auswirkung der selbständigen Identitätsausstattung für die BGB-Gesellschaft ist daher beträchtlich[39]. Dies betrifft auch Rechtspositionen, wie z.B. die Mitgliedsfähigkeit, bei denen es auf weitere Personifikationselemente ankommt[40]. Die bisherige Praxis mißt dieser Frage viel zu wenig Bedeutung bei.

### 5. Resümee

Die vorliegende Untersuchung hat für das „Allzweckinstrument BGB-Gesellschaft" doch zu gewissen Einschränkungen geführt. Denn es hat sich gezeigt, daß „BGB-Gesellschaft nicht gleich BGB-Gesellschaft ist". Die schlichte Formulierung des Gesetzgebers in § 705 BGB

> „Durch den Gesellschaftsvertrag verpflichten sich die Gesellschafter gegenseitig, die Erreichung eines gemeinsamen Zweckes in der durch den Vertrag bestimmten Weise zu fördern, insbesondere die vereinbarten Beiträge zu leisten."

läßt zwar Raum – wie die Praxis zeigt – für ein großes Spektrum von Erscheinungsformen[41]. Aber dadurch, daß sich unter dem Dach des gemeinsamen Zweckes von § 705 BGB sowohl BGB-Gesellschaften, die als Rechtsträger anzusehen sind, als auch solche Gesellschaften befinden, bei denen die Gesellschafter die Rechsträger sind, ergibt sich die Notwendigkeit der richtigen Wahl der BGB-Gesellschaft. Denn es kommt nicht für jeden Zweck eine als Rechtsträgerin verselbständigte BGB-Gesellschaft in Be-

---

36 Für eine Ersetzung des Vertragsmodells der BGB-Gesellschaft durch ein Organisationsmodell, AK-Teubner, BGB, vor § 705 RN 13; kritisch zu diesem Ansatz, Zöllner, JuS 1984, 730 ff., 735.

37 Vgl. auch John, Rechtsperson, S. 243.

38 Ausnahme ist z.B. die Arbeitsgemeinschaft im Baubereich, s. u. O I, S. 193 ff.

39 S. u. E III, S. 38 ff.

40 S. u. F I, S. 53 ff.

41 S. hierzu die Darstellung im Besonderen Teil, S. 146 ff.

tracht[42]. Dies gilt genauso auch für die nicht verselbständigte BGB-Gesellschaft.

Diese Erkenntnis ist vor allem für die Praxis des BGB-Gesellschaftsrechts von Bedeutung[43]. Die Struktur der Gesellschaft muß dem Zweck der Gesellschaft entsprechen. Ansonsten ist die entstandene Gesellschaft kein taugliches Mittel zur Zweckverwirklichung.

42 S. o. 3, S. 140.
43 S. o. 4, S. 143.

# Besonderer Teil
# Darstellung rechtstatsächlicher Erscheinungsformen

## H. BGB-Gesellschaften im Grenzbereich zur Bruchteilsgemeinschaft

### I. Vermieter-/Mietergemeinschaft

Ausgangspunkt soll zunächst die Abgrenzung der Bruchteilsgemeinschaft (§§ 741 ff. BGB) von der BGB-Gesellschaft am Beispiel der Vermieter-/Mietergemeinschaft sein: Eine Miteigentümergemeinschaft (Bruchteilsgemeinschaft) vermietet ihr Objekt. Wer ist nun Vermieter des Objekts bzw. Vertragspartner des Mieters?

#### 1. Bruchteilsgemeinschaft oder BGB-Gesellschaft?

##### a) Die unterschiedlichen Auffassungen in der Literatur

Nach § 744 Abs. 1 BGB steht die Verwaltung des Bruchteilsgegenstandes den Teilhabern gemeinschaftlich zu. Der Abschluß des Mietvertrages stellt eine solche Verwaltung dar[1]. Nach Hennecke[2] treten die Bruchteilsberechtigten bei Abschluß des Mietvertrages mit Dritten auch bei Gemeinschaftlichkeit im Innenverhältnis im Außenverhältnis doch getrennt und ohne verbindende Organisation auf. Nach dem BGH[3] begründen solche Vereinbarungen allein noch keine Zweckgemeinschaft und sind nicht Inhalt eines gesellschaftsrechtlichen Zusammenschlusses. Auch Huber[4] ist der Ansicht, daß die Vermieter eine Bruchteilsgemeinschaft bilden.

Karsten Schmidt ist sich bei der Beantwortung dieser Frage nicht ganz sicher: So führt er aus[5], ein Rechtsverhältnis könne nicht mehreren zu Bruchteilen zustehen. An anderer Stelle[6] vertritt Karsten Schmidt aber die Auffassung, daß der h. M. zu folgen sei, wonach unter Vermietern im Fall der Vermietung durch Miteigentümer eine Bruchteilsgemeinschaft ent-

1 MüKo-K. Schmidt, §§ 744, 745 RN 5; vgl. auch Lothmann, BB 1987, 1014, 1015.
2 Hennecke, S. 71.
3 V. 17. 10. 1955 – II ZR 269/53, zitiert nach RGRK-v. Gamm, § 741 RN 5.
4 Staudinger/Huber, § 741 RN 60.
5 MüKo-K. Schmidt, § 741 RN 18.
6 MüKo-K. Schmidt, § 741 RN 20.

steht. Gleicher Ansicht ist auch Hadding[7], der aber auf seine Kommentierung[8] bei der BGB-Gesellschaft verweist, wonach auch eine Gesamthand vorliegen könnte.

Eindeutiger Ansicht ist hier Flume[9]:

„Es gibt eine Bruchteilsgesellschaft nur an Rechten, nicht aber an Rechtsverhältnissen. Wenn zur Verwaltung des Gegenstandes, an welchem die Mitberechtigungen bestehen, durch Rechtsgeschäft Schuldverhältnisse begründet werden, gilt für diese nicht das Recht der Bruchteilsgemeinschaft... Denn immer, wenn für mehrere rechtsgeschäftlich ein Schuldverhältnis begründet wird, kann dies für die mehreren nur als Gruppe, d. h. als Gesamthand, geschehen. Es gibt keine „Bruchteilsverkäufer" oder „Bruchteilsvermieter" in dem Sinne, daß die mehreren, jeder zu einem Bruchteil, an einem Kaufvertrag oder Mietvertrag und dem durch sie begründeten Schuldverhältnis als Ganzem auf der Verkäufer- oder Vermieterseite beteiligt wären, und das gleiche gilt für die Käufer- und Mieterseite... Wird der Mietvertrag für die mehreren Bruchteilsberechtigten als Vermieter abgeschlossen, so ist dies rechtstechnisch nur in der Weise möglich, daß die mehreren Bruchteilsberechtigten als Gesamthand die Vermieter sind und deshalb auch dieser Gesamthand die Mietzinsforderung zusteht."

Nach Flume[10] werden die Bruchteilsberechtigten dann zur Gruppe, wenn sie sich zu gemeinsamen Handeln zusammenfinden[11]. Kraft Vereinbarung tritt dann im Rahmen der Zweckvergemeinschaftung neben die Bruchteilsgemeinschaft als Rechtsgemeinschaft eine aus den Bruchteilsberechtigten bestehende Gesamthand, für welche aus dem in ihrem Namen erfolgenden rechtsgeschäftlichen Handeln betreffs des Gegenstands der Bruchteilsgemeinschaft Gesamthandsrechtsbeziehungen entstehen. Diese Auffassung hängt somit allein von der Richtigkeit der These ab, ob ein Rechtsverhältnis mehreren zu Bruchteilen zustehen kann oder nicht[12].

### b) Stellungnahme

Die Bruchteilszuständigkeit in der Gemeinschaft erschöpft sich am konkreten Gegenstand[13]. Dem einzelnen Bruchteilseigentümer steht nur das Recht am Objekt zu[14]. Wenn nun die Miteigentümer ihre einzelnen Rechte zum Zwecke der Vermietung insoweit zusammenfassen, kann hierin

---

7 Soergel/Hadding, § 741 RN 13.
8 Soergel/Hadding, vor § 705 RN 41.
9 Flume, Personengesellschaft, S. 114 f.
10 Flume, Personengesellschaft, S. 116.
11 Vgl. auch Fabricius, Relativität, S. 139.
12 Diesen Punkt übersieht Lothmann, BB 1987, 1014 ff.
13 BGH, WM 1984, 873; MüKo-K. Schmidt, § 741 RN 6.
14 Flume, Personengesellschaft, S. 113.

nur eine Zweckvergemeinschaftung gesehen werden, wodurch eine BGB-Gesellschaft zustandekommt. Denn die Vermietung ist nicht als Vermietung der jeweiligen Bruchteilsrechte, sondern als Vermietung des gesamten Objekts anzusehen. Daher kann *ein* Rechtsverhältnis nicht mehreren zu Bruchteilen zustehen. Eine andere Frage ist aber, wer Rechtsträger dieses Rechtsverhältnisses ist. Dies ist Frage des Gesamthandsverständnisses.

### 2. Mietergemeinschaft

#### a) Die Mietergemeinschaft als BGB-Gesellschaft

Das ursprüngliche Beispiel soll nun wie folgt abgewandelt werden: Zwei Personen mieten gemeinsam eine Wohnung[15]. Auch hier wird die Frage, ob die Mieter eine Bruchteilsgemeinschaft oder eine Gesellschaft bilden, unterschiedlich beantwortet. Von der Rechtsprechung wird überwiegend wohl eine Bruchteilsgemeinschaft zwischen den Mietern angenommen[16]. Dagegen wird in der Literatur überwiegend davon ausgegangen, daß die Mieter im Zweifelsfall eine BGB-Gesellschaft bilden[17].

Vor Abschluß des Mietvertrages steht den Mietern im Gegensatz zu den Vermietern, die Bruchteilseigentümer des Objekts sind, kein Recht zu, was Anknüpfungspunkt für die Rechtsnatur des Mietverhältnisses sein könnte. Erst durch den Abschluß des Mietvertrages wird ein Rechtsverhältnis begründet. Da ein Rechtsverhältnis nicht mehreren zu Bruchteilen zustehen kann[18], ist im Fall der beiden Mieter erst recht von einer BGB-Gesellschaft auszugehen.

Nach Flume[19] wäre deshalb auch in diesem Fall die Gruppe, bestehend aus den beiden Personen, die Mieterin. Dieses Ergebnis ist dann nicht richtig, wenn, was regelmäßig der Fall sein wird, die Mietergemeinschaft nicht mit einer selbständigen Identitätsausstattung gegenüber dem Vermieter auftreten wird[20]. Dann sind Mieter die beiden Personen. Aber auch dann stehen nicht zwei Mietverhältnisse unabhängig nebeneinander, sondern der Miet-

15 Im Mietvertrag steht hierzu z. B.: Herr X und Frau Y – Mieter –.

16 BGH, NJW 1969, 839; weitere Nachweise bei MüKo-K. Schmidt, § 741 RN 20, FN 79; RGRK-v. Gamm, § 741 RN 6.

17 MüKo-K. Schmidt, § 741 RN 20; Staudinger/Emmerich, vor § 535 RN 101; RGRK-Gelhard, vor § 535 RN 289; Flume, Personengesellschaft, S. 113; Schüren, JZ 1989, 358, 360; aA Staudinger/Huber, § 741 RN 60.

18 S. o. 1 b, S. 147 f.

19 Flume, Personengesellschaft, S. 113.

20 Vgl. auch das Beispiel von K. Schmidt, JbFSt. 1988/89, S. 157/158, hierzu schon oben E V 2 a, S. 47.

zins wird regelmäßig gesamtschuldnerisch geschuldet und den Mietern gegenüber kann nur einheitlich gekündigt werden[21]. Es wird daher auch von einem einheitlichen Mietverhältnis ausgegangen[22]. Dies zeigt, daß durch die gemeinsame Anmietung ein gewisses verbandsrechtliches oder organisationsrechtliches Element entstanden ist. Die entstandene BGB-Gesellschaft ist auch nicht bloße Innengesellschaft, sondern durch das gemeinsame Anmieten der beiden Personen entsteht auch eine Außengesellschaft[23]. Das heißt aber nicht, daß dadurch dann gleich nur noch die Gruppe – bestehend aus den beiden Personen – als Mieter anzusehen ist und die beiden Personen hinter dieser Gruppe sozusagen verschwinden. Denn die Mietergesellschaft ist ohne selbständige Identitätsausstattung nicht als Rechtsträgerin verselbständigt.

Nach der neuen Gesamthandslehre wäre auch die BGB-Gesellschaft zwischen den Mietern Besitzer der Wohnung. Diesen Gesamthandsbesitz übt dann die Gesellschaft grundsätzlich durch ihre geschäftsführenden und vertretungsberechtigtigten Gesellschafter aus[24]. Dagegen steht nach der bisher h. M. auf der Grundlage der traditionellen Gesamthandslehre der Besitz bei der BGB-Gesellschaft nicht der Gesellschaft, sondern den die Sachherrschaft ausübenden Gesellschaftern zu[25]. Bei einer nicht verselbständigten BGB-Gesellschaft steht der Besitz den beiden Mietern zu und nicht der aus den beiden Mietern gebildeten Gesellschaft. Obwohl in dem gemeinsamen Anmieten der Wohnung ein Zusammenschluß zu einem gemeinsamen Zweck zu sehen ist, führt deshalb in diesem Beispiel die Flume'sche Gruppenlehre zu einer zu weitgehenden Verselbständigung der durch das gemeinsame Anmieten entstandenen Organisation.

### b) Die Ausgestaltung der Personifikationselemente

#### *aa) Handlungsorganisation*

Bei der Untersuchung dieses Beispieles im Hinblick auf das Element der Handlungsorganisation ist festzustellen, daß ein Mieter bei seiner Unterschrift unter den Mietvertrag nicht allein für sich handelt, sondern daß er

---

21 BGHZ 26, 102, 105.

22 Staudinger/Emmerich, vor § 535 RN 101; vgl. hierbei die Parallele zur Eigengruppe, u. I II, S. 153 f.

23 S. auch u. I III 2, S. 155.

24 K. Schmidt, GesR, S. 1337 ff.; Flume, Personengesellschaft, S. 79 ff.; MüKo-Ulmer, § 718 RN 27; Soergel/Hadding, § 718 RN 17 f.

25 BGH, NJW 1983, 1114, 1115; Huber, S. 113; Palandt/Bassenge, § 854 Anm. 6b.

seinen Teil zum Abschluß des Vertrages bzgl. des gemeinsamen Anmietens der Wohnung beiträgt. Einer der beiden Mieter mietet jeweils nämlich nicht die Wohnung allein bzw. allein zur Hälfte, sondern der Mietvertrag kommt erst mit der Unterschrift beider zustande. Die oben dargestellten Unterschiede des Mietverhältnisses zu einem Mietvertrag mit einer einzelnen Person resultieren daher notwendigerweise vom gemeinsamen Handeln der beiden Mieter. Die beiden Mieter bilden somit beim Abschluß je den Teil einer Handlungsorganisation, die aber regelmäßig nicht selbständig ist. Beim Vertragsschluß handeln die beiden Mieter normalweise auch nicht im Namen einer verselbständigten BGB-Gesellschaft mit eigener Identität, sondern jeder der beiden Beteiligten handelt als Mieter. Bei einer solchen Mietergemeinschaft wird auch grundsätzlich keine besondere Regelung über die Geschäftsführung und Vertretung bestehen. Insgesamt ist daher keine verselbständigte Handlungsorganisation vorhanden.

*bb) Haftungsverband*

Ein eigenes Gesellschaftsvermögen wird die von den Mietern gebildete BGB-Gesellschaft in den meisten Fällen nicht haben. Denkbar wären aber Zahlungsansprüche (Schadensersatz oder überzahlte Miete) aus dem Mietverhältnis. Diese Ansprüche stehen den Mietern gesamthänderisch zu. Auch sind Einrichtungsgegenstände denkbar, die die Gesellschafter als Gesamthandseigentum erworben haben. Zur Vollstreckung in das Gesamthandsvermögen bedarf es gemäß § 736 ZPO eines Titels gegen beide Gesellschafter[26]. Abgesehen von diesen Fällen stehen dem Vermieter in erster Linie die allgemeinen Haftungsverbände der beiden Mieter-Gesellschafter zur Verfügung. Dieser Befund unterstreicht die geringe Verselbständigung dieser BGB-Gesellschaft.

*cc) Identitätsausstattung*

Die Mietergemeinschaft aus obigem Beispiel tritt regelmäßig nicht unter einem einheitlichen Namen auf. Hierdurch fehlt das wesentlichste Element der Personifikation. Eine irgendwie geartete Identitätsausstattung ist somit nicht gegeben.

26 Thomas/Putzo, ZPO, § 736 Anm. 1a.

### c) Ergebnis

Die vorgefundene Struktur und Verselbständigung der Mietergesellschaft läßt sich in vollem Umfang mit der herkömmlichen Gesamthandslehre erklären. Damit wird gleichzeitig deutlich, daß die Verselbständigung nach der Flume'schen Gruppenlehre in diesem Fall zu weitgehend ist.

Die hier dargestellte Mietergesellschaft könnte daher aufgrund ihrer Struktur z. B. auch nicht Mitglied in einem Mieterverein werden[27]. Hierzu müßte die Gesellschaft durch eine selbständige Identitätsausstattung als Rechtsträgerin verselbständigt sein. Mitglieder eines solchen Vereins könnten daher nur die einzelnen Mieter sein.

### 3. Vermietergemeinschaft

Bei einer Vermietergemeinschaft, bei der das Mietobjekt im gemeinschaftlichen Eigentum der beteiligten Personen steht und nicht Gesamthandseigentum der BGB-Gesellschaft Vermietergemeinschaft ist, werden aufgrund der regelmäßig fehlenden selbständigen Identitätsausstattung der Vermietergemeinschaft die Gesellschafter und nicht eine verselbständigte BGB-Gesellschaft als Vermieter anzusehen sein. Bei der Analyse der Personifikationselemente ergeben sich keine grundlegenden Unterschiede zu denen der Mietergemeinschaft. Dem Haftungsverband ist die Mietzinsforderung als Gesamthandsforderung zugeordnet. Die von den Vermietern gebildete BGB-Gesellschaft hat hier nur die Funktion, die gemeinschaftliche Vermietung der Miteigentümer zu gewährleisten, denn die einzelnen Miteigentümer können z. B. bei einem Haus nicht getrennt ihren Miteigentumsanteil an die Mieter vermieten, sondern es kann hier nur das Haus als Ganzes vermietet werden.

## II. Wohngemeinschaft

Als Kontrast zum gerade erörterten Beispiel der Mietergemeinschaft soll die „Wohngemeinschaft X" dienen[28]. Dazu wird angenommen, daß sich fünf Personen zu einer BGB-Gesellschaft zusammenschließen, um ein Haus zu mieten. Hierzu schließen die fünf Personen einen Gesellschaftsvertrag in dem Regelungen über Name („Wohngemeinschaft X"), Beiträge (z. B. Möbel etc.), Vertretung und Geschäftsführung (z. B. zwei Gesellschaf-

27 S. zur Mitgliedsfähigkeit o. F I 3, S. 58.
28 Vgl. den Fall OLG Hamm, BB 1976, 529.

ter gemeinsam) enthalten sind. Die Wohngemeinschaft X – vertreten durch zwei Gesellschafter – schließt dann mit dem Vermieter einen Mietvertrag ab. Außerdem beantragt die Wohngemeinschaft einen Telefonanschluß[29].

Die „Wohngemeinschaft X" unterscheidet sich von der obigen Mietergemeinschaft in erster Linie dadurch, daß die Gesellschaft eine selbständige Identitätsausstattung hat. Hierdurch ist die Wohngemeinschaft als Rechtsträgerin verselbständigt. Vertragspartner des Mietvertrages ist daher die „Wohngemeinschaft X".

Die Gesellschaft hat außerdem infolge der gesellschaftsvertraglichen Regelung bzgl. Vertretungs- und Geschäftsführungsbefugnis eine selbständige Handlungsorganisation.

Die Wohngemeinschaft könnte nach der hier vertretenen Auffassung[30] auch grundsätzlich Mitglied im Mieterverein werden, sofern die Gesellschaft auf Dauer angelegt ist. Die Wohngemeinschaft ist daher insgesamt sehr viel weiter verselbständigt als die Gemeinschaft der beiden Mieter.

## I. Die Eigengruppe am Beispiel des Job-sharing Modells

### I. Das Job-sharing Modell in der Form des Job-pairings

Nach einer Definition von Schüren[1] liegt Job-pairing vor, wenn zwei Arbeitnehmer sich einen Vollarbeitsplatz zu vorab festgelegten Zeitanteilen im Rahmen eines von ihnen aufgestellten Arbeitszeitplanes so teilen, daß sie diesen alternierend besetzen, aber wegen der Natur der anfallenden Arbeiten soweit erforderlich gemeinsam für deren Erledigung die Verantwortung übernehmen, sich im notwendigen Rahmen gegenseitig informieren und die wesentlichen Entscheidungen treffen.

---

29 Vgl. hierzu z. B. das Tübinger Telefonbuch unter „Wohngemeinschaft" (18 Eintragungen!).

30 S. o. F I 3, S. 58 f.

1 Schüren, Job-sharing, RN 212; vgl. zum Job-sharing ferner, Franke, Job-sharing, passim; Eich, Das Job-sharing-Arbeitsverhältnis, DB 1982 Beilage Nr. 9/82; Reuter, RdA 1981, 202 ff.; Schaub, § 44 V, § 183 V; Koeve, ArbuR 1983, 75 ff.; Goos, DB 1980, 2339 ff.; § 5 BeschFG.

Die Partner einer Job-pairing-Gruppe bilden im Regelfall eine Eigengruppe[2]. Hier gibt es vielfältige Gestaltungsmöglichkeiten. Für die vorliegende Untersuchung ist in erster Linie die Regelungsmöglichkeit von Interesse, nach der zwischen Arbeitgeber und den Gruppenmitgliedern unmittelbare vertragliche Beziehungen begründet werden. Denn dies entspricht der Arbeitsrechtstheorie und der Verkehrsauffassung[3]. Auch liegt dies im wohlverstandenen Interesse der Arbeitnehmer daran, dem Schutz des Arbeitsrechts zu unterliegen[4]. Die Gruppenmitglieder bilden üblicherweise eine BGB-Gesellschaft[5]. So schließen sich bei der Job-pairing-Gruppe die beiden Mitglieder zu dem gemeinsamen Zweck zusammen, einen „unteilbaren" Vollarbeitsplatz durch zwei Teilzeitkräfte zu besetzen.

## II. Keine unabhängigen Arbeitsverhältnisse

Mit der Annahme von zwei unabhängigen Arbeitsverhältnissen wird man aber der Konstruktion des Job-pairing in der Form der Eigengruppe nicht gerecht[6]:

Denn der Zusammenschluß zu einem Team wirkt sich gerade auch auf die einzelnen Arbeitsverhältnisse aus[7]. Konkret ist dies insbesondere an folgenden Punkten festzustellen:

- u. U. Gesamtgeldvereinbarung[8]
- Auflösung der Arbeitsverhältnisse[9]
- Beschränkung des Direktionsrechts des Arbeitgebers[10].

---

2 Won Seok Park, passim; Hengstenberg, passim; Schaub, § 44 V 1 a, § 183 m. w. N.; M. Hoffmann, S. 53 ff.

3 Won Seok Park, S. 111.

4 Vgl. Schüren, Job-sharing, RN 235; Reuter, JZ 1986, 16, 17; ders., RdA 1981, 201, 203.

5 Won Seok Park, S. 36, für eine Eigengruppe sind aber auch andere Rechtsformen denkbar, vgl. Won Seok Park, S. 36 ff.

6 So aber z. B. Franke, Job-sharing, S. 139; auch Richardi, in: Staudinger, Vorbem. zu §§ 611 ff., RN 523 hält es für möglich, daß die Gruppe den Arbeitsvertrag im Namen der einzelnen Gruppenmitglieder abschließt; hierdurch würden einzelne Arbeitsverträge zwischen dem Arbeitgeber und den Mitgliedern zustande kommen.

7 Vgl. Rüthers, ZfA 1977, 1, 40.

8 Vgl. Won Seok Park, S. 124 ff.

9 Vgl. Franke, DB 1985, 1635 ff.

10 Schüren, Job-sharing, RN 240; Hoffmann, S. 58.

Hierdurch wird deutlich, daß die beiden Arbeitsverträge eine Modifikation erfahren[11]. Diese Modifikation resultiert daraus, daß die Arbeitsverträge durch den Zweck des gemeinsamen Zusammenschlusses – Besetzen eines Vollzeitarbeitsplatzes – verknüpft sind. Das BAG hat hierzu in den Urteilen vom 21. 10. 1971[12] und 27. 3. 1981[13] das sogenannte „einheitliche Arbeitsverhältnis" herausgearbeitet[14]. Der rechtliche Zusammenhang der Arbeitsverhältnisse ist nach dem BAG anzunehmen, wenn nach den Vorstellungen der Vertragschließenden die einzelnen Vereinbarungen nur gemeinsam gelten und zusammen durchgeführt werden sollen[15]. Die Annahme eines einheitlichen Arbeitsverhältnisses ist Ausdruck der Verzahnung der beiden Arbeitsverhältnisse durch diese Gruppenbildung.

Dies ist aber nicht mit der Gestaltung gleichzusetzen, daß die BGB-Gesellschaft Vertragspartner des Arbeitgebers wäre, denn dieser Weg soll gerade nicht gegangen werden, obwohl diese Möglichkeit auch im Wege der BGB-Gesellschaft in Form eines Dienstverschaffungsvertrages erreicht werden könnte[16]. Hierzu müßte aber die BGB-Gesellschaft mit einer eigenen Identitätsausstattung als Rechtsträgerin verselbständigt sein.

Sofern aber nicht ausdrücklich die Gestaltung von unmittelbaren Arbeitsverhältnissen mit der Gründung einer verselbständigten BGB-Gesellschaft vermieden werden soll, begegnet die Annahme eines Dienstverschaffungsvertrages aus den oben[17] genannten Gründen durchgreifenden Bedenken[18]. Es wird daher auch angenommen, daß durch den Dienstverschaffungsvertrag ein mittelbares Arbeitsverhältnis zwischen dem Arbeitgeber und den Gruppenmitgliedern begründet wird[19]. Auch wird der Dienstverschaffungsvertrag dahingehend ausgelegt, daß die Eigengruppe ihre Mitglieder zum Abschluß eines Arbeitsvertrages verpflichte, so daß spätestens mit Aufnah-

---

11 So auch Rüthers, ZfA 1977, 1 ff., 40.

12 BAG, AP Nr. 1 zu § 611 BGB Gruppenarbeitsverhältnis.

13 BAG, DB 1982, 1569.

14 Vgl. zur Arbeitgeberstellung einer BGB-Gesellschaft, BAG v. 6. 7. 1989 – 6 AZR 771/87, DB 1989, 1973.

15 BAG, DB 1982, 1569.

16 Vgl. Rüthers, ZfA 1977, 1 ff., 36; Staudinger/Richardi, Vorbem. zu §§ 611 ff. RN 524 ff.

17 S. u. I, S. 153.

18 Hoffmann, S. 78; dies betrifft nach der hier vertretenen Auffassung in erster Linie den Fall der nicht verselbständigten BGB-Gesellschaft.

19 Rüthers, ZfA 1977, 37 m.w.N.; vgl. auch Hoffmann, S. 78.

me der Arbeit konkludent ein Arbeitsvertrag zustandekomme[20]. Diese Konstruktion ist aber unnötig kompliziert und daher abzulehnen[21].

## III. Einordnung der Eigengruppe in die Gesamthandsdogmatik

### 1. Problemstellung

Die dargestellte Rechtsprechung zeigt, daß sich die Annahme gesellschaftsrechtlich strukturierter Beziehungen zwischen den Teammitgliedern und der Abschluß unmittelbarer Arbeitsverhältnisse zwischen diesen und dem Arbeitgeber nicht gegenseitig ausschließen[22]. Dabei stellt sich freilich die Frage der dogmatischen Einordnung dieser Job-pairing-Konstruktion in die verschiedenen Gesamthandsverständnisse[23].

Auf den vorliegenden Fall der Eigengruppe paßt nämlich nicht die Auffassung der modernen Gesamthandslehre[24], wonach Zurechnungsendpunkt von Rechtsbeziehungen die BGB-Gesellschaft ist, da Zurechnungsendpunkt die beiden einzelnen Gruppenmitglieder sein müssen. In der Literatur[25] wird deshalb auch die Meinung vertreten, die Eigengruppe könne als Innengesellschaft ihrer Mitglieder gegründet werden, wobei dann nicht die Gesellschaft, sondern die einzelnen Mitglieder Vertragspartner des einheitlichen Arbeitsverhältnisses werden[26].

### 2. Eigengruppe als Innengesellschaft?

Fraglich ist aber, ob die Eigengruppe als Innengesellschaft zu qualifizieren ist[27]. Merkmal einer Innengesellschaft ist nach h. M. die Nichtteilnahme am Rechtsverkehr[28]. Die oben angesprochenen Auswirkungen der Eigengruppenbildung lassen es aber als zweifelhaft erscheinen, ob die Eigengrup-

20 Schaub, § 183 IV 1; Hueck-Nipperdey, Lehrbuch des Arbeitsrechts, § 78 III 2 b bb.
21 Kritisch hierzu auch Hoffmann, S. 78.
22 Schüren, Job-Sharing, RN 238.
23 Vgl. Franke, Job-Sharing, S. 130 ff.
24 S. o. A II 1, S. 6; für Anwendung der Gruppenlehre auch auf die Eigengruppe als Vertragspartnerin, Staudinger/Richardi, Vorbem. zu §§ 611 ff. RN 524 ff.
25 Vgl. Schüren, Job-Sharing, RN 238 FN 536; Franke, Job-Sharing, S. 139.
26 Franke, Job-Sharing, S. 139; Schaub, § 183 VI 1.
27 So aber Rüthers, ZfA 1977, 1, 34.
28 S. o. G V, S. 127; MüKo-Ulmer, § 705 RN 229 ff.

pe als bloße Innengesellschaft anzusehen ist[29]. Denn im Rahmen des Jobpairing erfolgt ja der Zusammenschluß zum Zwecke der Besetzung eines Arbeitsplatzes, womit ein Auftreten nach außen – hier gegenüber dem Arbeitgeber – verbunden ist. Es ist auch eine gewisse Organisation – allerdings keine verselbständigte Handlungsorganisation – erforderlich, denn beide Gesellschafter können beim Vertragsschluß nicht unabhängig nebeneinander handeln, sondern beide Gesellschafter handeln gerade im Rahmen ihrer gesellschaftlichen Verbundenheit. Der erkennbare Wille der Gruppenmitglieder ist dabei darauf gerichtet, eine Gesamtarbeitsleistung – hier Besetzung eines Arbeitsplatzes – zu erbringen[30]. Hierdurch ergibt sich die Modifizierung der Einzelarbeitsverhältnisse bzw. das einheitliche Arbeitsverhältnis.

Besonders bei der regelmäßig vereinbarten Gesamtgeldvereinbarung wird deutlich, daß hier nicht bloß eine Innengesellschaft vorliegen kann. Der Entgeltsanspruch steht den Gruppenmitgliedern auch gemeinschaftlich zu[31]. Nach h.M.[32] wird das Entgelt mit der Auszahlung zunächst einmal Gesamthandsvermögen der Eigengruppe. Durch einen sogenannten Ausscheidungsvertrag kann trotz dieser Gesamtgeldvereinbarung ein unmittelbarer Lohnanspruch des einzelnen Gruppenmitgliedes konstruiert werden[33]. Die Eigengruppe als BGB-Gesellschaft ist daher eine Außengesellschaft[34].

### 3. Eigengruppe als BGB-Außengesellschaft ohne selbständige Identitätsausstattung mit Gesamthandsarbeitsvertrag

Danach läßt sich die Konstellation zum einen nicht durch vom Vorliegen der Eigengruppe unabhängige Arbeitsverträge erklären, zum anderen soll die Gruppe nicht Partnerin eines Dienstverschaffungsvertrages mit dem Arbeitgeber sein[35]. Vielmehr besteht ein Gesamthandsarbeitsvertrag[36], bei dem Vertragspartner die Arbeitnehmer – verbunden in der Eigengruppe –

29 Vgl. die Auseinandersetzung mit der Abgrenzung von Flume und K. Schmidt, o. G V 2, S. 129.
30 Hoffmann, S. 80.
31 Vgl. die Nachweise bei Won Seok Park, S. 126, FN 2.
32 Won Seok Park, S. 127 m.w.N.
33 Won Seok Park, S. 128 f., m.w.N.
34 So auch Hoffmann, S. 75.
35 S. o. II, S. 153.
36 Hoffmann, S. 80/81.

sind[37]. Die Mitglieder Eigengruppe dürfen sozusagen nicht hinter der Gruppe „verschwinden".

Aufgrund der Notwendigkeit von unmittelbaren Arbeitsverhältnissen darf die Eigengruppe daher nicht als Rechtsträgerin verselbständigt sein. Denn bei der vorliegenden Form der Eigengruppe erfolgt der Zusammenschluß der Mitglieder zum Zwecke der Besetzung eines Arbeitsplatzes. Diese bestimmte Zweckverfolgung erfordert nun im Vergleich zu einer OHG oder KG notwendigerweise eine entsprechend geringere Verselbständigung, um unmittelbare Arbeitsverhältnisse zu gewährleisten[38]. Der Gesellschaftszweck legt somit bei der Eigengruppe nahe, daß die Eigengruppe nicht als Rechtsträgerin verselbständigt ist. Nach der hier vertretenen Auffassung darf die Eigengruppe daher nicht mit einer selbständigen Identitätsausstattung im Rechtsverkehr auftreten. Die Gesellschaft kann daher ihren Zweck – unmittelbare Arbeitsverhältnisse – nur erreichen, wenn sie nicht durch einen Gesamtnamen verselbständigt ist.

### 4. Die übrigen Personifikationselemente

#### a) Haftungsverband

Die Eigengruppe kann auch ein Gesellschaftsvermögen haben, obwohl sie nicht als Rechtsträgerin verselbständigt ist[39]. Außer den Lohnansprüchen dürfte die Eigengruppe als BGB-Gesellschaft aber kein nennenswertes Gesellschaftsvermögen besitzen[40]. Entscheidender ist die Haftung des Arbeitnehmers. Bei der Erfüllung der vertraglich versprochenen Leistung haftet jedes Gruppenmitglied grundsätzlich aus seiner eigenen arbeitsvertragli-

37 Hoffmann, S. 79/80, formuliert die Vertragsstrukturen auf der Basis der herkömmlichen Gesamthandslehre wie folgt: „Tätigt (allein) die Gruppe als Gesellschaft bürgerlichen Rechts – möglicherweise vertreten durch den Gruppensprecher – den Vertragsschluß mit dem Arbeitgeber, so werden hieraus die einzelnen Mitglieder der Gruppe als Gesellschafter verpflichtet und berechtigt, da die BGB-Gesellschaft keine eigene Rechtspersönlichkeit besitzt... Vertragspartner sind also auf der Arbeitnehmerseite die Gruppenmitglieder in ihrer gesamthänderischen Verbundenheit. Da die Gesellschaft des bürgerlichen Rechts nur die zusammengefaßte Gesamtheit der Gesellschafter ist, sind die Gruppenmitglieder als Gesellschafter Adressaten der Rechte und Pflichten aus dem gemeinsamen Geschäftsbetrieb."

38 Vgl. auch Reuter/Kunath, JuS 1977, 376, 377, 379; gegen die Annahme einer nicht verselbständigten Eigengruppe Staudinger/Richardi, Vorbem. zu §§ 611 ff. RN 524 ff.

39 S. o. G V 2 b, S. 130.

40 Hoffmann, S. 82.

chen Verpflichtung[41] aufgrund des Gesamthandsarbeitsvertrages[42]. Diese Verpflichtung kann auch als sogenannte Gesamthänderschuld angesehen werden. Der Inhalt der Gesamthänderverbindlichkeit richtet sich nach dem Gesamthandsarbeitsvertrag. Hier könnte z. B. eine gegenseitige Vertretungspflicht der Arbeitnehmer geregelt sein[43]. Der Arbeitgeber kann danach von jedem Gruppenmitglied die Arbeitsleistung fordern, zu der es aufgrund des Gesamthandsarbeitsvertrages verpflichtet ist[44]. Neben diesem Gesamthandsarbeitsvertrag bedarf es daher nicht noch der Annahme von Einzelarbeitsverträgen.

Anders wäre dies natürlich, wenn dem Arbeitgeber von vornherein eine mit einem Gesamtnamen verselbständigte Eigengruppe als Vertragspartner im Wege eines Dienstverschaffungsvertrages[45] gegenübertritt. Hier ist primär die Gruppe zur Besetzung des Arbeitsplatzes verpflichtet und erst in zweiter Linie haften hierfür die Mitglieder der Eigengruppe. Dieser Weg soll aber bei einer Eigengruppe im Regelfall gerade nicht gegangen werden.

### b) Handlungsorganisation

Eine eigene verselbständigte Handlungsorganisation der Eigengruppe wird bei der Eigengruppe regelmäßig nicht gegeben sein.

## 5. Ergebnis

Das Erfordernis eines unmittelbaren Arbeitsverhältnisses mit den Gruppenmitgliedern läßt sich nur erreichen, wenn die BGB-Gesellschaft nicht als Rechtsträgerin verselbständigt ist. Die Verselbständigung nach der neuen Gesamthandslehre wäre hier zu weitgehend. Die Eigengruppe als BGB-Gesellschaft darf daher nicht mit einer selbständigen Identitätsausstattung gegenüber dem Arbeitgeber auftreten, da sie sonst als Rechtsträgerin verselbständigt wäre.

---

41 Rüthers, ZfA 1977, 1 ff., 41.

42 Hoffmann, S. 81 ff.

43 Vgl. Eich, DB Beilage Nr. 9/82 zu Heft 17/82, S. 6.

44 AA Franke, Job-sharing, S. 136, der der Auffassung ist, daß der Arbeitgeber nur von allen Arbeitspartnern eine Gesamtleistung fordern kann; wie hier Hoffmann, S. 87 ff.

45 Vgl. Won Seok Park, S. 101 ff.; Rüthers, ZfA 1977, 36 f.

# J. Kooperationen im nicht unternehmerischen Bereich

## I. Bauherrengemeinschaften

### 1. Bauherrengemeinschaften als BGB-Gesellschaft

Die Bauherrengemeinschaften sind üblicherweise Bestandteile der sogenannten „Bauherrenmodelle"[1]. Hierbei werden Kapitalanleger, die sich Immobilieneigentum in Form von Eigentumswohnungen oder Einfamilienhäusern schaffen wollen, in einer Bauherrengemeinschaft zusammengeführt. Im Rahmen dieses Zusammenschlusses wird ein Treuhänder beauftragt, im Namen und für Rechnung der Anleger alle Verträge (insb. Grundstücks-, Baubetreuungs- und Finanzierungsverträge) abzuschließen, die bis zur Fertigstellung des Gebäudes erforderlich oder vorgesehen sind, und die Ausführung dieser Verträge zu überwachen[2]. Die Organisation in einer Bauherrengemeinschaft resultiert vor allem aus dem steuerlichen Erfordernis der Bauherreneigenschaft[3]. Die Bauherrengemeinschaft wird nach h. M.[4] als BGB-Gesellschaft qualifiziert. Als gemeinsamer Zweck der BGB-Gesellschaft wird die Errichtung des Gebäudes und die Bildung von Wohnungseigentum zugunsten der einzelnen Gesellschafter angesehen[5].

1 Tipke, Steuerrecht, 11. Aufl., S. 546; Locher/König, Bauherrenmodelle in zivil- und steuerrechtlicher Sicht, passim; Reithmann/Brych/Manhart, Kauf vom Bauträger und Bauherrenmodelle, passim.

2 Tipke, Steuerrecht, 11. Aufl., S. 546.

3 Der BFH fordert für die Anerkennung der Bauherreneigenschaft Bauherrenrisiko und Bauherreninitiative und Beherrschbarkeit des Baugeschehens, BFH v. 14. 11. 1989 – IX R 197/84, BStBl. II 1990, 299; Wichmann, BB 1991, 589; nach dem Grundsatzurteil des BFH v. 14. 11. 1989, aaO., sind Anleger im Rahmen eines Bauherrenmodells, an dem sie sich aufgrund eines von den Projektanbietern vorformulierten Vertragswerks beteiligen und sich bei den damit zusammenhängenden Rechtsgeschäften durch die Projektanbieter vertreten lassen, regelmäßig nicht Bauherren, sondern Erwerber des bebauten Grundstückes; viele Objekte werden daher im Rahmen eines Immobilienfonds realisiert, vgl. hierzu den neuen Bauherren- und Fondserlaß, BMF-Schreiben v. 31. 8. 1990, BStBl. 1990 I, S. 366; Fleischmann, DStR 1990, 552; Hahn, DB 1990, 1986; vgl. zur GrESt. Jehner, DStR 1989, 625; vgl. zur Bauherreneigenschaft für die Erlangung der GrESt.-Befreiung nach altem Recht, Fleischmann, DB Beilage Nr. 9/81, S. 5 f.

4 MüKo-Ulmer, vor § 705 RN 24 ff.; Wiesner, JuS 1981, 331, 332; Soergel/Hadding, vor § 705 RN 52; aA Reithmann/Brych/Manhart, RN 140 b.

5 MüKo-Ulmer, vor § 705 RN 25.

## 2. Bauherrengemeinschaften als Innen- oder Außengesellschaft?

Uneinigkeit besteht darüber, ob die Bauherrengemeinschaft als Innen- oder Außengesellschaft einzuordnen ist[6]. Die Entscheidung dieser Frage richtet sich danach, wer Vertragspartner des Baubetreuers wird. Wenn man sich vorstellt, daß bei einem Bauherrenmodell ein Gebäude mit 20 Eigentumswohnungen errichtet werden soll, dann ist zivilrechtlich die Errichtung einer einzelnen Eigentumswohnung nicht möglich[7]. Eine einzelne Eigentumswohnung ist erst im Zusammenhang mit der Errichtung der anderen 19 Eigentumswohnungen im Zuge des Baus des Gebäudes möglich[8]. Dies würde für ein Handeln der Bauherrengemeinschaft sprechen, da erst durch das gemeinsame Handeln der Bauherren die Interessen der Einzelbauherren (Errichtung ihrer Eigentumswohnung) verwirklicht werden können[9]. Andererseits erwerben die Bauherren das zu bebauende Grundstück meistens nicht zu Gesamthandseigentum sondern zu Bruchteilseigentum[10]. Dies hindert aber nicht daran, daß der Vertrag von der BGB-Gesellschaft abgeschlossen wird. So hat auch im Fall des BGH v. 17. 1. 1980[11] „die Kl. den Vertrag mit der ‚Bauherrengemeinschaft Stadtmitte-Projekt ... vertreten durch' die Baubetreuerin geschlossen".

Entsprechend dem Miteigentumsanteil kommt aber nach dem BGH[12] aufgrund einer entsprechenden Vollmachtsbeschränkung des Treuhänders[13] nur eine anteilige Haftung und keine gesamtschuldnerische Haftung der Bauherren in Betracht. Nach der oben[14] vertretenen Auffassung, daß ein Rechtsverhältnis nicht mehreren zu Bruchteilen zustehen kann, ist grundsätzlich davon auszugehen, daß der Bauvertrag von den Bauherren in BGB-Gesellschaft geschlossen wird. Denn die Annahme eines sternförmigen Abschlusses gleichlautender Verträge[15] erscheint nur sinnvoll, wenn hierbei die Bauherren in BGB-Gesellschaft als Vertragspartner anzusehen sind. Die Konstruktion von unabhängigen Verträgen zum Bau einer Eigentumswohnung ist auf eine unmögliche Leistung i. S. von § 306 BGB gerichtet und

---

6 Vgl. MüKo-Ulmer, aaO.; Soergel/Hadding, aaO.; Reithmann/Brych/Manhart, RN 140b; Lutz, DB 1981, 1953; zur Abgrenzung, s. o. G V, S. 127 ff.
7 Dornfeld, DB 1981, 1691.
8 Dornfeld, DB 1981, 1691.
9 Dornfeld, DB 1981, 1691.
10 K. Schmidt, GesR, S. 1279 f.
11 BGH, NJW 1980, 992; mit Bespr. von Maser, NJW 1980, 961 ff.
12 BGHZ 75, 26, 28; BGH, NJW 1980, 992.
13 Vgl. Fleischmann, DB Beilage Nr. 9/81, S. 3.
14 S. o. H I 1 b, S. 147.
15 Vgl. MüKo-Ulmer, vor § 705 RN 25.

daher nicht möglich[16]. Denn notwendigerweise muß ein Bauvertrag über die Errichtung des gesamten Gebäudes geschlossen werden[17]. Die Bauherrengemeinschaft ist daher nicht als Innengesellschaft, sondern als Außengesellschaft anzusehen[18].

### 3. Rechtsträgerschaft bei der Bauherrengemeinschaft

Eine andere Frage ist natürlich, wer hierbei als Rechtsträger der Vertragsbeziehungen anzusehen ist. Aufgrund der Ausgestaltung der Bauherrengemeinschaft ohne Gesamthandsvermögen, der bloß anteiligen Haftung der Bauherren, sowie der steuerrechtlich relevanten persönlichen Bauherreneigenschaft des einzelnen Gesellschafters entspricht es dem Zweck der Bauherrengemeinschaft, daß nicht die Bauherrengemeinschaft als teilsrechtsfähige Wirkungseinheit Rechtsträger ist, sondern die Bauherren als BGB-Gesellschaft Vertragspartner sind. So ist auch regelmäßig gewollt, daß der einzelne Bauherr und nicht die BGB-Gesellschaft als Unternehmer i. S. v. § 2 UStG anzusehen ist[19]. Nach der hier vertretenen Auffassung hängt die Frage davon ab, ob die Bauherrengemeinschaft mit einem Gesamtnamen im Rechtsverkehr auftritt[20].

### 4. Die Personifikationselemente

#### a) Identitätsausstattung

Die Bauherrengemeinschaft tritt zwar in vielen Fällen unter einer Bezeichnung wie z. B. „Bauherrengemeinschaft XY-Straße" auf[21]. Hierin ist aber in den meisten Fällen keine selbständige Identitätsausstattung eines Bauherrn in Gestalt der BGB-Gesellschaft zu sehen. Vielmehr stellt diese Bezeichnung eine – als Abkürzung benutzte – zusammengefaßte Bezeichnung der in der BGB-Gesellschaft zusammengeschlossenen Bauherren dar. Im Rechtsverkehr tritt die Bauherrengemeinschaft auch regelmäßig – insbesondere bei Vertragsschlüssen mit Bauunternehmern – in Form einer Auflistung der Bauherren und deren entsprechender Beteiligung auf. Auch in

16 Dornfeld, DB 1981, 1691.
17 Niemeier, NJW 1982, 73, 79.
18 So auch Niemeier, NJW 1982, 79; vgl. auch das Vertragsmuster bei Reithmann/Brych/Manhart, S. 373, in § 1 Satz 2 heißt es: „Die Gesellschaft nimmt am Rechtsverkehr teil."
19 Vgl. Dornfeld, DB 1981, 1691 ff.
20 S. o. E III 1, S. 38.
21 Vgl. BGH, NJW 1980, 992.

Gesellschaftsverträgen wird regelmäßig keine selbständige Identitätsausstattung geregelt[22]. Die Bezeichnung ist daher grundsätzlich nicht als selbständige Identitätsausstattung anzusehen. Die Bauherrengemeinschaft ist daher nicht als Rechtsträgerin anzusehen. Infolge des Fehlens der selbständigen Identitätsausstattung ist die BGB-Gesellschaft auch nicht als Unternehmer i. S. d. UStG anzusehen[23]. Die Bauherrengemeinschaft ist auch nicht auf Dauer angelegt[24]. Die Gesellschaft hat im übrigen mehr die Funktion, eine notwendige Koordination der Bauherren zu gewährleisten, nicht die, als eigener Bauherr zu fungieren.

Natürlich ist es möglich, daß eine BGB-Gesellschaft als Bauherrengemeinschaft mit einer selbständigen Identitätsausstattung auftritt und daher als Rechtsträger anzusehen ist. Dies zeigt deutlich das Beispiel der im Anschluß hieran[25] darzustellenden „Stadt Reutlingen – Gustav Werner Stiftung Gesellschaft bürgerlichen Rechts zur Neugestaltung diakonischer Einrichtungen" (GNE).

### b) Handlungsorganisation

Die Handlungsorganisation der Bauherrengemeinschaft wird regelmäßig durch einen Baubetreuer repräsentiert. Hierzu wird mit dem Baubetreuer ein entsprechender Baubetreuungsvertrag[26], worin dem Baubetreuer die notwendigen Vollmachten erteilt werden, abgeschlossen. Die oberste Geschäftsführung verbleibt hierbei bei den Bauherren, der Treuhänder ist deshalb den Gesellschaftern gegenüber weisungsgebunden[27]. Er ist auch als Vertreter der Bauherren in BGB-Gesellschaft und nicht als Vertreter einer verselbständigten BGB-Gesellschaft anzusehen[28]. Auch bei der „Ober"-Geschäftsführung der Gesellschafter besteht aufgrund der Nichtabweichung von der gesetzlichen Gesamtgeschäftsführung keine besonders verselbständigte Handlungsorganisation. Die bei der Bauherrengemeinschaft vorgefundene Handlungsorganisation steht daher auf einer sehr geringen Stufe der Verselbständigung.

---

22 Vgl. z. B. Reithmann/Brych/Manhart, RN 424.

23 S. o. E II, S. 37.

24 Dadurch könnte die Bauherrengemeinschaft nach der hier vertretenen Auffassung selbst bei Vorliegen einer eigenen Identitätsausstattung nicht Mitglied in einem Verein werden, s. o. F I 3, S. 58 f.

25 S. u. II, S. 163 ff.

26 Vgl. das Vertragsmuster bei Reithmann/Brych/Manhart, S. 377.

27 Insoweit liegt keine Drittorganschaft vor, MüKo-Ulmer, vor § 705, RN 25.

28 Vgl. Maser, NJW 1980, 961, 966: „Handeln in Vollmacht der Bauherren".

### c) Haftungsverband

Aufgrund des Erwerbs des Grundvermögens zu Bruchteilseigentum hat die Bauherrengemeinschaft regelmäßig kein nennenswertes Gesamthandsvermögen. Auf die Haftungsverbände der Gesellschafter kann auch nur anteilsmäßig zugegriffen werden. Die Forderungen und Verbindlichkeiten aufgrund des Bauvertrages sind zwar als Gesamthandsforderungen bzw. -verbindlichkeiten der in der Bauherrengemeinschaft zusammengeschlossenen Bauherren anzusehen[29]. Infolge Fehlens relevanten Gesamthandsvermögens und der anteilsmäßigen Haftung werden die Verbindlichkeiten aufgrund des Bauvertrages aber wirtschaftlich wie „Bruchteilsverbindlichkeiten" behandelt[30]. D.h. jeder Bauherr hat für seinen Anteil aufzukommen.

## II. Kooperationen im gemeinnützigen Bereich

Die gerade untersuchten Bauherrengemeinschaften unterscheiden sich erheblich von der nun darzustellenden „Stadt Reutlingen – Gustav Werner Stiftung Gesellschaft bürgerlichen Rechts zur Neugestaltung diakonischer Einrichtungen" (GNE). Diese ist eine ausschließlich gemeinnützigen und mildtätigen Zwecken[31] dienende BGB-Gesellschaft, deren Zweck die Durchführung von Planungsarbeiten zur Sanierung bzw. Neuerrichtung von Gebäuden, insbesondere für die Behindertenhilfe der Gustav Werner Stiftung ist. Im Vertrag ist weiter geregelt, daß der Zweck später auf die Durchführung der Baumaßnahmen und die Vermietung der bebauten Grundstücke zu erweitern ist.

Das feste Gesellschaftskapital beträgt derzeit DM 100000,– – und wird zu 51% von der Stadt Reutlingen und zu 49% von der Gustav Werner Stiftung gehalten. Im Falle der Erweiterung des Gesellschaftszwecks auf die Durchführung der Baumaßnahmen soll das Festkapital im selben Verhältnis auf DM 10 Mio. erhöht werden.

Die Geschäftsführung und Vertretung der GNE obliegt nach dem Gesellschaftsvertrag der Gustav Werner Stiftung. Nach dem Gesellschaftsvertrag beschränkt sich die Geschäftsführung und Vertretung auf das Gesellschaftsvermögen. Der geschäftsführende Gesellschafter ist verpflichtet, bei jedem Rechtsgeschäft auf die Beschränkung seiner Vertretungsmacht hin-

29 S. o. 2, S. 160.
30 Vgl. die Parallele zum unten dargestellten Deutschen Luftpool, s. u., S. 170 ff.
31 Vgl. §§ 51–68 AO.

zuweisen und Rechtsgeschäfte nur unter Beschränkung auf das Gesellschaftsvermögen abzuschließen. Ferner ist auf allen Geschäftsbögen, -briefen und sonstigen Schreiben auf die Haftungsbeschränkung hinzuweisen[32]. Die GNE tritt selbständig im Rechtsverkehr auf. Sie ist Auftraggeber für die Planung und Durchführung der Baumaßnahmen.

Die BGB-Gesellschaft wurde deshalb gegründet, weil die Gustav Werner Stiftung alleine nicht die nötigen Mittel für das Bauvorhaben aufbringen kann. Außerdem kann aufgrund der 51 %-Beteiligung der Stadt Reutlingen das Projekt mit Mitteln des kommunalen Investitionsfonds bezuschußt werden[33].

Die GNE hat durch die Übertragung der Geschäftsführung und Vertretung auf die Gustav Werner Stiftung eine vollausgebildete selbständige Handlungsorganisation. Die Stiftung handelt auch nicht für sich und die Stadt Reutlingen, sondern für die BGB-Gesellschaft „GNE".

Die GNE hat auch – nicht unerhebliches – Gesamthandsvermögen. Entsprechend dem Gesellschaftsvertrag ist die Handlungsorganisation – die geschäftsführende Gesellschafterin Gustav Werner Stiftung – nicht berechtigt, den Zugriff auf die Haftungsverbände der Gesellschafter durch entsprechende Verpflichtungen zu eröffnen[34]. Daher steht den Gläubigern grundsätzlich nur der Haftungsverband der Gesellschaft zur Verfügung. Die GNE hat damit – soweit zulässig – einen alleinigen selbständigen Haftungsverband[35].

Durch den Namen der Gesellschaft „Stadt Reutlingen – Gustav Werner Stiftung Gesellschaft bürgerlichen Rechts zur Neugestaltung diakonischer Einrichtungen" besteht auch eine selbständige Identitätsausstattung, mit der die Gesellschaft im Rechtsverkehr auftritt. Die GNE tritt mit einem eigenen Briefbogen im Rechtsverkehr in Erscheinung. Sie unterhält auch ein eigenes Konto. Die GNE ist daher als Rechtsträgerin verselbständigt. Nach dem Gesellschaftsvertrag endigt die Gesellschaft, wenn der Gesellschaftszweck erreicht ist. Wie oben ausgeführt, soll der Zweck der Gesellschaft auch auf die Vermietung erweitert werden. Die Gesellschaft ist daher auf Dauer angelegt.

---

32 Vgl. OLG Hamm WM 1985, 644; BGH NJW 1985, 619.

33 Vgl. Schwäbisches Tagblatt v. 4. 5. 1987.

34 Vgl. zur Haftungsbeschränkung bei der BGB-Gesellschaft, BGH v. 12. 3. 1990, II ZR 312/88, NJW-RR 1990 = BB 1990, 1085, 867; BGH NJW 1985, 619; OLG Hamm NJW 1985, 1846; OLG Hamm NJW-RR 1990, 615; K. Schmidt, GesR, S. 1353 f.

35 S. o. C II 2, S. 25.

Insbesondere durch die selbständige Identitätsausstattung zeigt sich ein Grad der Verselbständigung der GNE, der sich nur unwesentlich von einer OHG unterscheidet[36]. Nach der Zweiteilung, die K. Schmidt in seinem oben dargestellten Gutachten[37] vorgenommen hat, wäre die GNE aber den zivilistischen Gesellschaften zuzurechnen. Da die GNE nicht als Unternehmensträgerin fungiert, ist sie keine Mitunternehmer-BGB-Gesellschaft. Die GNE ist nämlich nur nachfragend im Rahmen der Verwirklichung des Bauprojekts tätig, so daß sie nicht als Unternehmerin am Markt auftritt. Die Herabstufung zur zivilistischen Gesellschaft würde der – entsprechend dem Zweck erforderlichen – Verselbständigung nicht gerecht werden[38].

## K. Konsortien im Bankbereich

### I. Emissionskonsortien

#### 1. Emissionskonsortien als BGB-Gesellschaften

Emissionskonsortien sind Zusammenschlüsse mehrerer Banken entweder zur Begebung oder zur Übernahme und Plazierung der von einem Emittenten ausgegebenen Wertpapiere[1]. Bei dem Zusammenschluß der Konsorten zum Zwecke der Durchführung der Emission handelt es sich nach heute wohl unbestrittener Ansicht um eine BGB-Gesellschaft[2]. Das Emissionskonsortium wird als Gelegenheitsgesellschaft betrachtet, da es nur auf einen vorübergehenden Zweck angelegt ist[3].

Für die Übernahme der Aktien sind der Konsortialführerin regelmäßig Geschäftsführungsbefugnis und Vertretungsmacht eingeräumt[4]. Meistens ist für die Plazierung der einzelne Konsorte verantwortlich. Die Beitragspflicht des einzelnen Konsorten besteht darin, die auf ihn jeweils entfallende Wertpapierquote aufgrund der von der Konsortialführerin mit dem

36 Vgl. zum Umfang der Teilrechtsfähigkeit o. F, S. 53 ff.
37 S. o. G IV 1, S. 117 ff.
38 S. o. G IV 2, S. 120 ff.
1 Vgl. Westermann, AG 1967, 285 ff.; Canaris, RN 2304 ff.; Scholze, S. 285 ff.
2 Canaris, RN 2248; MüKo-Ulmer, vor § 705 RN 31; Ruwe, DB 1988, 2037; Westermann, AG 1967, 285 ff., wonach das Emissionskonsortium ein Beispiel der gesellschaftsrechtlichen Typendehnung ist; kritisch hierzu Assmann, ZHR 152 (1988), 371 ff.
3 Vgl. Bick, passim, s. o. E V 3, S. 48 f.
4 Westermann, AG 1967, 290; Canaris, RN 2310.

Emittenten ausgehandelten Übernahmebedingungen zu übernehmen und zu plazieren. Die Wertpapiere werden im Regelfall Alleineigentum der verschiedenen Konsorten und nicht Gesamthandseigentum des Konsortiums[5]. Nach h. M. bedeutet die Vereinbarung von Alleineigentum bezüglich der Wertpapiere nicht notwendigerweise den vollständigen Verzicht auf jedes Gesamthandseigentum. Die Sozialansprüche des Konsortiums gegen die Konsorten sind im Zweifel als Gesamthandsforderungen zu betrachten[6].

### 2. Untersuchung des Konsortiums

#### a) Die Frage der Rechtsträgerschaft des Übernahmevertrages und die unterschiedlichen Gesamthandsverständnisse

Uneinigkeit besteht darüber, wer Vertragspartner des Übernahmevertrages wird. Nach Ulmer[7] wird der Übernahmevertrag mit dem Emittenten von der Konsortialführerin nicht etwa als Vertreterin der je für sich handelnden Konsorten abgeschlossen, „sondern für das Konsortium, d. h. die Gesamtheit der Konsorten, als Außengesellschaft". Nach der Auffassung von Canaris[8] kommt dagegen der Übernahmevertrag mit den einzelnen Mitgliedern des Konsortiums zustande[9]. Da das Konsortium als BGB-Gesellschaft zu qualifizieren sei, „und da diese weder rechtsfähig noch wie die OHG einer rechtsfähigen Person teilweise gleichgestellt ist", könne „sie nicht Partei eines Vertrages sein"[10].

Im Gegensatz hierzu vertritt Assmann[11] in einer Besprechung des Urteils des BGH vom 9. 7. 1984[12] im Falle eines sogenannten Stillhaltekonsortiums die Auffassung, daß nach Zweck und Rechtsgestalt[13] der Bankenverbindung deren Fähigkeit und Anlage, „als solche Träger von Rechten und

5 Canaris, RN 2316.
6 Canaris, RN 2317; MüKo-Ulmer, vor § 705 RN 32.
7 MüKo-Ulmer, vor § 705 RN 33.
8 Canaris, RN 2263.
9 An anderer Stelle schreibt Canaris, RN 2318, daß ein „Anspruch des Konsortiums und damit eine Gesamthandsforderung" anzunehmen sei, „bei deren Erfüllung die Konsortialführerin aufgrund ihrer Vertretungsmacht für das Konsortium tätig wird".
10 Canaris, RN 2318.
11 Assmann, ZHR 152 (1988), 371 ff.
12 II ZR 193/84, NJW 1985, 2584.
13 Hierbei beruft sich Assmann, ZHR 152 (1988), 375, auf K. Schmidt, GesR, S. 954.

Pflichten sein zu können"[14], schwerlich zu verneinen sei. Die Auffassung basiert auf der Annahme, daß es sich bei dem Bankenkonsortium um eine Außengesellschaft handele[15]. Im Gegensatz hierzu qualifiziert K. Schmidt[16] ein Bankenkonsortium als Innengesellschaft[17], „obwohl die Banken – sogar rechtsgeschäftlich! – als Gesellschafter nach außen in Erscheinung treten"[18].

Die unterschiedlichen Auffassungen liegen alleine im unterschiedlichen Gesamthandsverständnis begründet. Während Ulmer[19] das Konsortium als Rechtsträger ansieht, sind nach Canaris[20] die einzelnen Gesellschafter die Rechtsträger. Vorliegend ergibt sich noch eine Besonderheit: Bei Aktien ist es nach h. M.[21] nur möglich, wenn die Konsorten selbst, und nicht das Konsortium, als Zeichner i. S. von § 185 AktG auftreten. Ein Beitritt der BGB-Gesellschaft als Aktionär unter Beschränkung der Haftung auf die Quoten kommt danach nicht in Betracht[22]. Ulmer[23] unterscheidet daher zwischen den Einzelansprüchen des Emittenten aus den Zeichnungserklärungen und dem gegen die Gesamthand gerichteten Anspruch auf Zeichnung und Plazierung der gesamten Emission.

### b) Selbständige Identitätsausstattung entscheidend

Da das Konsortium regelmäßig keine selbständige Identitätsausstattung hat, kann es auch nicht so weit verselbständigt sein, daß das Konsortium als Vertragspartner des Konsortialvertrages anzusehen ist. Denn in den Emissionsprospekten werden – unter besonderer Herausstellung der Kon-

---

14 Assmann, ZHR 152 (1988), 375 FN 12.

15 Assmann, ZHR 152 (1988), S. 374/375; MüKo-Ulmer, vor § 705 RN 31.

16 K. Schmidt, GesR, S. 955, Beispiel Nr. 4.

17 Ausführlich zu der von K. Schmidt vorgenommenen Abgrenzung zwischen Außen- und Innengesellschaft, s. o. G V 2, S. 129 ff.

18 K. Schmidt, GesR, S. 955.

19 MüKo-Ulmer, § 705 RN 129 ff.

20 Canaris, RN 2263.

21 Geßler/Hefermehl/Bungeroth, AktG, § 185 RN 33 m. w. N.; danach kann eine BGB-Gesellschaft als solche nicht Zeichner sein, nach der hier vertretenen Auffassung, s. o. F I 2, S. 54, ist dieser Ansicht aber für die auf Dauer angelegte BGB-Gesellschaft mit selbständiger Identitätsausstattung nicht zu folgen, der h. M. ist daher für das Emissionskonsortium, da ohne selbständige Identitätsausstattung und nicht auf Dauer angelegt, zuzustimmen.

22 Vgl. Kraft, in: Kölner Kommentar z. AktG, § 2 RN 46; MüKo-Ulmer, vor § 705 RN 27.

23 MüKo-Ulmer, vor § 705 RN 27.

sortialführerin – die Emissionsbanken nur aufgelistet. Eine besondere Bezeichnung des Konsortiums gibt es hierbei nicht. Das Konsortium ist daher nicht als Rechtsträger verselbständigt. Dabei kommt der Übernahmevertrag als Gesellschaftschuld mit den Konsorten in ihrer gesamthänderischen Verbundenheit zustande. Die Erfüllung der sich hieraus ergebenden Verpflichtungen obliegt den einzelnen Konsorten als sog. Gesamthänderschuld[24]. Dabei entspricht es dem Pflichtenprogramm des Übernahmevertrages, daß die zu übernehmenden Wertpapiere nicht in das Gesellschaftsvermögen, sondern in das Alleineigentum der Konsorten übergehen[25].

Wie oben dargelegt[26], ist auch aufgrund des nur vorübergehenden Zusammenschlusses das Element der Dauer nicht vorhanden[27].

### c) Haftungsverband

Aufgrund des fehlenden Gesamthandsvermögens – die Sozialansprüche können hierbei vernachlässigt werden – hat das Konsortium – wie eben dargelegt – auch regelmäßig keinen eigenen Haftungsverband. Von Bedeutung sind im Rahmen der vereinbarten Ausfallhaftung[28] die allgemeinen Haftungsverbände der Gesellschafter[29].

### d) Handlungsorganisation

Die Handlungsorganisation wird durch die Konsortialführerin gebildet, die in den meisten Fällen alleinvertretungsberechtigt und alleingeschäftsführungsbefugt sein wird[30]. Hierdurch ist eine selbständige Handlungsorganisation gegeben. Dadurch kommt grundsätzlich eine Organhaftung nach § 31 BGB analog in Betracht[31].

---

24 Vgl. Lindacher, JuS 1981, 435; kritisch dazu MüKo-Ulmer, § 714 RN 22 m.w.N.
25 Vgl. Canaris, RN 2316.
26 S. o. 1, S. 165.
27 S. zum Elemente der Dauer, o. E V 3, S. 48 ff.
28 Vgl. hierzu MüKo-Ulmer, vor § 705 RN 25, 27 m.w.N.
29 Vgl. hierzu auch oben, F V 3, S. 92 ff.
30 Canaris, RN 2264.
31 Vgl. hierzu schon oben, u. F V 3, S. 92 ff.

### e) Vorgefundene Verselbständigung entspricht dem Zweck des Konsortiums

Das Konsortium als BGB-Gesellschaft hat bei der Emission eine Steuerungs- und Koordinationsfunktion, die zur Verteilung des Risikos[32] auf die einzelnen Banken erforderlich ist. Im Hinblick auf die gewollte quotale Verteilung des Emissionsrisikos[33] und das beabsichtigte Auftreten der Konsorten als Zeichner ist die geringe Verselbständigung des Konsortiums beabsichtigt. Als Rechtsträger sollen nicht das Konsortium, sondern nur die Konsorten auftreten. Ein Emissionskonsortium der gleichen Art könnte deshalb z. B. nicht in der Rechtsform der OHG[34] oder einer GmbH durchgeführt werden. Die BGB-Gesellschaft kann daher gewählt werden, da sie im Gegensatz zur OHG keine vorgegebene feste Verselbständigung hat.

## II. Sicherheitenpool

Ein Sicherheitenpool ist der gemeinsame Zusammenschluß von Sicherungsnehmern, in der Regel Banken, zum Zwecke gemeinsamer Verwertung der in den Pool eingebrachten Sicherheiten[35]. Der Sicherheitenpool stellt damit eine BGB-Gesellschaft dar[36]. Der Verwertungserlös aus der Realisierung der Sicherheiten wird dann an die Gesellschafter entsprechend dem Beteiligungsschlüssel verteilt.

Der Sicherheitenpool hat regelmäßig eine eigene verselbständigte Handlungsorganisation durch einen oder mehrere geschäftsführende Gesellschafter. Diese Organisation handelt auch für die Gesellschaft und nicht für die Gesellschafter. Durch die Einbringung der Sicherheiten und der Gesamthandsforderungen aus der Verwertung besteht auch ein selbständiger

32 Vgl. hierzu Canaris, RN 2238.

33 Nach Westermann, AG 1967, S. 287 steht beim Emissionskonsortium diese quotale Verteilung des Risikos im Gegensatz zur sonst üblichen Vergemeinschaftung des Auftretens im Vordergrund. Die Konsorten sind aber beim Wegfall eines Konsorten entsprechend § 735 BGB im Innenverhältnis verpflichtet, den dadurch entstehenden Ausfall zu tragen und dessen Quote anteilig mit zu übernehmen, MüKo-Ulmer, vor § 705 RN 31; Canaris, RN 2308.

34 Sofern man unterstellt, daß diese OHG mehrere Emissionen durchführen würde; hier stellt sich das Problem der Dauerhaftigkeit als Bestandteil des Gewerbebegriffs, vgl. Baumbach/Duden/Hopt, § 1 Anm. 1 A.

35 MüKo-Ulmer, vor § 705 RN 43; Bohlen, Der Sicherungspool, passim; s. u. M III, S. 176.

36 Der Sicherheitenpool wird aber auch oft in der Rechtsform der GmbH, s. u. M III, S. 176, organisiert.

Haftungsverband. Der Sicherheitenpool tritt grundsätzlich unter einer eigenen Identitätsausstattung – z. B. „Sicherheitenpool GbR" – auf.

Durch die selbständige Identitätsausstattung ist die BGB-Gesellschaft im Gegensatz zum Emissionskonsortium als Rechtsträger verselbständigt.

# L. Versicherungspools – Darstellung der Versicherungspools am Beispiel des Deutschen Luftpools

## I. Die Versicherungspools

In bestimmten Bereichen wie z. B. bei Arzneimitteln, dem Betrieb von Kernkraftwerken usw., bestehen erhebliche Haftpflichtrisiken, die die Versicherer zur Vergemeinschaftung dieses Risikos veranlaßt haben. So gibt es heute z. B. die Pharma-Rückversicherungs-Gemeinschaft, die Deutsche Kernreaktor-Versicherungsgemeinschaft und den Deutschen Luftpool. Die Mitglieder dieser sogenannten Versicherungspools[1] bilden nach h. M. eine BGB-Gesellschaft[2], der Versicherer und Rückversicherer angehören, die sich gegenseitig dazu verpflichten, im Falle des Eintritts des Versicherungsfalls entsprechend der Quote einzustehen. Im folgenden soll der Deutsche Luftpool näher dargestellt werden.

## II. Der Deutsche Luftpool

Der Deutsche Luftpool (DLP) ist ein Zusammenschluß von Erst- und Rückversicherungen zu einer Rückversicherungsgemeinschaft mit dem Zweck, die von den Mitgliedern gezeichneten Luft- und Raumfahrtrisiken nach Maßgabe ihrer Zeichnungsquoten und des Poolvertrages zu tragen[3]. Als Hauptzweck des Luftpools ist daher die Risikenteilung zu betrachten[4]. Nach einhelliger Auffassung wird der gemeinsame Zusammenschluß der Versicherer im DLP als BGB-Gesellschaft angesehen[5]. Zur Entscheidung

1 Vgl. Deutsch, RN 113; Hofmann, S. 29 f.; Zartmann/Litfin, S. 105; Jannott, Beiheft VersR Nr. 33 (A) v. 1. 9. 1983; Hertel, VersW 1982, 498 ff.; Prölss, VAG, § 1 RN 47 m. w. N.

2 Vgl. die Nachweise in der vorigen FN.

3 § 1 Poolvertrag des DLP; vgl. ausführlich zum Luftpool, Kubli, S. 130 ff.

4 Kubli, S. 132; Prölss, VAG, § 1 RN 47.

5 Vgl. Deutsch, S. 87; Hofmann, S. 29 f.; Reuss, S. 582 f.

dieser Frage sind Struktur und Organisation des DLP näher zu untersuchen[6].

Der DLP schließt unmittelbar mit den Versicherungsnehmern keine Versicherungsverträge ab, denn hierzu besteht nach § 7 Abs. 1 VAG Rechtsformzwang[7]. Versicherungsgeber sind die Mitgliedsgesellschaften, die das Geschäft dann ihrerseits zu 100% beim DLP rückversichern. D.h. die anderen Mitglieder verpflichten sich im Poolvertrag, dem einbringenden Mitglied entsprechend ihrem Anteil für sein eingebrachtes Risiko Rückdekkung zu leisten[8]. Der DLP gewährt auf diese Weise Rückversicherungsschutz auch Gesellschaften, die nicht zu seinen Mitgliedern gehören. Grundsätzlich werden von den Mitgliedsgesellschaften nur deutsche Risiken zur Einbringung in den DLP gezeichnet. Einnahmen und Ausgaben werden jährlich abgerechnet und auf die Poolmitglieder umgelegt. Hierzu wird vom DLP ein Rechenschaftsbericht erstellt.

Im Geschäftsjahr 1989 waren am DLP insgesamt 74 Direkt- und 6 Rückversicherer beteiligt. Die Stellung der Poolmitglieder zum DLP ist eine zweiseitige, und zwar nehmen sie hinsichtlich des von ihnen in den DLP eingebrachten Versicherungsgeschäftes hundertprozentige Rückdeckung in Anspruch, während sie in Höhe ihrer Zeichnungsquote für das gesamte DLP-Geschäft Rückdeckungsschutz gewähren[9]. Der DLP ist somit kein Direktversicherer. Er übernimmt insoweit auch kein eigenes Risiko[10]. 1989 betrugen die Beitragseinnahmen des DLP 221,94 Mill. DM[11]. Die geschäftsführende Gesellschaft hat die laufenden Geschäfte zu erledigen und vertritt den DLP nach außen. Für den DLP sind etwa 40 Mitarbeiter tätig, die alle bei der geschäftsführenden Gesellschafterin angestellt sind.

---

6 S. u. III u. IV, S. 172 ff.

7 Versicherungsunternehmen müssen daher die Rechtsform der AG oder des Versicherungsvereins auf Gegenseitigkeit haben.

8 § 9 Nr. 1 Poolvertrag lautet u. a.: „Die Poolmitglieder sind an den gesamten dem Deutschen Luftpool überwiesenen Luftfahrtversicherungen mit der von ihnen gezeichneten Quote beteiligt...".

9 Vgl. Hertel, VersW 1982, 498 ff.

10 Prölss, VAG, § 1 RN 47, dies übernehmen nur die einzelnen beteiligten Versicherungsunternehmen.

11 Die deutsche Versicherungswirtschaft Jahrbuch 1990, hrsg. vom Gesamtverband der Deutschen Versicherungswirtschaft e. V., S. 91.

## III. Die Organisation des Deutschen Luftpools

Nach § 2 Poolvertrag sind die Organe des DLP:

1. die Poolversammlung
2. der Hauptausschuß
3. die geschäftsführende Gesellschaft

In der Poolversammlung bedürfen Beschlüsse über Änderungen des Poolvertrages und Auflösung des DLP einer Dreiviertelmehrheit der abgegebenen Stimmen[12]; alle übrigen Beschlüsse bedürfen nur der einfachen Stimmenmehrheit[13].

Aufgabe des Hauptausschusses ist die Beratung und die Beschlußfassung in wichtigen Angelegenheiten des DLP gemeinsam mit der geschäftsführenden Gesellschaft[14].

Nach § 17 Poolvertrag steht es jedem Poolmitglied frei, seinen Austritt aus dem DLP – nach vorheriger viermonatiger Kündigung – zum Schluß eines Kalenderjahres zu erklären.

Der Deutsche Luftpool tritt unter seinem Namen selbständig im Rechtsverkehr auf. Hierzu verwendet der DLP eigenes Briefpapier, wo Bankverbindungen und Telefon- und Telexanschlüsse angegeben sind. Der DLP tritt im Ausland auch selbständig als Rückversicherer auf, wo er als Deutscher Luftpool zeichnet. Außerdem ist der Deutsche Luftpool Mitglied der Internationalen Vereinigung der Luftfahrtversicherer.

## IV. Die Personifikationselemente

Die Personifikationselemente stellen sich wie folgt dar:

### 1. Identitätsausstattung

Durch das Auftreten unter dem einheitlichen Namen „Deutscher Luftpool" besteht eine selbständige Identitätsausstattung. Als Sitz ist der Verwaltungssitz der geschäftsführenden Gesellschafterin in München anzusehen[15].

12 § 4 Nr. 6 Abs. 2 Poolvertrag.
13 § 4 Nr. 7 Poolvertrag.
14 § 5 Nr. 1 Poolvertrag.
15 Vgl. § 3 Nr. 3 Poolvertrag.

## 2. Handlungsorganisation

Geschäftsführende Gesellschafterin ist die Allianz-Versicherungs-Aktiengesellschaft. Hierdurch ist eine selbständige Handlungsorganisation gegeben. Die Allianz handelt auch nicht in Vertretung für die Mitglieder, sondern aufgrund der Verselbständigung des Pools für den Deutschen Luftpool.

## 3. Haftungsverband

Der Haftungsverband des Deutschen Luftpools zeichnet sich dadurch aus, daß es entscheidend auf die allgemeinen Haftungsverbände der Mitglieder ankommt, da diese wirtschaftlich das Risiko der Rückversicherung tragen. Nach dem Poolvertrag sind die Poolmitglieder verpflichtet, die von ihnen gezeichneten Luft- und Raumfahrtrisiken in den Deutschen Luftpool einzubringen[16]. Die Beiträge der Versicherungsnehmer werden dann von dem betreffenden Mitglied an die geschäftsführende Gesellschaft für den Pool weitergeleitet[17]. Hinsichtlich dieser in den Luftpool eingebrachter Risiken nehmen die einbringenden Mitglieder vom Deutschen Luftpool zu 100% Rückdeckung, indem sich die anderen Mitglieder im Poolvertrag verpflichten, dem einbringenden Mitglied entsprechend ihrem Anteil für sein eingebrachtes Risiko Rückdeckung zu leisten[18].

Das dem Luftpool zustehende Vermögen (z. B. von den Mitgliedern weitergeleitete Beiträge) wird von der geschäftsführenden Gesellschaft verwaltet. Nach § 8 Nr. 2 Poolvertrag bleibt jedes Poolmitglied den Versicherten gegenüber für die von ihm übernommenen Risiken allein berechtigt und verpflichtet. Eine Gesamthaftung gegenüber Dritten ist in § 8 Nr. 3 Poolvertrag ausgeschlossen. Der Luftpool tritt zwar im Ausland unter seinem Namen „Deutscher Luftpool" als Rückversicherer auf. Aber auch dabei werden die Mitglieder des Deutschen Luftpools immer nur entsprechend ihrer gezeichneten Quote verpflichtet. Zwar besteht ein Anspruch der Gesamthand gegen das einzelne Mitglied auf Einbringung des Geschäfts, wie

16 § 6 Nr. 1 Poolvertrag.

17 Nach § 14 Nr. 5 Poolvertrag führt die geschäftsführende Gesellschaft für jedes Poolmitglied, das Geschäft in den Pool einbringt, ein Abrechnungskonto Einbringung. Das Mitglied erhält jeden Monat einen Auszug aus diesem Konto, aus dem die Beträge zu ersehen sind, die die geschäftsführende Gesellschaft aufgrund seiner Beitrags- und Schadensaufgaben für Beitrag, Einbringungsprovision und Schadenzahlung verbucht hat.

18 § 9 Nr. 1 Poolvertrag lautet u. a.: „Die Poolmitglieder sind an den gesamten dem Deutschen Luftpool überwiesenen Luftfahrtversicherungen mit der von ihnen gezeichneten Quote beteiligt ...".

auch die Gesamthand durch die Rückversicherungsgeschäfte im Ausland verpflichtet wird. Wirtschaftlich gesehen kommt es aber auf dieses Gesamthandsvermögen nicht an, da entscheidend die quotenmäßigen Verpflichtungen der einzelnen Mitglieder sind, die als Korrelat für die Einbringungsverpflichtung des jeweiligen Mitglieds anzusehen sind. Dies bestätigt die oben[19] vertretene Auffassung, daß die Verselbständigung unabhängig vom Bestehen eines Gesamthandsvermögens ist[20].

## V. Ergebnis

Die Untersuchung der Personifikationselemente ergibt einen ambivalenten Befund: Durch die selbständige Identitätsausstattung ist der Deutsche Luftpool als Rechtsträger verselbständigt. Die Verselbständigung erweist sich deutlich, wenn der Deutsche Luftpool im Ausland als Rückversicherer auftritt und die Risiken mit „Deutscher Luftpool" zeichnet. Der Deutsche Luftpool zeichnet sich auch durch eine körperschaftliche Struktur aus, die sich vor allem durch den unabhängig vom Mitgliederbestand auf Dauer angelegten Zweck zeigt. Dies wird besonders an der Möglichkeit des freien Austritts der Mitglieder, an den Mehrheitsentscheidungen in der Poolversammlung und am Bestehen eines Gesamtnamens deutlich. Der Zweck der Risikenteilung ist daher als überindividueller Zweck anzusehen[21]. Auch besteht eine verselbständigte Handlungsorganisation.

Von der Funktion her gesehen tritt der Deutsche Luftpool dagegen aber nicht als Rechtsträger auf. Denn die Besonderheit des Deutschen Luftpools besteht darin, daß er kein eigenes Risiko übernimmt, da das Risiko gemeinschaftlich von den Mitgliedern des Luftpools übernommen wird. Auch bei der Rückversicherung von Risiken aus dem Ausland, die unter dem Namen „Deutscher Luftpool" gezeichnet werden, kommt es entscheidend auf die gemeinschaftliche Risikoübernahme der Mitglieder an. Diese Konstellation ähnelt der der Emissionskonsortien[22]. So gesehen ist die durch die selbständige Identitätsausstattung bestehende Verselbständigung als Rechtsträger eigentlich zu weitgehend, da allein die Verpflichtung der beteiligten Versicherungsunternehmen relevant ist und es diesbezüglich nicht auf den verselbständigten Luftpool ankommt. Der Luftpool dient aber auch als die

19 G II 1, S. 103.
20 So auch Blaurock, AcP 181 (1981), 451, 453.
21 Vgl. o. G III, S. 109 ff.
22 S. o. K I, S. 165 ff.

verselbständigte Organisation[23], die für das Management der Poolung der Versicherungskapazität ihrer Mitglieder zum Zwecke der Risikenteilung[24] erforderlich ist[25]. Der DLP stellt somit eine Mischform im Grenzbereich zwischen BGB-Gesellschaft und (wirtschaftlichem) nichtrechtsfähigem Verein dar[26].

## M. BGB-Gesellschaften im Bereich der Unternehmenszusammenschlüsse

### I. Überblick

Die Organisationsfunktion der BGB-Gesellschaft spiegelt sich auch im Bereich der Unternehmenszusammenschlüsse wider[1]. Hier wird die BGB-Gesellschaft einmal als Konzerninstrument und zum anderen bei der Bildung von Kartellen verwandt.

### II. Stimmrechtspools – Beteiligungskonsortien

Bei der BGB-Gesellschaft als Konzerninstrument sind zuerst die Beteiligungskonsortien bzw. Stimmrechtspools zu nennen. Das Beteiligungskonsortium dient zum gemeinsamen Erwerb oder Halten von Anteilen an einer Personen-[2] oder Kapitalgesellschaft[3]. Je nach Gestaltung des Konsortiums werden die Anteile im Gesellschaftsvermögen des Konsortiums treuhänderisch vom Konsortialführer oder, wie bei den Stimmrechtspools, von den Gesellschaftern selbst gehalten[4]. Im Regelfall dient ein Beteiligungskonsortium nur zur Koordination der Anteile und damit zur Verwaltung und Kontrolle der Beteiligung[5]. Eine darüber hinausgehende Beteiligung

23 Im Gegensatz zu den Emissionskonsortien ist der Luftpool auf Dauer angelegt.
24 Kubli, S. 132.
25 Vgl. Jannott, Beiheft VersR Nr. 33 (A) v. 1. 9. 1983, S. 7; vgl. hierzu auch den schon erwähnten Fall der Waldinteressengemeinschaft, BGHZ 25, 311.
26 Vgl. den Fall der Waldinteressengemeinschaft in BGHZ 25, 311 ff.
1 Eingehend hierzu L. Fischer, Die Gesellschaft bürgerlichen Rechts, S. 223 ff.
2 Vgl. zur Zulässigkeit der Beteiligung einer BGB-Gesellschaft an einer Personenhandelsgesellschaft, o. F I 4, S. 60 ff.
3 S. o. F I 2, S. 54 ff.
4 MüKo-Ulmer, vor § 705 RN 40.
5 Vgl. Ruwe, DB 1988, 2037, 2041.

am Rechtsverkehr ist nicht gegeben. Im Fall des Stimmrechtspools werden die Stimmrechte nach wie vor von den Gesellschaftern ausgeübt, die sich aber im Rahmen des Gesellschaftsvertrages zur einheitlichen Stimmabgabe verpflichtet haben. In diesem Fall ist eine reine Innengesellschaft gegeben.

Insbesondere bei Familienunternehmen gewährleistet der Stimmrechtspool eine einheitliche Ausübung der Stimmrechte eines bestimmten Familienstammes[6]. Auch ist in der Praxis vermehrt festzustellen, daß alle Anteile, z. B. einer GmbH, in eine BGB-Gesellschaft eingebracht werden. Gesellschafter der BGB-Gesellschaft sind dann die früheren GmbH-Gesellschafter. Die Gestaltung ermöglicht insbesondere die Vorteile des Personengesellschaftsrechts bei der Übertragung und der Nachfolge von Todes wegen mit den Vorteilen der Rechtsform der GmbH zu kombinieren.

## III. Sicherheiten-Treuhand Gesellschaft

Die zuletzt genannte Gestaltung soll kurz am Beispiel der Sicherheiten-Treuhand GbR[7] demonstriert werden. Die Sicherheiten-Treuhand GbR, Düsseldorf, hält alle Geschäftsanteile an der STG Sicherheiten-Treuhand GmbH. Die GmbH verwaltet treuhänderisch Sicherheiten, die von verschiedenen Großunternehmen zur Sicherstellung langfristiger Fremdmittel zur Verfügung gestellt werden. Die GmbH stellt damit einen Sicherheitenpool der oben[8] beschriebenen Art dar. Gesellschafter der GbR sind drei Großbanken. Zweck der Sicherheiten-Treuhand GbR ist, die Beteiligung an der GmbH zu verwalten.

Außerdem erteilt die GbR Patronatserklärungen für die GmbH. Diese Patronatserklärungen sind erforderlich, weil in der GmbH auch Sicherheiten von Versicherungen verwaltet werden und diese Versicherungsunternehmen aufgrund der Anlagevorschriften des VAG Patronatserklärungen der Gesellschafterbanken verlangen. Hierzu sind die Gesellschafter der GbR gemäß § 5 des Gesellschaftsvertrages gemeinsam unbeschränkt zur Vertretung der Gesellschaft berechtigt. Dadurch hat die GbR eine Handlungsorganisation. Aufgrund des Fehlens einer Einzelvertretungsregelung besteht aber keine selbständige Handlungsorganisation. Auf die Sicherheiten-Treuhand GbR wäre daher § 31 BGB analog nicht anwendbar[9].

6 Dölle, S. 5.
7 Vgl. z. B. den Geschäftsbericht der Dresdner Bank 1986, S. 163.
8 S. o. K II, S. 169.
9 S. o. F V, S. 90 ff.

Durch die Gesellschaftsanteile hat die GbR auch ein Gesellschaftsvermögen. Im Hinblick auf die Patronatserklärungen ist aber gerade auch der mögliche Zugriff auf die Haftungsverbände der Gesellschafter von Bedeutung.

Die GbR hat auch mit dem Namen „Sicherheiten-Treuhand GbR" und dem Sitz in Düsseldorf eine selbständige Identitätsausstattung. Durch die vorhandene Identitätsausstattung ist eine Verselbständigung gegeben, wodurch die GbR zur Rechtsträgerschaft fähig ist.

## IV. Gemeinschaftsunternehmen – insb. der Fall der Mehrmütterorganschaft

### 1. Problemstellung

Der Stimmrechtspool bzw. das Beteiligungskonsortium ist auch bei den Gemeinschaftsunternehmen von Bedeutung[10]. Ein Gemeinschaftsunternehmen entsteht, wenn z. B. zwei Aktiengesellschaften eine gemeinsame Tochtergesellschaft gründen[11], an der jede AG zu 50% beteiligt ist. Zum Zwecke der Koordination der Beteiligungsrechte an dem Gemeinschaftsunternehmen ist in den meisten Fällen eine Vereinbarung zwischen den beiden Gesellschaftern des Gemeinschaftsunternehmens erforderlich[12]. Die Vereinbarung stellt in aller Regel eine BGB-Gesellschaft dar[13]. Die BGB-Gesellschaft stellt in dieser Ausgestaltung die Vorstufe einer Holdinggesellschaft (z. B. GmbH) dar. Die BGB-Gesellschaft kann aber auch selbst Holding sein[14].

Eine besondere Rolle spielt die BGB-Gesellschaft bei den Gemeinschaftsunternehmen im Fall der sog. Mehrmütterorganschaft[15]. Dabei sind z. B. zwei Aktiengesellschaften A und B zu je 50% an einer AG beteiligt. A und B wollen mit der AG einen Beherrschungs- und Gewinnabführungsvertrag begründen. Dies erfolgt meistens auch deshalb, um als steuerliche Mehr-

10 Vgl. Gansweid, S. 53 ff.; MüKo-Ulmer, vor § 705 RN 42; Ruwe, DB 1988, 2037, 2038 f.

11 Vgl. Gansweid, S. 53 ff.; Ruwe, DB 1988, 2037, 2038; Barz, in: FS Heinz Kaufmann, 1972, S. 59 ff.

12 Vgl. Emmerich/Sonnenschein, S. 69 f.

13 Gansweid, S. 63 ff.; Dölle, S. 6; vgl. zur sog. Doppelgesellschaft, Naegeli, Die Doppelgesellschaft, 1. Band, S. 1 ff.

14 Vgl. Ruwe, DB 1988, 2037, 2041 f.; Schulze zur Wiesche, DB 1988, 252.

15 Vgl. auch die BGB-Gesellschaft im Gleichordnungskonzern, Emmerich/Sonnenschein, S. 84 ff. m. w. N.; K. Schmidt, GesR, S. 717.

mütterorganschaft anerkannt zu werden[16]. Hierzu gründen A und B als Mittel zur gemeinsamen Beherrschung[17] eine BGB-Gesellschaft[18]. Dabei ergeben sich besondere Probleme sowohl in zivilrechtlicher[19] als auch in steuerrechtlicher[20] Hinsicht.

## 2. Zivilrechtliche Problematik

Früher war umstritten, ob eine mehrfache Abhängigkeit des Gemeinschaftsunternehmens von den beiden Mutterunternehmen zulässig ist[21].

### a) Die Mindermeinung

Von der Mindermeinung wird dies heute noch abgelehnt[22]. Es wird angenommen, daß die Mütter nicht als herrschende Unternehmen des Gemeinschaftsunternehmens anzusehen sind[23]. Bei dieser Auffassung besteht aber wiederum keine Einigkeit, ob die BGB-Gesellschaft als Unternehmen im aktienrechtlichen Sinne und damit als Vertragspartnerin eines Gewinnabführungs- und Beherrschungsvertrages zu behandeln ist oder nicht[24].

---

16 Vgl. Hoffmann-Becking, in: Münchner Vertragshandbuch, IX. 4. Anm. 1; Raupach, JbFSt. 1988/89, S. 286/87; K. Schmidt, DB 1984, 1181, 1182.

17 Vgl. Emmerich/Sonnenschein, S. 70; bei dieser Gestaltung dient die BGB-Gesellschaft somit nur als Organisation zur Koordination der gemeinsamen Beherrschung, vgl. Döllerer, JbFSt. 1987/88, S. 309, anders wäre dies bei Übertragung weiterer Funktionen auf die BGB-Gesellschaft, so daß die BGB-Gesellschaft auch ein gewerbliches Unternehmen sein könnte, vgl. Döllerer, aaO. Nur die zuerst genannte Gestaltung soll im folgenden behandelt werden.

18 Vgl. das Vertragsmuster bei Hoffmann-Becking, in: Münchner Vertragshandbuch, IX. 5; vgl. hierzu schon oben, G VII 2, S. 139.

19 K. Schmidt, DB 1984, 1181; ders., GesR, S. 716 f.; Raupach, JbFSt. 1988/89, S. 286 ff.; Koppensteiner, in: Kölner Kommentar, AktG, § 291 RN 40 f.; Emmerich/Sonnenschein, S. 69 f.; B. Kübler, ZGR 1984, 560, 582; Gansweid, S. 76 ff.; Marchand, passim; Ruwe, DB 1988, 2037, 2041 f.; vgl. auch Flume, DB 1955, 485 ff.

20 Abschn. 52 Abs. 6 Satz 1 a KStR; BFH DB 1987, 2338; BFH BStBl. III 1958, 174.

21 Vgl. Barz, in: FS Heinz Kaufmann, 1972, S. 61 ff., der davon ausgeht, daß auf 50:50 Gemeinschaftsunternehmen das Konzernrecht nicht anwendbar ist.

22 Vgl. die Nachweise bei Ruwe, DB 1988, 2038; Barz, in: FS Heinz Kaufmann, 1972, S. 61 ff.

23 Vgl. Ruwe, DB 1988, 2039; Barz, in: FS Heinz Kaufmann, 1972, S. 61 ff., ist der Meinung, daß bei Zwischenschaltung einer BGB-Gesellschaft zwischen dieser und dem Gemeinschaftsunternehmen ein Konzernverhältnis besteht.

24 Für die BGB-Gesellschaft als Unternehmen Koppensteiner, ZHR 131 (1968), 289,

### b) Die herrschende Meinung

Nach der ausdrücklichen Anerkennung dieser Gestaltung durch den Gesetzgeber in der sog. Mehrmütterklausel des § 23 Abs. 1 Satz 2 Halbsatz 2 GWB wird die Möglichkeit einer mehrfachen Abhängigkeit mittlerweile auch im Konzernrecht durch die h. M. in der Literatur anerkannt[25]. Hierzu ist erforderlich, daß die gemeinsame Beherrschung der abhängigen Gesellschaft durch die beteiligten Unternehmen auf Dauer gesichert ist[26]. Dies entspricht auch dem Ergebnis aus gesellschaftsrechtlicher Sicht, daß die Ansprüche gemäß §§ 302 ff. AktG gegen die Mütter selbst und nicht nur gegen die BGB-Gesellschaft durchsetzbar sein müssen[27]. Nach Koppensteiner[28] sind in das Handelsregister gemäß § 294 AktG auch die Namen der Mutterunternehmen einzutragen.

### c) Die Mutterunternehmen als Vertragspartner des Beherrschungsvertrages

Im Hinblick auf die konzernrechtlichen Regelungen der §§ 293 ff. AktG, wonach die Mutterunternehmen als herrschende Unternehmen anzusehen sind, besteht Einigkeit, daß die Mutterunternehmen auch Vertragspartner sein müssen[29]. Dies wäre aber nicht der Fall, wenn der Beherrschungs- und Gewinnabführungsvertrag mit einer von den Mutterunternehmen verselbständigten BGB-Gesellschaft abgeschlossen würde[30]. Andererseits ist aber auch fraglich, ob im Hinblick auf die bei der üblichen Vertragsgestaltung[31] zum Ausdruck kommende Koordinierungsfunktion ein Vertragschluß der Muttergesellschaften unabhängig voneinander anzunehmen ist, wobei die BGB-Gesellschaft dann als bloße Innengesellschaft anzusehen wäre[32].

---

311, vgl. aber jetzt Koppersteiner, in: Kölner Kommentar, AktG § 291 RN 40 ff.; dagegen Luchterhandt, ZHR 132 (1969), 149, 164.

25 Emmerich/Sonnenschein, S. 70 m. w. N. Fn 52; BGHZ 62, 193; BGHZ 74, 359; Hommelhoff, in: FS Goerdeler, 1987, S. 221; K. Schmidt, DB 1984, 1181; Ruwe, DB 1988, 2040; Rottnauer, DB 1991, 27 ff.

26 Emmerich/Sonnenschein, S. 70.

27 Koppensteiner, in: Kölner Kommentar; AktG, § 291 RN 40.

28 Koppensteiner, in: Kölner Kommentar; AktG, § 291 RN 40.

29 Emmerich/Sonnenschein, S. 71; Koppensteiner, in: Kölner Kommentar, AktG, § 291 RN 41; Rottnauer, DB 1991, 27, 28 ff.

30 Vgl. Koppensteiner, in: Kölner Kommentar; AktG, § 291 RN 41.

31 Vgl. z. B. K. Schmidt, DB 1984, 1181.

32 So aber K. Schmidt, DB 1984, 1181; ders., JbFSt. 1988/89, S. 157; ders., GesR, S. 716 f., diese Auffassung entspricht der oben, G V 2, S. 129 ff., ausführlich erörterten Meinung von K. Schmidt zur Abgrenzung der Innen- von der Außen-

So führt Flume[33] zutreffend aus:

„Die Beherrschung der Organgesellschaft ist nicht möglich, wenn die mehreren Unternehmungen jedes für sich selbständig der Organgesellschaft gegenüberstehen. Ein Condominium ist nur denkbar, wenn eine Koordination der mehreren erfolgt, welche die Herrschaft ausüben wollen... Wenn aber der Zusammenschluß keinen anderen Sinn und Inhalt hat, als die Beherrschung der Organgesellschaft für alle Unternehmungen zu gewährleisten, so steht gar nicht zwischen den einzelnen Unternehmungen und der Organgesellschaft als besondere Wesenheit eine bürgerlich-rechtliche Gesellschaft, sondern existent sind nur die einzelnen Unternehmungen. Die Vereinbarung, durch welche die Koordinierung der verschiedenen Unternehmungen für die Beherrschung der Organgesellschaft sichergestellt wird, ist allerdings ein Gesellschaftsvertrag, aber dieser Gesellschaftsvertrag erzeugt kein neues Subjekt, zu dem eine Organschaft bestehen könnte."

Danach müßten die Mutterunternehmen Vertragspartner – verbunden in einer BGB-Gesellschaft – sein. Nach der hier vertretenen Auffassung könnte das nur eine BGB-Gesellschaft ohne selbständige Identitätsausstattung sein[34]. Hierdurch wären die Mutterunternehmen Vertragspartner, allerdings mit den durch die Gründung der BGB-Gesellschaft erfolgten Modifikationen der Unternehmensverträge. Eine verselbständigte BGB-Gesellschaft mit selbständiger Identitätsausstattung wäre dagegen keine taugliche Rechtsform für die Koordinierung der Beteiligungen und den Abschluß der Unternehmensverträge. Danach dürfte zwischen den Muttergesellschaften keine als Rechtsträgerin verselbständigte BGB-Gesellschaft mit einem Gesamtnamen gegründet werden. Diese Konstellation ist damit dem Fall der oben[35] dargestellten Eigengruppe vergleichbar.

Eine bei der BGB-Gesellschaft mögliche Haftungsbegrenzung auf das Gesellschaftsvermögen wäre hier entsprechend den von den §§ 302 ff. AktG verfolgten Intentionen unzulässig[36].

### 3. Steuerrechtliche Problematik

Die Frage der Rechtsträgerschaft für die Unternehmensverträge resultiert auch aus Besonderheiten des Steuerrechts[37].

---

gesellschaft; vgl. auch Koppensteiner, in: Kölner Kommentar; AktG, § 291 RN 41.

33 Flume, DB 1955, 491 f.

34 Vgl. dagegen das Vertragsmuster von Hoffmann-Becking, in: Münchner Vertragshandbuch, IX. 5; vgl. hierzu schon oben, G VII 2, S. 131.

35 S. o. I, S. 179 ff.

36 Koppensteiner, in: Kölner Kommentar, AktG, § 291 RN 41 a. E.

37 Vgl. K. Schmidt, DB 1984, 1181, 1182; ders., JbFSt. 1987/88, S. 307.

### a) Die Auffassung der Finanzverwaltung

Nach der Auffassung der Finanzverwaltung[38] kann „eine Organschaft mit Gewinnabführungsvertrag zur GbR anerkannt werden", wenn sich mehrere Unternehmen zum Zweck der einheitlichen Willensbildung gegenüber einer Kapitalgesellschaft zu einer BGB-Gesellschaft zusammenschließen und die in Abschn. 52 Abs. 6 KStR genannten Voraussetzungen erfüllt sind. Die BGB-Gesellschaft wird nach Abschn. 52 Abs. 6 KStR als Organträger behandelt[39], obwohl sie selbst kein gewerbliches Unternehmen betreibt[40]. Die BGB-Gesellschaft bildet mit dem Gemeinschaftsunternehmen einen Organkreis, in den nicht die Gesellschafter der BGB-Gesellschaft einbezogen werden[41]. Ein Verlustausgleich des Gemeinschaftsunternehmens mit seinen Mutterunternehmen ist daher bei der Gewerbesteuer nicht möglich[42].

### b) Stellungnahme

Die Annahme einer Organträgerschaft der BGB-Gesellschaft widerspricht aber den für das Zivilrecht gewonnenen Erkenntnissen. Nach dem Konzernrecht darf keine als Rechtsträgerin verselbständigte BGB-Gesellschaft vorliegen. Die entsprechend den Anforderungen des Zivilrechts gegründete BGB-Gesellschaft ohne selbständige Identitätsausstattung kann daher mangels Verselbständigung auch nicht in steuerlicher Hinsicht Organträgerin sein. Nachdem das Konzernrecht eine gleichzeitige Abhängigkeit zu mehreren Unternehmen zuläßt[43], kann auch die für das Steuerrecht nach den §§ 14 ff. KStG erforderliche organisatorische Eingliederung zu mehreren Mutterunternehmen bestehen[44]. Nur so ist ein Gleichlauf von Zivil- und Steuerrecht möglich[45]. Es besteht daher ein Organkreis zwischen den in ei-

38 Abschn. 52 Abs. 6 KStR; vgl. auch BMF-Schreiben v. 24. 8. 1983, BMF IV B 7 – S 2770 – 9/83, BB 1983, 1650; für die GewSt.: Abschn. 17 Abs. 6 GewStR; vgl. auch Raupach, JbFSt. 1987/88, S. 302 ff.

39 Raupach, JbFSt. 1988/89, S. 288.

40 BFH DB 1987, 2338; Knobbe-Keuk, S. 567.

41 Abschn. 17 Abs. 6 Satz 6 und 7 GewStR; vgl. Raupach, JbFSt. 1988/89, S. 288.

42 Vgl. Raupach, JbFSt. 1988/89, S. 288.

43 Vgl. oben 2 b, S. 179.

44 So auch Raupach, JbFSt. 1988/89, S. 288/289.

45 Nach der Auffassung der Finanzverwaltung ist dieser Gleichlauf nicht gegeben; dies führt zu widersprüchlichen Ergebnissen: einerseits wirtschaftliche und finanzielle Eingliederung zu den Mütterunternehmen, aber andererseits soll die BGB-Gesellschaft auch Organträgerin sein, ohne daß diese ein gewerbliches Unternehmen betreibt; nach Sarrazin, JbFSt. 1987/88, S. 307, soll auch in diesem

ner BGB-Gesellschaft zusammengeschlossenen Müttern und dem Gemeinschaftsunternehmen[46].

## V. Konzerne

Insbesondere von Harms[47] wird der Konzern als BGB-Gesellschaft qualifiziert. Harms[48] sieht als einen Konzern die Zusammenfassung von Rechtseinheiten zu wirtschaftlichen Zwecken an. Diese Zwecke dürften aber nicht bloß als die Interessen der Spitzengesellschaft verstanden werden[49]. Denn die Zusammenfassung muß Mutter- und Tochtergesellschaft einschließen; hiernach wird nach Harms[50] auf Zwecke abgezielt, die keiner Rechtseinheit spezifisch zu eigen sind, sondern gemeinsam sind. Danach ist die BGB-Gesellschaft nichts anderes als das Zusammenwirken selbständiger Rechtssubjekte zur Förderung gemeinsamer Zwecke und umfaßt daher auch den Konzernbegriff[51]. Der Konzern als BGB-Gesellschaft tritt aber rechtsgeschäftlich nicht selbständig nach außen auf, denn die einzelnen Konzerngesellschaften bleiben selbständige Rechtssubjekte[52]. Deshalb kann nur eine Innengesellschaft vorliegen[53].

In der neueren Entwicklung des Konzernrechts, das in erster Linie das konzernspezifische Schutzrecht und Organisationsrecht umfaßt[54], hat die Frage

---

Fall die BGB-Gesellschaft Innengesellschaft sein; kritisch hierzu Döllerer, JbFSt. 1987/88, S. 310.

46 Vgl. Raupach, JbFSt. 1988/89, S. 289; ders., JbFSt. 1987/88, S. 312; Döllerer, JbFSt. 1987/88, S. 310.

47 Harms, S. 147 ff.; aA Bälz, in: FS Raiser, 1974, S. 287, 323; Rehbinder, S. 76 ff.; vgl. ferner Dölle, S. 9; vgl. insbesondere zum faktischen Konzern Wilhelm, S. 221 ff.; Verhoeven, RN 195 ff.; kritisch zu diesem Ansatz, K. Schmidt, GmbHR 1979, 121, 125 f.

48 Harms, S. 147 ff.

49 Harms, S. 147 ff.

50 Harms, S. 147 ff.

51 Harms, S. 147/148; L. Fischer, S. 227 f.

52 K. Schmidt, GesR, S. 372.

53 Harms, S. 149; davon zu unterscheiden ist die Frage, ob der Konzern Einheit oder Vielheit zu betrachten ist, nach der „Einheitsbetrachtung" wird der Konzern als ein Unternehmen betrachtet, vgl. Bälz, Einheit und Vielheit im Konzern, in FS Raiser, 1974, S. 287 ff.; Hommelhoff, Konzernleitungspflicht, S. 214 ff.; Harms, S. 157 f.; Emmerich/Sonnenschein, S. 77 f.; Zöllner, Schranken, S. 82; vgl. Uwe H. Schneider, Die Firma des Konzerns, BB 1989, 1985.

54 Vgl. Emmerich/Sonnenschein, S. 17 ff.; K. Schmidt, GesR, S. 369 f.; Hommelhoff, Konzernleitungspflicht, passim.

der Qualifizierung des Konzerns als BGB-Gesellschaft keine große Bedeutung.

### VI. Kartelle

Auch Kartelle können in der Rechtsform der BGB-Gesellschaft organisiert sein[55]. Dies ist insbesondere bei einfacheren Kartellen, die über keine besondere Organisation verfügen, der Fall[56]. Hierbei wird es sich auch meistens um eine Innengesellschaft handeln[57]. Dagegen werden weiter verselbständigte Kartelle in der Regel als GmbH organisiert sein[58].

## N. BGB-Gesellschaften des genossenschaftlichen Typus

### I. Werbegemeinschaften

#### 1. Die Werbegemeinschaft als ausgelagerte Teilfunktion einer Organisation

Die Rechtsform der BGB-Gesellschaft ist sehr häufig im Bereich der Gemeinschaftswerbung anzutreffen[1]. Unter Gemeinschaftswerbung wird die kooperative Durchführung von Werbung verstanden[2]. Die Motive für Werbegemeinschaften sind größtenteils in rechtlichen, betriebswirtschaftlichen und kaufmännischen Überlegungen begründet[3]. Hierbei sind vor allem Kostengründe und die Möglichkeiten eines professionelleren Marketings zu nennen. Die Mitgliedschaft in einer Werbegemeinschaft führt diesbezüglich zu einer Ausgliederung dieser Teilfunktion[4].

---

55 MüKo-Ulmer, vor § 705 RN 39; K. Schmidt, GesR, S. 1286 f.; L. Fischer, S. 224 ff.; es ist natürlich die Wirksamkeit nach den §§ 2–8, 99–103 GWB zu beachten.

56 MüKo-Ulmer, vor § 705 RN 39.

57 Die Vereinbarungen beschränken sich auf bindende Absprachen von Preisen, Absatzgebieten, Lieferbedingungen etc., Dölle, S. 8.

58 MüKo-Ulmer, vor § 705 RN 39.

1 Vgl. Schotthöfer, Gemeinschaftswerbung – Rechtsprobleme bei der Durchführung kooperativer Werbung, S. 29 ff.

2 Vgl. ausführlich zum Begriff der Gemeinschaftswerbung Schotthöfer, S. 14 ff.

3 Schotthöfer, S. 18.

4 Auch die in einer BGB-Gesellschaft durchgeführte Gemeinschaftsforschung, vgl. hierzu Holzapfel, JbFSt. 1988/89, S. 267 ff., stellt ein Beispiel einer ausgelagerten

Die rechtliche Ausgestaltung einer Werbegemeinschaft ist sehr vielfältig[5]. Als vorkommende Rechtsformen wären zu nennen: BGB-Gesellschaft, eingetragener Verein, nichtrechtsfähiger Verein, GmbH, KG, Genossenschaft[6]. Insbesondere stellt sich oft die Frage, ob eine BGB-Gesellschaft oder ein nichtrechtsfähiger Verein vorliegt[7]. Hierauf wird bei den einzelnen Beispielen zurückzukommen sein. Bei der Untersuchung von BGB-Gesellschaften als Werbegemeinschaften konnte auch festgestellt werden, daß sich die Beteiligten oftmals gar nicht über die Rechtsform im klaren sind. Darüber hinaus bestand fälschlicherweise oft die Auffassung, es handele sich nur um eine lose Verbindung („Kaffeekränzchen"[8]) ohne rechtliche Bindung[9].

Bei einer Werbegemeinschaft handelt es sich um eine ausgelagerte Teilfunktion eines Unternehmens oder einer anderen Organisation[10]. Es liegt ein sogenannter genossenschaftlicher Typus vor[11]. Bei einer Werbegemeinschaft in der Rechtsform des nichtrechtsfähigen Vereins würde eine Eintragung des Vereins im Vereinsregister nach der h. M.[12] an § 22 BGB scheitern, da in der Werbegemeinschaft regelmäßig ein wirtschaftlicher Verein zu sehen ist[13]. Da in der Werbegemeinschaft nur eine unternehmerische Teilfunktion ausgelagert ist, stellt die Werbegemeinschaft grundsätzlich keine Unternehmensträgerin dar[14]. Nach der Zweiteilung im Gutachten von Karsten Schmidt[15] wäre die Werbegemeinschaft in der Rechtsform der BGB-Gesellschaft der zivilistischen Gesellschaft[16] zuzuordnen. Wie die folgenden Beispiele zeigen werden, würde diese Einordnung aber nicht der vorgefundenen Verselbständigung entsprechen.

---

Teilfunktion dar. Auch ist denkbar, die dadurch erzielten Forschungsergebnisse mittels der BGB-Gesellschaft gemeinsam zu verwerten.

5 Vgl. Schotthöfer, S. 28 ff.

6 Vgl. Schotthöfer, S. 28 ff.

7 Vgl. zur Abgrenzung, o. G III, S. 109.

8 So die – die Existenz der Gemeinschaft „herunterspielende" – Aussage des Verantwortlichen einer Wirtschaftsförderungsgemeinschaft.

9 Dies deckt sich mit den Beobachtungen von Schotthöfer, S. 25 f.

10 Z. B. Gebietskörperschaft.

11 Vgl. K. Schmidt, Verbandszweck, S. 150 ff.; MüKo-Reuter, §§ 21, 22 RN 28.

12 Vgl. K. Schmidt, Verbandszweck, S. 150 ff.; MüKo-Reuter, §§ 21, 22 RN 28; Schotthöfer, S. 96 ff.

13 Schotthöfer, S. 126; MüKo-Reuter, §§ 21, 22 RN 38; ders., ZGR 1981, 364, 366 f.

14 K. Schmidt, GA, S. 558.

15 K. Schmidt, S. 495 ff.; s. o. G IV 2, S. 120 ff.

16 K. Schmidt, GA, S. 492 f.

## 2. Beispiele von Werbegemeinschaften

### a) Werbegemeinschaften in Einkaufszentren

#### *aa) Die Werbegemeinschaft im Einkaufszentrum*

Größere Einkaufszentren werden in der Regel von einer Gesellschaft betrieben. Diese Gesellschaft vermietet die Ladenflächen dann an Einzelhändler unterschiedlicher Größe. Da die Höhe des Mietzinses meistens umsatzabhängig ist, hat auch die Betreibergesellschaft ein Interesse am Florieren des Einkaufszentrums. Für das Einkaufszentrum wird daher eine Werbegemeinschaft gegründet. Der Name der Gesellschaft lautet z. B. „Werbegemeinschaft Einkaufszentrum X". Im Gesellschaftsvertrag heißt es dann: „Die Gesellschaft hat die Rechtsform einer Gesellschaft bürgerlichen Rechts".

Der Zweck der Gesellschaft lautet z. B.,

> „auf dem Gebiet der Verkaufsförderung und Werbung zu beraten, zu beschließen und für die einzelnen Gesellschafter durchzuführen. Die Gesellschaft erstrebt nicht, Gewinn zu erzielen"[17].

Die Mieter verpflichten sich meistens in den Mietverträgen, einer Werbegemeinschaft beizutreten[18]. Die Gesellschafterstellung ist daher auch regelmäßig an das Bestehen des Mietverhältnisses gekoppelt[19]. Einem ausscheidenden Gesellschafter stehen laut Gesellschaftsvertrag Ansprüche gegen die Gesellschaft nicht zu[20]. Die Gesellschaft besteht im Fall des Ausscheidens eines Gesellschafters unter den übrigen Gesellschaftern fort. Der Eintritt eines neuen Gesellschafters, der eine Geschäftsniederlassung im Einkaufszentrum betreibt, erfolgt dabei durch eine an die Geschäftsführung gerichtete schriftliche Beitrittserklärung, ohne daß die Zustimmung der bisherigen Gesellschafter erforderlich ist.

Die Finanzierung der Werbetätigkeit erfolgt durch Beiträge der Gesellschafter. Die Höhe der Beiträge richtet sich nach der Größe der Mietfläche des Gesellschafters.

---

17 So lautet ein üblicher Gesellschaftsvertrag.

18 Vgl. den Sachverhalt in BGH NJW 1979, 2304; In einem Gesellschaftsvertrag steht hierzu: „Gesellschafter der Gesellschaft sollen alle Einzelpersonen, Personengesellschaften und Kapitalgesellschaften werden, die eine Geschäftsniederlassung im Einkaufszentrum X haben ...".

19 Eine entsprechende Bestimmung lautet etwa: „Ein Mieter scheidet aus der Gesellschaft ferner mit der Beendigung seines Mietverhältnisses aus ...".

20 „§§ 738, 740 BGB finden keine Anwendung."

Organe der Werbegemeinschaft sind:

1. die Gesellschafterversammlung
2. die Geschäftsführung
3. die vertretungsberechtigten Geschäftsführer.

Die Geschäftsführung besteht aus 5–7 Personen des Gesellschafterkreises. Vertretungsberechtigt sind jeweils der Vorsitzende der Geschäftsführung und sein Stellvertreter. Durch die vertretungsberechtigten Geschäftsführer tritt die Werbegemeinschaft im Rechtsverkehr auf und erteilt insbesondere Aufträge an Werbeagenturen usw. Die Vertretungsbefugnis der vertretungsberechtigten Geschäftsführer ist in der Weise beschränkt, daß sie Verpflichtungen nur mit der Beschränkung der Haftung auf das Gesellschaftsvermögen im Rahmen des Jahreswirtschaftsplans eingehen können.

Die Beschlüsse der Gesellschafterversammlung werden grundsätzlich mit der Mehrheit der abgegebenen Stimmen gefaßt.

*bb) Untersuchung der Struktur der Werbegemeinschaft*

Die Werbegemeinschaft ist somit insbesondere aufgrund des Gesamtnamens und der selbständigen Handlungsorganisation körperschaftlich strukturiert. Sie ist auch regelmäßig auf Dauer angelegt. Die körperschaftliche Struktur zeigt sich auch an der Eintrittsmöglichkeit durch bloße Beitrittserklärung ohne Zustimmung der bisherigen Gesellschafter und an der Geltung des Mehrheitsprinzips. Hierdurch ist das Bestehen der Werbegemeinschaft vom einzelnen Mitglied unabhängig. Es stellt sich aber die Frage, ob die Gesellschaft einen überindividuellen Zweck hat oder ob die Gesellschaft einen an die Person des konkreten Gesellschafters gebundenen Zweck verfolgt. Da es allein auf die Verkaufsförderung der Geschäfte der jeweiligen Mieter ankommt, kommt es auf die jeweilige Person nicht an. Gesellschafter sind zwar immer nur die gegenwärtigen Mieter. Diese können aber laufend wechseln. Durch die Gesellschaft werden deshalb auch nur Zwecke der Gesellschafter in ihrer Funktion als gegenwärtige Mieter verfolgt. Denn für mieterfremde Personen wäre die Gesellschafterstellung weder zulässig noch zweckmäßig. Da es der Werbegemeinschaft insgesamt gesehen um die Werbung für das Einkaufszentrum und nicht um die Person des einzelnen Mieters geht, ist von einem überindividuellen Zweck auszugehen. Allerdings liegt – aufgrund der Bezeichnung im Gesellschaftsvertrag[21] – eine Gesellschaft vor, die zwar vom Bestand der jeweiligen

21 MüKo-Ulmer, vor § 705 RN 97.

Gesellschafter, aber nicht vom jeweiligen Mieterbestand unabhängig ist. Es liegt somit eine körperschaftlich strukturierte BGB-Gesellschaft vor[22].

Die Untersuchung der Werbegemeinschaft auf die drei Personifikationselemente ergibt eine selbständige Handlungsorganisation, einen eigenen Haftungsverband und eine selbständige Identitätsausstattung. Unter dieser Identitätsausstattung tritt die Werbegemeinschaft auch selbständig im Rechtsverkehr auf. Die Werbegemeinschaft ist damit als Rechtsträgerin verselbständigt. Wie oben[23] dargestellt, würde eine Zurückstufung entsprechend dem Vorschlag von K. Schmidt[24] zur schlicht zivilistischen Gesellschaft nicht der festgestellten und notwendigen Verselbständigung der Werbegemeinschaft entsprechen. Die hier untersuchte körperschaftlich strukturierte Werbegemeinschaft bestätigt auch die oben[25] vertretene Auffassung, daß eine unterschiedliche Behandlung[26] von BGB-Gesellschaft mit selbständiger Identitätsausstattung und nichtrechtsfähigem Verein bezüglich der Rechtsfähigkeit nicht gerechtfertigt ist, soweit nicht tatsächlich eine unterschiedliche Verselbständigung festzustellen ist.

### b) TechnologieRegion Karlsruhe

Die TechnologieRegion Karlsruhe ist ein Zusammenschluß der Städte Baden-Baden, Bretten, Bruchsal, Bühl, Ettlingen, Gaggenau, Karlsruhe und Rastatt, sowie der beiden Landkreise Karlsruhe und Rastatt zum Zweck einer gemeinsamen Außendarstellung und Vermarktung des Wirtschaftsraumes Karlsruhe[27]. Wesentliche Elemente dieser Kooperation sind die Erarbeitung eines einheitlichen Erscheinungsbildes (corporate design), die Förderung eines wirtschafts- und innovationsfreundlichen Klimas und die gemeinsame Akquisition im In- und Ausland. Die genannten Städte und Kreise haben sich daher zu diesem Zweck in der Form einer BGB-Gesellschaft[28] zusammengeschlossen. Vorsitzender der TechnologieRegion ist der Oberbürgermeister der Stadt Karlsruhe. Die Geschäftsführung liegt bei der Industrie- und Handelskammer Karlsruhe, die daher auch die Geschäfts-

---

22 Schotthöfer, S. 157, ist der Auffassung, daß alle Werbegemeinschaften in der Form des nichtrechtsfähigen Vereins als BGB-Gesellschaft zu behandeln sind.

23 S. o. G IV 2 a, S. 120 ff.

24 K. Schmidt, GA, S. 492 f.

25 G III 2 c, S. 115 ff.

26 Allein aufgrund der Einordnung als Verein oder Gesellschaft.

27 Vgl. Heuer, in: Handelsblatt v. 23. 11. 1988, S. 28.

28 Heuer, in: Handelsblatt v. 23. 11. 1988, S. 28.; auf dem Briefbogen steht: „TechnologieRegion Karlsruhe GdbR".

führer stellt. Die Gesellschaft finanziert sich durch Zuschüsse und Umlagen ihrer Mitglieder[29].

Sie hat nach eigenen Angaben[30] nur geringfügiges Anlagevermögen (Geschäftsausstattung).

Die Gesellschaft hat eine eigene Handlungsorganisation (Vorsitzender und Geschäftsführer). Sowohl der Vorsitzende, wie auch die Geschäftsführer sind auf dem Briefbogen der Gesellschaft aufgeführt. Diese Handlungsorganisation ähnelt der eines Vereins, da zumindest bzgl. der Geschäftsführung Drittorganschaft besteht[31], denn die Geschäftsführer sind nicht Gesellschafter der TechnologieRegion. Der Vorsitzende bzw. die Geschäftsführer handeln auch für die TechnologieRegion und nicht für die Gesellschafter in ihrer gesamthänderischen Verbundenheit.

Auch hat die Gesellschaft „TechnologieRegion Karlsruhe GdbR" eine eigene Identitätsausstattung. Die eigene Identitätsausstattung ist eigentlich der Hauptzweck der Gesellschaft, denn es soll dem Großraum Karlsruhe durch die TechnologieRegion ein einheitliches Erscheinungsbild gegeben werden[32]. Die Gesellschaft tritt auch mit einheitlichem Signet, Slogan, Typographie, Farbgebung usw. – insbesondere auf Briefbögen und Broschüren – auf. Hierdurch soll ein unverwechselbares Coporate-Design geschaffen werden. Aufgrund dieser Maßnahmen wird die Identitätsausstattung „Gesamtname" durch ein unverwechselbares Erscheinungsbild der Gesellschaft nach außen verstärkt. Die Gesellschaft hat auch einen Verwaltungssitz in Karlsruhe. Die somit vorhandene selbständige Identitätsausstattung führt zu einer Verselbständigung als Rechtsträger.

Trotz der körperschaftlichen Handlungsorganisation liegt m. E. eine BGB-Gesellschaft und kein nichtrechtsfähiger Verein vor. Denn die TechnologieRegion verfolgt gerade keinen von den Gesellschaftern losgelösten – überindividuellen – Zweck[33], sondern einen an die Gesellschafter gebundenen Zweck, da nur der gemeinsame Wirtschaftsraum der Gesellschafter

29 Heuer, in: Handelsblatt v. 23. 11. 1988, S. 28.

30 Schreiben vom 6. 12. 1988.

31 Vgl. zur Einschränkung des Grundsatzes der Selbstorganschaft, MüKo-Ulmer, § 709 RN 6; BGH NJW 1982, 877; BGH NJW 1982, 2495; Der BGH hat mit Rücksicht auf den Grundsatz der Selbstorganschaft die Gesamtheit der Gesellschafter als oberstes Geschäftsführungsorgan angesehen, dabei hat er gegen die Überlassung der Geschäftsführung an den oder die im Gesellschaftsvertrag genannten Dritten keine Bedenken erhoben.

32 Börkircher/Zajonc, in: Handelsblatt v. 23. 11. 1988, S. 27/28.

33 Im Gegensatz zum vorhergehenden Beispiel der Werbegemeinschaft im Einkaufszentrum.

gefördert werden soll. Dies zeigt, daß eine Gesellschafterstellung z. B. der Stadt Emden mit dem Zweck nicht vereinbar wäre. Durch die selbständige Identitätsausstattung ist die TechnologieRegion auch als Rechtsträgerin verselbständigt.

### c) Arbeitsgemeinschaft Wirtschaftsförderung Münsterland

Die Arbeitsgemeinschaft Wirtschaftsförderung Münsterland (AWM) ist ein Zusammenschluß der für die Wirtschaftsförderung zuständigen Institutionen des Münsterlandes. Mitglieder der AWM sind die Stadt Münster, der Kreis Steinfurt und jeweils die WirtschaftsförderungsGmbH der Kreise Borken, Coesfeld und Warendorf. Ziel der AWM ist es, „das Münsterland als attraktiven Wirtschaftsraum bekanntzumachen und durch Ansiedlung von Betrieben dessen Wirtschaftskraft zu erhöhen und positive Beschäftigungseffekte zu erwirken"[34]. Die Mitglieder haben hierzu eine akquisitorische Zusammenarbeit vereinbart. Außerdem vertritt die AWM die gemeinsamen Interessen der Mitglieder gegenüber Kammern und Verbänden sowie Landes- und Bundesministerien usw. Die Mitglieder wählen alle zwei Jahre eine geschäftsführende Gesellschafterin, die die Arbeitsgemeinschaft nach außen vertritt und die Geschäfte führt. Die Finanzierung der Akquisitions- und Informationsmaßnahmen erfolgt durch Umlagen der Mitglieder.

In der Vereinbarung über die Mitgliedschaft in der AWM ist die Gründung einer BGB-Gesellschaft zu sehen. Denn die Gesellschafter haben sich hierin verpflichtet, die Erreichung des gemeinsamen Zwecks – Wirtschaftsförderung des Münsterlandes – zu fördern (§ 705 BGB). Aufgrund der oben[35] bei der TechnologieRegion geschilderten Gründen verfolgt die AWM auch keinen überindividuellen Zweck.

Die AWM tritt auch im Rahmen ihrer Zweckverwirklichung mit eigener Identitätsausstattung selbständig im Rechtsverkehr auf. Es besteht auch durch die geschäftsführende Gesellschafterin eine selbständige Handlungsorganisation. Somit ist eine Verselbständigung der AWM als Rechtsträgerin gegeben.

34 I. 1. der Vereinbarung über die Mitgliedschaft in der AWM.
35 S. o. b, S. 187.

### d) Aktionsgemeinschaft ehrliche Arbeitsplätze

#### *aa) Die Aktionsgemeinschaft ehrliche Arbeitsplätze als Werbegemeinschaft*

Die „Aktionsgemeinschaft ehrliche Arbeitsplätze" ist ein seit etwa zehn Jahren bestehender – nach eigener Auskunft – „loser" Zusammenschluß von Institutionen[36] zur Bekämpfung von illegaler Beschäftigung. Nach Angaben der federführenden Bundesanstalt für Arbeit gibt es für die Aktionsgemeinschaft weder einen Gesellschaftsvertrag noch eine Satzung. Die Gründung der Aktionsgemeinschaft geht auf eine Initiative der Bundesanstalt für Arbeit zurück. Der Zusammenschluß dient in erster Linie zur Realisierung von gemeinsamer Öffentlichkeitsarbeit zur Bekämpfung illegaler Beschäftigung. Trägerin und Durchführende der Werbemaßnahmen ist die Bundesanstalt für Arbeit. Die Aktionsgemeinschaft hat somit kein eigenes Gesellschaftsvermögen. Die Bundesanstalt für Arbeit stimmt sich für die Durchführung der Werbemaßnahmen anhand eines Jahresplanes mit den Partnern[37] ab. Die finanziellen Mittel (derzeit etwa DM 1 Mio. jährlich) für die Öffentlichkeitsarbeit werden fast ausschließlich von der Bundesanstalt für Arbeit getragen. Teilweise tragen aber auch die Partner durch kostenlose Werbung in ihren Organen usw. zur Öffentlichkeitsarbeit bei.

#### *bb) Die Aktionsgemeinschaft ehrliche Arbeitsplätze als BGB-Gesellschaft*

Im Hinblick auf das nicht unerhebliche Budget und die nun schon recht lange Zeit des Zusammenschlusses ist in der Aktionsgemeinschaft nicht nur ein loser (rechtlich irrelevanter) Zusammenschluß, sondern ein rechtlich bindender Zusammenschluß zu sehen. Es stellt sich daher die Frage, ob die Aktionsgemeinschaft als BGB-Gesellschaft oder als nicht rechtsfähiger Verein anzusehen ist. Aufgrund der Selbstorganschaft durch die geschäftsführende Gesellschafterin Bundesanstalt für Arbeit und die notwendigerweise vorhandene Konstanz im Gesellschafterbestand ist keine körperschaftliche Struktur festzustellen[38]. Auch ist die Aktionsgemeinschaft

36 Partner der Arbeitsgemeinschaft sind: Bundesanstalt für Arbeit, Bundesministerium für Arbeit und Sozialordnung, Bundesministerium der Finanzen, die Arbeitsminister und Senatoren für Arbeit der Länder, Bundesvereinigung der Deutschen Arbeitgeberverbände, Zentralverband des Deutschen Handwerks, Deutscher Gewerkschaftsbund, Deutsche Angestelltengewerkschaft und die Spitzenverbände der Sozialversicherung.

37 S. vorhergehende FN.

38 Allerdings besteht eine selbständige Handlungsorganisation, vgl. unten cc, S. 191.

wohl nur in der bestehenden Zusammensetzung geeignet, die Öffentlichkeitsarbeit in der praktizierten Weise zu betreiben. Denn es ist gerade die Idee der Aktionsgemeinschaft, daß sich *alle* Institutionen des öffentlichen Lebens, die irgendwie vom Problem Schwarzarbeit betroffen sind, zusammenschließen. Daher tritt die Aktionsgemeinschaft in den Anzeigen immer unter ausdrücklicher Nennung der Partner auf, um die breite Basis[39] des Zusammenschlusses zu demonstrieren. Die Partner der Aktionsgemeinschaft sollen daher nicht völlig hinter der „Aktionsgemeinschaft ehrliche Arbeitsplätze" „verschwinden", sondern es ist gerade beabsichtigt, den Konsens der verschiedenen Interessengruppen zum Zwecke der Bekämpfung der illegalen Beschäftigung mittels Nennung der Partner in den Anzeigen hervorzuheben. Daher ist die Aktionsgemeinschaft auch gar nicht auf Mitgliederwechsel angelegt. Obwohl die Bekämpfung der illegalen Beschäftigung grundsätzlich als überindividueller Zweck anzusehen ist, verfolgt die Aktionsgemeinschaft somit im Hinblick auf die demonstrative breite Basis der Partner doch einen an die Partner gebundenen Zweck. Denn es handelt sich gerade nicht um einen anonymen Verein zur Bekämpfung der illegalen Beschäftigung. Daher ist die Aktionsgemeinschaft als BGB-Gesellschaft einzuordnen.

#### *cc) Untersuchung der Struktur der Aktionsgemeinschaft ehrliche Arbeitsplätze*

Durch die geschäftsführende Gesellschafterin, der Bundesanstalt für Arbeit, ist eine selbständige Handlungsorganisation vorhanden.

Entsprechend dem Zweck und der Organisation hat die Aktionsgemeinschaft keinen eigenen Haftungsverband. Durch die Übernahme der Kosten von der Bundesanstalt für Arbeit ist auch das vermögensrechtliche Element zu vernachlässigen.

Die Gesellschaft hat mit dem Namen „Arbeitsgemeinschaft ehrliche Arbeitsplätze" eine eigene Identitätsausstattung. Allerdings ist durch die Verknüpfung des Namens „Aktionsgemeinschaft ehrliche Arbeitsplätze" mit den Namen der Partner – wie gerade dargestellt – durch die Identitätsausstattung keine so weitgehende Verselbständigung bezweckt, da im Auftreten der Gesellschaft nach außen gerade auch der Gesellschafterkreis als „werbewirksam" angesehen wird. Dies zeigt deutlich die Abhängigkeit der Ausgestaltung der Identitätsausstattung vom Gesellschaftszweck. Entscheidend ist aber auf das Bestehen des Namens „Arbeitsgemeinschaft ehrliche

39 Z.B. Gewerkschaften und Arbeitgeber.

Arbeitsplätze" abzustellen, so daß trotz dieser werbespezifischen Besonderheit von einer Verselbständigung als Rechtsträgerin auszugehen ist[40].

## II. Rechenzentren

Ein weiterer, häufiger Anwendungsfall der BGB-Gesellschaft des genossenschaftlichen Typus sind die Rechenzentren. So haben sich in der BÄKO Rechenzentrum GbR, Stuttgart, die der BÄKO-Zentrale Württemberg angeschlossenen Genossenschaften und einige Fremdfirmen zusammengeschlossen[41]. Das Gesellschaftskapital beträgt DM 500000,–. Im Gesellschaftsvertrag haben sich die Gesellschafter verpflichtet, das BÄKO-Rechenzentrum soweit wie technisch möglich in Anspruch zu nehmen. Das Rechenzentrum umfaßt folgende Bereiche:

- Vertriebs- und Verkaufsabwicklung
- Einkaufsabwicklung
- Finanzbuchhaltung
- Lohn- und Gehaltsabrechnung

Das Rechenzentrum arbeitet nach dem Kostendeckungsprinzip.

Bei dem BÄKO-Rechenzentrum handelt es sich um eine BGB-Gesellschaft des genossenschaftlichen Typs, die unter eigener Identitätsausstattung mit eigenem Haftungsverband im Rechtsverkehr selbständig auftritt. Das BÄKO-Rechenzentrum ist daher als Rechtsträger verselbständigt.

# O. Arbeitsgemeinschaften

Als Arbeitsgemeinschaften bezeichnet man die Zusammenschlüsse rechtlich selbständiger Unternehmen zur Erfüllung eines einzigen Werkvertrages bzw. Werklieferungsvertrages oder einer im Gesellschaftsvertrag begrenzten Anzahl entsprechender Verträge[1].

Es handelt sich oftmals um sogenannte Anbietergemeinschaften[2]. Häufigstes Beispiel sind die Arbeitsgemeinschaften im Baubereich, die deshalb unten ausführlicher dargestellt werden sollen.

---

40 Vgl. hierzu schon o. E V 2a, S. 45 f.
41 Angaben lt. Schreiben vom 9. 12. 1988.
1 L. Fischer, S. 190.
2 Vgl. Strobl, JbFSt. 1988/89, S. 232; Günter, ZfbF Sonderheft 7/77, 155 ff.

# I. Arbeitsgemeinschaften im Baubereich

## 1. Die Arbeitsgemeinschaft als Unternehmenszusammenschluß auf Zeit

Arbeitsgemeinschaften im Baubereich (Arge) sind Zusammenschlüsse von selbständigen Bauunternehmen zur gemeinsamen Durchführung eines bestimmten Bauauftrages[3]. Die Bildung einer Arge ist meist aufgrund des Umfangs oder des Zusammenwirkens mehrerer Fachunternehmen motiviert. In den meisten Fällen übernimmt eine Arge nur ein Bauprojekt. Aus diesem Grund wird die Arge auch als ein „Unternehmenszusammenschluß auf Zeit" genannt[4]. Barner[5] führt hierzu aus:

„Aus dieser Sicht stellt sich die Arge als ein in sich geschlossener, voll funktionsfähiger wirtschaftlicher Organismus dar, dem jedoch die letzte wirtschaftliche Selbständigkeit fehlt. Die in der Arge eingebrachten Teile gehen zu keinem Zeitpunkt eine untrennbare Verbindung ein. Hat der aus Teilen anderer Organismen geschaffene, eigene Organismus seinen Zweck erfüllt, gehen seine Teile wieder restlos in den alten Organismen auf."

Nach h. M.[6] ist die Arge auch kein Gewerbebetrieb i. S. v. § 1 HGB, da in dem Unternehmenszusammenschluß auf Zeit keine auf Dauer angelegte berufsmäßige Tätigkeit der Arge gesehen wird[7]. Denn im Verhältnis Bauherr–Arge tätigt die Arge nur ein Geschäft. Die Arge kann daher grundsätzlich nicht in der Rechtsform der Personenhandelsgesellschaft betrieben werden. Sie stellt daher regelmäßig eine BGB-Gesellschaft dar[8]. Vom Hauptverband der Deutschen Bauindustrie ist ein „Arge-Mustervertrag" entwickelt worden, der bei den meisten Argen – gegenwärtig in der Fassung von 1987[9] – Anwendung findet.

## 2. Beschreibung der Personifikationselemente

Aufgrund dieses Gesellschaftsvertrages stellen sich die Personifikationselemente wie folgt dar:

3 K. Schmidt, GesR, § 58 III 3; ders., GA, S. 454 ff.; MüKo-Ulmer, vor § 705 RN 22; Barner, passim; L. Fischer, S. 190 ff.; Strobl, JbFSt. 1988/89, S. 232 ff.

4 Barner, S. 80; dieser Typus wird auch Gelegenheitsgesellschaft bezeichnet, vgl. Barner, S. 66 ff. und o. E V 3, S. 48 ff.; zur kartellrechtlichen Zulässigkeit vgl. BGH WuW/E 2050 (Bauvorhaben Schrammberg).

5 Barner, S. 80.

6 Barner, S. 83; K. Schmidt, GA, S. 452; Baumbach/Duden/Hopt, § 1 Anm. 1 A.

7 S. u. 2 d, S. 195.

8 MüKo-Ulmer, vor § 705 RN 22, Fischer, S. 190.

9 Vgl. den Vertragswortlaut bei Fahrenschon-Burchardt, in: ARGE Kommentar.

### a) Handlungsorganisation

Bei einer Arge mit z. B. zwei Gesellschaftern besteht die Handlungsorganisation aus einer kaufmännischen und technischen Geschäftsführung, die jeweils von einem Gesellschafter übernommen wird. Hierbei sind der kaufmännische und technische geschäftsführende Gesellschafter einzelvertretungsberechtigt. Im Gegensatz zur gesetzlichen gemeinschaftlichen Geschäftsführung liegt hier eine Spezialisierung und Verselbständigung der Handlungsorganisation vor. Die Handlungsorganisation tritt auch nicht für die einzelnen Gesellschafter, sondern für die „ARGE X" auf. Die Handlungsorganisation ist daher auch als Organ der Arge anzusehen[10].

### b) Haftungsverband

Die Arge hat einen eigenen Haftungsverband in Gestalt ihres Gesellschaftsvermögens. Der Umfang dieses Vermögens kann zwar möglicherweise relativ gering sein, da oftmals die erforderlichen Geräte im Alleineigentum des betreffenden Gesellschafters stehen und nur an die Arge vermietet sind[11]. Die Arge kann aber auch Geräte selbst anschaffen und bezahlt z. B. Subunternehmer aus Mitteln (eigenes Bankkonto) ihres Gesellschaftsvermögens. Die Arge-Gesellschafter haften grundsätzlich für die Verbindlichkeiten der Arge gesamtschuldnerisch[12]. Damit sind der Personifikation „Arge" auch die Haftungsverbände der Gesellschafter zugeordnet. Der Haftungsverband ist somit insgesamt nicht selbständig.

### c) Identitätsausstattung

Die Arge hat in den meisten Fällen auch einen Gesamtnamen, z. B. „ARGE Brücke XY", mit dem sie selbständig im Rechtsverkehr auftritt. Außerdem hat die Arge regelmäßig auch einen Sitz, der entweder am Sitz des federführenden kaufmännischen Unternehmens oder am Ort der Baustelle ist. Die Arge hat unter dieser Identitätsausstattung einen eigenen Briefbogen, eine eigene Bankverbindung usw. Außerdem nimmt die Arge unter dieser Identitätsausstattung Kredite auf, stellt Arbeiter ein[13] und vergibt Subaufträge etc.

---

10 Vgl. Barner, S. 144.
11 Barner, S. 57.
12 Barner, S. 61.
13 Vgl. K. Schmidt, GA, S. 455.

Das Merkmal der selbständigen Identitätsausstattung ist auch für die Frage entscheidend, ob die Arge als Unternehmer i. S. von § 2 Abs. 1 UStG anzusehen ist und damit umsatzsteuerpflichtig ist[14].

### d) Merkmal der Dauer

Am Beispiel der Bauarge zeigt sich deutlich die Relevanz des Merkmals der Dauer[15]. Wie schon oben[16] dargelegt, betreibt sie kein Gewerbe i. S. v. § 1 HGB, da die Arge regelmäßig keine auf Dauer angelegte berufsmäßige Tätigkeit ausübt[17]. Auch gilt die Arge nach § 2 a GewStG nicht als Gewerbebetrieb und ist dadurch nicht gewerbesteuerpflichtig, wenn bei Vertragsschluß anzunehmen ist, daß deren alleiniger Zweck sich auf die Erfüllung eines einzigen Werkvertrages oder Werklieferungsvertrages beschränkt, der innerhalb von drei Jahren erfüllt werden kann. Nach der Einordnung von K. Schmidt[18] stellt die Arge – mangels auf Dauer angelegter planmäßiger Tätigkeit auch kein Unternehmen dar. Dies führt auch dazu, daß die Arge bei den Gesellschafterunternehmen nicht als Beteiligung „an anderen Unternehmen" nach § 271 Abs. 1 HGB zu bilanzieren ist[19]. Vielmehr sind die einzelnen Vermögensgegenstände unmittelbar dem Vermögen der Gesellschafter zuzurechnen[20].

### e) Ergebnis

Infolge der selbständigen Identitätsausstattung ist die Arge zwar als Rechtsträger im Rechtsverkehr anzuerkennen. Dadurch daß die Arge nicht auf Dauer angelegt ist, fehlt aber ein wichtiges Personifikationsmerkmal. Hierdurch ergeben sich Einschränkungen beim Umfang der Teilrechtsfähigkeit. So ist nach der hier vertretenen Auffassung eine Arge nicht mitgliedsfähig, nicht grundbuchfähig, nicht tariffähig und nicht parteifähig. Aufgrund der vorhandenen selbständigen Handlungsorganisation wäre bei einer Bauarge die Organhaftung gemäß § 31 BGB analog aber zu bejahen[21].

---

14 Vgl. Schwarze, JbFSt. 1988/89, S. 236 f.; s. o. E III 1, S. 38.
15 S. hierzu o. E V 3, S. 48 ff.
16 S. o. 1, S. 193.
17 Baumbach/Duden/Hopt, § 1 Anm. 1 A.
18 S. o. G IV 1, S. 117 ff.
19 WP-Handbuch 1985/86, S. 158; Pankow/Gutike, in: Beck'scher Bilanzkommentar, § 271 RN 12.
20 Strobl, JbFSt. 1988/89, S. 233.
21 S. o. F V, S. 90 ff.

## II. Arbeitsgemeinschaften im Bereich des TÜV

Als Beispiel außerhalb des Baubereichs – aber doch im Zusammenhang damit stehend – ist die „TÜV-Arbeitsgemeinschaft Kerntechnik West" (TÜV-ARGE KTW) zu nennen. Zu dieser Arbeitsgemeinschaft haben sich der Rheinisch-Westfälische Technische Überwachungs-Verein e.V. und der Technische Überwachungs-Verein Rheinland e.V. zusammengeschlossen. Zweck der Arge ist es, „den atomrechtlichen Genehmigungs- und Aufsichtsbehörden als zugezogene Sachverständige in atomrechtlichen Genehmigungs- und Aufsichtsverfahren zur Verfügung zu stehen"[22]. Die Arge hat dementsprechend die Ausarbeitung von Gutachten, die Prüfung von Unterlagen etc. vorzunehmen[23]. Der Zusammenschluß der beiden TÜV-Vereine ist als BGB-Gesellschaft zu qualifizieren.

Nach Nr. 2 des Gesellschaftsvertrages wird die Arge von zwei Geschäftsführern geleitet, von denen einer Angestellter des TÜV Rheinland und der andere Angestellter des Rheinisch-Westfälischen TÜV ist. Der Arge werden von den Gesellschaftern Mitarbeiter, Geschäftsräume, Anlagen und Materialien zur Verfügung gestellt. Die Geschäftsführer bestimmen für jeden Auftrag, welcher der beiden Vereine die Abrechnung im Auftrage der Arge für deren Leistungen übernimmt[24].

Die Arge hat durch die Geschäftsführer eine eigene Handlungsorganisation. Auch besteht ein eigener Haftungsverband. Außerdem sind der Arge die Haftungsverbände der Gesellschafter zugeordnet[25]. Die Arge hat außerdem mit dem Namen „TÜV-Arbeitsgemeinschaft Kerntechnik West" eine eigene Identitätsausstattung. Hierdurch ist die Arge auch als Rechtsträgerin verselbständigt. Von der Arge im Baubereich unterscheidet sich aber diese Arge dadurch, daß sie auf Dauer angelegt ist. Die bei der Bauarge durch das Fehlen des Merkmals der Dauer bestehenden Einschränkungen bezüglich des Umfangs der Teilrechtsfähigkeit bestehen daher bei der TÜV-ARGE KTW nicht.

---

22 Nr. 1 Gesellschaftsvertrag v. 16. 9. 1975.

23 Nr. 1 Gesellschaftsvertrag.

24 Nr. 4 Gesellschaftsvertrag.

25 Nr. 9 Gesellschaftsvertrag lautet: „Der Rheinisch-Westfälische Technische Überwachungs-Verein und der Technische Überwachungs-Verein Rheinland haften jeweils für von ihnen erbrachte Leistungen."

# P. Kooperationen bei freien Berufen

## I. Überblick

Ein wichtiger Bereich der Erscheinungsformen von BGB-Gesellschaften stellt die Kooperation bei freien Berufen dar[1]. Apotheken dürfen zwar nach § 8 ApothG auch in der Rechtsform der BGB-Gesellschaft betrieben werden. Diese von mehreren gemeinschaftlich betriebene Apotheke wird aber üblicherweise eine OHG darstellen, denn eine BGB-Gesellschaft liegt nur in den praktisch seltenen Fällen des § 4 HGB vor[2].

Eine Kooperation gibt es vor allem zwischen Architekten, Ärzten, Rechtsanwälten, Steuerberatern und Wirtschaftsprüfern. Die Ausübung eines freien Berufs ist kein Gewerbe[3], so daß eine Personengesellschaft unter Freiberuflern immer nur eine BGB-Gesellschaft sein kann[4]. Grundsätzlich ist bei den in diesem Bereich vorkommenden BGB-Gesellschaften zu unterscheiden zwischen der Berufsausübungsgesellschaft[5] und der Organisationsgesellschaft[6], deren Zweck es ist, durch gemeinschaftliche Beschäftigung von Büropersonal oder Nutzung von Einrichtungsgegenständen die Unkosten der Praxis zu senken[7]. Für jeden der hier genannten Berufe besteht ein eigenständiges Berufs- und Standesrecht. In der Frage der gesellschaftsrechtlichen Zusammenarbeit ergeben sich daher teilweise recht erhebliche Unterschiede. Auf die einzelnen Berufe wird daher im folgenden eingegangen, soweit es für die vorliegende Untersuchung von Bedeutung ist.

Die Vorschläge bezüglich eines Sonderrechts für die freiberufliche Partnerschaft haben sich bisher nicht durchsetzen können. So hat der Entwurf eines Partnerschaftsgesetzes[8], das in Abweichung der BGB-Gesellschaft den Freiberuflern trotz fehlenden Handelsgewerbes die Vorteile der Firmenbildung und der Haftungsbeschränkung eröffnen sollte[9], im Bundestag keine Mehrheit gefunden.

---

1 Lach, Formen freiberuflicher Zusammenarbeit, passim.
2 K. Schmidt, GA, S. 457; auch Apotheker sind Warenhändler i.S. von § 1 Abs. 2 Nr. 1 HGB, vgl. BGH NJW 1983, 2086.
3 Z.B. § 2 BRAO; ausführlich zur nichtgewerblichen Tätigkeit Lach, S. 20 ff.
4 K. Schmidt, GesR, S. 1282; Lach, S. 20.
5 Lach, S. 46; K. Schmidt, GesR, S. 1282.
6 Begriff von Lach, S. 61.
7 Lach, S. 44.
8 BTDrucks. 7/4089.
9 Vgl. K. Schmidt, GA, S. 502 f.; Sandberger/Müller-Graff, ZRP 1975, 1 ff.; Thümmel, WPg. 1971, 399 ff.

## II. Kooperation unter Ärzten

Als Oberbegriff für sämtliche Formen gemeinsamer ärztlicher Zusammenarbeit hat sich inzwischen der Ausdruck Gruppenpraxis eingebürgert[10]. Entsprechend den praktischen Bedürfnissen für die Bildung einer Gruppenpraxis unterscheidet man zwischen Gemeinschaftspraxis, Praxisgemeinschaft und Apparategemeinschaft (Laborgemeinschaft)[11].

### 1. Gemeinschaftspraxis

Unter Gemeinschaftspraxis versteht man den Zusammenschluß von zwei oder mehreren Ärzten zur gemeinsamen Ausübung des ärztlichen Berufs dergestalt, daß sie in gemeinsamen Räumen mit gemeinsamer Praxiseinrichtung, gemeinsamer Karteiführung und mit Unterstützung gemeinsamen Personals eine gemeinsame Klientel auf gemeinsame Rechnung unter gemeinsamem Namen behandeln[12]. Nach außen hin tritt die Gemeinschaftspraxis üblicherweise als Einheit auf[13]: Nicht der einzelne Arzt steht der Krankenkasse und dem Patienten gegenüber, sondern die Gemeinschaftspraxis, in der sich die Ärzte zusammengeschlossen haben. Regelmäßig ist der Krankenschein des Kassenpatienten auf die Gemeinschaftspraxis und nicht auf einen der in ihr zusammengeschlossenen Ärzte ausgestellt, für einen Wechsel des Arztes innerhalb der Gemeinschaftspraxis bedarf der Kassenpatient keiner Überweisung, denn dies folgt aus der Austauschbarkeit der ärztlichen Behandlungsführung in der Gemeinschaftspraxis[14]. Die Gemeinschaftspraxis ist deshalb auch eine Praxis[15].

Zum Auftreten als Einheit ist auch eine Identitätsausstattung der Gemeinschaftspraxis erforderlich. So treten die Ärzte der Gemeinschaftspraxis unter einem gemeinsamen Namen auf: z. B. „Institut für Röntgen- und Nuklearmedizin"[16]. Auch ist nach § 27 Abs. 4 MuBO zwingend vorgeschrieben, daß das Praxisschild die Bezeichnung „Gemeinschaftspraxis" enthält. Damit hat die Gemeinschaftspraxis regelmäßig eine eigene Identitätsausstattung. Die Gemeinschaftspraxis wird auch grundsätzlich auf Dauer angelegt sein.

10 Vgl. Henke, NJW 1974, 2035.
11 Vgl. Lang/Schade/Lautenschläger, S. 146.
12 Narr, RN 1141.
13 Vgl. Lach, S. 93.
14 BGH NJW 1986, S. 2364.
15 Narr, RN 1141.
16 So im Fall BGH, NJW 1986, 2364; auch ist „Gemeinschaftspraxis Dr. X und Dr. Y" als Name der Gesellschaft anzusehen.

Die Gemeinschaftspraxis hat auch in Gestalt des Gesellschaftsvermögens einen eigenen Haftungsverband. Weiter besteht unter bestimmten Umständen – insbesondere bei Ansprüchen aus Behandlungsvertrag – die volle Zugriffsmöglichkeit auf die allgemeinen Haftungsverbände der Gesellschafter[17]. Insgesamt besteht daher kein selbständiger Haftungsverband.

Die Handlungsorganisation wird bei der Gemeinschaftspraxis entweder durch alle Gesellschafter-Ärzte gemeinschaftlich oder durch einzelvertretungsberechtigte Ärzte gebildet. Im letzteren Fall besteht eine verselbständigte Handlungsorganisation. Die Ärzte handeln hierbei nicht im eigenen Namen, sondern für die Gemeinschaftspraxis.

Durch die selbständige Identitätsausstattung ist die Gemeinschaftspraxis auch als Rechtsträger verselbständigt. Da die Gesellschaft nicht nur vorübergehend besteht, umfaßt die Teilrechtsfähigkeit der Gemeinschaftspraxis den oben[18] beschriebenen Umfang bezüglich Mitgliedsfähigkeit, Grundbuchfähigkeit usw., soweit nicht Einschränkungen aufgrund des ärztlichen Standesrechts bestehen[19].

## 2. Praxisgemeinschaft – insbesondere die Laborgemeinschaft

### a) Die Praxisgemeinschaft als Form der ärztlichen Zusammenarbeit

Unter einer Praxisgemeinschaft versteht man den Zusammenschluß mehrerer Ärzte des gleichen Fachgebiets oder verschiedener Fachgebiete zur gemeinsamen Nutzung von Räumen, Apparaten, zur gemeinsamen Beschäftigung nichtärztlicher Mitarbeiter bei sonst selbständiger Praxisführung mit verschiedenem Patientenstamm, jeweils eigener Karteiführung und selbständiger privat- und kassenärztlicher Abrechnung[20]. Die Praxisgemeinschaft ist nicht „eigene Praxis". Sie tritt nach außen nur im Rahmen der gemeinschaftlich beschlossenen Zielsetzung auf, also z. B. bei Anmietung gemeinsamer Praxisräume, beim Kauf gemeinsam zu benutzender Apparate oder beim Abschluß von Arbeitsverträgen mit den gemeinsam zu beschäftigenden Mitarbeitern[21]. Die Praxisgemeinschaft ist regelmäßig eine BGB-Gesellschaft[22].

17 Vgl. die Nachweise bei BGH, NJW 1986, 2364, 2365.
18 S. o. F, S. 53 ff.
19 Z. B. Verbot der gewerblichen Betätigung, vgl. Lach, S. 99.
20 Narr, RN 1144; Lang/Schade/Lautenschläger, S. 148; Rosenau, DB Beilage Nr. 3/70 zu Heft Nr. 9.
21 Narr, RN 1144; Kamps, S. 276 f.
22 K. Schmidt, GesR, S. 1282.

### b) Die Laborgemeinschaft

#### *aa) Die Laborgemeinschaft als besondere Form der Praxisgemeinschaft*

Ein Unterfall der Praxisgemeinschaft ist der hier näher darzustellende Fall der ärztlichen Laborgemeinschaft (Apparategemeinschaft). Zu einer Laborgemeinschaft schließen sich Ärzte zur Anschaffung und zum Betrieb von Laborgeräten außerhalb ihrer Praxis zusammen, um dort alle in der eigenen Praxis an eigenen Patienten anfallenden Laborleistungen unter wechselnder oder ständig gleicher ärztlicher Aufsicht zu erbringen. Die in der Laborgemeinschaft erbrachten Leistungen werden von den dort zusammengeschlossenen Ärzten als eigene Leistungen abgerechnet[23].

Die ersten Laborgemeinschaften entstanden, nachdem die ersten automatischen Laborgeräte auf den Markt gekommen waren[24]. Für die Ärzte war die Gründung einer Laborgemeinschaft attraktiv, da durch die technische Entwicklung die Selbstkosten des Labors weit unter den entsprechenden Sätzen der Gebührenordnungen lagen[25]. Seit der Gebührenreform im Oktober 1987 besteht dieser Vorteil aber zum größten Teil nicht mehr[26].

So haben sich z. B. in der ärztlichen Laborgemeinschaft für den Kreis Göppingen 123 Ärzte zusammengeschlossen. Die Laborgemeinschaft beschäftigt 8 Vollzeitmitarbeiter und 2 Teilzeitmitarbeiter. Die Investitionen (Geräte usw.) werden grundsätzlich durch Fremdkapital finanziert. Von den beteiligten Ärzten werden für diese Kredite selbstschuldnerische Bürgschaften abgegeben. Es gibt aber auch Laborgemeinschaften, wo für die Investitionen von den Ärzten Zuschüsse gezahlt werden[27]. Üblicherweise hat die Laborgemeinschaft einen aus Gesellschafter-Ärzten bestehenden Vorstand. Auch gilt bei Abstimmungen in der Gesellschafterversammlung grundsätzlich das Mehrheitsprinzip.

Wie oben dargestellt, besteht die Besonderheit der Laborgemeinschaft darin, daß die einzelnen Laboruntersuchungen nicht als eine Leistung der Gemeinschaft, sondern als Leistung des behandelnden Arztes durch seinen in der Laborgemeinschaft ausgelagerten Praxisteil abgerechnet werden. Für die Laboruntersuchung ist daher auch keine Überweisung des behandelnden Arztes erforderlich.

---

23 Narr, RN 1144; vgl. auch BVerfG, UStR 1977, 32, 33.
24 Plassmann, Wirtschaftswoche Nr. 11/1989, S. 57, 58.
25 Plassmann, Wirtschaftswoche Nr. 11/1989, S. 58.
26 Plassmann, Wirtschaftswoche Nr. 11/1989, S. 58.
27 Vgl. den Fall in BFH, BStBl. II 1972, S. 656.

Die Analysen werden dem auftraggebenden Gesellschafter-Arzt zu einem kostendeckenden Preis berechnet. Die Kosten für die Analyse stellt dann der Arzt dem Patient bzw. der Krankenkasse in Rechnung.

*bb) Analyse der Personifikationselemente*

Die Laborgemeinschaft tritt regelmäßig unter einem eigenen Namen im Rechtsverkehr auf. Dieser kann z. B. lauten „Ärztliche Laborgemeinschaft für den Kreis X" oder „Ärztelaborgemeinschaft Dr. X GbR". Die Laborgemeinschaft ist auch grundsätzlich auf Dauer angelegt. Damit hat die Laborgemeinschaft eine selbständige Identitätsausstattung. Die Gemeinschaft tritt auch unter dieser Identitätsausstattung im Rechtsverkehr auf. So ist die Laborgemeinschaft auch Anstellungsträger[28].

Sie erwirbt die notwendigen Gegenstände für ihr Gesamthandsvermögen. Die Laborgemeinschaft besitzt dadurch auch relativ umfangreiches Gesamthandsvermögen. Durch die in den meisten Fällen bestehende hohe Fremdfinanzierungsquote ist die persönliche Haftung der Ärzte von großer Bedeutung[29]. Insgesamt besteht daher ein unselbständiger Haftungsverband.

Die Laborgemeinschaft hat auch regelmäßig eine selbständige Handlungsorganisation. Auf die Laborgemeinschaft findet daher auch die Organhaftung nach § 31 BGB analog Anwendung[30].

Durch die selbständige Identitätsausstattung ist die Laborgemeinschaft auch als Rechtsträgerin verselbständigt. Sie ist auch in dem oben[31] beschriebenen Maße teilrechtsfähig.

*cc) Die systematische Einordnung der Laborgemeinschaft*

Angesichts der großen Zahl der beteiligten Ärzte, der körperschaftlichen Organisation[32], dem Gesamtnamen „Laborgemeinschaft X" und der Unabhängigkeit der Laborgemeinschaft vom Wechsel der Gesellschafter-Ärzte ist die Laborgemeinschaft vom Typus her einem nichtrechtsfähigen Verein

28 AA BAG, DB 1989, 1973, auf der Grundlage der überkommenen Gesamthandslehre, wonach nicht die BGB-Gesellschaft sondern die Gesellschafter als Arbeitgeber anzusehen sind.

29 Hierdurch ergeben sich natürlich auch erhebliche finanzielle Risiken für die beteiligten Ärzte, vgl. Plassmann, Wirtschaftswoche Nr. 11/1989, S. 58.

30 S. o. F V, S. 90 ff.

31 S. o. F, S. 53 ff.

32 Selbständige Handlungsorganisation.

mindestens sehr angenähert[33]. Dabei handelt es sich um einen nichtrechtsfähigen wirtschaftlichen Verein des genossenschaftlichen Typs[34]. Nach Narr[35] sind Laborgemeinschaften Praxisgemeinschaften, bei denen eine partielle Auslagerung bestimmter Tätigkeiten aus der eigenen Praxis in eine Gemeinschaftseinrichtung niedergelassener Ärzte stattfindet[36]. Hierin zeigt sich der genossenschaftliche Zweck der Laborgemeinschaft[37]. In gewisser Weise ist dieser Typ mit den privatärztlichen Verrechnungsstellen[38] zu vergleichen. Auch hier ist ein Teil der Praxis des Arztes ausgelagert. Folgt man der Meinung von Ulmer[39], wonach die vertragliche Qualifizierung des Zusammenschlusses – hier als BGB-Gesellschaft – im Rahmen des rechtlich Zulässigen maßgeblich ist, wäre die Laborgemeinschaft trotzdem als BGB-Gesellschaft zu qualifizieren. Diese Qualifizierung als BGB-Gesellschaft ändert aber nichts am Grad der hier festgestellten Verselbständigung, wie er bei derselben Organisation in Form des nichtrechtsfähigen Vereins bestehen würde. Denn die Personifikationselemente wären dieselben.

#### *dd) Steuerliche Besonderheiten der Laborgemeinschaft*

##### (1) Ertragsteuerliche und gewerbesteuerliche Behandlung

Die hier beschriebenen Laborgemeinschaften werden von der Finanzverwaltung in den meisten Fällen auch als BGB-Gesellschaften behandelt[40]. In einem Erlaß des Niedersächsischen Finanzministeriums[41] heißt es hierzu:

„In zunehmendem Maße schließen sich Ärzte zu Apparate- und Laborgemeinschaften zusammen, die vorwiegend die Rechtsform der Gesellschaft bürgerlichen Rechts haben."

33 Vgl. zur Abgrenzung o. G III, S. 109 ff.; K. Schmidt, GesR, S. 558 ff.; Reuter, ZGR 1981, 364 ff.

34 Vgl. K. Schmidt, Verbandszweck, S. 150 ff.

35 Narr, RN 1017.

36 Vgl. auch Lang/Schade/Lautenschläger, S. 433.

37 Vgl. K. Schmidt, GesR, § 41 I; Schroif, Genossenschaftliche Gebilde in der Form des rechtsfähigen Vereins, passim.

38 Vgl. K. Schmidt, Verbandszweck, S. 158 ff.

39 MüKo-Ulmer, vor § 705 RN 97; o. G III 2c bb, S. 117.

40 Ob eine körperschaftlich strukturierte nichtrechtsfähige Personifikation steuerlich immer nur aufgrund der Bezeichnung „Etikettierung" als BGB-Gesellschaft und nicht als nichtrechtsfähiger Verein zu behandeln ist, erscheint mindestens in extremen Fällen fraglich, vgl. hierzu Herrmann/Heuer/Raupach, § 1 KStG Anm. 40; Kröger, DStR 1979, 221 FN 8; BFH BStBl. II 1984, 751, 759.

41 V. 26. 5. 1978 – G 1401 – 4 – 31, BB 1978, 899; vgl. hierzu Kröger, DStR 1979, 220.

Für die Laborgemeinschaft wird nur eine Ermittlung und Aufteilung der Ausgaben durchgeführt[42]. Wegen fehlender Gewinnerzielungsabsicht unterliegt die Laborgemeinschaft grundsätzlich auch nicht der Gewerbesteuer[43].

Die Laborgemeinschaft in der Rechtsform des nichtrechtsfähigen Vereins ist gemäß § 1 Abs. 1 Nr. 5 KStG körperschaftsteuerpflichtig und gemäß § 2 Abs. 3 GewStG gewerbesteuerpflichtig[44]. Bei satzungsmäßiger Gewinnlosigkeit der Laborgemeinschaft dürfte es zwar nicht zu einer tatsächlichen Körperschaftsteuerzahlung kommen, es könnte aber Gewerbesteuer aufgrund gewerbesteuerlicher Hinzurechnungen für Dauerschulden anfallen[45].

(2) Umsatzsteuerliche Behandlung

Interessant ist in diesem Zusammenhang auch die umsatzsteuerliche Behandlung der Laborgemeinschaften. Nach dem Urteil des BFH v. 20. 4. 1972[46] wurden die Leistungen der Laborgemeinschaft als umsatzsteuerpflichtig angesehen, da eine Laborgemeinschaft in der Form der BGB-Gesellschaft Unternehmerin i. S. des UStG sei und es nicht zu charakteristischen Leistungen eines Arztes gehöre, einem anderen Arzt medizinische Geräte, medizinisches Personal, Labormaterial und Räumlichkeiten zu überlassen[47]. Durch Art. 6 Abs. 1 Nr. 2 Buchst. d aa) des Steueränderungsgesetzes 1973[48] wurde dem § 14 Nr. 14 UStG ein neuer Satz 2 eingefügt,

42 Erlaß Nds. FinMin., BB 1978, 899.

43 Erlaß Nds. FinMin., BB 1978, 899; Abschn. 135 Abs. 6 Satz 5 EStR, „... es sei denn, daß nach den Umständen des Einzelfalls unter Einbeziehung der auf den Arzt entfallenden Tätigkeit der Laborgemeinschaft insgesamt gewerbliche Tätigkeit anzunehmen ist", Abschn. 135 Abs. 6 Satz 5 letzter Halbsatz EStR; vgl. hierzu Römermann BB 1982, 1049; der BFH, BStBl. II 1984, 451, 452, hat ausdrücklich offengelassen, ob der Verwaltungsauffassung zu folgen ist, wonach die Laborgemeinschaft in der Form der BGB-Gesellschaft nicht als gewerblich anzusehen ist; die beteiligten Ärzte, bei denen ein möglicher Gewinn anfällt, sind mangels Gewerbetrieb nicht gewerbesteuerpflichtig; vgl. zur Gewinnverlagerung auf die beteiligten Ärzte, BVerfG, UStR 1977, 32, 35.

44 Die Tätigkeit eines nichtrechtsfähigen Vereins gilt gemäß § 2 Abs. 3 GewStG als Gewerbetrieb; BFH, BStBl. II 1984, 451, 452; vgl. Kröger, DStR 1979, 222 f.; hier ist auch wieder die Abgrenzung BGB-Gesellschaft/nichtrechtsfähiger Verein von Bedeutung, dies gilt insbesondere für sehr große Laborgemeinschaften.

45 Vgl. Kröger, DStR 1979, 223.

46 V R 110/71, BStBl. II 1972, S. 656.

47 BFH, BStBl. II 1972, S. 656.

48 V. 26. 6. 1973, BGBl. I S. 676.

der die Laborgemeinschaften von der Umsatzsteuerpflicht ausdrücklich befreit. § 4 Nr. 14 Satz 2 UStG lautet:

„Steuerfrei sind auch die sonstigen Leistungen von Gemeinschaften, deren Mitglieder Angehörige der in Satz 1 bezeichneten Berufe sind, gegenüber ihren Mitgliedern, soweit diese Leistungen unmittelbar zur Ausführung der nach Satz 1 steuerbefreiten Umsätze verwendet werden"[49].

Dagegen unterliegen die Leistungen gewerblicher Untersuchungsinstitute, die die gleichen Untersuchungen wie Laborgemeinschaften durchführen, grundsätzlich dem vollen Umsatzsteuersatz[50]. Das BVerfG[51] hat einer diesbezüglichen Verfassungsbeschwerde teilweise stattgegeben und entschieden, daß die Differenzierung in der umsatzsteuerlichen Belastung zwischen ärztlichen Laborgemeinschaften jeglicher Größenordnung einerseits und gewerblichen Analyseunternehmern andererseits mit Art. 3 Abs. 1 GG unvereinbar ist. Nach dem BVerfG[52] kann dann von einer sachlich ungerechtfertigten Verschiedenheit nicht die Rede sein, „wenn einige Ärzte sich zusammenschließen, jeder von ihnen sich der gemeinschaftlichen Einrichtungen selbst bedienen kann und dieser seiner persönlichen Einflußnahme unterliegen"[53]. Denn „die Vorteile einer solchen Kooperation könnten ebenso durch Gründung einer Gemeinschaftspraxis erlangt werden, für welche die Steuerfreiheit unbestritten ist"[54].

Die Einschränkung des BVerfG auf kleinere Laborgemeinschaften korrespondiert mit den Anforderungen von § 105 Abs. 2 SGB V[55] i. V. m. den Labor-Richtlinien der Kassenärztlichen Bundesvereinigung[56] für die Anerkennung einer Laborgemeinschaft als Gemeinschaftseinrichtung i. S. d.

49 Vgl. hierzu Sölch/Ringleb/List, UStG, § 4 Nr. 14 RN 26 f.; vgl. zur Frage der Steuerfreiheit bei Leistungen an Tierärzte § 4 Nr. 14 Satz 3 UStG; Bunjes, UR 1987, 316 f.

50 Sofern nicht die Voraussetzungen des § 4 Nr. 16 UStG erfüllt sind, vgl. Sölch/Ringleb/List, UStG, § 4 Nr. 16 RN 1 ff.; nach Kröger, DStR 1979, 221, ist unter Berücksichtigung der Entscheidung des BVerfG, UStR 1977, 32 für die Steuerbefreiung nach § 4 Nr. 14 UStG nicht Voraussetzung, daß die Laborgemeinschaften nicht die Rechtsform einer juristischen Person haben.

51 BVerfG, UStR 1977, 32 mit Anm. Weiss.

52 BVerfG, UStR 1977, 34.

53 BVerfG, UStR 1977, 34.

54 BVerfG, UStR 1977, 34.

55 Die Regelung des bisherigen § 368 n Abs. 8 RVO wurde mit Wirkung vom 1. 1. 1989 durch Art. 5 Nr. 2 Gesundheits-Reformgesetz v. 20. 12. 1988, BGBl. I 1988, 2477, aufgehoben und wortgleich in § 105 Abs. 2 SGB V übernommen.

56 Richtlinien für die Durchführung von Laboratoriumsuntersuchungen in der kassenärztlichen/vertragsärztlichen Versorgung v. 11. 7. 1987, DÄ 1987, 2059.

§ 105 Abs. 2 SGB V. Danach liegt eine abrechnungsausschließende[57] Mitgliedschaft in einer Laborgemeinschaft vor, die nicht als Gemeinschaftseinrichtung i. S. d. § 105 Abs. 2 SGB V anzusehen ist, wenn sich die Mitgliedschaftsrechte darauf beschränken, einen finanziellen Beitrag an die Laborgemeinschaft zu bezahlen und im übrigen die Gestaltung der Gemeinschaft ebenso wie die Geschäftsführung, Personaleinstellung, Festlegung des Untersuchungsprogramms einem Dritten überlassen[58]. Mit der Mitgliedschaft muß daher auch eine aktive Mitarbeit in der Laborgemeinschaft einhergehen[59].

*ee) Die Laborgemeinschaft als BGB-Gesellschaft als Form der Rechtspraxis*

Die Rechtsform der BGB-Gesellschaft wird für die Laborgemeinschaft in der Praxis bewußt gewählt und empfohlen[60], da eine Organisation der Laborgemeinschaft in einer anderen Rechtsform sehr viel ungünstiger wäre. Dies gilt sowohl in steuerlicher Hinsicht (Gewerbesteuer[61], Umsatzsteuer[62]), als auch im Hinblick auf die kassenärztliche Abrechnung[63].

57 Vgl. A 3.3 Laborrichtlinien.

58 Narr, RN 1017.

59 Vgl. Narr, RN 1017; C. 3. Richtlinien für die Durchführung von Laboratoriumsuntersuchungen in der kassenärztlichen/vertragsärztlichen Versorgung v. 11. 7. 1987.

60 Vgl. Lang/Schade/Lautenschläger, S. 432/433.

61 S. o. dd (1), S. 202 f.

62 S. o. dd (2), S. 203 ff.

63 Es stellt sich daher auch die Frage, ob bei einer Laborgemeinschaft in der Form des rechtsfähigen Vereins die in der Laborgemeinschaft erbrachten Leistungen als eigene Leistungen des Mitgliedsarztes abgerechnet werden können. Nach Narr, RN 1144, entscheidet sich die arzt- und kassenarztrechtliche Zulässigkeit an der Frage, ob die in Laborgemeinschaften erbrachten Leistungen dem Erfordernis der persönlichen Leistungserbringung durch den Arzt genügen und die Laborrichtlinien der Kassenärztlichen Bundesvereinigung eingehalten werden. So kann zwar auch bei einem Verein als Laborgemeinschaft eine aktive Mitarbeit der Ärzte-Mitglieder gegeben sein, vgl. den Sachverhalt in BFH, BStBl. II 1984, 451. Die abrechnungstechnische Handhabung gemäß § 105 Abs. 2 SGB V i. V. m. den Laborrichtlinien könnte daher angesichts der vorgefundenen Verselbständigung der BGB-Gesellschaft als Laborgemeinschaft nicht nur auf BGB-Gesellschaften beschränkt sein, sofern bei dem Verein die Voraussetzungen des § 105 Abs. 2 SGB V erfüllt wären; so auch Kröger, DStR 1979, 221, bezüglich der Umsatzsteuerbefreiung unter Berücksichtigung der Entscheidung des BVerfG, UStR 1977, 34. Allerdings bestehen Bedenken, ob das Erfordernis der persönlichen Leistungserbringung auch in einer Laborgemeinschaft, die als Verein organisiert ist, erfüllt werden kann. Dies zeigt sich schon an den körperschaftlich strukturierten Laborgemeinschaften, die als BGB-Gesellschaften angesehen werden.

Eine Laborgemeinschaft läßt sich aber erst ab einer bestimmten Größenordnung wirtschaftlich betreiben[64]. Hierzu ist eine Organisation der Laborgemeinschaft erforderlich, die den Unterschied zu einer Laborgemeinschaft in der Form z. B. eines rechtsfähigen Vereins nach § 22 BGB[65] weitestgehend auf die rechtsformimmanenten Verschiedenheiten reduziert[66]. Die dabei bei der BGB-Gesellschaft vorgefundene körperschaftliche Struktur führt zu einer Verselbständigung, die gemessen an den Vorgaben von § 105 Abs. 2 SGB V und der Rechtsprechung des BVerfG zu weitgehend ist. Das hohe finanzielle Risiko und die Gefahr von Konkursen für die beteiligten Ärzte zeigt auch, daß die Rechtsform der BGB-Gesellschaft für Laborgemeinschaften dieser Größenordnung eigentlich ungeeignet ist[67].

Wie schon oben[68] dargelegt, kann aufgrund der Verselbständigung der Laborgemeinschaften als Rechtsträger nicht von einer Leistung des abrechnenden Arztes gesprochen werden. In Wirklichkeit erbringt die verselbständigte Laborgemeinschaft dem Arzt gegenüber die Untersuchungsleistung. Durch § 105 Abs. 2 SGB i. V. m. den Labor-Richtlinien[69] besteht daher nur die Möglichkeit, die Leistungen der Laborgemeinschaft unter den genannten Voraussetzungen als Leistungen des einzelnen Arztes abzurechnen[70].

---

64 Vgl. Kröger, DStR 1979, 220 f.

65 Vgl. den Sachverhalt in BFH BStBl. II 1984, 451.

66 Vgl. zur Bedeutung der Rechtsfähigkeit für die Verselbständigung der jeweiligen Organisation Reuter, ZHR 151 (1987), 237, 241 f.; K. Schmidt, Verbandszweck, S. 47 ff. In der Literatur Reuter, aaO., 241; ders., in: MüKo, § 54 RN 2, 6 ff., vgl. Mummenhoff, S. 232 f., wird die Auffassung von der gleichen Rechtssubjektivität nichtrechtsfähiger und rechtsfähiger Vereine vertreten. K. Schmidt, aaO. schränkt diese Auffassung auch im Hinblick auf die für nichtrechtsfähige Vereine geltende Verweisung auf das Personengesellschaftsrecht ein. Wenn man sich aber eine Laborgemeinschaft vorstellt, die mit völlig gleicher Ausstattung und Organisation (Organe, Gesellschafter- bzw. Mitgliederzahl usw.) einmal als BGB-Gesellschaft und das andere Mal als rechtsfähiger Verein besteht, ergibt sich im Hinblick auf die Personifikationselemente möglicherweise nur ein Unterschied bei der Haftungsorganisation: Bei der BGB-Gesellschaft könnten unter Umständen auch die Gesellschafter persönlich haften, vgl. zur umstrittenen Haftung für Verbindlichkeiten nichtrechtsfähiger wirtschaftlicher Vereine, die kein vollkaufmännisches Handelsgewerbe betreiben, MüKo-Reuter, § 54 RN 23 f. m. w. N. Dies ist aber kein so gravierender Unterschied, der eine unterschiedliche Behandlung der Frage der Leistungserbringung rechtfertigen könnte.

67 Plassmann, Wirtschaftswoche Nr. 11/89, S. 58.

68 S. u. G VII 3, S. 140 ff.

69 Laborrichtlinien, DÄ 1987, 2059.

70 Narr, RN 1144.

Die bloße Etikettierung einer Laborgemeinschaft als BGB-Gesellschaft kann daher angesichts der vorgefundenen Verselbständigung nicht dem Erfordernis der persönlichen Leistungserbringung durch den behandelnden Arzt genügen. Anders wäre dies im Gegensatz zu einer Laborgemeinschaft mit 130 Mitgliedern, wenn sich z. B. die Ärzte eines Arzthauses nicht zu einer Gemeinschaftspraxis[71], sondern zu einer Praxisgemeinschaft zusammenschließen würden, innerhalb derer die Laboruntersuchungen unter Aufsicht des Arztes durchgeführt werden. Hier können die Voraussetzungen des § 105 Abs. 2 SGB V erfüllt sein. Um den Anforderungen des Sozialversicherungsrechts und dem Umsatzsteuerrecht[72] zu genügen, müssen die Laborgemeinschaften somit in kleineren, überschaubaren Einheiten organisiert werden. Eine andere Frage ist, ob auch von kleineren Gemeinschaften die erforderlichen Untersuchungen durchgeführt werden können. Wenn das nicht der Fall ist, müssen die Untersuchungen durch größere Laborgemeinschaften in anderen Rechtsformen – gegebenenfalls unter Verzicht auf die Abrechnung gem. § 105 Abs. 2 SGB V – erfolgen[73].

### 3. Resümee

Wenn man die dargestellten Praxisformen – Gemeinschaftspraxis – Praxisgemeinschaft – Apparategemeinschaft (Laborgemeinschaft) – vergleicht, dann zeigt sich, daß in der inneren Struktur und im Charakter der einzelnen Praxisformen doch erhebliche Unterschiede bestehen. Während die Gemeinschaftspraxis eine verhältnismäßig enge personenrechtliche und vermögensrechtliche Verflechtung darstellt, ist die Apparategemeinschaft wohl überwiegend faktisch auf der Kapitalbeteiligung der Gesellschafter aufgebaut. In der Regel kann man daher sagen, daß in der Reihenfolge Gemeinschaftspraxis – Praxisgemeinschaft – Apparategemeinschaft (Laborgemeinschaft) die personale Bindung allmählich zugunsten der bloßen kapitalmäßigen Teilhaberschaft zurücktritt.

## III. Zusammenarbeit von Rechtsanwälten

Als Zusammenarbeitsform ist auch hier die Organisationsgesellschaft – Bürogemeinschaft genannt – und die Berufsausübungsgesellschaft – Sozietät

---

71 S. o. 1, S. 198.
72 Vgl. BVerfG, UStR 1977, 32.
73 Es scheint auch eine Tendenz zu größeren Laborgemeinschaften zu bestehen, vgl. Plassmann, Wirtschaftswoche Nr. 11/89, S. 58.

genannt – möglich. Im folgenden soll nur die Berufsausübungsgesellschaft näher dargestellt werden.

### 1. Die Anwaltssozietät

Als Rechtsform steht der Berufsausübungsgesellschaft aus berufsrechtlichen Gründen[74] bisher nur die BGB-Gesellschaft zur Verfügung. Somit stellt die Anwaltssozietät immer eine BGB-Gesellschaft dar[75]. Die Rechtsanwälte einer Sozietät haben im Gegensatz zur Bürogemeinschaft nicht nur ein gemeinsames Büro, sondern üben den Beruf im Interesse und auf Rechnung aller Sozien unter Benutzung ihrer gemeinsamen Einrichtungen gemeinsam, als eine Einheit, aus[76]. Die Sozietät tritt auch unter einem gemeinsamen Namen auf – z. B. „X, Y & Partner"[77].

### 2. Rechtsträgerschaft bei der Anwaltssozietät

Daher liegt es nahe, daß die Mandanten grundsätzlich mit der Sozietät und nicht mit dem einzelnen Partner kontrahieren. Die bisher h. M. geht aber davon aus, daß die Mandanten nicht mit der Sozietät, sondern mit den einzelnen Rechtsanwälten kontrahieren[78]. Nach § 28 Abs. 1 RichtlRA erfordert die Sozietät zwischen Rechtsanwälten eine gemeinsame Kanzlei[79] und grundsätzlich die gemeinschaftliche Entgegennahme der Aufträge und Ent-

74 Vgl. Lingenberg/Hummel/Zuck/Eich, Kommentar zu den Grundsätzen des anwaltlichen Standesrechts, § 28 RN 49 ff.; Lach, S. 72 f. mit der Begründung, daß eine GmbH nach geltendem Recht (§ 4 BRAO) nicht zur Rechtsanwaltschaft zugelassen werden könne, da die Befähigung zum Richteramt nur natürliche Personen erwerben können.

75 Kornblum, AnwBl. 1973, 153 f.; Lach, S. 51 ff.

76 BGH, NJW 1971, 1801, 1802.

77 S. schon oben E V 2 a, S. 45 f.; vgl. § 1 des Mustersozietätsvertrags in: Büchting/Heussen, Beck'sches Rechtsanwalts-Handbuch.

78 K. Schmidt, GA, S. 506 m. w. N.; Larenz, SchuldR AT, § 37 II; RGZ 85, 306; BGH NJW 1971, 1801, 1802 f.: „Die Sozietät ist freilich keine juristische Person, daher nicht als solche der dem Mandanten gegenüberstehende Beauftragte ... Angesichts dieser Umstände und nach der Verkehrsauffassung kommt der Anwaltsvertrag bei einer Sozietät mit allen Anwälten zustande", der BGH, aaO., S. 1803, führt aber weiter aus: „Daß diese Lösung allein sachgerecht ist, zeigt sich vor allem dann, wenn der Mandant *die Sozietät* beauftragt hatte ..." (Hervorhebung hinzugefügt); BGH, NJW 1988, 1973.

79 Vgl. zur Kanzlei bei sog. überörtlicher Sozietät, BGH v. 18. 9. 1989 – AnwZ (B) 30/89, ZIP 1989, 1265.

gelte. Dabei seien Gesamtschuldverhältnisse anzunehmen[80]. Diese Sichtweise entspricht der herkömmlichen Gesamthandslehre[81]. Wie oben[82] bei der Gemeinschaftspraxis dargestellt, ist aber auch bei einer Sozietät, um als Einheit auftreten zu können, eine selbständige Identitätsausstattung[83] vorhanden, wodurch die Sozietät als Rechtsträgerin anzusehen ist[84]. Die Sozietät ist auch regelmäßig auf Dauer angelegt, so daß die Teilrechtsfähigkeit den oben[85] dargestellten Umfang hat[86].

Auch Müller[87] geht davon aus, daß der Mandant den Anwaltsvertrag grundsätzlich mit der Sozietät abschließt[88]. Nach Müller[89] ist die Sozietät eine Außengesellschaft, die durch den einzelnen Anwalt bei den Vertragsverhandlungen vertreten wird. Danach soll auch regelmäßig nach der Vorstellung des Mandanten die Sozietät Vertragspartner werden[90]. Der Mandant sehe in der Sozietät entsprechend der „Verkehrsauffassung" eine geschlossene Einheit[91]. Entsprechend der neueren Gesamthandslehre ist hierbei auch zwischen der Haftung der Gesamthand – also der Sozietät – und der gesamtschuldnerischen Gesellschafterhaftung zu unterscheiden[92].

---

80 K. Schmidt, GA, S. 506; vgl. auch die hiervon abweichende Auffassung von Arndt, NJW 1969, 1200, wonach bei einer Anwaltssozietät der Mandant nur einen Anwalt der Sozietät beauftragt, der aber befugt ist, alle zur Sozietät gehörenden Anwälte beliebig als „Vertreter, Substituten oder Mitarbeiter" heranzuziehen, für die der beauftragte Anwalt nach § 278 BGB haftet.

81 S. o. A II 2, S. 6

82 S. o. II 1, S. 198.

83 Vgl. schon oben E V 2 a, S. 45 f.

84 So auch Kornblum, BB 1973, 218, 224.

85 S. o. F, S. 53 ff.

86 Im Rahmen des geltenden Berufs- und Standesrechts; vgl. BVerfG, NJW 1988, 191 ff.; Kleine-Cosack, NJW 1988, 164; Zuck, NJW 1988, 175.

87 Müller, NJW 1969, 903 f., 1416 gesamthandsdogmatisch legt sich Müller aber auch nicht ganz fest, vgl. S. 905: „So ist der Vertrag im Namen der Sozietät mit Wirkung für und gegen sämtliche im Zeitpunkt des Vertragsschlusses an der Sozietät beteiligten Anwälte abgeschlossen. Diese sind demgemäß als Gesamtschuldner zu den aus dem Anwaltsvertrag sich ergebenden Leistungen verpflichtet." Hier sieht man, daß nicht zwischen Gesamthandsverbindlichkeit der Sozietät und gesamtschuldnerischer Verpflichtung der Gesellschafter unterschieden wird, vgl. MüKo-Ulmer, § 714 RN 20 ff.

88 Vgl. auch Rinsche, Die Haftung des Rechtsanwalts und des Notars, RN I 5; Kornblum, BB 1973, 218, 224; Lach, S. 55 ff.

89 Müller, NJW 1969, 903 f.

90 Müller, NJW 1969, 903 f.

91 Vgl. auch BGH, NJW 1971, 1801, 1802.

92 Vgl. Kornblum, BB 1973, 218, 225 f.

### 3. Rechtsprobleme bei Annahme der Rechtsträgerschaft der Sozietät

Im folgenden wird untersucht, ob die Annahme der Rechtsträgerschaft der Sozietät mit dem Berufsrecht der Rechtsanwälte und dem Rechtsberatungsgesetz in Einklang steht.

#### a) Rechtsberatungsgesetz

Nach Art. 1 § 3 Nr. 3 RBeratG wird die Berufstätigkeit der Rechtsanwälte durch dieses Gesetz nicht berührt. Nach der hier vertretenen Auffassung, daß die Sozietät Vertragspartner wird, würde die Sozietät möglicherweise verbotene Rechtsberatung durchführen[93]. Andererseits ist aber auch zu berücksichtigen, daß die nach Art. 1 § 5 Nr. 2 RBeratG zulässige Rechtsberatung der Wirtschaftsprüfer auch für Wirtschaftsprüfungsgesellschaften[94] gilt, obwohl dies im Rechtsberatungsgesetz nicht ausdrücklich geregelt ist[95]. Berufsausübungsgesellschaften außerhalb der BGB-Gesellschaft sind aber nach dem bisherigen Berufs- und Standesrecht nicht zulässig[96]. Auch kann zur Rechtsanwaltschaft nicht die Sozietät[97], sondern nur der einzelne Rechtsanwalt zugelassen werden.

Zu diesem Problem vertritt Kornblum[98] die Auffassung, daß das Rechtsberatungsgesetz die ohnehin schon lange vor seinem Erlaß praktizierte und allgemein anerkannte gemeinsame Berufsausübung von Anwälten in der Form der Sozietät nicht verbiete, auch wenn dies eine echte BGB-Gesellschaft sein sollte[99]. Die Rechtsberatung kann aber auch immer nur durch einen Rechtsanwalt für die Sozietät ausgeübt werden. Ein nicht als Rechtsanwalt zugelassener Angestellter der Sozietät könnte somit keinen Rechtsrat erteilen. Diese Konstruktion bestätigt sich auch, wenn man sich eine

---

93 Vgl. auch Arndt, NJW 1969, 1200.

94 §§ 27 ff. WPO.

95 Rennen/Caliebe, Rechtsberatungsgesetz, Art. 1 § 5 RN 43; anders die Regelung für die Steuerberatung: hier verweist Art. 1 § 4 Abs. 2 RBeratG ausdrücklich auf das Steuerberatungsgesetz, wo die Anerkennung von Steuerberatungsgesellschaften in den §§ 49 ff. StBerG geregelt ist.

96 S.o. 1, S. 208; vgl. zu neueren berufsrechtlichen Überlegungen de lege ferenda den Bericht von Hahndorf über die Arbeit des Ausschusses „Neues Berufsrecht" des DAV, in: AnwBl. 1988, 568 ff., 570 f.

97 Vgl. Lach, S. 72.

98 Kornblum, BB 1973, 218, 223.

99 Vgl. auch Müller, NJW 1969, 1416, 1417, wonach das Verbot der Rechtsberatung durch eine Gesellschaft dahin zu interpretieren sei, daß die Sozietät von diesem Verbot nicht erfaßt wird, obwohl sie begrifflich eine Gesellschaft ist.

aus Rechtsanwälten, Steuerberatern und Wirtschaftsprüfern bestehende Sozietät vorstellt[100]. Die „gemischte" Sozietät[101] kann hier natürlich nicht rechtsberatend tätig werden. Das RBeratG ist dahin auszulegen, daß die Sozietät den Anwaltsvertrag abschließen kann, die eigentliche Rechtsberatung dann aber durch einen Rechtsanwalt der Sozietät erfolgen muß[102]. Danach sind die Erfüllung der sogenannten Vorbehaltsaufgaben nur von Personen mit der entsprechenden beruflichen Qualifikation vorzunehmen.

### b) Sozietät als Prozeßbevollmächtigte?

Wenn der Anwaltsvertrag mit der Sozietät zum Zwecke der Prozeßführung vor einem OLG geschlossen wird, kann sich in einem Bundesland mit möglicher Simultanzulassung die gleiche Frage stellen, wenn nicht alle Partner der Sozietät auch beim Oberlandesgericht zugelassen sind. Vor dem OLG kann natürlich nur ein auch dort zugelassener Rechtsanwalt auftreten. Der BGH[103] hat hierzu ausgeführt, daß in dem Fall, daß nur einer der Anwälte bei dem Gericht zugelassen ist, unter Umständen auch nur dieser Anwalt Vertragspartner des Mandanten ist. Für den Regelfall ist aber davon auszugehen, daß auch in diesem Fall die Sozietät Vertragspartnerin des Mandanten ist[104]. Prozeßbevollmächtigte können aber immer nur die Partner sein, die auch bei dem betreffenden Gericht zugelassen sind[105]. Verpflichtet werden kann in diesem Fall die Sozietät, erfüllen können diese Verpflichtung für die Sozietät nur die zugelassenen Mitglieder der Sozietät.

### c) Vergütung nach § 5 BRAGO bei Beauftragung einer Sozietät

Wenn man davon ausgeht, daß der Anwaltsvertrag mit der Sozietät geschlossen wird, ergibt sich auch nicht das in diesem Zusammenhang üblicherweise diskutierte Problem von § 5 BRAGO, wonach „jeder Rechtsanwalt für seine Tätigkeit die volle Vergütung" erhält, wenn „der Auftrag mehreren Rechtsanwälten zur gemeinschaftlichen Erledigung übertragen"

100 Vgl. § 30 Standesrichtlinien der Rechtsanwälte.

101 Vgl. hierzu Kornblum, AnwBl. 1973, 153, 158 f.; Schmidt-Hangbers, AnwBl. 1971, 261 ff.

102 Vgl. den Bericht über das Gemeinschaftsseminar des DAV und des IdW, AnwBl. 1970, 346.

103 BGH, NJW 1971, 1801, 1803.

104 Kornblum, BB 1973, 218, 225.

105 Im Rubrum heißt es üblicherweise: „X, Y & Partner, durch RA X"; vgl. auch BFH v. 26. 4. 1989, I B 90/88, BStBl. II 1990, 599.

worden ist[106]. Aber auch, wenn der Vertrag mit den Gesellschaftern in ihrer gesamthänderischen Verbundenheit zustande kommen würde, würden die Anwälte im Regelfall nicht nebeneinander – wie dies § 5 BRAGO meint –, sondern lediglich nacheinander tätig werden. Daher würde auch nach der traditionellen Gesamthandsdoktrin § 5 BRAGO keine Anwendung finden[107].

### d) Ergebnis

Die Beispiele zeigen, daß die vorhandene Verselbständigung der Sozietät als Rechtsträgerin in Bereichen wie Berufsrecht, Rechtsberatungsgesetz usw. nicht anerkannt wird. Die Verselbständigung steht daher nicht in Einklang mit den Erfordernissen dieser Vorschriften. Man könnte daraus folgern, daß die Verselbständigung der Sozietät entsprechend – durch Verzicht auf eine selbständige Identitätsausstattung – reduziert werden müßte. Wie schon oben[108] dargelegt, wäre dies im Hinblick auf den wachsenden Dienstleistungsmarkt in einem einheitlichen Binnenmarkt der EG 1993 ein Schritt in die falsche Richtung. Auch sind – wie gezeigt – die Probleme aufgrund der Diskrepanz zwischen Verselbständigung der BGB-Gesellschaft und dem Berufsrecht usw. lösbar. Es ist auch eher zu erwarten, daß sich die rechtlichen Rahmenbedingungen einer Anwaltssozietät der vorgefundenen Verselbständigung annähern werden[109]. Im Falle einer Anerkennung der Rechtsberatungsgesellschaft in der Form einer BGB-Gesellschaft müßte aber das Problem der mangelnden Publizität der BGB-Gesellschaft gelöst werden[110].

---

106 Vgl. Arndt, NJW 1969, 1200.

107 BGH, NJW 1971, 1801, 1802 f.; Kornblum, BB 1973, 218, 223.

108 S. o. G VII 3, S. 142 f.

109 Vgl. Morton, Can German lawyers break the chains?, International Financial Law Review, March 1989; Winters, Der Rechtsanwaltsmarkt; Schumann, Die Befreiung der Rechtsanwaltschaft von obrigkeitlichen Schranken, NJW 1990, 2089; vgl. auch die aktuelle Diskussion zur Zulässigkeit der überörtlichen Sozietät, BGH v. 18. 9. 1989 – AnwZ (B) 30/89, ZIP 1989, 1265; BGH v. 29. 10. 1990 – AnwSt. (R) 11/90, NJW 1991, 49; s. o. G VII 3, S. 142 f.

110 Vgl. die Diskussion zum Entwurf des Partnerschaftsgesetzes – insbes. auch zur Haftungsbegrenzung, s. o. I, S. 197. Sandberger/Müller-Graff, ZRP 1975, 1; K. Schmidt, GA, S. 502 ff.; vgl. hierzu auch die Frage der Zulässigkeit der BGB-Gesellschaft als Wirtschaftsprüfungsgesellschaft, u. IV 1, S. 213.

## IV. Zusammenarbeit von Wirtschaftsprüfern

### 1. BGB-Gesellschaft nicht als Wirtschaftsprüfungsgesellschaft anerkennungsfähig

In diesem Zusammenhang ist auch die Regelung der Berufsausübung von Wirtschaftsprüfern von Interesse. Hiernach ist die Berufsausübungsgesellschaft in der Form der BGB-Gesellschaft zwar zulässig, eine Anerkennung als Wirtschaftsprüfungsgesellschaft nach den §§ 27 ff. WPO kommt aber nur für eine Personenhandelsgesellschaft[111] oder eine AG, KGaA oder GmbH in Betracht[112]. Der Ausschluß der BGB-Gesellschaft von den anerkennungsfähigen Wirtschaftsprüfungsgesellschaften beruht nach Auffassung des VG Düsseldorf[113] auf Gründen der Klarheit und des reibungslosen Geschäftsverkehrs. Danach erscheine es im Interesse der Wirtschaft zweckmäßig, wenn die Wirtschaftsprüfungsgesellschaft für das zu prüfende Unternehmen als eine Einheit aufgrund einer festen und geschlossenen Organisation auftritt. Das VG[114] führt hierzu weiter aus:

„Diese Einheit in der Organisation ist bei der Offenen Handelsgesellschaft und der Kommanditgesellschaft dadurch gegeben, daß beide unter ihrer Firma auftreten, Rechte und Pflichten erwerben und gegebenenfalls auch als Gesellschaft verklagt werden können (vgl. §§ 124 Abs. 1 und 161 Abs. 2 HGB). Die Leistungsfähigkeit dieser einheitlichen Organisation gewährleistet verstärkend, daß ein einzelner Gesellschafter nach § 133 HGB die Auflösung der Gesellschaft nur unter erschwerten Bedingungen verlangen kann. Vor allem aber ist das Ausscheiden jedes Gesellschafters von sämtlichen Gesellschaftern zur Eintragung in das Handelsregister anzumelden (§ 143 Abs. 2 HGB), so daß jederzeit die Zusammensetzung der Gesellschaft aus dem Handelsregister zu ersehen ist... Der Bestand und die Dauerhaftigkeit der bürgerlich-rechtlichen Gesellschaft sind daher wesentlich unsicherer als bei den in § 27 WPO aufgeführten Gesellschaften... Zweckmäßiger im Interesse der Allgemeinheit sind die in § 27 WPO aufgeführten Gesellschaftsformen auch unter dem Gesichts-

---

111 Im Falle einer als Handelsgewerbe betriebenen Treuhandtätigkeit.

112 Eine anerkannte Wirtschaftsprüfungs- oder Steuerberatungsgesellschaft ist aber gemäß Art. 1 Nr. 1 Satz 1 BFHEntlG vor dem BFH nicht vertretungsbefugt, BFH v. 26. 4. 1989, I B 60/88; anders ist dies vor den Finanzgerichten, so die überwiegende Auffassung der Rspr., BFH, BStBl. II 1971, 207; BFH, BStBl. II 1982, 221, 223; aA Gräber, FGO, 2. Aufl., § 62 Anm. 25 m.w.N. Im Gegensatz zur Rechtslage bei den Wirtschaftsprüfern läßt nun § 55a StBerG seit 1. 1. 1991 BGB-Gesellschaften als Berufsausübungsgesellschaften für Steuerberater und Steuerbevollmächtigte ausdrücklich zu. Die Gründung einer solchen Gesellschaft ist der zuständigen Berufskammer anzuzeigen (§ 55a StBerG, vgl. Halaczinsky, INF 1991, 17, 19).

113 VG Düsseldorf, Wpg. 1965, 321, 323.

114 VG Düsseldorf, Wpg. 1965, 321, 323.

punkt der Rechtssicherheit, dem die Grundsätze der Rechtssicherheit und der Firmenklarheit und der Firmenwahrheit dienen sollen. Schließlich ist die bürgerlichrechtliche Gesellschaft ihrer Struktur und Organisation nach schwerfälliger als die handelsrechtlichen Gesellschaften... Dies ergibt sich aus der gesamthänderischen Bindung. Die Führung der Geschäfte steht den Gesellschaftern einer bürgerlichrechtlichen Gesellschaft gemeinschaftlich zu; für jedes Geschäft ist grundsätzlich die Zustimmung sämtlicher Gesellschafter erforderlich... Demgegenüber ist unbeachtlich, daß der Gesetzgeber als Form der Wirtschaftsprüfungsgesellschaft auch die bürgerlich-rechtliche Gesellschaft mit der Abweichung von der Bestimmung der §§ 705 ff. BGB hätte zulassen können, daß auch dieser Gemeinschaftsform eine rechtliche Verselbständigung zukommen solle, insbesondere daß die Sozietäten hätten klagen und verklagt werden können, vom Bestand der Mitglieder unabhängig wären usw."

Soweit das VG auf die Instabilität der BGB-Gesellschaft abstellt, ist dieser Begründung nicht zu folgen, denn z.B. die Kündigungsfrist für einen Gesellschafter kann jederzeit verkürzt werden, da § 132 HGB dispositiv ist[115]. Auch der Eintritt der Beendigungsgründe gemäß § 133 HGB kann sehr kurzfristig und unerwartet (z.B. Tod) eintreten[116]. Wie oben ausführlich dargelegt[117], kann auch nicht die mangelnde Einheit der BGB-Gesellschaft gegen die Zulässigkeit als WP-Gesellschaft angeführt werden. Entscheidend dürfte vielmehr die mangelnde Registerpublizität bezüglich der Haftungs- und Vertretungsverhältnisse der BGB-Gesellschaft sein[118].

## 2. BGB-Gesellschaft als Wirtschaftsprüfersozietät

Die Berufsausübung in der Form der BGB-Gesellschaft kommt daher für die Wirtschaftsprüfer nur als Wirtschaftsprüfersozietät[119] und nicht als Wirtschaftsprüfungsgesellschaft in Betracht.

Nach I Nr. 2 Abs. 1 zu Abschnitt VIII der „Richtlinien für die Berufsausübung der Wirtschaftsprüfer und vereidigten Buchprüfer" müssen die Wirtschaftsprüfersozietäten unter dem Namen und der Berufsbezeichnung der Partner auftreten. Sammelbezeichnungen, wie z.B. „Wirtschaftsprüfergemeinschaft" dürfen nicht geführt werden. Diese Rechtslage beschreibt Ulmer[120] dahingehend, daß Wirtschaftsprüfern die Bildung einer über die

115 Baumbach/Duden/Hopt, § 132 Anm. 3 Ba.

116 Vgl. Brodersen, S. 79.

117 S.u. F I 4b, aa, S. 62 f.

118 Es ergeben sich also Parallelen zur oben, u. F I, S. 53 ff., untersuchten Frage der Mitgliedsfähigkeit.

119 Vgl. zur gemischten Sozietät weiter unten.

120 MüKo-Ulmer, vor § 705 RN 19.

Innenbeziehungen hinausgehenden BGB-Gesellschaft nach §§ 27 ff. WPO nicht gestattet ist. Im Hinblick auf die vergleichbare Rechtslage bei der Anwaltssozietät scheint diese Auffassung zweifelhaft, da – trotz nicht vorhandener gesetzlicher Regelung einer „Anwaltsgesellschaft" – die Anwalts-Sozietät nach außen auftritt.

Auch die Wirtschaftsprüfer-Sozietät tritt üblicherweise unter einer einheitlichen Bezeichnung – z. B. X, Y & Partner, Wirtschaftsprüfer auf. Aus der nicht möglichen Anerkennung als Wirtschaftsprüfungsgesellschaft ist auch nicht abzuleiten, daß die Bildung einer Sozietät aus Wirtschaftsprüfern mit selbständiger Identitätsausstattung unzulässig ist. Dies zeigt sich gerade am Beispiel der gemischten Sozietät. Daher ist auch die Wirtschaftsprüfersozietät grundsätzlich als Vertragspartner für Prüfungs- und Beratungsaufträge anzusehen. Auch haften alle Partner dieser Sozietät regelmäßig bei Schadensersatzansprüchen gegen die Sozietät[121]. Eine Sozietät kann aber Pflichtprüfungsaufträge nur entgegennehmen, wenn alle Partner Wirtschaftsprüfer sind[122]. Im WP-Handbuch[123] wird hierbei folgende Form der Zeichnung, z. B. von Bestätigungsvermerken empfohlen[124]:

X Y Z
Wirtschaftsprüfer

durch: X
Wirtschaftsprüfer

Wirtschaftsprüfer-Sozietäten sind auch nicht befugt, ein Siegel mit dem Namen mehrerer Partner zu führen. Geben Sozietäten eine Erklärung nach § 48 Abs. 1 WPO ab, so setzen die mitunterzeichnenden Wirtschaftsprüfer ihrem Namen ihr Siegel zu[125].

Es stellt sich auch die Frage, ob die Sozietät Abschlußprüfer nach § 319 HGB sein kann. Nach § 319 Abs. 1 S. 1 HGB sind Abschlußprüfer Wirtschaftsprüfer und Wirtschaftsprüfungsgesellschaften. Die Sozietät ist aber weder Wirtschaftsprüfer noch Wirtschaftsprüfungsgesellschaft. Die Sozietät kann daher nicht Abschlußprüfer i. S. von § 319 HGB sein[126]. Als Abschlußprüfer sind daher der oder die unterzeichnenden Wirtschaftsprüfer

---

121 BGH NJW 1971, 1801.

122 WP-Handbuch 1985/86, Bd. 1, S. 36; bei gemischten Sozietäten wird deshalb auch oftmals eine WP-Gesellschaft z. B. in der Rechtsform der GmbH als Tochtergesellschaft gegründet.

123 WP-Handbuch 1985/86, Bd. 1, S. 36.

124 Vgl. die teilweise gleiche Zeichnungsweise von Anwaltssozietäten.

125 WP-Handbuch 1985/86, Bd. 1, S. 22.

126 Vgl. Lach, S. 105.

der Sozietät anzusehen. Die aufgrund der Personifikationselemente festgestellte Verselbständigung der Wirtschaftsprüfer-Sozietät wird daher durch den Ausschluß von der Anerkennung als Wirtschaftsprüfungsgesellschaft in den §§ 27 ff. WPO vom Gesetzgeber diesbezüglich nicht anerkannt[127]. Dies entspricht der dargestellten Situation bei der Anwaltssozietät, wo die BGB-Gesellschaft auch keine Rechtsanwaltsgesellschaft ist und Prozeßbevollmächtigte immer nur die einzelnen Anwälte sind. Auch bei der Wirtschaftsprüfersozietät ist damit ein nicht vorhandener Gleichlauf zwischen Verselbständigung der Sozietät und Anerkennung dieser Verselbständigung durch das Berufsrecht festzustellen.

Durch die Zulässigkeit von Wirtschaftsprüfungsgesellschaften in anderen Rechtsformen ist aber die Diskrepanz noch größer. Vor allem im Hinblick auf die immer häufiger auftretende gemischte Sozietät ist dieser Unterschied aber nicht dadurch aufzulösen, daß nur das Auftreten ohne selbständige Identitätsausstattung als zulässig anzusehen ist. Denn auch bei der Wirtschaftsprüfersozietät besteht dasselbe Bedürfnis nach Verselbständigung wie im Fall der Anwaltssozietäten. Allerdings könnte eine Wirtschaftsprüfersozietät in die zulässigen Rechtsformen der Wirtschaftsprüfungsgesellschaften verwiesen werden. Aber auch hier zeigt das Beispiel der gemischten Sozietät, daß diese Alternative nicht immer ausreichend ist.

# Q. Unternehmenstragende Gesellschaften

## I. Die unternehmenstragende BGB-Gesellschaft als Anwendungsfall des Unternehmensbegriffes von Karsten Schmidt

Die Herausarbeitung des Typs der unternehmenstragenden Gesellschaft oder Mitunternehmergesellschaft erfolgte in erster Linie durch K. Schmidt[1]. Diese Typisierung ist die Konsequenz aus K. Schmidts Plädoyer für eine Umgestaltung des Handelsrechts vom Sonderprivatrecht der Kaufleute zum Außenprivatrecht der Unternehmen[2]. Der Tatbestand der Mitunternehmer-BGB-Gesellschaft ist erstens durch das Vorhandensein eines Unter-

127 Vgl. dazu die oben, u. 1, S. 213 f. aufgeführte Entscheidung des VG Düsseldorf, Wpg. 1965, 321.

1 K. Schmidt, GesR, S. 1276 ff.; ders., GA, S. 449 ff.; ders., JZ 1985, 910 ff.; ders., in: FS H. J. Fleck, 1988, S. 271 ff., 273 f.

2 K. Schmidt, Handelsrecht, § 3; ders., JuS 1985, 249 ff.; kritisch zu diesem Ansatz Zöllner, ZGR 1983, 82 ff.

nehmens und zweitens durch die Unternehmensträgerschaft der BGB-Gesellschaft gekennzeichnet. Der Unternehmensbegriff von K. Schmidt wurde schon oben[3] ausführlich dargestellt.

Danach ergibt sich im Bereich der BGB-Gesellschaft ein Anwendungsbereich für Unternehmen als minderkaufmännische und nichtkaufmännische Gewerbebetriebe[4]. Beispiele sind hier insbesondere Gewerbebetriebe im Bauwesen, im Dienstleistungsbereich, in der Gastronomie, in der Urproduktion usw.[5]. Von wesentlicher Bedeutung sind hier auch die freien Berufe[6] und Betriebe der Land- und Forstwirtschaft[7], bei denen entweder nach Art und Umfang kein in kaufmännischer Weise eingerichteter Geschäftsbetrieb erforderlich ist oder nicht nach § 3 Abs. 2 HGB für die Eintragung ins Handelsregister optiert worden ist.

## II. Beschreibung der Personifikationselemente

Die Personifikationselemente sind hier allgemein wie folgt zu beschreiben:

### 1. Handlungsorganisation

Die Handlungsorganisation ist regelmäßig eine selbständige, da in den meisten Fällen von der gesetzlichen Gesamtgeschäftsführung und Gesamtvertretung abgewichen wird. Die Handlungsorganisation handelt für die Gesellschaft und nicht für die Gesellschafter. Die Handlungsorganisation ist daher als Organ anzusehen.

### 2. Haftungsverband

Die unternehmenstragenden Gesellschaften verfügen regelmäßig über ein Gesellschaftsvermögen. Somit ist ein eigener – aber nicht insgesamt – verselbständigter Haftungsverband vorhanden. Außerdem sind grundsätzlich die Haftungsverbände der Gesellschafter der Organisation zugeordnet, so daß Gläubiger grundsätzlich auf diese Verbände zugreifen können.

---

3 S.o. G IV 1, S. 118 ff.

4 K. Schmidt, GesR, S. 1281 f.; L. Fischer, S. 151 ff.; vgl. hierzu neuestens die Rechtslage in Österreich, wo zum 1. 1. 1991 das „Erwerbsgesellschaftengesetz" (EGG) inkraftgetreten ist (BGBl. 1990/257; hierzu ausführlich Roth, ZHR 155 (1991), 24 ff.).

5 Vgl. die Beispiele bei K. Schmidt, GesR, S. 1281 f.

6 S.o. P, S. 197 ff.

7 Z.B. Pflanzenzucht Saka G.b.R., vgl. F.A.Z. v. 6. 8. 1985.

Teilweise wird hier für einen besonderen Haftungsstatus der Mitunternehmer-BGB-Gesellschaft plädiert[8]. Dieser Haftungsstatus soll sich durch analoge Anwendung von OHG-Regeln[9] auszeichnen[10]. Es geht hier insbesondere um die Frage, ob die Theorie der Doppelverpflichtung oder die Akzessoritätstheorie entsprechend § 128 HGB Anwendung findet[11]. Die überwiegende Meinung[12], auch der BGH[13], folgt der Theorie der Doppelverpflichtung. Hiernach begründen die vertretungsberechtigten Gesellschafter beim Handeln im Namen der Gesellschaft im Zweifel nicht nur eine Haftung der Gesamthand, sondern daneben auch eine solche der Gesellschafter persönlich. Die Gegenansicht[14] geht von der Akzessorietät der Gesellschafterhaftung im Verhältnis zur Gesamthandsschuld aus. Diese Akzessorität wird entweder mit einer Analogie zu § 128 HGB[15] oder mit dem Wesen der gesellschaftsrechtlichen Gesamthand[16] begründet. Im Rahmen des besonderen Haftungsstatuts für Mitunternehmer-BGB-Gesellschaft wird u. a. auch eine analoge Anwendung von § 130 HGB gefordert[17].

### 3. Identitätsausstattung

Die unternehmenstragende BGB-Gesellschaft hat notwendigerweise eine selbständige Identitätsausstattung, sonst könnte die Gesellschaft nicht als

8 K. Schmidt, GesR, S. 1294 f.; ders., in: FS Fleck, 1988, S. 271 ff.; vgl. Roth, ZHR 155 (1991), 24, 40.

9 Insbesondere der §§ 128 ff. HGB.

10 K. Schmidt, GesR, S. 1295 ff.

11 Vgl. statt aller MüKo-Ulmer, § 714 RN 24 m. w. N. Die Diskussion der Theorien beschränkt sich nicht nur auf den Typ der unternehmenstragenden BGB-Gesellschaft, sondern bezieht sich auf alle Gesamthands-BGB-Gesellschaften, vgl. neuestens Heckelmann, FS Quack, S. 243 ff.

12 MüKo-Ulmer, § 714 RN 24; Hüffer, Gesellschaftsrecht, 2. Aufl., S. 84 f.; Soergel/Hadding, § 714 RN 10 f.; Wiesner, JuS 1981, 331, 333 f.

13 BGHZ 74, 240, 242; BGHZ 79, 374, 377.

14 K. Schmidt, GesR, S. 1343 ff., unter Beschränkung auf unternehmenstragende BGB-Gesellschaften; Wiedemann, GesR, S. 284 nur für BGB-Gesellschaften mit wirtschaftlichen Zwecken; Flume, Personengesellschaft, S. 326 f. grundsätzlich ohne Differenzierung, Flume, aaO., S. 330 ff., diskutiert aber auch die Haftungsbeschränkung bei der „Ideal"-Gesellschaft; Schünemann, S. 144 ff.; Raisch, BB 1969, 1361, 1365, plädiert ebenfalls für Anwendung der Regeln über die OHG auf BGB-Gesellschaften, die den Betrieb eines Unternehmens zum Gegenstand haben; Kornblum, Haftung, S. 30 ff.; Roth, ZHR 155 (1991), 24, 40 f.

15 K. Schmidt, GesR, S. 1343; Wiedemann, GesR, S. 284.

16 Flume, Personengesellschaft, S. 326 f.

17 K. Schmidt, FS Fleck, S. 290 f.; der BGH, BGHZ 74, 240, lehnt eine entsprechende Anwendung von § 130 HGB auf die BGB-Gesellschaft ab.

Unternehmensträgerin im Rechtsverkehr auftreten. Die unternehmenstragende BGB-Gesellschaft ist auch regelmäßig auf Dauer angelegt[18].

### 4. Ergebnis

Bei der unternehmenstragenden BGB-Gesellschaft sind alle Personifikationselemente im Rahmen des BGB-Gesellschaftsrechts voll ausgebildet[19]. Dies führt zu einem Umfang der Teilrechtsfähigkeit, wie er oben[20] dargestellt worden ist.

Die vorgefundene Verselbständigung der unternehmenstragenden BGB-Gesellschaft wird aber von der h. M. und der Rechtsprechung nicht in dem Maße anerkannt, wie es für die Unternehmensträgerschaft erforderlich wäre[21]. Dies betrifft in erster Linie die Bereiche Parteifähigkeit[22], Grundbuchfähigkeit[23] und Konkursfähigkeit[24]. Dieser Befund erscheint K. Schmidt[25] für die unternehmenstragende BGB-Gesellschaft als „rechtspolitisch unakzeptabel". K. Schmidt[26] vertritt daher die Auffassung – wie schon oben bei der Darstellung des Haftungsverbandes erwähnt –, daß für die Mitunternehmer-BGB-Gesellschaft Sonderregeln gelten müssen, die eine konsequente Verselbständigung dieser BGB-Gesellschaft zur Folge haben[27]. Nach der hier vertretenen Auffassung sind der BGB-Gesellschaft mit selbständiger Identitätsausstattung schon de lege lata die genannten Rechtspositionen

18 S. o. E V 3, S. 48 ff.

19 Dies zeigt schon die oben, G IV 1, S. 117, angesprochene Parallele zwischen den Merkmalen des handelsrechtlichen Unternehmensbegriffes und der Personifaktionselemente.

20 S. u. F, S. 53 ff.

21 So der Grundgedanke des GA von K. Schmidt, S. 481 ff.: Die Mitunternehmer-BGB-Gesellschaft als Gesellschaft mit unzureichender Verselbständigung, auf diesen Befund stützen sich die Änderungsvorschläge von K. Schmidt; vgl. auch ders., JZ 1985, 909 ff., 912 f.

22 S. o. F III, S. 85 ff.

23 S. o. F II, S. 80 ff.

24 S. o. F IV, S. 88 f.; Neumann, Der Konkurs der BGB-Gesellschaft, passim; Michelfelder, Einzelzwangsvollstreckung und Konkurs beim Vermögen der BGB-Gesellschaft, passim; Hüffer, FS Stimpel, 1985, S. 165 ff., 185 ff.; K. Schmidt, JZ 1985, 909, 914.

25 K. Schmidt, JZ 1985, 909, 912 ff.

26 K. Schmidt, JZ 1985, 912 ff.

27 S. o. G IV 1, S. 117 ff.; so auch die Grundtendenz des Gutachtens von K. Schmidt.

zuzubilligen[28]. Danach ist die Verselbständigung nicht auf unternehmenstragende Gesellschaften zu beschränken. Allerdings ist Karsten Schmidt zuzustimmen, daß trotz der hier anerkannten Verselbständigung die fehlende Registerpublizität der BGB-Gesellschaft – insbesondere bei der unternehmenstragenden BGB-Gesellschaft – ein Verselbständigungsdefizit darstellt[29].

28 Eine andere Frage ist dann, ob eine Gesellschaft mit oder ohne selbständiger Identitätsausstattung gemessen an ihrem Zweck zu weit oder zu wenig verselbständigt ist, s. o. G VII, S. 137 ff.

29 S. o. G IV 2 c, S. 123 ff.

# Zusammenfassung

Die Untersuchung hat ergeben, daß die eingangs[1] mit dem Zitat von K. Schmidt[2] gestellte Frage, ob die BGB-Gesellschaft ein Sondervermögen der Gesamthänder ist oder selbst Rechtsträgerin ist, nicht einheitlich zu beantworten ist. Denn es kommt darauf an, ob die BGB-Gesellschaft mit einer selbständigen Identitätsausstattung versehen ist.

1. Es hat sich dabei herausgestellt, daß die Formulierung, wonach die Gesamthand als Mittel zur Verselbständigung von nicht rechtsfähigen Organisationen dient, die Gesamthand am besten beschreibt[3]. Zur Beschreibung der Organisation BGB-Gesellschaft wurde die von Uwe John begründete Lehre von den Personifikationselementen angewandt[4]. Hierbei wurde die BGB-Gesellschaft in eine Stufenfolge von Personifikationen eingeordnet[5]. Aufgrund des Vergleiches mit den Personenhandelsgesellschaften hat sich dabei ergeben, daß „Eingangsvoraussetzung" für die Rechtssubjektivität das Auftreten der Gesellschaft unter einem Gesamtnamen – also eine selbständige Identitätsausstattung ist[6]. BGB-Gesellschaften mit selbständiger Identitätsausstattung sind danach als Rechtsträger verselbständigt.

2. Für weitere Elemente der Teilrechtsfähigkeit ist außerdem das Merkmal der Dauer erforderlich[7]. So ist z. B. für die Anerkennung der Mitgliedsfähigkeit Voraussetzung, daß die BGB-Gesellschaft auch auf Dauer angelegt ist[8]. Für den Umfang der (Teil)Rechtsfähigkeit ist desweiteren entscheidend, daß die festgestellte Verselbständigung der BGB-Gesellschaft als Rechtsträgerin nicht mit einer Registerpublizität verbunden ist. Auch ist der nicht verselbständigte Haftungsverband der BGB-Gesellschaft von Bedeutung.

3. Die Mitgliedsfähigkeit einer BGB-Gesellschaft bei einer GmbH, AG und einer anderen BGB-Gesellschaft ist mit der h. M. zu bejahen[9]. Ebenfalls ist auch die Mitgliedsfähigkeit in einem eingetragenen Verein anzuerkennen[10].

---

1 S. o. Einleitung, S. 1.
2 K. Schmidt, GesR, S. 152/153.
3 Vgl. o. B, S. 15 f.
4 S. o. C, S. 17 f.
5 S. o. D III, S. 28 ff.
6 S. o. E, S. 34 ff.
7 S. o. E V 3, S. 48 f.
8 S. o. F I, S. 53 ff.
9 S. o. F I 2, S. 54 f.
10 S. o. F I 3, S. 58 f.

4. Das fehlende Merkmal der Registerpublizität ist dagegen der entscheidende Hinderungsgrund, daß der BGB-Gesellschaft grundsätzlich nicht die Mitgliedsfähigkeit als vertretungsberechtigte persönlich haftende Gesellschafterin einer OHG und einer KG zuerkannt werden kann[11]. Wesentlich ist dabei, daß für die Handlungsorganisation keine Registerpublizität besteht[12]. Für die Frage der Mitgliedsfähigkeit einer BGB-Gesellschaft als nicht vertretungsberechtigte persönlich haftende Gesellschafterin und als Kommanditistin einer KG kommt es darauf nicht an. Eine Mitgliedsfähigkeit ist hier zu bejahen, wenn neben dem Namen der Gesellschaft auch die Namen der Gesellschafter der BGB-Gesellschaft im Handelsregister eingetragen werden[13].

5. Die Mitgliedsfähigkeit in der Europäischen wirtschaftlichen Interessenvereinigung (EWIV) ist für auf Dauer angelegte BGB-Gesellschaften mit selbständiger Identitätsausstattung anzuerkennen[14]. Dies folgt aus Art. 4 Abs. 1 EWIV-VO i. V. mit Art. 58 Abs. 2 EWGV[15]. Allerdings muß hier die fehlende Registerpublizität der BGB-Gesellschaft ebenfalls durch Eintragung der Gesellschafter im Register der EWIV kompensiert werden[16].

6. Die Grundbuchfähigkeit[17] und die Parteifähigkeit[18] ist für auf Dauer angelegte BGB-Gesellschaften mit selbständiger Identitätsausstattung zu bejahen. Dies gilt auch für die Konkursfähigkeit[19].

7. Bei der Frage der Organhaftung ist nicht entscheidend, ob die BGB-Gesellschaft als Rechtsträgerin verselbständigt ist. Entscheidend ist vielmehr, ob die Gesellschaft eine selbständige Handlungsorganisation hat[20].

8. Aus der hier vertretenen Differenzierung ergeben sich Konsequenzen für die mit der Gesamthandsdogmatik zusammenhängenden Fragen[21]. Dabei hat sich herausgestellt, daß die Einheits- und Vielheitstheorie die unter-

11 S. o. F I 4b dd, S. 68.
12 S. o. F I 4b ee (1), S. 69 f.
13 S. o. F I 4b ee (2), S. 71 f.
14 S. o. F I 5, S. 73 ff.
15 S. o. F I 5c aa, S. 76.
16 S. o. F I 5c cc, S. 78.
17 S. o. F II, S. 80 ff.
18 S. o. F III, S. 85 ff.
19 S. o. F IV, S. 88 f.
20 S. o. F V, S. 90 ff.
21 S. o. G II, S. 103 ff.

schiedlichen Stufen der Verselbständigung zutreffender beschreibt als die vermögens- und personenrechtliche Auffassung[22].

9. Die für die BGB-Gesellschaft gefundenen Ergebnisse haben auch Auswirkungen auf den nichtrechtsfähigen Verein[23]. Hierbei hat sich insbesondere ergeben, daß der Umfang der (Teil)Rechtsfähigkeit des nichtrechtsfähigen Vereins dem einer BGB-Gesellschaft mit selbständiger Identitätsausstattung grundsätzlich mindestens nicht nachsteht. Denn ein nichtrechtsfähiger Verein ist notwendigerweise eine aufgrund eines Gesamtnamens als Rechtsträgerin verselbständigte Organisation.

10. Die von K. Schmidt in seinem Gutachten[24] vorgeschlagene Zweiteilung des BGB-Gesellschaftsrechts würde dazu führen, daß für BGB-Gesellschaften außerhalb des Bereichs der unternehmenstragenden Gesellschaften eine Verselbständigung als Rechtsträger nicht mehr möglich wäre[25]. Die Untersuchung der rechtstatsächlichen Erscheinungsformen[26]hat gezeigt, daß auch im „zivilistischen Bereich" oftmals ein Bedürfnis für Verselbständigung besteht. Die von K. Schmidt angeführten Gründe für diese Zurückstufung sind aber insgesamt nicht überzeugend. Allerdings hat sich auch bestätigt, daß aufgrund der fehlenden Registerpublizität ein gewisses Verselbständigungsdefizit besteht.

11. Nach der hier vertretenen Auffassung ist die nicht verselbständigte BGB-Gesellschaft ohne selbständige Identitätsausstattung auch als Außengesellschaft anzusehen, sofern ein Auftreten nach außen gegeben ist[27].

12. Der Statuswechsel von der nicht verselbständigten BGB-Gesellschaft in die verselbständigte BGB-Gesellschaft und umgekehrt ist wie bei der Umwandlung von der BGB-Gesellschaft in die OHG identitätswahrend möglich[28].

13. Der Zweck der Gesellschaft hat – abgesehen vom Element der Dauer – keinen unmittelbaren Einfluß auf den Grad der Verselbständigung der Gesellschaft[29]. Der Zweck bestimmt nur den erforderlichen Grad der Verselbständigung[30]. Hierbei sind spezialgesetzliche Regelungen aus dem Berufs-

---

22 S.o. G II 4 und 5, S. 107 f.
23 S.o. G III, S. 109 ff.
24 K. Schmidt, GA.
25 S.o. G IV, S. 117 ff.
26 S.o. im Besonderen Teil., S. 146 ff.
27 S.o. G V 2, S. 129 ff.
28 S.o. G VI, S. 133 ff.
29 S.o. G VII, S. 137 ff.
30 S.o. G VII 3, S. 140 ff.

recht, Steuerrecht, Arbeitsrecht usw. von erheblicher Bedeutung. Zur tauglichen Zweckverwirklichung ist es erforderlich, daß zwischen der Struktur der Gesellschaft und dem Zweck ein Gleichlauf besteht. In der Praxis ist dies oftmals nicht der Fall[31].

31 S. o. G VII 4, S. 143.

# Literaturverzeichnis


*Abmeier, Klaus:* Die Europäische wirtschaftliche Interessenvereinigung und nationales Recht, in: NJW 1986, 2987 ff.

*Aderhold, Lutz:* Das Schuldmodell der BGB-Gesellschaft, Bonn 1977.

*Alternativkommentar:* Kommentar zum Bürgerlichen Gesetzbuch, Reihe Alternativkommentare, 1. Aufl., Neuwied 1979, zit.: AK-Bearbeiter.

*Arge-Kommentar:* Juristische und betriebswirtschaftliche Erläuterungen zum Arbeitsgemeinschaftsvertrag, von Fahrenschon, Brodbeck, Burchardt, Kappert, Rehm, Renauer, 2. Aufl., Wiesbaden, Berlin 1982; Ergänzungsband 1990.

*Arndt, Herbert:* Schadenersatzpflicht verbundener Rechtsanwälte, in: NJW 1969, 1200.

*Assmann, Heinz-Dieter:* Zur Haftung von Konsortien für das rechtsgeschäftliche Handeln ihrer Vertreter – Bemerkungen zum Urteil des BGH vom 9. 7. 1984 (II ZR 193/83, Köln), in: ZHR 152 (1988), 371 ff.

*Autenrieth, Karlheinz:* Die inländische Europäische Wirtschaftliche Interessenvereinigung (EWIV) als Gestaltungsmittel, in: BB 1989, 305 ff.

*Bach, Albrecht:* Die BGB-Gesellschaft als Mitglied einer Europäischen Wirtschaftlichen Interessenvereinigung (EWIV)? in: BB 1990, 1432 f.

*Barner, Albrecht:* Die Arbeitsgemeinschaft in der Bauwirtschaft als besonderer gesellschaftsrechtlicher Typus, Diss. Mannheim, 1971.

*Barz, Carl Hans:* Das 50 : 50 Gemeinschaftsunternehmen und das Konzernrecht, in: Festschrift für Heinz Kaufmann, Köln-Marienburg 1972.

*Baumbach/Duden/Hopt:* Handelsgesetzbuch, 28. Aufl., München 1989, bearbeitet von Klaus J. Hopt; zit.: Baumbach/Duden/Hopt.

*Baumbach/Hueck:* GmbH-Gesetz, Gesetz betreffend die Gesellschaften mit beschränkter Haftung, 15. Aufl. von Götz Hueck, Joachim Schulze-Osterloh, Wolfgang Zöllner, München 1988.

*Baur, Fritz:* Sachenrecht, 15. Aufl., München 1989.

*Baur, Fritz/Stürner, Rolf:* Zwangsvollstreckungs-, Konkurs- und Vergleichsrecht, 11. Aufl., Heidelberg 1983.

*Bälz, Ulrich:* Einheit und Vielheit im Konzern, in: Festschrift für Ludwig Raiser, Tübingen 1974.

*Beck'scher Bilanzkommentar:* Der Jahresabschluß nach Handels- und Steuerrecht, bearbeitet von Wolf Dieter Budde, Hermann Clemm, Max Pankow, Manfred Sarx, 2. Aufl., München 1990.

*Beitzke, Günther:* Zur Anerkennung von Handelsgesellschaften im EWG-Bereich, in: RIW 1968, 91 ff.
*Bick, Otto:* Die Gelegenheitsgesellschaft, 2. Aufl., Wiesbaden 1968.
*Binz, Mark K. / Sorg, Martin H.:* Die GmbH & Co. Kommanditgesellschaft auf Aktien – Ausweg oder Irrweg für börsenwillige Familienunternehmen, in: BB 1988, 2041 ff.
*Blaurock, Uwe:* Besprechung von Wiesner, Die Lehre von der fehlerhaften Gesellschaft, in: AcP 181 (1981), 451 f.
– Unterbeteiligung und Treuhand an Gesellschaftsanteilen. Formen mittelbarer Teilhabe an Gesellschaftsanteilen, Baden-Baden 1981, zit.: Blaurock, Unterbeteiligung.
*Bletz, Ralf Dieter:* Die Mitgliedschaft der Erbengemeinschaft in der OHG, Diss. Marburg, 1983.
*Blomeyer, Jürgen:* Die Rechtsnatur der Gesamthand, in: JR 1971, 397 ff.
*Bohlen, Edgar:* Der Sicherheitenpool, Bielefeld 1984.
*Börkircher, Helmut / Zajonc, Horst:* Technologie Region Karlsruhe: Die Standortvorteile effizient genutzt, in: Handelsblatt v. 23. 11. 1988, S. 27.
*Brandes, Helmut:* Die Rechtsprechung des BGH zur Gesellschaft bürgerlichen Rechts und zur stillen Gesellschaft, in: WM 1989, 1357 ff.
*Brecher, Fritz:* Besprechung von Kunz, Über die Rechtsnatur zur gesamten Hand, Diss. Zürich 1963, in: AcP 166 (1966), 362 ff.
– Subjekt und Verband, in Festschrift für Alfred Hueck, München, Berlin 1959.
*Brehm, Wolfgang:* Die Haftung des Vermögens einer Gesellschaft bürgerlichen Rechts für private Schulden der Gesellschafter, in: KTS 1983, 21 ff.
*Brodersen, Kilian:* Die Beteiligung der BGB-Gesellschaft an den Personenhandelsgesellschaften, Köln, Berlin, Bonn, München 1988.
*Buchda, Gerhard:* Geschichte und Kritik der deutschen Gesamthandslehre, Marburg 1936.
*Buchner, Herbert:* Zur rechtlichen Struktur der Personengesellschaften, in: AcP 169 (1969), 483 ff.
*Bunjes, Johann:* Leistungen ärztlicher Labor- und Apparategemeinschaften an Tierärzte, in: UR 1987, 316 ff.
*Busl, Peter:* Die Umsatzsteuerpflicht der Europäischen Wirtschaftlichen Interessenvereinigung, in: UR 1989, 229 ff.
*Büchting, Hans-Ulrich / Heussen, Benno* (Hrsg.): Beck'sches Rechtsanwalts-Handbuch, München 1989.

*Canaris, Claus-Wilhelm:* Bankvertragsrecht, 2. Aufl., Berlin, New York 1981.
*Crezelius, Georg:* Besprechung von OLG Hamm, BB 1989, 1218, in: EWiR § 714 BGB 1/89, 979 f.

*Daumke, Michael:* Zur steuerrechtlichen Haftung von Gesellschaftern einer Gesellschaft bürgerlichen Rechts mit beschränkter Haftung, in: DStR 1989, 489 ff.

*Deutsch, Erwin:* Versicherungsvertragsrecht, 2. Aufl., Karlsruhe 1988.

*Dornfeld, Robert:* Ist die Bauherrengemeinschaft bei Errichtung von Eigentumswohnungen in den umsatzsteuerlichen Leistungsaustausch einzubeziehen? In: DB 1981, 1691 ff.

*Dölle, Hans-Christoph:* Die Beteiligung der Gesellschaft bürgerlichen Rechts (GbR) an einer Gesellschaft mit beschränkter Haftung (GmbH), Karlsruhe 1984.

*Döllerer, Georg:* Diskussionsbeitrag innerhalb des 4. Generalthemas, Unternehmensorganisation/Unternehmensverträge auf der 38. Steuerrechtlichen Jahresarbeitstagung 1987 in Wiesbaden, in: JbFSt 1987/88, S. 309.

– Die atypische stille Gesellschaft – gelöste und ungelöste Probleme, in: DStR 1985, 295 ff.

– Vergütungen nach § 15 Abs. 1 Nr. 2 EStG bei mittelbarer Beteiligung, in: DStR 1990, 323 ff.

– Bespr. von M. Lehmann, Betriebsvermögen und Sonderbetriebsvermögen, Wiesbaden 1988, in: ZHR 154 (1990), 397 ff.

*Drobnig, U.:* Das EWG-Übereinkommen über die Anerkennung von Gesellschaften und juristischen Personen, in: AG 1973, 90 ff., 125 ff.

*Düringer/Hachenburg:* Das Handelsgesetzbuch, Kommentar, 3. Aufl., Mannheim, Berlin, Leipzig, 1930 ff., zit.: Düringer/Hachenburg/Bearbeiter.

*Eich, Rolf-Achim:* Das Job-sharing-Arbeitsverhältnis, in: DB 1982, Beil. Nr. 9/82 zu Heft Nr. 17/82.

*Emmerich, Volker/Sonnenschein, Jürgen:* Konzernrecht, 3. Aufl., München 1989.

*Endemann, Friedrich:* Lehrbuch des bürgerlichen Rechts, Bd. I, 9. Aufl., Berlin 1903.

*Engländer, Konrad:* Die regelmäßige Rechtsgemeinschaft, Teil I: Grundlegung, Berlin 1914.

*Ernst, Lieselotte:* Schuld und Haftung bei der BGB-Gesellschaft, Diss. Heidelberg, 1973.

*Fabricius, Fritz:* Relativität der Rechtsperson, Ein Beitrag zur Theorie und Praxis des privaten Personenrechts, München, Berlin 1963, zit.: Fabricius, Relativität.

– Zur Haftung der BGB-Gesellschaft für unerlaubte Handlungen aus Geschäftsführung von Gesellschaftern, in: Gedächtnisschrift für Rudolf Schmidt, Berlin 1966, S. 171 ff.

*Faisst, Thomas:* Zur Geschichte, Entwicklung und Zukunft des nichtrechtsfähigen Idealvereins nach deutschem bürgerlichen Gesetzbuch, Diss. Tübingen 1986.

*Ferid, Murad:* Das Französische Zivilrecht, Erster Band, Allgemeine Lehren, Recht der Schuldverhältnisse, Frankfurt am Main, Berlin 1971.

*Feuerich, Wilhelm E.:* Die überörtliche Anwaltssozietät – Wunschtraum oder zulässige Partnerschaftsform, in: AnwBl. 1989, 360 ff.

*Fischer, Lutz:* Die Gesellschaft bürgerlichen Rechts, Bielefeld 1977.

*Fischer, Robert:* Neue Wege im Recht der Personengesellschaften? Eine Besprechung des Buches „Die Personengesellschaft" von Werner Flume, in: ZGR 1979, 251 ff.

*Fischer/Lutter/Hommelhoff:* GmbH-Gesetz, Kommentar, 12. Aufl., bearbeitet von Marcus Lutter und Peter Hommelhoff, Köln 1987.

*Fleischmann, Hans Gunnar:* Der neue Bauherren-Erlaß, in: DB 1981, Beil. Nr. 9/81.

– Anmerkungen zum neuen Bauherren- und Fonds-Erlaß, in: DStR 1990, 552 ff.

*Flume, Werner:* Die Organschaft im Gewerbesteuerrecht: in: DB 1955, 485 ff.

– Allgemeiner Teil des Bürgerlichen Rechts, Erster Band, Erster Teil, Die Personengesellschaft, Berlin, Heidelberg, New York 1977, zit.: Flume, Personengesellschaft.

– Allgemeiner Teil des Bürgerlichen Rechts, Erster Band, Zweiter Teil, Die juristische Person, Berlin, Heidelberg, New York 1983.

– Das „Halten und Verwalten" eines Vermögens oder Vermögensgegenstandes als BGB-Gesellschaft in zivilrechtlicher und steuerrechtlicher Sicht, in: DB 1973, 2470 ff.

– Der nichtrechtsfähige Verein, in: ZHR 148 (1984), 503 ff.

– Gesamthandsgesellschaft und juristische Person, in: Festschrift für Ludwig Raiser, Tübingen 1974, S. 27 ff.

– Gesellschaft und Gesamthand, in: ZHR 136 (1972), 177 ff.

*Franke, Christian:* Der Job-sharing-Arbeitsvertrag, Gelsenkirchen 1983, zit.: Franke, Job-sharing.

– Kündigung und Kündigungsschutz bei Job-sharing-Arbeitsverhältnissen, in: DB 1985, 1635 ff.

*Ganske, Joachim:* Die Europäische wirtschaftliche Interessenvereinigung (EWIV), in: DB 1985, Beilage 20 zu Heft 20/85.

*Gansweid, Wolfgang:* Gemeinsame Tochtergesellschaften im deutschen Konzern- und Wettbewerbsrecht, Baden-Baden 1976.

*Geßler, Ernst:* Gegenseitige Anerkennung von Gesellschaften und juristischen Personen im EWG-Bereich, in: DB 1967, 324 ff.

*Geßler, Ernst / Hefermehl, Wolfgang / Eckhardt, Ulrich / Kropff, Bruno:* Aktiengesetz, Kommentar, 1973 ff.; 12. Lieferung 1989, §§ 179–191; zit.: Geßler/Hefermehl/Bearbeiter.

*Gierke, Otto von:* Handelsgesellschaftsrecht und bürgerliches Recht, in: ArchBürgR 19 (1901), 114 ff.; zit.: Gierke, Handelsgesellschaftsrecht.

– Personengemeinschaften und Vermögensbegriffe in dem Entwurf eines Bürgerlichen Gesetzbuches für das Deutsche Reich, Berlin 1989, zit.: Gierke, Personengemeinschaften.

– Die Genossenschaftstheorie und die Deutsche Rechtsprechung, Berlin 1987; zit.: Gierke, Genossenschaftstheorie.

*Gleichmann, Karl:* Europäische Wirtschaftliche Interessenvereinigung, in: ZHR 149 (1985), 633 ff.

*Goos, Wolfgang:* Der Job-sharing-Arbeitsvertrag, in: DB 1980, 2339 ff.

*Grabitz, Eberhard* (Hrsg.): Kommentar zum EWG-Vertrag, München, Stand November 1988.

*Gräber, Fritz:* Finanzgerichtsordnung mit Nebengesetzen, von Rüdiger von Groll, Hanns-Reimer Koch, Reinhild Ruban, 2. Aufl., München 1987.

*Groeben, Hans von der / Boeckh, Hans von / Thiesing, Jochen / Ehlermann, Claus-Dieter:* Kommentar zum EWG-Vertrag, 3. Aufl., Baden-Baden 1983.

*Grossfeld, Bernhard:* Zivilrecht als Gestaltungsaufgabe, Karlsruhe 1977.

*Grüninger, Michael:* Die Europäische Wirtschaftliche Interessenvereinigung beratender Freiberufler, in: BB 1990, 2161.

– Die deutsche Rechtsanwaltssozietät als Mitglied einer EWIV, in: AnwBl. 1990, 228 ff.

– Die deutsche Rechtsanwaltssozietät als Mitglied einer Europäischen Wirtschaftlichen Interessenvereinigung (EWIV), in: DB 1990, 1449 ff.

*Günter, Bernd:* Anbieterkoalitionen bei der Vermarktung von Anlagegütern – Organisationsformen und Entscheidungsprobleme, in: ZfbF Sonderheft 7/77, 155 ff.

*Hachenburg:* Gesetz betreffend die Gesellschaften mit beschränkter Haftung (GmbHG), Großkommentar, 7. Aufl. 1975 ff., 8. Aufl. 1990 ff., zit.: Hachenburg/Bearbeiter.

*Hahn, Gabriele:* Neue Regelungen im Einkommensteuerrecht für Bauherrenmodelle, vergleichbare Modelle und offene Immobilienfonds, in: DB 1990, 1986 ff.

*Hailer, Horst-Peter:* Steuerrechtlicher Pflichtenkreis der Gesellschaft des bürgerlichen Rechts aus materiell- und verfahrensrechtlicher Sicht, Diss. Bochum 1988.

*Halaczinsky, R.:* Fünftes Gesetz zur Änderung des Steuerberatungsgesetzes, in: INF 1991, 17 ff.

*Harms, Wolfgang:* Konzerne im Recht der Wettbewerbsbeschränkungen, Köln, Berlin, Bonn, München 1968.

*Hartmann, Gunther / Hartmann, Andreas:* Zur Frage der Beteiligung einer Gesellschaft bürgerlichen Rechts an Personengesellschaften, in: Festschrift für Winfried Werner, Berlin, New York 1984, S. 217 ff.

*Haug-Adrion, Eberhard:* Zur ertragsteuerlichen Behandlung der Europäischen Wirtschaftlichen Interessenvereinigung, in: GmbHR 1985, 336 ff.

*Heckelmann, Dieter:* Der Idealverein als Unternehmer, in: AcP 179 (1979), 1 ff.

– Die GbRmbH als (neue) Gesellschaftsform?, in: Festschrift für Karlheinz Quack, Berlin, New York 1991, S. 243 ff.

*Heller, Robert:* Der Zivilprozeß der Gesellschaft bürgerlichen Rechts, Köln, Berlin, Bonn, München 1989.

*Hemmerich, Hannelore:* Möglichkeiten und Grenzen wirtschaftlicher Betätigung von Idealvereinen, Heidelberg 1982.

*Hengstenberg, Richard:* Die Gruppenarbeit nach geltendem Recht und nach dem Entwurf eines Allgemeinen Arbeitsvertrags-Gesetzes, Diss. Hamburg 1930.

*Henke, Norbert:* Rechtsprobleme ärztlicher Zusammenarbeit im ambulanten Bereich, in: NJW 1974, 2034 ff.

*Hennecke, Bernd:* Das Sondervermögen der Gesamthand, Beispiel einer Vermögenssonderung im Zivil- und Handelsrecht, Berlin 1976.

*Hennerkes, Brun-Hagen/May, Peter:* Die GmbH & Co. KGaA – Eine ideale Rechtsform für börsenwillige Unternehmen? In: StbJb. 1988/89, S. 375 ff.

– Noch einmal: Die GmbH & Co. KG auf Aktien als Rechtsform für börsenwillige Familienunternehmen? In: BB 1988, 2393 ff.

*Herrmann/Heuer/Raupach:* Kommentar zum Einkommensteuergesetz und Körperschaftsteuergesetz einschließlich Nebengesetzen, 19. Aufl. Köln 1978 ff., Stand Dezember 1990.

*Hertel, Gottfried:* 25 Jahre Deutsche Kernreaktor-Versicherungsgemeinschaft, in: VersW 1982, 498 ff.

*Heuer, Hans:* Imagepflege und Standortmarketing werden wieder zu wichtigen Handlungsfeldern der Kommunen, in: Handelsblatt v. 23. 11. 1988, S. 28.

*Hoffmann, Martin:* Die Gruppenakkordarbeit, Königstein (Ts.) 1961.

*Hofmann, Edgar:* Privatversicherungsrecht, 2. Aufl., München 1983.

*Holstein, Günter:* Der Name der BGB-Gesellschaft, Diss. Münster, 1968.

*Holzapfel, Hans-Joachim:* Gemeinschaftsforschung, Beitrag innerhalb des 4. Generalthemas, Das Gemeinschaftsunternehmen, Gestaltung und Besteuerung, auf der 39. Steuerrechtlichen Jahresarbeitstagung 1988 in Wiesbaden, in: JbFSt 1988/89, S. 267 ff.

*Hommelhoff, Peter:* Die Konzernleitungspflicht, Köln, Berlin, Bonn, München 1982.
– Der Verlustausgleich im Mehrmütter-Vertragskonzern, in: Festschrift für Reinhard Goerdeler, Düsseldorf 1987, S. 221 ff.
*Hopt, Klaus J./Hehl, Günther:* Gesellschaftsrecht, 3. Aufl., München 1987.
*Hornung, Anton:* Anm. zu LG Regensburg v. 25. 8. 1989, 2 HK T 61/89, Rpfleger 1990, 259, in: Rpfleger 1990, 460 ff.
*Huber, Ulrich:* Vermögensanteil, Kapitalanteil und Gesellschaftsanteil an Personalgesellschaften des Handelsrechts, Heidelberg 1970.
*Hueck, Alfred:* Das Recht der offenen Handelsgesellschaft, 4. Aufl., Berlin, New York 1971.
*Hueck, Alfred / Nipperdey, Hans Carl:* Lehrbuch des Arbeitsrechts, I. Band, 7. Aufl. Berlin, Frankfurt a.M. 1963.
*Hueck, Götz:* Gesellschaftsrecht, 18. Aufl., München 1983.
*Hübner, Ulrich / Constantinesco, Vlad:* Einführung in das französische Recht, 2. Aufl., München 1988.
*Hüffer, Uwe:* Gesellschaftsrecht, 2. Aufl., München 1983.
– Verein und Gesellschaft, 1. Aufl., München 1977.
– 100 Bände BGHZ: Personengesellschaftsrecht, in: ZHR 151 (1987), 396 ff.
– Die Gesamthandsgesellschaft in Prozeß, Zwangsvollstreckung und Konkurs, in: Festschrift für Walter Stimpel, Berlin, New York 1985, S. 165 f.
– Die Reform des Schuldrechts im Spiegel weiterer Gutachten und Vorschläge, in: AcP 184 (1984), S. 584 ff.
– Besprechung von John, Die organisierte Rechtsperson, in: ZHR 142 (1978), 186 ff.

*Immenga, Ulrich:* Die personalistische Kapitalgesellschaft, Bad Homburg v.d.H. 1970.

*Jakobs/Schubert* (Hrsg.): Die Beratung des Bürgerlichen Gesetzbuchs, Rechts der Schuldverhältnisse, §§ 652 bis 853, Berlin, New York, 1983.
*Jannot, Horst K.:* Aspekte zum Arzneimittelhaftpflichtrisiko in der Bundesrepublik Deutschland und seiner Rückversicherung, in: VersR 1983, Beiheft zu Nr. 33 (A), S. 3 ff.
*Jauernig, Othmar* (Hrsg.): Bürgerliches Gesetzbuch mit Gesetz zur Regelung des Rechts der Allgemeinen Geschäftsbedingungen, 5. Aufl. von Othmar Jauernig, Peter Schlechtriem, Rolf Stürner, Arndt Teichmann, Max Vollkommer, München 1990, zit.: Jauernig/Bearbeiter.
*Jehner, Hans-Georg:* Bauherrenmodell und Grunderwerbsteuer: Steuerrechtliche Erwägungen, in: DStR 1989, 625 ff.

*John, Uwe:* Zur Problematik der Vor-GmbH, insbesondere bei der Einmann-Gründung, in: BB 1982, 505 ff.
– Besprechung von Martinek, Repräsentantenhaftung, in: AcP 181 (1981), 150 ff.
– Die organisierte Rechtsperson. System und Probleme der Personifikation im Zivilrecht, Berlin 1977, zit.: John, Rechtsperson.
– Einheit und Spaltung im Begriff der Rechtsperson, Quaderni Fiorentini 11/12 1982/1983, S. 947 ff.
– Personenrecht und Verbandsrecht im Allgemeinen Teil des Bürgerlichen Rechts – Werner Flumes Buch über „Die juristische Person", in: AcP 185 (1985), S. 209 ff.
– Die Gründung der Einmann-GmbH, Köln 1986, zit.: John, Einmann-GmbH.
*Jung, Jost H.:* Zur Partei- und Grundbuchfähigkeit nichtrechtsfähiger Vereine, in: NJW 1986, 157 ff.
*Jura Europae:* Droit des Société/Gesellschaftsrecht, 3 Bände, 2. Aufl. München, Paris, Stand Januar 1989.

*Kamps, Hans:* Ärztliche Arbeitsteilung und strafrechtliches Fahrlässigkeitsdelikt, Berlin 1981.
*Kellermann, Alfred:* Diskussionsbeitrag innerhalb des 2. Generalthemas, Gesellschaftsrechtliche Unternehmenspraxis, auf der 39. Steuerrechtlichen Jahresarbeitstagung 1988 in Wiesbaden, in: JbFSt 1988/89, S. 155.
– Diskussionsbeitrag auf dem IDW-Symposium „Personengesellschaften" am 3./4. November 1989, in: Institut der Wirtschaftsprüfer (IDW), Personengesellschaft und Bilanzierung, Düsseldorf 1990, S. 106.
*Klamroth, Sabine:* Besprechung von Brodersen, Die Beteiligung der BGB-Gesellschaft an den Personenhandelsgesellschaften, 1988, in: ZHR 152 (1989), 348 ff.
– Beteiligung einer BGB-Gesellschaft an einer Personengesellschaft, in: BB 1983, 796.
*Kleine-Cosack, Michael:* Verfassungswidriges Standesrecht, in: NJW 1988, 164 ff.
*Knobbe-Keuk, Brigitte:* Bilanz- und Unternehmenssteuerrecht, 7. Aufl., Köln 1989.
*Koch, Ulrich:* Die Beteiligung einer Gesellschaft bürgerlichen Rechts an der GmbH-Gründung, in: ZHR 146 (1982), 118 ff.
– Die Entwicklung des Gesellschaftsrechts in den Jahren 1987/88, in: NJW 1989, 2662 ff.
*Koeve, Dieter:* Das Job-sharing-Arbeitsverhältnis, in: ArbuR 1983, 75 ff.
*Kommission* zur Ausarbeitung für die zweite Lesung des Entwurfs eines

Bürgerlichen Gesetzbuches für das deutsche Reich, Autogr. Berlin 1890–1896, zit.: Prot. II.

*Konzen, Horst:* Grundbuchfähigkeit eines nicht rechtsfähigen Vereins – OLG Zweibrücken, OLGZ 1986, 145, in: JuS 1989, 20 ff.

*Kopp, Ferdinand O.:* Verwaltungsgerichtsordnung, 8. Aufl., München 1989.

*Koppensteiner, Hans-Georg:* Unternehmergemeinschaften im Konzern-Gesellschaftsrecht, in: ZHR 131 (1968), 289 ff.

*Kornblum, Udo:* Besprechung von Hennecke, Das Sondervermögen der Gesamthand, in: ZZP 91 (1978), 346 ff.

– Die Haftung assoziierter Rechtsanwälte, in: BB 1973, 218 ff.

– Die Haftung der Gesellschafter für Verbindlichkeiten von Personengesellschaften, Frankfurt 1972.

– Probleme der Haftung assoziierter Rechtsanwälte, in: AnwBl. 1973, 153 ff.

*Kölling, Ludwig:* Gesamthandsgemeinschaften als Mitglieder von Personalgesellschaften des Handelsrechts, Diss. Münster 1938.

*Kölner Kommentar* zum Aktiengesetz, hrsg. von Wolfgang Zöllner, Köln 1970 ff., 2. Aufl. 1986 f.

*Krabbe, Helmut:* Steuerliche Behandlung der Europäischen Wirtschaftlichen Interessenvereinigung aus deutscher Sicht, in: DB 1985, 2585 ff.

*Kröger, Gerhard:* Zur steuerlichen Behandlung ärztlicher Laborgesellschaften und Laborvereine, in: DStR 1979, 220 ff.

*Kubli, Ernst A.:* Luftfahrtversicherung unter besonderer Berücksichtigung der Luftpools, Diss. Zürich, 1952.

*Kuhn, Georg / Uhlenbruck, Wilhelm:* Konkursordnung, 10. Aufl., München 1986.

*Kuhn, Ottmar:* Strohmanngründung bei Kapitalgesellschaften, Tübingen 1964.

*Kunz, Romano:* Über die Rechtsnatur der Gemeinschaft zur gesamten Hand, Diss. Zürich, 1963.

*Kusserow, Jutta:* Unterschiede zwischen den Personalgesellschaften des bürgerlichen und des Handelsrechts unter besonderer Berücksichtigung der geschichtlichen Entwicklung, Diss. Kiel, 1967.

*Kübler, Bruno M.:* Konzern und Insolvenz, in: ZGR 1984, 560 ff.

*Kübler, Friedrich:* Gesellschaftsrecht, 2. Aufl., Heidelberg 1985.

*Laband:* Beiträge zur Dogmatik der Handelsgesellschaften, in: ZHR 31 (1885), 1 ff.

*Lach, Michael:* Formen freiberuflicher Zusammenarbeit, Diss. München 1970.

*Lang, H.-U./Schade, H.-J./Lautenschläger, M.:* Praxisgründung – Praxisführung, 1987.

*Langenfeld, Gerrit:* Die Gesellschaft bürgerlichen Rechts, München 1990.

*Larenz, Karl:* Lehrbuch des Schuldrechts, Band I Allgemeiner Teil, 14. Aufl. München 1987, zit.: Larenz, SchuldR AT; Band II, Besonderer Teil, 12. Aufl., München 1981, zit.: Larenz, SchuldR BT.

– Methodenlehre der Rechtswissenschaft, 5. Aufl., Berlin, Heidelberg, New York, Tokio 1983, zit.: Larenz, Methodenlehre.

*Le.:* Beteiligung einer BGB-Gesellschaft an einer Personenhandelsgesellschaft, in: DStZ 1984, 513 f.

*Lehmann, Matthias:* Gesamthandskonzept und Erbauseinandersetzung, in FR 1990, 265 ff.

*Leipold, Dieter:* Erbrecht, 6. Aufl., Tübingen 1986.

*Lindacher, Walter F.:* Anm. zu OLG Karlsruhe, NJW-RR 1986, 582, in: EWiR § 37 HGB 1/86, 699 f.

– Grundfälle zur Haftung bei Personengesellschaften, 1. Teil, in: JuS 1981, 431 ff., 2. Teil, in: JuS 1981, 818 ff., 5. Teil, in: JuS 1982, 592 ff.

*Lingenberg/Hummel/Zuck/Eich:* Kommentar zu den Grundsätzen des anwaltlichen Standesrechts, 2. Aufl., Köln 1988.

*Lipp, Martin:* Zwischen Gesamthand und Gesamtschuld, in: BB 1982, 74ff.

*Locher, Horst / König, Theophil:* Bauherrenmodelle in zivil- und steuerrechtlicher Sicht, Düsseldorf 1982.

*Lothmann, Werner:* Die mehrere Bruchteilsgemeinschaften überlagernde Ehegatten-Innengesellschaft, in: BB 1987, 1014 ff.

*Luchterhandt, Hans-Friedrich:* Der Begriff „Unternehmen" im AktG 1965, in: ZHR 132 (1969), 149 ff.

*Lutter, Marcus:* Europäisches Gesellschaftsrecht, 2. Aufl. Berlin, New York 1984.

– Theorie der Mitgliedschaft, in: AcP 180 (1980), 184 ff.

*Lutz, Günter:* Außengesellschaft oder Innengesellschaft? In: DB 1981, 1953 ff.

*Marchand, Gerhard:* Abhängigkeit und Konzernzugehörigkeit von Gemeinschaftsunternehmen, Berlin 1985.

*Martinek, Michael:* Repräsentantenhaftung, Berlin 1979.

*Maser, Axel:* Bauherrenmodelle im Spiegel der neueren Gesetzgebung und Rechtsprechung, in: NJW 1980, 961 ff.

*Meyer-Landrut, Andreas:* Die Europäische Wirtschaftliche Interessenvereinigung. Gründungsvertrag und innere Verfassung einer EWIV mit Sitz in der Bundesrepublik Deutschland, Stuttgart 1988.

– Die Europäische Wirtschaftliche Interessenvereinigung (EWIV) als neues Instrument für grenzüberschreitende Kooperation, in: WPK-Mitt. 1989, 56ff.

– Europäische Wirtschaftliche Interessenvereinigung (EWIV), in: RIW 1986, 107 ff.
*Michelfelder, Claus:* Einzelzwangsvollstreckung und Konkurs beim Vermögen der BGB-Gesellschaft, Diss. Freiburg, 1985.
*Morton, Christina:* Can German lawyers break the chains, in: International Financial Law Review March 1989, Law Firm Supplement, S. 1 ff.
*Motive* zu dem Entwurf eines bürgerlichen Gesetzbuches für das Deutsche Reich. Amtliche Ausgabe, 5 Bände, Band 2: Berlin und Leipzig, 1888, zit.: Mot. II.
*Mugdan, Benno* (Hrsg.): Die gesamten Materialien zum Bürgerlichen Gesetzbuch für das Deutsche Reich, Band 2, Recht der Schuldverhältnisse, Berlin 1899.
*Mummenhoff, Winfried:* Gründungssysteme und Rechtsfähigkeit, Köln, Berlin, Bonn, München 1979.
*Müller, Klaus:* Schadenersatzpflicht verbundener Rechtsanwälte, in: NJW 1969, 903 ff.
– Nochmals: Zur Haftung verbundener Anwälte, in: NJW 1969, 1416 f.
*Müller, Wolfgang:* Einbeziehung der freien Berufe in das Handelsrecht unter besonderer Berücksichtigung von Arzt, Apotheker, Rechtsanwalt, Wirtschaftsprüfer und Architekt, Diss. Kiel, 1968.
*Müller-Gugenberger, Christian:* Die Firma der Europäischen wirtschaftlichen Interessenvereinigung (EWIV), in: BB 1989, 1922 ff.
– Gesellschaft, Société und Groupement als Rechtsformen zur Unternehmenskooperation, Baden-Baden 1976.
– Zweite Etappe der Gesellschaftsrechtsreform in Frankreich, in: ZHR 142 (1978), 589 ff.
– EWIV – Die neue europäische Gesellschaftsform, in: NJW 1989, 1449 ff.
*Münchener Kommentar* zum Bürgerlichen Gesetzbuch, hrsg. von Kurt Rebmann und Franz Jürgen Säcker, 2. Aufl. 1984 ff.; zit.: MüKo-Bearbeiter.
*Münchener Vertragshandbuch* Band 1, Gesellschaftsrecht, Hrsg. von Martin Heidenhain und Burkhardt W. Meister, 2. Aufl., München 1985.

*Naegeli, Eduard:* Die Doppelgesellschaft als rechtliche Organisationsform der Kartelle, Konzerne und anderen Unternehmenszusammenschlüssen nach deutschem und schweizerischem Recht, 1. Band, Berlin-Charlottenburg 1936.
*Narr, Helmut:* Ärztliches Berufsrecht, 2. Aufl., Köln, 10. Ergänzungslief. Oktober 1988.
*Neumann, Dieter:* Der Konkurs der BGB-Gesellschaft, Bielefeld 1986.
*Nicknig, Paul-Georg:* Die Haftung der Mitglieder einer BGB-Gesellschaft für Gesellschaftsschulden, Köln, Berlin, Bonn, München 1972.

*Niemeier, Gerhard:* Erwerb eines Grundstücks zur Bebauung – Erwerb eines bebauten Grundstücks, in: NJW 1982, 73 ff.
*Nitschke, Manfred:* Die körperschaftlich strukturierte Personengesellschaft, Bielefeld 1970.

*o. V.:* Bericht über das Gemeinschaftsseminar des DAV und des IdW, in: AnwBl. 1970, 346 f.
*Ott, Klaus:* Begriff und Bedeutung der juristischen Person in der neueren Entwicklung des Unternehmensrechts in der Bundesrepublik Deutschland, in: Quaderni Fiorentini 11/12 (1982–83), S. 915 ff.
– Typenzwang und Typenfreiheit im Recht der Personengesellschaft, Diss. Tübingen, 1966.

*Palandt:* Bürgerliches Gesetzbuch, Kommentar, 49. Aufl., bearbeitet von Peter Bassenge, Uwe Diederichsen u. a., München 1990.
*Pawlowski, Hans-Martin:* Allgemeiner Teil des BGB, Grundlehren des bürgerlichen Rechts, 3. Aufl. 1987.
*Plassmann, Werner:* Kodak prescht vor, in: Wirtschaftswoche Nr. 11 v. 10. 3. 1989, S. 57 f.
*Plückebaum, Konrad / Malitzky, Heinz:* Umsatzsteuergesetz, Kommentar, 10. Aufl., Stand Januar 1989, Köln, Berlin, Bonn, München.
*Prölss:* Versicherungsaufsichtsgesetz, von Reimer Schmidt und Peter Frey, 10. Aufl., München 1989.

*Raisch, Peter:* Vereinigungen zum Betrieb landwirtschaftlicher Unternehmen auch in der Rechtsform der Offenen Handelsgesellschafft oder der Kommanditgesellschaft? In: BB 1969, 1361 ff.
– Geschichtliche Voraussetzungen, dogmatische Grundlagen und Sinnwandlungen des Handelsrechts, Karlsruhe 1965.
*Raupach, Arndt:* Die Personengesellschaft im Einkommensteuerrecht: Einheit der Gesellschaft oder Vielheit der Gesellschafter, FR 1976, 233 ff.
– Mehrmütterorganschaft, Beitrag innerhalb des 4. Generalthemas, Unternehmensorganisation/Unternehmensverträge, auf der 38. Steuerrechtlichen Jahresarbeitstagung 1987 in Wiesbaden, in: JbFSt 1987/88, S. 302 ff.
– Mehrmütterorganschaft, Beitrag innerhalb des 4. Generalthemas, Das Gemeinschaftsunternehmen, Gestaltung und Besteuerung, auf der 39. Steuerrechtlichen Jahresarbeitstagung 1988 in Wiesbaden, in: JbFSt. 1988/89, S. 286 f.
– Die Bemessung von Konzernumlagen mit oder ohne Gewinnaufschlag im Hinblick auf die Organisation multinationaler Konzerne, in: StuW 1990, 397 ff.

*Rehbinder, Eckhard:* Konzernaußenrecht und allgemeines Privatrecht, Bad Homburg, Berlin, Zürich 1969.

*Reichel, Hans / Ansey, Siegfried / Koberski, Wolfgang:* Tarifvertragsgesetz, Kommentar, Neuwied, Frankfurt 1989.

*Reichert, Bernhard / Dannecker, Franz J. / Kühr, Christian:* Handbuch des Vereins- und Verbandsrechts, 4. Aufl. Neuwied 1987.

*Reinhard, Rudolf / Schultz, Dietrich:* Gesellschaftsrecht, 2. Aufl., Tübingen 1981.

*Reithmann, Christoph / Brych, Friedrich / Manhart, Hans:* Kauf vom Bauträger und Bauherrenmodelle, 5. Aufl., Köln 1983.

*Rennen, Günter / Caliebe, Gabriele:* Rechtsberatungsgesetz mit Ausführungsverordnungen, Kommentar, München 1986.

*Reuss, Tilmann T.:* Jahrbuch der Luft- und Raumfahrt, Mannheim 1990.

*Reuter, Dieter:* Neuere Rechtsprechung zum Personengesellschaftsrecht, Teil 1, in: JZ 1986, S. 16 ff.; Teil 2, in: JZ 1986, S. 72 ff.

- Zur Abgrenzung von Vereins- und Gesellschaftsrecht – Besprechung der Entscheidung des BGH vom 2. 4. 1979, in: ZGR 1981, 364 ff.
- Arbeitsrechtliche Aspekte neuer Arbeitszeitstrukturen, in: RdA 1981, 201 ff.
- Die Bestandssicherung von Unternehmen – ein Schlüssel zur Zukunft des Handelsgesellschaftsrechts, in AcP 181 (1981), 1 ff.
- Probleme der Mitgliedschaft beim Idealverein, in: ZHR 145 (1981), 273 ff.
- Rechtliche Grenzen ausgegliederter Wirtschaftstätigkeit von Idealvereinen, in: ZIP 1984, 1052 ff.
- Verbandszweck und Rechtsfähigkeit im Vereinsrecht, in: ZHR 151 (1987), 237 ff.
- Die Verfassung des Vereins gem. § 25 BGB, in: ZHR 148 (1984), 523 ff.
- Privatrechtliche Schranken der Perpetuierung von Unternehmen, Frankfurt am Main 1973, zit.: Privatrechtliche Schranken.
- Die „Wesenselemente" der Personengesellschaft in der neueren Rechtsprechung, in: GmbHR 1981, 129 ff.
- Die Personengesellschaft als abhängiges Unternehmen, in: ZHR 146 (1982), 1 ff.

*Reuter, Dieter / Kunath, Norbert:* Gütergemeinschaft und Ehegatten-OHG – BGH NJW 1975, 1774, in: JuS 1977, 376 ff.

*RGRK:* Das Bürgerliche Gesetzbuch mit besonderer Berücksichtigung der Rechtsprechung des Reichsgerichts und des Bundesgerichtshofs, hrsg. von den Mitgliedern des Bundesgerichtshofs, 12. Aufl., Berlin, New York 1974 ff.

*Rinsche, Franz-Josef:* Die Haftung des Rechtsanwalts und des Notars, 2. Aufl., Köln, Berlin, Bonn, München 1986.

*Ropeter, Gerhard:* Die Beteiligung als Bruchteilsgemeinschaft, Göttingen 1980.

*Rosenau, Heinz:* Die Praxisgemeinschaft der Ärzte, in: DB 1970, Beil. Nr. 3/70.

*Rosenberg, Leo / Schwab, Karl-Heinz:* Zivilprozeßrecht, 13. Aufl., München 1981.

*Roth, Günter H.:* Gesetz betreffend die Gesellschaften mit beschränkter Haftung (GmbHG) mit Erläuterungen, 2. Aufl., München 1987.

– Die kleine Erwerbsgesellschaft zwischen bürgerlichem Recht und Handelsrecht, in: ZHR 155 (1991), 24 ff.

*Rottnauer, Achim E.:* Vertragsgestaltungsproblematik bei „Mehrmütterorganschaft" im GmbH-Konzernrecht, in: DB 1991, 27 ff.

*Römermann, Klaus:* Zur Frage der Gewerbesteuerpflicht für Ärzte in Laborgemeinschaften, in: BB 1982, 1049.

*Ruban, Reinhild:* Beteiligtenfähigkeit und Klagebefugnis der Gesellschaft bürgerlichen Rechts im Steuerrecht, in: Festschrift für Georg Döllerer, Düsseldorf 1988, S. 515 ff.

*Ruwe, Wolfgang:* Die BGB-Gesellschaft als Unternehmen i. S. des Aktienkonzernrechts, in: DB 1988, 2037 ff.

*Rüthers, Bernd:* Probleme der Organisation, des Weisungsrechts und der Haftung bei Gruppenarbeit, in: ZfA 1977, 1 ff.

*Sachau, Gerhard:* Der nicht rechtsfähige Verein als Unternehmer eines Handelsgewerbes, in: ZHR 56 (1905), 444 ff.

*Sandberger, Georg / Müller-Graff, Peter-Christian:* Die rechtliche Form der freiberuflichen Zusammenarbeit, in: ZRP 1975, 1 ff.

*Sarrazin, Viktor:* Diskussionsbeitrag innerhalb des 4. Generalthemas, Unternehmensorganisation/Unternehmensverträge auf der 38. Steuerrechtlichen Jahresarbeitstagung 1987 in Wiesbaden, in: JbFSt 1987/88, S. 307.

*Sass, Gert:* Zu den steuerlichen Aspekten der „Europäischen Wirtschaftlichen Interessenvereinigung", in: DB 1985, 2286 ff.

*Sauter, Eugen / Schweyer, Gerhard:* Der eingetragene Verein, 12. Aufl., München 1983.

*Schaub, Günter:* Arbeitsrechtshandbuch, 6. Aufl., München 1987.

*Schlegelberger:* Handelsgesetzbuch, Kommentar, von Ernst Geßler, Wolfgang Hefermehl, Wolfgang Hildebrand, Georg Schröder, 5. Aufl., München 1973 ff., zit.: Schlegelberger/Bearbeiter.

*Schmidt, Karsten:* Gesellschaft bürgerlichen Rechts. Welche Änderungen und Ergänzungen sind im Recht der BGB-Gesellschaft geboten? In: Gutachten und Vorschläge zur Überarbeitung des Schuldrechts, herausgegeben vom Bundesminister der Justiz, Bd. 3, Köln 1983, S. 413 ff., zit.: K. Schmidt, GA.

– Die Personengesellschaft als Rechtsträger, in: Institut der Wirtschaftsprüfer (IDW), Personengesellschaft und Bilanzierung, Düsseldorf 1990, S. 41 ff. zit.: K. Schmidt, Die Personengesellschaft als Rechtsträger.
– Gesellschaftsrecht, Köln, Berlin, Bonn, München 1986, zit.: K. Schmidt, GesR.
– Zum Haftungsstatus unternehmenstragender BGB-Gesellschaft, in: Festschrift für Hans-Joachim Fleck, Berlin, New York 1988, S. 271 ff.
– Die GmbH-Beteiligung von Gesellschaften bürgerlichen Rechts als Publizitätsproblem, in: BB 1983, 1697 ff.
– Die Abgrenzung der beiden Vereinsklassen – Bestandsaufnahme, Kritik und Neuorientierung, in: Rpfleger 1972, 286 ff., 343 ff.
– Die Partei- und Grundbuchfähigkeit nichtrechtsfähiger Vereine, in: NJW 1984, 2249 ff.
– Diskussionsbeitrag innerhalb des 4. Generalthemas, Unternehmensorganisation/Unternehmensverträge, auf der 38. Steuerrechtlichen Jahresarbeitstagung 1987 in Wiesbaden, in: JbFSt 1987/88, S. 307.
– Ehegatten-Miteigentum oder „Eigenheim-Gesellschaft"? In: AcP 182 (1982), 481 ff.
– Zwingend gesamtschuldnerischer Verlustausgleich bei der Mehrmütterorganschaft, in: DB 1984, 1181 ff.
– Die Handels-Personengesellschaft in Liquidation, in: ZHR 153 (1989), 270 ff.
– Diskussionsbeitrag innerhalb des 2. Generalthemas, Gesellschaftsrechtliche Unternehmenspraxis, auf der 39. Steuerrechtlichen Jahresarbeitstagung 1988 in Wiesbaden, in: JbFSt 1988/89, S. 157.
– Konzernrecht, Minderheitenschutz und GmbH-Innenrecht, in: GmbHR 1979, 121 ff.
– Zur Vermögensordnung der Gesamthands-BGB-Gesellschaft, in: JZ 1985, 910 ff.
– Der Steuerberater einer Handelsgesellschaft und die Gesellschafter – Vertrags- und Haftungsverhältnisse –, in: DStZ 1988, 263.
– Handelsrecht, 3. Aufl., Köln, Berlin, Bonn, München 1987, zit.: K. Schmidt, Handelsrecht.
– Verbandszweck und Rechtsfähigkeit im Vereinsrecht, Heidelberg 1984, zit.: K. Schmidt, Verbandszweck.
– Handelsrechtliche Probleme der doppelstöckigen GmbH & Co. KG, in: DB 1990, 93 ff.
– Vom Handelsrecht zum Unternehmens-Privatrecht, in: JuS 1985, S. 249 ff.
– Zum gesellschaftsrechtlichen Status der Besitzgesellschaft bei der Betriebsaufspaltung, DB 1988, S. 897 ff.
– Zur Stellung der OHG im System der Handelsgesellschaften. Eine Unter-

suchung des gesellschaftsrechtlichen Grundsatzes der unbeschränkten Haftung, Bonn 1972.

– Das Verbot der „firmenähnlichen Geschäftsbezeichnung": geltendes Handelsrecht oder gesetzwidrige Erfindung, in: DB 1987, 1181 f.

*Schmidt, Ludwig:* Einkommensteuergesetz, Kommentar, 9. Aufl., München 1990.

*Schmiedel, Burkhard:* Organhaftung der Gesellschaft bürgerlichen Rechts. Versuch einer Analogiebildung zu Richterrecht, in: Gedächtnisschrift für Jürgen Rödig, Baden-Baden 1978, S. 261 ff.

*Schmidt-Hangbers, Heinz:* Mehrjährige praktische Erfahrung einer Gemeinschaft von Rechtsanwälten und Wirtschaftsprüfern, in: AnwBl. 1971, 261 ff.

*Schneider, Uwe H.:* Die Firma des Konzerns und der Konzernunternehmen, in: BB 1989, 1985 ff.

*Scholz:* Kommentar zum GmbH-Gesetz, begründet von Franz Scholz, 7. Aufl. von Georg Crezelius, Volker Emmerich, Hans-Joachim Priester, Karsten Schmidt, Uwe H. Schneider, Klaus Tiedemann, Harm Peter Westermann, Heinz Winter, Köln 1986 ff., zit. Scholz/Bearbeiter.

*Scholze, Herbert:* Konsortialgeschäft der deutschen Banken, Erster Halbband, Zweiter Halbband, Berlin 1973.

*Schotthöfer, Peter:* Gemeinschaftswerbung – Rechtsprobleme bei der Durchführung kooperativer Werbung, Bergisch Gladbach 1987.

*Schönfeld, Walter:* Rechtsperson und Rechtsgut im Lichte des Reichsgerichts als Vorarbeit zu einer künftigen Wirklichkeitslehre des deutschen Rechts, in: Die Reichsgerichtspraxis im deutschen Rechtsleben, Festgabe der juristischen Fakultäten zum 50jährigen Bestehen des Reichsgerichts, Band II, Berlin, Leipzig 1929, S. 191 ff.

*Schreiber, Otto:* Die Kommandit-Gesellschaft auf Aktien, München 1925.

*Schröder, Albert:* Die Einmann-Vorgesellschaft. Rechtsträgerschaft und Gläubigerschutz, Baden-Baden 1990.

*Schroif, Bert:* Genossenschaftliche Gebilde in der Form des nichtrechtsfähigen Vereins, Göttingen 1965.

*Schuhmann, Ekkehard:* Die Befreiung der Rechtsanwaltschaft von obrigkeitlichen Schranken, in: NJW 1990, 2089 ff.

*Schulze zur Wiesche, Dieter:* Die Personengesellschaft als Holdinggesellschaft, in: DB 1988, 252 ff.

*Schulze-Osterloh, Joachim:* Das Prinzip der gesamthänderischen Bindung, München 1972.

*Schünemann, Wolfgang B.:* Grundprobleme der Gesamthandsgesellschaft unter besonderer Berücksichtigung des Vollstreckungsrechts, Bielefeld 1975.

*Schüren, Peter:* Mietrechtlicher Kündigungsschutz für Wohngemeinschaften, in: JZ 1989, 358 ff.

– Job-sharing, Heidelberg 1983.

*Schwarze, Rembert:* Diskussionsbeitrag innerhalb des 4. Generalthemas. Das Gemeinschaftsunternehmen, Gestaltung und Besteuerung, auf der 39. Steuerrechtlichen Jahresarbeitstagung 1988 in Wiesbaden, in: JbFSt. 1988/89, S. 236 f.

*Schwichtenberg, Knut W.:* Wucherungen der Gesamthands-BGB-Gesellschaft? In: BB 1985, 429 ff.

– Anm. zum Vorlagebeschluß des IV. Senats des BFH v. 12. 10. 1989. IV R 5/86, in: FR 1990, 81 f.

*Schwierkus, Freddy:* Der rechtsfähige ideelle und wirtschaftliche Verein (§§ 21, 22 BGB), Diss. Berlin 1981.

*Scriba, Michael O. E.:* Die Europäische wirtschaftliche Interessenvereinigung, Heidelberg 1988.

*Soergel, Hans Theodor / Siebert, Wolfgang:* Bürgerliches Gesetzbuch, Kommentar, 11. Aufl. 1978 ff., zit.: Soergel/Bearbeiter.

*Sonnenberger, Hans-Jürgen:* Zur Reform der Gesellschaft des Bürgerlichen Rechts in Frankreich, in: RIW 1983, 233 ff.

*Sölch/Ringleb/List:* Umsatzsteuergesetz mit Durchführungsbestimmungen und Ergänzungsbestimmungen, Kommentar, von Karl Ringleb, Heinrich List, Gerhard Mößlang, Wilfried Wagner, Werner Schöll, Stand 30. 4. 1989, München.

*Spitzl, Guntram:* Die ärztliche Gemeinschaftspraxis, Diss. Göttingen, 1965.

*Staub:* Handelsgesetzbuch, Großkommentar, begründet von Hermann Staub, hrsg. von Claus-Wilhelm Canaris, Wolfgang Schilling, Peter Ulmer, 4. Aufl. 1983 ff., Berlin, New York, zit.: Bearbeiter, in: Großkommentar.

*Staudinger:* Kommentar zum Bürgerlichen Gesetzbuch mit Einführungsgesetz und Nebengesetzen, 12. Aufl. Berlin 1978 ff., zit.: Staudinger/Bearbeiter.

*Steckhan, Hans-Werner:* Die Innengesellschaft, Berlin 1966.

*Stirnberg, Martin:* Die Inanspruchnahme der BGB-Gesellschafter für Steuerschulden der Gesellschaft, in: DB 1990, 1634 ff.

*Stöber, Kurt:* Vereinsrecht, 5. Aufl. Baden-Baden 1988.

*Stoltenberg, Ulrich:* Rechtsfähigkeit nichtrechtsfähiger Vereine, in: MDR 1989, 494 ff.

*Strobl, Elisabeth:* Arbeitsgemeinschaft – Arge –, Beitrag innerhalb des 4. Generalthemas, Das Gemeinschaftsunternehmen, Gestaltung und Besteuerung, auf der 39. Steuerrechtlichen Jahresarbeitstagung 1988 in Wiesbaden, in: JbFSt. 1988/89, S. 232 ff.

*Theisen, Manuel René:* Die Kommanditgesellschaft auf Aktien (KGaA) auf dem Prüfstand, in: DBW 1989, 137 ff.

*Thomas, Heinz / Putzo, Hans:* Zivilprozeßordnung mit Gerichtsverfassungsgesetz und Einführungsgesetzen, 16. Aufl., München 1990.

*Thümmel, Manfred:* Die Partnerschaft – Eine neue Gesellschaftsform für Freiberufler, in: Wpg. 1971, 399 ff.

*Tipke, Klaus:* Steuerrecht, 11. Aufl., Köln 1987.

*Tipke, Klaus / Kruse, Heinrich Wilhelm:* Abgabenordnung, Finanzgerichtsordnung, Kommentar 12. Aufl., Köln 1986, Stand 1989.

*Tipke, Klaus / Lang, Joachim:* Steuerrecht, 12. Aufl., Köln 1989.

*Ulmer, Peter:* Rückbesinnung als Fortschritt? Bemerkungen zu Karsten Schmidts Vorschlag einer Reform der Gesellschaft bürgerlichen Rechts, in: ZGR 1984, S. 313 ff.

– Höchstrichterliche Rechtsfortbildung im Gesellschaftsrecht 1971–1985, in: Festschrift der Juristischen Fakultät zur 600-Jahr-Feier der Ruprecht-Karls-Universität Heidelberg, Heidelberg 1986, S. 389 ff.

*Verhoeven, Thomas:* GmbH-Konzern-Innenrecht: Grundsatzfragen des geltenden Rechts, Bonn 1978.

*Weber-Grellet, Heinrich:* Die Gesamthand – ein Mysterienspiel? In: AcP 182 (1982), 316 ff.

*Weimar, Robert:* Rechtsfragen der Europäischen wirtschaftlichen Interessenvereinigung, in: NWB Fach 18, S. 3031 ff.

*Weimar, Robert / Delp, Udo A.:* Die Europäische wirtschaftliche Interessenvereinigung (EWIV) in rechtlicher und steuerlicher Sicht, in: Wpg. 1989, 89 ff.

*Weiß, Eberhard:* Anm. zu BVerfG, UStR 1977, 32, in: UStR 1977, 35 f.

*Wessel, Hanns-Heinz:* Anm. zu OLG Karlsruhe, BB 1978, 519, in: BB 1978, 1048.

– Anm. zu OLG Stuttgart, BB 1987, 147, in: BB 1987, 147 f.

*Westermann, Harm Peter:* Das Emissionskonsortium als Beispiel der gesellschaftsrechtlichen Typendehnung, in: AG 1967, 265 ff.

– Vertragsfreiheit und Typengesetzlichkeit im Recht der Personengesellschaften, Berlin, Heidelberg, New York 1970, zit.: Westermann, Vertragsfreiheit.

*Westermann, Harry:* Handbuch der Personengesellschaften, Band I, Gesellschaftsrecht, Köln, 3. Aufl. Stand Mai 1989.

– Haftung für fremdes Handeln, in: JuS 1961, 333 ff.

– Personengesellschaftsrecht, 4. Aufl., Köln 1979.

*Wichmann, Gerd:* Der Bauherr im Einkommensteuerrecht, in: BB 1991, 589 ff.

*Wiedemann, Herbert:* Gesellschaftsrecht, Band I, Grundlagen, München 1980, zit.: Wiedemann, GesR.

*Wiedemann, Herbert / Frey, Kaspar:* Begrenzte Nachhaftung ehemaliger BGB-Gesellschafter analog § 159 HGB, in: DB 1989, 1809 ff.

*Wiesner, Georg:* Die Haftungsordnung der BGB-Gesellschaft – BGHZ 74, 240, in: JuS 1981, 331 ff.

– Die Lehre von der fehlerhaften Gesellschaft, Heidelberg 1980 , zit.: Wiesner, Gesellschaft.

*Wilhelm, Jan:* Rechtsform und Haftung bei der juristischen Person, 1981.

*Winter, Martin:* Haftung des Gesamthandvermögens der Gesellschaft bürgerlichen Rechts für Gesellschafterschulden, in: KTS 1983, 349 ff.

*Winters, Karl-Peter:* Die Zukunft der Rechtsberatung, in: NJW 1988, 521 ff.

– Der Rechtsanwaltsmarkt – Chancen, Risiken und zukünftige Entwicklung, Köln 1990.

*Wirtschaftsprüfer-Handbuch 1985/86:* Handbuch für Rechnungslegung, Prüfung und Beratung, hrsg. vom Institut der Wirtschaftsprüfer in Deutschland e. V., Band I, 9. Aufl., Düsseldorf 1985.

*Won Seok Park:* Die Eigengruppe, Diss. München, 1977.

*Zartmann, Hugo / Liftin, Peter Martin:* Unternehmensform nach Maß, 2. Aufl., Stuttgart, Wiesbaden, 1977.

*Zöllner, Wolfgang:* Das Bürgerliche Recht im Spiegel seiner großen Kommentare, 1. Teil, in: JuS 1984, 730 ff.

– Wovon handelt das Handelsrecht?, in: ZGR 1983, 84 ff.

– Arbeitsrecht, 3. Aufl., München 1983.

– Die Schranken mitgliedschaftlicher Stimmrechtsmacht bei den privatrechtlichen Personenverbänden, München, Berlin, 1963, zit.: Zöllner, Schranken.

*Zuck, Rüdiger:* Die notwendige Reform des anwaltlichen Berufs- und Standesrechts, in: NJW 1988, 175 ff.

– Die Europäische wirtschaftliche Interessenvereinigung als Instrument anwaltlicher Zusammenarbeit, in: NJW 1990, 954 ff.

*Zwernemann, Dieter:* Der Name der Gesellschaft des bürgerlichen Rechts, in: BB 1987, 774 ff.

# Stichwortverzeichnis

# Aus der Schriftenreihe: Rechtsfragen der Handelsgesellschaften

Heft 1: **Die Angemessenheit der Bezüge geschäftsführender Gesellschafter einer GmbH** von Prof. Dr. A. Spitaler † und StB Dipl.-Kfm. Dr. Dr. U. Niemann. 5., überarbeitete und erweiterte Auflage 1988, 179 S., 48,– DM. ISBN 3 504 64567 9

Heft 4: **Rechte und Pflichten des Geschäftsführers einer GmbH und einer GmbH & Co.** von RAen und Notaren Dr. H. Sudhoff und M. Sudhoff. 13., überarbeitete und erweiterte Auflage 1990, 194 S., 48,– DM. ISBN 3 504 64574 1

Heft 11: **Rechte und Pflichten des Kommanditisten** von RA, Notar und WP Dr. H. Sudhoff. 3., neubearbeitete und erweiterte Auflage 1986, 174 S., 38,– DM. ISBN 3 504 64570 9

Heft 15: **Aktuelle Probleme der GmbH & Co.** 3., gegenüber der 1. Auflage (1967) unveränderte Auflage 1974, 176 S., 32,– DM. ISBN 3 504 64515 6

Heft 17: **Gesellschafterbeschlüsse und Gesellschafterversammlung** von Notar Dr. W. Vogel. 2., neubearbeitete und wesentlich erweiterte Auflage 1986, 308 S., 58,– DM. ISBN 3 504 64564 4

Heft 18: **Gesellschafterdarlehen an die GmbH und GmbH & Co.** von RA Dipl.-Kfm. Dr. B. Kamprad. 2., völlig neubearbeitete Auflage 1981, 132 S., 38,– DM. ISBN 3 504 64568 7

Heft 20: **Die Abschließung der Kapitalgesellschaft gegen Außenstehende in den Niederlanden, Deutschland und der Schweiz** von Dr. K. Bunte. 128 Seiten, 1969, 24,– DM. ISBN 3 504 64520 2

Heft 21: **Die Sicherungsübertragung von GmbH-Anteilen** von Prof. Dr. K. Müller. 158 S., 1969, 32,– DM. ISBN 3 504 64521 0

Heft 25: **Probleme der GmbH-Reform.** 302 S., 1970, 58,– DM. ISBN 3 504 64525 3

Heft 26: **Die GmbH ohne erwerbswirtschaftliche Zielsetzung** von Dr. V. Loidl. 154 S., 1970, 32,– DM. ISBN 3 504 64526 1

Heft 27: **Mehrheits- und Konzernherrschaft in der personalistischen GmbH** von Prof. Dr. K. P. Martens. 202 S., 1970, 42,– DM. ISBN 3 504 64527 X

Heft 30: **Die steuerliche Anteilsbewertung** von Dr. K. Bierle. 338 S., 1974, 56,– DM. ISBN 3 504 64530 X

Heft 31: **Die GmbH und Co. KG als Alleingesellschafterin ihrer GmbH-Komplementärin** von Assistenzprofessor Dr. A. Hunscha. 144 S., 1974, 32,– DM. ISBN 3 504 64531 8

Heft 32: **Die Unterbeteiligung bei Personengesellschaften** von Dr. Ch.-F. Friehe. 94 S., 1974, 24,– DM. ISBN 3 504 64532 6

Heft 34: **Der GmbH-Konzern** (Gesellschaftsrecht, Rechnungslegung, Mitbestimmungsrecht, Kartellrecht, Steuerrecht). 292 S., 1976, 72,– DM. ISBN 3 504 64534 2

Heft 35: **Einlage und Haftung des Kommanditisten** von Prof. Dr. K. Schmidt. 196 S., 1977, 42,– DM. ISBN 3 504 64535 0

Heft 36: **Haftungsverhältnisse im Gründungsstadium der GmbH & Co. KG** von RA Dr. K. Binz. 286 S., 1976, 38,– DM. ISBN 3 504 64536 9

Heft 37: **Mitarbeitende Kommanditisten und stille Gesellschafter im Steuerrecht** von Dr. K. Esser. 248 S., 1978, 32,– DM. ISBN 3 504 64537 7

Heft 38: **Die Organschaft zu einer Personengesellschaft und die Organschaft zu mehreren Unternehmen** im Einkommensteuer-, Körperschaftsteuer- und Gewerbesteuerrecht. Von Dr. O. Niemann. 208 S., 1977, 30,– DM. ISBN 3 504 64538 5

Heft 39: **Der Haftungsdurchgriff bei der GmbH** insbesondere im Fall der Unterkapitalisierung. Von Dr. D. Benne. 232 S., 1978, 38,– DM. ISBN 3 504 64539 3

Heft 40: **Das neue GmbH-Recht in der Diskussion.** 160 S., 1981, 36,– DM. ISBN 3 504 64540 7

Heft 41: **Die Kollision unterschiedlicher Formen der Gesellschaftsbesteuerung im internationalen Steuerrecht** von RA Dr. H.-M. Pott. 238 S., 1982, 48,– DM. ISBN 3 504 64541 5

Heft 43: **Mängel der Aufsichtsratswahlen nach dem Mitbestimmungsgesetz** von Dr. M. Thau. 640 S., 1983, 96,– DM. ISBN 3 504 64543 1

# Aus der Schriftenreihe: Rechtsfragen der Handelsgesellschaften

Heft 44: **Ausschließung und Abfindung eines GmbH-Gesellschafters** von Dr. I. Soufleros. 356 S., 1983, 86,– DM. ISBN 3 504 64544 X

Heft 45: **Die gleichzeitige Ausschließung mehrerer Gesellschafter aus Personengesellschaften und GmbH** von Dr. M. Kulka. 268 S., 1983, 52,– DM. ISBN 3 504 64545 8

Heft 46: **Die Fremdfinanzierung von Kapitalgesellschaften durch deren Gesellschafter unter besonderer Berücksichtigung des Entwurfs eines § 8a KStG** von Dr. J. Fassnacht. 194 S., 1984, 48,– DM. ISBN 3 504 64546 6

Heft 47: **Die Informationsrechte des GmbH-Gesellschafters** von RA Dr. J. Tietze. 190 S., 1985, 48,– DM. ISBN 3 504 64547 4

Heft 48: **Die beherrschte Personengesellschaft** von Dr. M. Schiessl. 160 S., 1985, 48,– DM. ISBN 3 504 64548 2

Heft 49: **Die Inhaltskontrolle der Gesellschaftsverträge von Publikums-Personengesellschaften** von RA Dr. H.-E. Hille. 206 S., 1986, 62,– DM. ISBN 3 504 64549 0

Heft 50: **Die Gründung der Einmann-GmbH** von Prof. Dr. U. John. 104 S., 1986, 48,– DM. ISBN 3 504 64550 4

Heft 51: **Das neue Bilanzrecht und der Gesellschaftsvertrag der GmbH** von RA Dr. U. Hartmann. 318 S., 1986, 78,– DM. ISBN 3 504 64551 2

Heft 53: **Das Anstellungsverhältnis des GmbH-Geschäftsführers im Zivil-, Arbeits-, Sozialversicherungs- und Steuerrecht** von RA Dr. V. Groß LL.M. 478 S., 1987, 95,– DM. ISBN 3 504 64553 9

Heft 54: **Die Publikums-Kommanditgesellschaft und die gesellschaftsrechtlich geschützten Interessen** von RA Dr. J. Dietrich. 270 S., 1988, 78,– DM. ISBN 3 504 64554 7

Heft 55: **Die Beschränkung der Geschäftsführerhaftung gegenüber der GmbH** von Dr. M. Heisse. 187 S., 1988, 58,– DM. ISBN 3 504 64555 5

Heft 56: **Genußrechte als Instrument zur Eigenkapitalbeschaffung über den organisierten Kapitalmarkt für die GmbH** von Dr. E.-M. Rid-Niebler. 199 S., 1989, 58,– DM. ISBN 3 504 64556 3

Heft 57: **Bareinlage, Sacheinlage und ihre „Verschleierung" im Recht der GmbH** von Dr. U. Mildner. 138 S., 1989, 42,– DM. ISBN 3 504 64557 1

Heft 58: **Gewinnbezugsrecht und bilanzpolitische Gestaltungsmöglichkeiten in der GmbH** von RA Dr. Th. Mueller-Thuns. 182 S., 1989, 54,– DM. ISBN 3 504 64558 X

Heft 59: **Der GmbH-Mantel als gesellschaftsrechtliches Problem** von Dr. B. Peters. 165 S., 1989, 52,– DM. ISBN 3 504 64559 8

Heft 60: **Das System der Kapitalgesellschaften im Umbruch – ein internationaler Vergleich.** Hrsg. von Prof. Dr. G. H. Roth. 228 S., 1990, 78,– DM. ISBN 3 504 64600 4

Heft 61: **Beherrschungs- und Gewinnabführungsverträge gemäß § 291 Abs. 1 AktG in Konkurs und Vergleich der Untergesellschaft** von RA Dr. M. Samer. 459 S., 1990, 92,– DM. ISBN 3 504 64601 2

Heft 62: **Der Ersatz von Gesellschafts- und Gesellschafterschaden** von Dr. A. Kowalski. 289 S., 1990, 78,– DM. ISBN 3 504 64602 0

Heft 63: **Der Verschmelzungsbericht nach § 340a AktG** von Dr. T. Keil. 143 S., 1990, 58,– DM. ISBN 3 504 64603 9

Heft 64: **Mitarbeitende Kommanditisten im Gesellschaftsrecht** von RA Dr. D. Klingberg. 206 S., 1990, 58,– DM. ISBN 3 504 64604 7

Heft 65: **Haftung der Gesellschafter bei materieller Unterkapitalisierung der GmbH** von RA Dr. C. Weitbrecht. 148 S., 1990, 48,– DM. ISBN 3 504 64605 5

Heft 66: **Die verschleierte Sacheinlage im Aktienrecht aus zivil- und strafrechtlicher Sicht** von Dr. B. Steinmetz. 193 S., 1990, 59,– DM. ISBN 3 504 64606 3

Heft 67: **Verdeckte Gewinnausschüttungen im GmbH-Recht** von Ass. und Dipl.-Vw. Dr. H.-J. Tries. 353 S., 1991, 98,– DM. ISBN 3 504 64607 1